Max Frisch, am 15. Mai 1911 in Zürich geboren, lebt heute in seiner Geburtsstadt und in Berzona. Seine wichtigsten Prosaveröffentlichungen: *Tagebuch 1946–1949* (1950), *Stiller* (1954), *Homo faber* (1957), *Mein Name sei Gantenbein* (1964), *Tagebuch 1966–1971* (1972), *Dienstbüchlein* (1974), *Montauk* (1975), *Der Traum des Apothekers von Locarno*. Erzählungen (1978), *Der Mensch erscheint im Holozän*. Eine Erzählung (1979), *Blaubart,* Erzählung (1982), Stücke u. a.: *Graf Öderland* (1951), *Don Juan oder Die Liebe zur Geometrie* (1953), *Biedermann und die Brandstifter* (1958), *Andorra* (1961), *Biografie: Ein Spiel* (1967), *Triptychon. Drei szenische Bilder* (1978). Sein Werk, vielfach ausgezeichnet, erscheint im Suhrkamp Verlag.

Auch in seinen späteren Stücken geht es Max Frisch um die Darstellung der vielfältigen psychischen und sozialen Einflüsse und Widerstände, mit denen einzelne wie Gruppen konfrontiert werden. *Don Juan oder Die Liebe zur Geometrie*, das ist die Komödie von dem schönen Intellektuellen, dessen Streben nicht den Frauen gilt und dem dennoch die erotischen Episoden das ganze Leben verschlingen. *Biedermann und die Brandstifter,* das ist das Lehrstück von der Unbelehrbarkeit eines Durchschnittsmenschen, der seinem Untergang zu entkommen sucht, indem er ihn zusammen mit den Brandstiftern inszeniert. *Die große Wut des Philipp Hotz,* das ist der Schwank um einen Mann, der sich eine Rolle anpassen will, der er nicht gewachsen ist. *Andorra,* das ist das Modellstück eines Massenwahns, der das Denken einzelner so sehr auf kollektive Vorurteile einschränkt, daß es zum Mord an einem Außenseiter kommt. *Biografie,* das ist das Spiel von der Summe zahlreicher Banalitäten, die mit der Zeit unweigerlich eine persönliche Geschichte, eine Biographie ergeben.

Max Frisch
Stücke 2

Suhrkamp

suhrkamp taschenbuch 81
Achte Auflage, 95.–104. Tausend 1982
© Max Frisch Stücke Band 2 1962
Suhrkamp Verlag Frankfurt am Main
Die Copyrights der einzelnen Stücke
sind jeweils im Anhang angegeben.
Suhrkamp Taschenbuch Verlag
Alle Rechte vorbehalten, insbesondere das
des öffentlichen Vortrags, der Übertragung
durch Rundfunk und Fernsehen
sowie der Übersetzung, auch einzelner Teile.
Druck: Ebner Ulm · Printed in Germany
Umschlag nach Entwürfen
von Willy Fleckhaus und Rolf Staudt.

Inhalt

Für Kurt Hirschfeld

Don Juan
oder Die Liebe zur Geometrie

Komödie in fünf Akten

Personen

DON JUAN
TENORIO, *sein Vater*
MIRANDA
DON GONZALO, *Komtur von Sevilla*
DONNA ELVIRA, *dessen Gattin*
DONNA ANNA, *ihr Kind*
PATER DIEGO
DON RODERIGO, *Freund des Don Juan*
DONNA INEZ
CELESTINA, *die Kupplerin*
DON BALTHAZAR LOPEZ, *ein Ehemann*
LEPORELLO
WITWEN VON SEVILLA
DREI FECHTENDE VETTERN

Ort: *Ein theatralisches Sevilla*

Zeit: *Eine Zeit guter Kostüme*

Vor dem Schloß
Nacht. Musik. Ein junger Mann schleicht die Treppe hinauf,
um von der Terrasse ins Schloß zu spähen. Ein Pfau schreit.
Da jemand auf die Terrasse kommt, versteckt der junge Mann
sich hinter einer Säule.

DONNA ELVIRA Don Juan? Don Juan?

DONNA INEZ Kein Mensch ist hier.

DONNA ELVIRA Sein Schimmel steht im Stall.

DONNA INEZ Sie täuschen sich ganz gewiß, Donna Elvira. Was
soll ein Mensch in dieser Finsternis? Mich fröstelt, und wenn
dann noch die Pfauen kreischen, huh, mir geht's durch Mark
und Bein, bevor ich es höre.

DONNA ELVIRA Don Juan? Don Juan?

DONNA INEZ Palmen im Wind. Wie das Klingeln eines Degens an
steinernen Stufen. Ich kenne das, Donna Elvira, ich höre das
jede Nacht, und jedesmal, wenn ich ans Fenster trete: nichts als
die Palmen im Wind.

DONNA ELVIRA Er ist gekommen, das weiß ich, sein Schimmel
steht im Stall . . .
Sie verschwinden, und der junge Mann tritt abermals vor, um
zu spähen; er muß sich abermals hinter einer Säule verstecken,
von der anderen Seite kommen ein Greis und ein runder Pater.

TENORIO Geduld! Sie haben leicht reden, Pater Diego. Und
wenn der Lümmel überhaupt nicht kommt? Schon ist es Mitternacht. Geduld! Nehmen Sie meinen Sohn nicht in Schutz. Er
hat kein Herz, ich sag's, genau wie seine Mutter. Kalt wie
Stein. Mit zwanzig Jahren: Ich mache mir nichts aus Frauen!
Und was das Schlimme ist, Pater Diego: er lügt nicht. Er sagt,
was er denkt. Seine Geliebte, sagt er mir ins Gesicht, seine
Geliebte sei die Geometrie. Was hat mir dieser Junge schon
Sorge gemacht! Sie sagen es ja selbst, sein Name kommt in
keiner Beichte vor. Und so etwas ist mein Sohn, mein einziger,

mein Stammhalter! – mit zwanzig Jahren noch nie bei einem Weib gewesen, Pater Diego, können Sie sich das vorstellen?

PATER DIEGO Haben Sie Geduld.

TENORIO Sie kennen die Celestina –

PATER DIEGO Scht.

TENORIO – Spaniens berühmte Kupplerin, sie, die sogar Bischöfe zu ihren Kunden macht, aber nicht meinen Sohn, nicht meinen Sohn. Und was habe ich schon bezahlt! Und wenn er schon einmal im Bordell sitzt, so spielt er Schach. Ich habe es selbst gesehen. Schach!

PATER DIEGO Leise, Vater Tenorio.

TENORIO Macht sich nichts aus Frauen!

PATER DIEGO Man kommt.

TENORIO Der Junge bringt mich noch um, Sie werden sehen, Pater Diego, mit einem Herzschlag –

Es kommt Don Gonzalo, der Komtur.

PATER DIEGO Ist er gekommen?

DON GONZALO Noch ist nicht Mitternacht.

TENORIO Don Gonzalo, Komtur von Sevilla, denken Sie nicht schlecht von meinem Sohn. Don Juan ist mein einziger Sohn. Don Juan wird ein rührender Schwiegersohn sein, wenn er kommt, und ich kann nicht glauben, Komtur, daß er das Datum seiner Hochzeit einfach vergessen hat, ich kann's nicht glauben.

DON GONZALO Er hat einen langen Ritt, der junge Herr, und harte Tage hinter sich. Ich denke nicht schlecht von Ihrem Sohn, er hat sich trefflich geschlagen –

TENORIO Ist das wahr?

DON GONZALO Ich schmeichle nicht, weil Sie zufällig sein Vater sind, ich melde bloß, was die vaterländische Historie nie bestreiten wird: Er war der Held von Cordoba.

TENORIO Ich hätte ihm das nicht zugetraut.

DON GONZALO Auch ich, Vater Tenorio, habe es ihm nicht zugetraut, offen gesprochen. Meine Spitzel gaben ein bedenkliches Bild von dem jungen Herrn. Er mache Witze, hieß es, sogar über mich.

TENORIO Junge, Junge!

DON GONZALO Ich rief ihn in mein Zelt. Wozu, fragte ich unter vier Augen, wozu führen wir diesen Kreuzzug? Und wie er bloß lächelte, forschte ich weiter: Warum hassen wir die Heiden?

TENORIO Was antwortete er?

DON GONZALO Er hasse die Heiden nicht.

TENORIO Junge, Junge!

DON GONZALO Im Gegenteil, sagte er, wir könnten viel von den Heiden lernen, und wie ich ihn das nächste Mal traf, lag er unter einer Korkeiche und las ein Buch. Ein arabisches.

TENORIO Geometrie, ich weiß, der Teufel hole die Geometrie.

DON GONZALO Ich fragte, wozu er das lese.

TENORIO Was, um Gotteswillen, antwortete er?

DON GONZALO Er lächelte bloß.

TENORIO Junge, Junge!

DON GONZALO Ich leugne nicht, Vater Tenorio, daß mich sein Lächeln oft ergrimmte. Es war ein ungeheuerlicher Befehl, als ich Ihren jungen Sohn nach Cordoba schickte, um die feindliche Festung zu messen; ich glaubte nicht, daß er es wagen würde. Ich wollte nur sehen, wie ihm sein Lächeln einmal vergeht. Und damit er mich ernstnehme. Am andern Morgen, als er in mein Zelt trat, unverwundet vom Scheitel bis zur Sohle, einen Zettel in der Hand, ich traute meinen Augen nicht, wie er mir die Länge der feindlichen Festung meldete – schwarz auf weiß: 942 Fuß.

TENORIO Wie hat er das gemacht?

DON GONZALO Don Juan Tenorio! so sprach ich und umarmte ihn vor allen Offizieren, die dasselbe nie gewagt haben: Ich habe dich verkannt, aber von dieser Stunde an nenne ich dich meinen Sohn, Bräutigam meiner Anna, Ritter des Spanischen Kreuzes, Held von Cordoba!

Musik erklingt.

TENORIO Wie hat er das gemacht?

DON GONZALO Ich fragte ihn auch.

TENORIO Was antwortete er?

DON GONZALO Er lächelte bloß –

Es erscheint Donna Elvira, Larven in der Hand.

DONNA ELVIRA Die Maskerade hat begonnen! *Sie macht Tanz-schritte zur Musik.* Drinnen tanzen sie schon.

DONNA ELVIRA »Ich bin die Frau
Und der Teich mit dem Mond dieser Nacht,
Du bist der Mann
Und der Mond in dem Teich dieser Nacht,
Nacht macht uns eins,
Gesicht gibt es keins,
Liebe macht blind,
Die da nicht Braut und Bräutigam sind.«

PATER DIEGO Wir warten auf den Bräutigam.

DONNA ELVIRA Der Bräutigam ist da!

TENORIO Mein Sohn?

DONNA ELVIRA Sein Schimmel steht im Stall. Ich habe ihn erst aus der Ferne gesehen, aber Ihr Sohn, Vater Tenorio, ist der zierlichste Reiter, der sich je von einem Schimmel ge-schwungen hat, hopp! und wie er auf die Füße springt, als habe er Flügel.

DON GONZALO Wo ist Donna Anna?

DONNA ELVIRA Ich bin die Mutter der Braut, aber ich komme mir bräutlicher vor als mein Kind. Wir sind die letzten ohne Larven. Hoffentlich hält er nicht mich für seine Braut! Auch du, mein Gemahl, mußt eine Larve nehmen, Brauch ist Brauch, und wenn ich bitten darf, es werden keine Namen mehr genannt, sonst hat die ganze Maskerade keinen Sinn.

Es erscheint ein Paar in Larven.

SIE Und ob du's bist! Ich wette mein Leben, du bist's. Laß mich deine Hände sehen.

ER Das muß ein Irrtum sein.

SIE Kein Mann hat Hände so wie du!

ER Man hört uns.

Don Gonzalo und Tenorio ziehen ihre Larven an.

DON GONZALO Gehen wir.

Don Gonzalo und Tenorio entfernen sich.

DONNA ELVIRA Ein Wort, Pater Diego!

Das Larvenpaar küßt sich.

PATER DIEGO Wer ist dieses schamlose Paar? Ich kenne ihre Stimme. Wenn das nicht die Miranda ist!

DONNA ELVIRA Sie müssen sprechen mit ihr.

PATER DIEGO Mit Miranda, der Dirne, hier im Schloß?

DONNA ELVIRA Mit Donna Anna.

Das Larvenpaar küßt sich.

DONNA ELVIRA Das arme Kind ist ganz verwirrt, sie will sich verstecken, Angst vor dem Mann, sie zittert an allen Gliedern, die Glückliche, seit sie weiß, daß er gekommen ist –

PATER DIEGO – der zierlichste Reiter, der sich je von einem Schimmel geschwungen hat, hopp! und wie er auf die Füße springt, als habe er Flügel.

DONNA ELVIRA Diego?

PATER DIEGO Weiter!

DONNA ELVIRA Wieso dieser finstere Blick?

PATER DIEGO Wäre unsere spanische Kirche nicht so verbohrt in die Idee der Wohlfahrt, die bald einen Zehntel aller einlaufenden Almosen verschlingt, dann könnte auch unsereiner von einem Schimmel springen, Donna Elvira, anstatt von einem Maulesel zu rutschen.

DONNA ELVIRA Diego! –

PATER DIEGO Weiter!

DONNA ELVIRA Ich habe nie geschworen, daß ich meine Untreue halte. Pater Diego! Wir wollen Freunde bleiben. Du scheinst zu vergessen, daß ich verheiratet bin, mein Lieber, und wenn ich mich je, was der Himmel verhüte, in einen Jüngling verliebe, so betrüge ich einzig und allein meinen Gemahl, nicht dich.

PATER DIEGO Elvira –

DONNA ELVIRA Das, mein Freund, ein für allemal!

PATER DIEGO Scht.

DONNA ELVIRA Gehen wir zu Donna Anna.

Donna Elvira und Pater Diego entfernen sich, es bleibt das Larvenpaar, dazu der junge Mann hinter der Säule.

SIE Irrtum! – wie kannst du so reden? Dann wäre alles ein Irrtum, was es gibt zwischen Mann und Weib. Du meinst, ich kenne deinen Kuß nicht? Ich habe dich gefunden und erkannt. Warum gibst du's nicht zu? Du meinst, mit einer Larve kannst du mich täuschen. Muß ich meine Larve lösen, damit du mich erkennst? Man wird mich auf die Gasse werfen, wenn ich ohne Larve bin – *Sie nimmt ihre Larve ab.*

ER Miranda!?

SIE Die Hure – ja: für sie.

ER Wie kannst du es wagen –

SIE Ich liebe dich. Ich habe es gewagt, ja, ich habe dich gefunden unter Hunderten. Ich liebe dich. Warum erschrickst du? Sie haben mich umarmt, aber es ist wie Wasser gewesen, das durch ein Sieb geht, alles, bis du mich gehalten hast mit deinen Händen. Warum schweigst du? Du hast keine Erfahrung mit Frauen, hast du gesagt, und ich habe gelacht, das hat dich verletzt, ich weiß, du hast mein Lachen mißdeutet – und dann haben wir Schach gespielt.

ER Schach?

SIE Da habe ich deine Hände entdeckt.

ER Ich spiele nicht Schach.

SIE Ich habe gelacht, weil du mehr ahnst als alle Männer von Sevilla zusammen. Ich sah dich: vertieft in dein Schach, der erste Mann, der den Mut hatte zu tun, was ihn wirklich gelüstet, sogar im Freudenhaus.

ER Ich heiße Don Roderigo.

SIE Ausgerechnet!

ER Was lachst du?

SIE Don Roderigo! Du möchtest mich verhöhnen, ich verstehe, weil auch der mich umarmt hat. Don Roderigo, ich kenne ihn und alle die andern, die sich nur durch Namen unterscheiden, mich wundert oft, daß sie sich selber nicht verwechseln. Einer wie der andere! Noch wenn sie schweigen und umarmen, sind es Redensarten. Wie langweilig sie sind, Gesellen wie Don Roderigo, dein Freund. Du kannst nicht wissen, wie anders du bist, drum sag ich es dir.

14

ER Und wenn ich trotzdem Don Roderigo bin, wenn ich es
schwöre bei allem, was mir heilig ist?

SIE Dann lache ich über alles, was einem Don Roderigo heilig
ist, und halte deine Hände. Ich habe sie erkannt. Laß sie mich
küssen. Es sind die Hände, die mich zu mir selber tragen,
Hände, wie nur einer sie hat, und der bist Du: – Don Juan!

ER Don Juan?

Sie küßt seine Hände.

Dort kannst du ihn sehn!

*Er zeigt auf den jungen Mann, der jetzt hinter der Säule, wo
er sich versteckt gehalten hat, hervorgetreten ist. Miranda sieht
und schreit wie von einem Messer getroffen. Im gleichen
Augenblick kommt eine Polonaise von Larven, Hand in Hand,
Miranda wird in die Kette genommen und verschwindet mit
den Larven.*

DON RODERIGO Juan, wo kommst du plötzlich her?

DON JUAN Hör zu.

DON RODERIGO Was treibst du dich im Park herum? Man erwartet
dich, mein Freund, und alle fragen nach dem Bräutigam.
Warum gehst du nicht hinein.

DON JUAN Wenn du mein Freund bist, Roderigo, ich bitte dich
um einen Dienst, nicht der Rede wert, für dich ist's eine Kleinigkeit, für mich hängt alles dran. Ich fühle es so klar: Jetzt
und hier, in dieser Nacht, wird sich entscheiden, was fortan
unaufhaltsam wird. Ich weiß es seit einer Stunde, Roderigo,
und kann nichts dazu tun. Ich nicht! Plötzlich hängt's an einem
dummen Schimmel, Entscheidung über unser ganzes Leben, es
ist entsetzlich. Willst du mir helfen, Roderigo?

DON RODERIGO Ich versteh kein Wort.

DON JUAN Hol mir den Schimmel aus dem Stall!

DON RODERIGO Wozu?

DON JUAN Ich muß fort, Roderigo.

DON RODERIGO Fort?

DON JUAN Noch bin ich frei – *Gelächter im Schloß; Don Juan
nimmt seinen Freund an der Schulter und zieht ihn in den
dunklen Vordergrund.* – Roderigo, ich habe Angst.

DON RODERIGO Du, der Held von Cordoba?

DON JUAN Laß diesen Unsinn!

DON RODERIGO Ganz Sevilla spricht von deinem Ruhm.

DON JUAN Ich weiß, sie glauben's im Ernst, ich habe mich nach Cordoba geschlichen, um die Festung zu messen, ich setze mein Leben aufs Spiel für ihren Kreuzzug.

DON RODERIGO Hast du das nicht getan?

DON JUAN Wofür hältst du mich?

DON RODERIGO Ich verstehe nicht . . .

DON JUAN Geometrie für Anfänger, Roderigo! Aber nicht einmal wenn ich es ihnen in den Sand zeichne, verstehen es die Herren, drum reden sie von Wunder und Gott im Himmel, wenn unsre Mörser endlich treffen, und werden bös, wenn ich lächle. *Er sieht sich angstvoll um.* Roderigo –

DON RODERIGO Wovor hast du Angst?

DON JUAN Ich kann sie nicht sehen!

DON RODERIGO Wen?

DON JUAN Ich habe keine Ahnung mehr, wie sie aussieht.

DON RODERIGO Donna Anna?

DON JUAN Keine Ahnung. Keine Ahnung . . . Ich bin geritten den ganzen Tag. Ich hatte Sehnsucht nach ihr. Ich ritt immer langsamer. Schon vor Stunden hätte ich hier sein können; als ich die Mauern von Sevilla sah, hockte ich an einer Zisterne, bis es dunkel wurde . . . Roderigo, laß uns redlich sein!

DON RODERIGO Gewiß.

DON JUAN Woher weißt du es, wen du liebst?

DON RODERIGO Mein lieber Juan –

DON JUAN Antworte!

DON RODERIGO Ich begreife dich nicht.

DON JUAN Ich begreife mich selbst nicht, Roderigo. Da draußen an der Zisterne mit dem Spiegelbild im schwarzen Wasser – du hast recht, Roderigo, es ist seltsam . . . Ich glaube, ich liebe. *Ein Pfau schreit.* Was war das? *Ein Pfau schreit.* Ich liebe. Aber wen?

DON RODERIGO Donna Anna, deine Braut.

DON JUAN Ich kann sie mir nicht vorstellen – plötzlich.

Eine Gruppe lustiger Larven huscht vorbei.

DON JUAN War sie dabei?

DON RODERIGO Die Braut trägt keine Larve. Du bist von deinem
Glück verwirrt, das ist alles, Juan. Laß uns hineingehen! Es
ist Mitternacht vorbei.

DON JUAN Ich kann nicht!

DON RODERIGO Wo in aller Welt willst du denn hin?

DON JUAN Fort!

DON RODERIGO Zu deiner Geometrie?

DON JUAN Wo ich weiß, was ich weiß: – ja ... Hier bin ich verloren. Als ich ums nächtliche Schloß ritt, sah ich im Fenster ein
junges Weib: Ich hätte sie lieben können, die erste beste, jede,
so gut wie meine Anna.

DON RODERIGO Vielleicht war sie's.

DON JUAN Vielleicht! Und darauf soll ich schwören, meinst du,
wie ein Blinder, und jede kann kommen und sagen, sie sei's?

DON RODERIGO Still!

DON JUAN Du wirst mich nicht verraten, Roderigo, du hast mich
nicht gesehen.

DON RODERIGO Wohin?

*Don Juan schwingt sich über die Balustrade und verschwindet
im finsteren Park. Don Roderigo zieht seine Larve wieder an,
während Pater Diego und Donna Anna erscheinen, beide lar-
venlos.*

PATER DIEGO Hier, mein Kind, sind wir allein.

DONNA ANNA Nein.

PATER DIEGO Wieso nicht?

DONNA ANNA Ein Mann –!

DON RODERIGO »Ich bin der Mann
Und der Mond in dem Teich dieser Nacht,
Du bist die Frau
Und der Teich mit dem Mond dieser Nacht,
Nacht macht uns eins,
Gesicht gibt es keins,
Liebe macht blind,
Die da nicht Braut und Bräutigam sind.«

Er verbeugt sich.

Gott segne Donna Anna, die Braut!

Don Roderigo entfernt sich.

DONNA ANNA Vielleicht war er's?

PATER DIEGO Der Bräutigam trägt keine Larve.

DONNA ANNA Mir ist so bang.

PATER DIEGO Kind! *Der Pfau schreit.* – Das ist der Pfau, mein
Kind, kein Grund, daß du erschrickst. Er sucht nicht dich, der
arme Pfau, seit sieben Wochen wirbt er mit dieser heiseren
Stimme und schlägt sein buntes Rad immerzu, damit die Donna
Pfau ihn erhöre. Aber ihr, so scheint es, ist bang wie dir, ich
weiß nicht, wo sie sich versteckt ... Was zitterst du?

DONNA ANNA Ich liebe ihn ja – gewiß ...

PATER DIEGO Und dennoch willst du dich verstecken vor ihm?
Vor dem zierlichsten Reiter, der sich je von einem Schimmel
geschwungen hat, hopp! und wie er auf die Füße springt, als
habe er Flügel. Frag deine Mama! Deine Mama schwört, es
habe eine solche Gestalt noch nie gegeben, und wenn ich auch
am Gedächtnis deiner Mama zweifeln und als Pater daran
erinnern muß, daß eine schlanke Gestalt noch nicht alles ist, o
nein, sondern daß es auch innere Werte gibt, die ein Weib oft
übersieht, Vorzüge der Seele, die mehr wiegen als ein dreifa-
ches Doppelkinn – was ich habe sagen wollen: Kein Zweifel,
mein Kind, es wird ein schlanker Jüngling sein, was jeden
Augenblick, stolz wie ein Pfau, vor dir erscheinen soll –
Donna Anna will fliehen. Bleib! *Er zieht sie auf die Bank
zurück.* Wohin denn?

DONNA ANNA Ich werde in Ohnmacht fallen.

PATER DIEGO Dann wird er dich halten, bis du erwachst, mein
Kind, in seinem Arm, und alles wird gut sein.

DONNA ANNA Wo ist er?

PATER DIEGO Im Schloß, denke ich. Er sucht seine Braut, wie es
Brauch ist ... Die Heiden nannten es die Wilde Nacht. Ein
wüster Brauch, sagt der Chronist; jedes paarte sich mit jedem,
wie es sie gerade gelüstete, und niemand wußte in dieser
Nacht, wen er umarmte. Denn alle trugen eine gleiche Larve

18

und waren, so vermutet der Chronist, splitternackt, Männlein und Weiblein. Splitternackt. So war es bei den Heiden –

DONNA ANNA Da kommt jemand!

PATER DIEGO Wo?

DONNA ANNA Es tönte so.

PATER DIEGO Palmen im Wind . . .

DONNA ANNA Ich bitte um Verzeihung, Pater Diego.

PATER DIEGO So war es bei den Heiden, jedes paarte sich mit jedem, doch das ist lange her. – Die Christen nannten es die Nacht des Erkennens, und alles bekam einen frommen Sinn. Braut und Bräutigam waren fortan die einzigen, die sich in dieser Nacht umarmen durften, gesetzt, daß sie einander kannten aus allen Larven heraus: kraft ihrer wahren Liebe. Ein schöner Sinn, ein würdiger Sinn, nicht wahr?

DONNA ANNA Ja.

PATER DIEGO Nur hat es sich leider nicht bewährt, sagt der Chronist, solange Braut und Bräutigam noch eine Larve trugen wie alle andern. Es gab, sagt der Chronist, zuviel Verwechslungen . . . Warum hörst du nicht zu?

DONNA ANNA Es kommt jemand!

Donna Elvira kommt aus dem Schloß.

DONNA ELVIRA Pater Diego!

PATER DIEGO Was ist geschehn?

DONNA ELVIRA Kommen Sie! Aber geschwind! Kommen Sie!

Pater Diego folgt dem Alarm, und Donna Anna sitzt plötzlich allein in der Nacht. Der Pfau wiederholt seinen heiseren Schrei. Plötzlich von Grausen gepackt flieht sie über die gleiche Balustrade wie Don Juan zuvor und verschwindet im finsteren Park, um ihm zu entgehen. Donna Elvira kommt zurück.

DONNA ELVIRA Anna! Wo ist sie denn? Anna!

Pater Diego kommt zurück.

PATER DIEGO Natürlich ist sie eine Dirne, Miranda heißt sie, jedermann kennt ihren Namen, ein armes Geschöpf, das hier nichts zu suchen hat. Natürlich gehört sie auf die Gasse. *Er sieht die leere Bank.* Wo ist Donna Anna?

DONNA ELVIRA Anna? Anna!

PATER DIEGO Sie wird schon drinnen sein . . .

*Donna Elvira und Pater Diego gehen hinein, Stille, der Pfau
wiederholt seinen heiseren Schrei.*

Vor dem Zwischenvorhang erscheinen Celestina und Miranda.

CELESTINA Heul nicht! sag ich. Und red mir keinen Kitsch. Wenn
du nicht weißt, was sich gehört für eine Dirne: hier ist dein
Bündel.

MIRANDA Celestina?

CELESTINA Du triefst ja von Seele.

MIRANDA Celestina, wo soll ich denn hin?

CELESTINA Verliebt! Und du wagst dich unter meine Augen?
Verliebt in einen einzelnen Herrn. – Hier ist dein Bündel, und
damit basta! . . . Hab ich euch nicht immer und immer gewarnt:
Laßt eure Seel aus dem Spiel? Ich kenne das Schlamassel der
wahren Liebe. Wie sonst käme ich dazu, meinst du, ein Bordell
zu führen? Ich kenne das Geschluchz, wenn's an die Seele
geht. Einmal und nie wieder! Das hab ich mir geschworen. Bin
ich nicht wie eine Mutter zu euch? Ein Geschöpf wie du, Herrgott, schön und verkäuflich, plötzlich wimmerst du wie ein Tier
und schwatzest wie ein Fräulein: Seine Hände! Seine Nase!
Seine Stirn! Und was hat er noch, dein Einziger? So sag es
schon. Seine Zehen! Seine Ohrläppchen! Seine Waden! So sag
es schon: Was hat er andres als alle die andern? Aber ich hab's
ja kommen sehen, diese verschlagenen Augen schon seit
Wochen – diese Innerlichkeit!

MIRANDA O Celestina, er ist nicht wie alle.

CELESTINA Hinaus!

MIRANDA O Celestina –

CELESTINA Hinaus! sage ich. Zum letzten Mal. Ich dulde keinen
Kitsch auf meiner Schwelle. Verliebt in eine Persönlichkeit!
das hat mir noch gefehlt. Und das wagst du mir ins Gesicht zu
sagen, mir, Spaniens führender Kupplerin: Du liebst eine Persönlichkeit?

MIRANDA Ja, Gott steh mir bei.

CELESTINA *sprachlos.*

MIRANDA Ja.

CELESTINA So dankst du mir für deine Erziehung.

MIRANDA O Celestina –

CELESTINA O Celestina, o Celestina! Du kannst dich lustig machen über mich, meinst du, mitten in der Nacht? Du kannst mich belügen wie einen Mann, das meinst du? Gott steh dir bei, ja, du hast es nötig; denn ich steh dir nicht bei, so wahr ich Celestina heiße. Ich weiß, was ich meinem Namen schuldig bin. Wozu denn, meinst du, kommen die Herren zu uns? Damit du dich verliebst, damit du sie unterscheidest? Ich sag's euch Tag für Tag: Mädchen gibt's auch draußen, Frauen von jeglichem Alter und von jeglicher Bereitschaft, verheiratete, unverheiratete, was einer nur will. Also wozu kommen sie hierher? Ich will es dir sagen, mein Schätzchen: Hier, mein Schätzchen, erholt sich der Mann von seinen falschen Gefühlen. Das nämlich ist's, wofür sie zahlen mit Silber und Gold. Was hat Don Octavio gesagt, der weise Richter, als sie mein Haus haben schließen wollen? Laßt mir die brave Hurenmutter in Ruh! hat er gesagt, und zwar öffentlich: Solang wir eine Belletristik haben, die so viele falsche Gefühle in die Welt setzt, kommen wir nicht umhin – nicht umhin! hat er gesagt, und das heißt: ich bin staatlich geschützt. Meinst du, ich wäre staatlich geschützt, wenn ich etwas Ungehöriges zuließe? Ich verkaufe hier keine Innerlichkeit. Verstanden? Ich verkaufe keine Mädchen, die innen herum von einem andern träumen. Das, mein Schätzchen, haben unsre Kunden auch zuhaus! – Nimm dein Bündel, sag ich, und verschwinde.

MIRANDA Was soll ich tun?

CELESTINA Heirate.

MIRANDA Celestina –

CELESTINA Du verdienst es. Heirate! Du hättest eine großartige Dirne sein können, die beste zur Zeit, gefragt und verwöhnt. Aber nein! lieben mußt du. Bitte! Eine Dame willst du sein. Bitte! Du wirst noch an uns denken, mein Schätzchen, wenn es zu spät ist. Eine Dirne verkauft nicht ihre Seele –

MIRANDA *schluchzt.*

CELESTINA Ich habe dir gesagt, was ich denke. Heul nicht auf
    meiner Schwelle herum, wir sind ein Freudenhaus. *Celestina
    geht.*
MIRANDA Ich liebe . . .

Zweiter Akt

Saal im Schloß
Donna Anna sitzt als Braut gekleidet, umringt von geschäfti-
gen Frauen, Donna Inez kämmt die Braut.

DONNA INEZ Laßt es genug sein! Ich stecke den Schleier allein,
ich bin die Brautführerin. Nur den Spiegel brauchen wir noch.
Die Frauen entfernen sich. Wieso ist dein Haar so feucht? Das
läßt sich kaum kämmen, so feucht. Sogar Erde ist drin. Wo bist
du gewesen? Und Gras ...

DONNA ANNA *schweigt gradaus.*

DONNA INEZ Anna?

DONNA ANNA Ja.

DONNA INEZ Du mußt erwachen, meine Liebe, deine Hochzeit ist
da. Sie läuten schon die Glocken, hörst du nicht? Und die
Leute, sagt Roderigo, stehen schon auf allen Balkonen, es wird
eine Hochzeit geben, wie Sevilla noch keine erlebt hat, meint
er ...

DONNA ANNA Ja.

DONNA INEZ Du sagst Ja, als gehe dich alles nichts an.

DONNA ANNA Ja.

DONNA INEZ Schon wieder Gras! Ich möchte bloß wissen, wo du
gewesen bist in deinem Traum ... *Sie kämmt, dann nimmt sie*
den Spiegel zur Hand. Anna, ich hab ihn gesehen!

DONNA ANNA Wen?

DONNA INEZ Durchs Schlüsselloch. Du fragst: wen? Wie ein
gefangener Tiger geht er hin und her. Einmal blieb er plötzlich
stehen, zog seine Klinge und betrachtete sie. Wie vor einem
Duell. Aber ganz in Weiß, Anna, ganz in schillernder Seide.

DONNA ANNA Wo bleibt der Schleier?

DONNA INEZ Ich sehe euch schon, und wie sie dann deinen
Schleier heben, der schwarz ist wie die Nacht, und der Pater
wird fragen: Don Juan, erkennest du sie? Donna Anna, erkennest du ihn?

24

DONNA ANNA Und wenn wir uns nicht erkennen?

DONNA INEZ Anna!

DONNA ANNA Gib mir den Schleier.

DONNA INEZ Erst schau dich im Spiegel!

DONNA ANNA Nein.

DONNA INEZ Anna, du bist schön.

DONNA ANNA Ich bin glücklich. Wäre es schon wieder Nacht! Ich bin eine Frau. Sieh unsre Schatten an der Mauer, hat er gesagt, das sind wir: ein Weib, ein Mann! Es war kein Traum. Schäme dich nicht, sonst schäme ich mich auch! Es war kein Traum. Und wir haben gelacht, er nahm mich und fragte keinen Namen, er küßte meinen Mund und küßte, damit auch ich nicht fragte, wer er sei, er nahm mich und trug mich durch den Teich, ich hörte das Wasser um seine watenden Beine, das schwarze Wasser, als er mich trug –

DONNA INEZ Dein Bräutigam?

DONNA ANNA Er und kein andrer wird mein Bräutigam sein, Inez. Das ist alles, was ich weiß. Er und kein andrer. Ich werde ihn erkennen in der Nacht, wenn er mich erwartet am Teich. Kein andrer Mann in der Welt hat je ein Recht auf mich. Er ist mir vertrauter, als ich es mir selber bin.

DONNA INEZ Still!

DONNA ANNA O, wäre es schon Nacht!

DONNA INEZ Sie kommen.

DONNA ANNA Gib mir den Schleier!

Es kommen Don Gonzalo und Pater Diego.

DON GONZALO Die Stunde ist da. Ich bin kein Mann der blühenden Rede. Was ein Vater empfinden muß an diesem Tag, mein Kind, laß es dir sagen mit diesem Kuß.

PATER DIEGO Wo bleibt der Schleier?

DONNA INEZ Sogleich.

PATER DIEGO Macht euch bereit, macht euch bereit!

Donna Inez und Donna Anna entfernen sich.

PATER DIEGO Wir sind allein. Worum handelt es sich? Sprechen Sie ganz offen, Komtur. Warum sollen wir einander nicht verstehen, ein Ehemann und ein Mönch? *Sie setzen sich.* Nun?

DON GONZALO — wie gesagt, wir ritten also in die Burg von Cordoba, wo Muhamed mich empfing, der Heidenfürst, weinend über seine Niederlage, und die Höflinge ringsum weinten ebenfalls. Dies alles, sagte Muhamed, gehört Euch, Held der Christen, nehmt es und genießt es! Ich staunte über soviel Pracht; Paläste gibt es da, wie ich sie im Traum noch nie gesehen habe, Säle mit glimmenden Kuppeln darüber, Gärten voll Wasserkunst und Duft der Blumen, und Muhamed selbst, neuerdings weinend, gab mir den Schlüssel zu seiner Bibliothek, die ich sofort verbrennen ließ.

PATER DIEGO Hm.

DON GONZALO Und hier, sagte Muhamed, indem er neuerdings weinte, hier ist mein Harem gewesen. Die Mädchen weinten ebenfalls. Es duftete seltsam nach Gewürzen. Dies alles, sagte er, gehört Euch, Held der Christen, nehmt es und genießt es!

PATER DIEGO Hm.

DON GONZALO Es duftete seltsam nach Gewürzen.

PATER DIEGO Das sagten Sie schon.

DON GONZALO Nehmt es und genießt es! sagte er —

PATER DIEGO Wie viele waren's?

DON GONZALO Mädchen?

PATER DIEGO Ungefähr.

DON GONZALO Sieben oder neun.

PATER DIEGO Hm.

DON GONZALO Ich möchte nicht einer heiligen Trauung beiwohnen, Pater Diego, ohne vorher gebeichtet zu haben.

PATER DIEGO Ich verstehe.

DON GONZALO Nämlich es handelt sich um meine Ehe.

PATER DIEGO Sie erschrecken mich.

DON GONZALO Siebzehn Jahre habe ich die Treue gewahrt —

PATER DIEGO Das ist berühmt. Ihre Ehe, Don Gonzalo, ist die einzige vollkommene Ehe, die wir den Heiden da drüben zeigen können. Die Heiden mit ihrem Harem haben es leicht, Witze zu machen über unsere Skandale in Sevilla. Ich sage immer: Wenn Spanien nicht einen Mann hätte wie Sie, Komtur, als Vorbild der spanischen Ehe — Doch sprechen Sie weiter!

DON GONZALO Das alles, sagte er, gehört Euch –

PATER DIEGO Nehmt es und genießt es!

DON GONZALO Ja –

PATER DIEGO Es duftete seltsam.

DON GONZALO Ja –

PATER DIEGO Weiter!

DON GONZALO Die Mädchen verstehen bloß arabisch, sonst wäre
es nie so weit gekommen; als sie mich entkleideten, wie sollte
ich ihnen erklären, daß ich verheiratet bin und was das
bedeutet für unsereinen?

PATER DIEGO Die Mädchen entkleideten Sie?

DON GONZALO So hat Muhamed sie gelehrt.

PATER DIEGO Weiter.

DON GONZALO Pater Diego, ich habe eine Sünde begangen.

PATER DIEGO Ich höre.

DON GONZALO Eine Sünde im Geist.

PATER DIEGO Wieso im Geist?

DON GONZALO Ich habe die Treue verflucht!

PATER DIEGO Und dann?

DON GONZALO Verflucht die siebzehn Jahre der Ehe!

PATER DIEGO Aber was haben Sie getan?

DON GONZALO Getan –

PATER DIEGO Zittern Sie nicht, Don Gonzalo, reden Sie offen;
der Himmel weiß es ohnehin.

DON GONZALO Getan –

PATER DIEGO Wir alle sind Sünder.

DON GONZALO Getan habe ich nichts.

PATER DIEGO Warum nicht?

*Auftreten in festlichen Gewändern: Donna Elvira, Tenorio,
Don Roderigo, die drei Vettern und allerlei Mädchen, Weih-
rauchknaben, Posaunenbläser.*

DONNA ELVIRA Mein Gemahl! Man ist bereit. Mit Weihrauch und
Posaunen wie vor siebzehn Jahren! Man möchte noch einmal
jung sein –

DON GONZALO Wo ist der Bräutigam?

DONNA ELVIRA Ich finde ihn herrlich!

DON GONZALO Ich fragte, wo er ist.

DON RODERIGO Don Juan, mein Freund, bittet um Nachsicht, daß er gestern nacht das große Fest versäumte. Müde wie er war von seinem langen Ritt, so sagt er, habe er ein Weilchen ruhen wollen, bevor er sich den Schwiegereltern zeigte und der Braut. Und so, sagt er, sei es gekommen, daß er die Nacht im Park verschlief, bis ihn die Hähne weckten. Das ist's, was ich bestellen soll. Er ist verwirrt. Er getraut sich nicht zu seiner Hochzeit zu erscheinen, wenn ich ihm nicht versichern kann, daß ihm sein Schlaf im Park verziehen ist.

DONNA ELVIRA Er getraut sich nicht! Er ist der artigste Bräutigam, der mir je begegnet ist. Ich wüßte nichts, was ich ihm nicht verzeihen möchte. *Don Roderigo verbeugt sich und geht.* Ich haben ihn in der Loggia überrascht, ich kam von hinten. Warum er seine Fingernägel beiße, fragte ich ihn, und er starrte mich bloß an. Donna Anna? fragte er verwirrt, als wäre ich seine Braut, als könne er sich nicht besinnen, wie sie aussieht. Als wäre ich seine Braut! Er grüßte nicht einmal, als ich meinen Rock raffte und ging, sondern starrte mir bloß nach; ich sah es im Spiegel. So benommen ist er, so ganz und gar in sich gekehrt —

TENORIO Das will ich hoffen.

DONNA ELVIRA — wie vor einer Hinrichtung.

Posaunen ertönen, Don Roderigo kommt mit Don Juan.

TENORIO Mein Sohn!

DON JUAN Mein Papa.

TENORIO Die Sitte will es, daß ich ein paar Worte sage, obschon mir fast das Herz bricht, Gott weiß es, denn zum ersten Mal sehe ich dich als Bräutigam — zum ersten Mal, meine verehrten Freunde verstehen schon, was ich sagen möchte: zum ersten und hoffentlich, mein Sohn, zum letzten Mal . . .

DONNA ELVIRA Wir verstehen.

TENORIO Die Sitte will es —

PATER DIEGO Machen Sie es kurz.

TENORIO Geb's Gott! Geb's Gott!

DON JUAN *kniet nieder und läßt sich segnen.*

DONNA ELVIRA Wie süß er kniet.

PATER DIEGO Was sagen Sie?

DONNA ELVIRA Wie süß er kniet.

DON JUAN *erhebt sich.*

DON GONZALO Mein Sohn!

DON JUAN Mein Schwiegervater.

DON GONZALO Auch ich bin kein Mann der blühenden Rede, aber was ich sage, kommt von Herzen, und drum fasse ich mich kurz.

DON JUAN *kniet neuerdings nieder.*

DON GONZALO Die Stunde ist da –

DONNA ELVIRA Mehr wird ihm nicht einfallen, Pater Diego, lassen Sie die Posaunen blasen, ich kenne ihn, mehr wird ihm nicht einfallen.

DON GONZALO Die Stunde ist da –

TENORIO Geb's Gott!

DON GONZALO Geb's Gott!

Die beiden Väter umarmen einander, Posaunen ertönen, es erscheint die verschleierte Braut, von Donna Inez geführt; eine schöne Zeremonie endet damit, daß Don Juan, seidenweiß, und die Braut, seidenweiß mit schwarzem Schleier, einander gegenüberstehen, zwischen ihnen der Pater, alle übrigen knien.

PATER DIEGO »Herr, wer darf Gast sein in deinem Zelte?

Wer darf weilen auf deinem heiligen Berge?

Der unsträflich wandelt und Gerechtigkeit übt

und die Wahrheit redet von Herzen;

der Wort hält, auch wenn er sich zum Schaden geschworen.

Wer das tut, wird nimmer wanken.« Amen. –

Posaunen

PATER DIEGO Du: Donna Anna, Tochter des Don Gonzalo von Ulloa, Komtur von Sevilla. Und du: Don Juan, Sohn des Tenorio, Bankier von Sevilla. Ihr beide, gekleidet als Braut und Bräutigam, gekommen aus dem freien Entschluß eurer Herzen, willens, die Wahrheit zu sprechen vor Gott, eurem Schöpfer und Herrn, antwortet mit klarer und voller Stimme auf die Frage, so ich euch stelle im Angesicht des Himmels und der Menschen, auf daß sie eure Zeugen sind auf Erden: Erkennet ihr euch von Angesicht zu Angesicht? *Donna Anna wird entschleiert.* Donna Anna, erkennest du ihn? Antworte.

DONNA ANNA Ja!

PATER DIEGO Antworte, Don Juan, erkennst du sie?

DON JUAN *schweigt wie versteinert.*

PATER DIEGO Antworte, Don Juan, erkennst du sie?

DON JUAN Ja . . . allerdings . . . o ja!

Posaunen

PATER DIEGO So antwortet denn auf die andere Frage.

DONNA ELVIRA Wie erschüttert er ist!

PATER DIEGO Da ihr euch also erkennt, Donna Anna und Don Juan, seid ihr entschlossen und bereit, einander die Hand zu reichen zum ewigen Bündnis der Ehe, die euch behüte, auf daß nicht Satan, der gefallene Engel, das himmlische Wunder der Liebe verwandle in irdische Pein: seid ihr also bereit zu geloben, daß keine andere Liebe je in eurem Herzen sein soll, solang ihr lebt, denn diese, die wir weihen im Namen des Vaters, des Sohnes, des Heiligen Geistes. *Alle bekreuzigen sich.* Ich frage dich, Donna Anna.

DONNA ANNA Ja!

PATER DIEGO Ich frage dich, Don Juan.

DON JUAN – – – Nein.

Posaunen

PATER DIEGO So lasset uns beten.

DON JUAN Ich sage: Nein. *Der Pater beginnt zu beten.* Nein! *Alle Knienden beginnen zu beten.* Ich habe gesagt: Nein. *Das Gebet verstummt.* Ich bitte Sie, Freunde, erheben Sie sich.

DON GONZALO Was sagt er?

TENORIO Junge, Junge!

DON GONZALO Nein – sagt er?

DON JUAN Ich kann nicht. Unmöglich. Ich bitte um Entschuldigung . . . Warum erhebt ihr euch denn nicht?

PATER DIEGO Was soll das heißen?

DON JUAN Ich sag es ja: Ich kann das nicht schwören. Unmöglich. Ich kann nicht. Wir haben einander umarmt in dieser Nacht, natürlich erkenne ich sie –

DON GONZALO Was sagt er?

DON JUAN Natürlich erkennen wir uns.

DON GONZALO Umarmt? sagt er. Umarmt?

DON JUAN Davon wollte ich nicht sprechen . . .

DONNA ANNA Es ist aber die Wahrheit.

PATER DIEGO Weg, ihr Buben, weg mit dem Weihrauch!

DON JUAN Wir trafen einander im Park. Zufällig. Gestern in der Finsternis. Und auf einmal war alles so natürlich. Wir sind geflohen. Beide. Aber im Finstern, da wir nicht wußten, wer wir sind, war es ganz einfach. Und schön. Und da wir uns liebten, haben wir auch einen Plan gemacht – jetzt kann ich es ja verraten: Heute nacht, beim Teich, wollten wir uns wiedersehen. Das war unser Schwur. Und ich wollte das Mädchen entführen.

DON GONZALO Entführen?

DON JUAN Ja.

DON GONZALO Meine Tochter?

DON JUAN Ich hatte wirklich keine Ahnung, Don Gonzalo, daß sie es ist –

DON GONZALO Hast du verstanden, Elvira?

DONNA ELVIRA Besser als du.

DON JUAN Wäre ich nicht so sonderbar müde gewesen, so daß ich bis zum Morgengrauen schlief, Ehrenwort, ich hätte euch diese große Veranstaltung erspart. Was sollte ich tun? Es war zu spät. Ich hörte die Posaunen und wußte keinen andern Rat, ich dachte: Ich werde einen Meineid schwören. Entrüstet euch, ja, so stehe ich da: Ich nehme eure Hochzeit als Spiel, so dachte ich, und dann in der Nacht, wenn es abermals dunkel ist . . . *Er starrt auf Donna Anna:* – Gott weiß es, darauf war ich nicht gefaßt!

PATER DIEGO Worauf?

DON JUAN Daß du es bist.

TENORIO Junge, Junge!

DON JUAN Nur wegen Weihrauch und Posaunen, Papa, kann ich nicht schwören, was ich nicht glaube, und ich glaube mir selbst nicht mehr. Ich weiß nicht, wen ich liebe. Ehrenwort. Mehr kann ich nicht sagen. Das beste wird sein, man läßt mich gehen, je rascher, um so besser. *Er verneigt sich.* – Ich selber bin bestürzt.

DON GONZALO Verführer!

DON JUAN *will gehen.*

DON GONZALO Nur über meine Leiche! *Er zieht den Degen.* Nur über meine Leiche!

DON JUAN Wozu?

DON GONZALO Nur über meine Leiche!

DON JUAN Das ist nicht Ihr Ernst.

DON GONZALO Fechten Sie!

DON JUAN Ich denke nicht daran.

DON GONZALO Sie kommen nicht aus diesem Haus, so wahr ich Don Gonzalo heiße, nur über meine Leiche!

DON JUAN Ich möchte aber nicht töten.

DON GONZALO Nur über meine Leiche!

DON JUAN Was ändert das? *Er wendet sich nach der andern Seite.* Ihr Gemahl, Donna Elvira, möchte mich zu seinem Mörder machen; gestatten Sie mir einen anderen Ausgang! *Er verbeugt sich vor Donna Elvira, indem er sich nach der andern Seite entfernen will, aber in diesem Augenblick haben auch die drei Vettern ihre Klingen gezogen, und er sieht sich umstellt.* Wenn das euer Ernst ist –

DON GONZALO Tod dem Verführer!

DIE DREI Tod!

DON JUAN *zieht seinen Degen.*

DIE DREI Tod dem Verführer!

DON JUAN Ich bin bereit.

DONNA ELVIRA Halt!

DON JUAN Ich fürchte mich nicht vor Männern.

DONNA ELVIRA Halt! *Sie tritt dazwischen.* Vier gegen einen! Und kaum wissen wir, warum der Jüngling so verwirrt ist. Seid ihr von Sinnen? Ich bitte um Verstand. Und zwar sofort! *Die Klingen werden gesenkt.* Pater Diego, warum sagen Sie denn kein Wort?

PATER DIEGO Ich –

DON JUAN Was soll der Pater schon sagen? Er versteht mich am allerbesten. Wieso hat er denn nicht geheiratet?

PATER DIEGO Ich?

DON JUAN Zum Beispiel Donna Elvira?

PATER DIEGO Bei Gott –

DON JUAN Er nennt es Gott, ich nenne es Geometrie; jeder Mann hat etwas Höheres als das Weib, wenn er wieder nüchtern ist.

PATER DIEGO Was soll das heißen?

DON JUAN Nichts.

PATER DIEGO Was soll das heißen?

DON JUAN Ich weiß, was ich weiß. Man reize mich nicht! Ich weiß nicht, ob der Komtur es weiß.

TENORIO Junge, Junge!

DON JUAN Es bricht dir das Herz, Papa, ich weiß, das sagst du schon seit dreizehn Jahren, es würde mich nicht wundern, Papa, wenn du eines Tages stirbst. *Zu den Vettern:* Fechten wir nun oder fechten wir nicht?

DONNA ELVIRA Lieber Juan –

DON JUAN Ich bin Kavalier, Donna Elvira, ich werde eine Dame nicht bloßstellen. Seien Sie getrost. Aber ich lasse mich nicht zum Dummen machen, bloß weil ich jung bin.

DONNA ELVIRA Mein lieber Juan –

DON JUAN Was will man von mir?

DONNA ELVIRA Antwort auf eine einzige Frage. *Zu den Vettern:* Steckt eure Klingen ein, ich warte darauf. *Zu Don Gonzalo:* Du auch! *Die Vettern stecken ihre Klingen ein* ... Don Juan Tenorio, Sie sind gekommen, um Anna zu heiraten, Ihre Braut.

DON JUAN Das war gestern.

DONNA ELVIRA Ich verstehe Sie, plötzlich hatten Sie eine Scheu. Wie Anna auch. Sie flohen in den Park. Wie Anna auch. Sie hatten Scheu vor der Erfüllung. War es nicht so? Dann aber, in der Finsternis, fandet ihr euch, ahnungslos, wer ihr seid, und es war schön.

DON JUAN Sehr.

DONNA ELVIRA Namenlos.

33

DON JUAN Ja.

DONNA ELVIRA Sie wollten die Braut, die Sie betrogen, nicht
heiraten. Sie wollten mit dem Mädchen fliehen, mit dem
andern, Sie wollten es entführen –

DON JUAN Ja.

DONNA ELVIRA Warum tun Sie es nicht?

DON JUAN Warum –

DONNA ELVIRA Sehen Sie denn nicht, wie das Mädchen Sie
erwartet, Sie und keinen andern, wie es strahlt, daß Sie, der
Bräutigam und der Entführer, ein und derselbe sind?

DON JUAN Ich kann nicht.

DONNA ELVIRA Warum?

DON GONZALO Warum! Warum! Hier gibt es kein Warum! *Er
hebt neuerdings die Klinge.* Tod dem Schänder meines Kindes!

DONNA ELVIRA Mein Gemahl –

DON GONZALO Fechten Sie!

DONNA ELVIRA Mein Gemahl, wir sind in einem Gespräch.

DON JUAN Ich kann nicht. Das ist alles, was ich sagen kann. Ich
kann nicht schwören. Wie soll ich wissen, wen ich liebe?
Nachdem ich weiß, was alles möglich ist – auch für sie, meine
Braut, die mich erwartet hat, mich und keinen andern, selig mit
dem ersten besten, der zufällig ich selber war ...

DON GONZALO Fechten Sie!

DON JUAN Wenn Sie es nicht erwarten können, Ihr marmornes
Denkmal, fangen Sie an! *Er lacht.* Sie werden mir unvergeßlich
bleiben, Held der Christen, wie Sie im Harem von Cordoba
standen. Nehmt und genießt! Ich habe Sie gesehen ... Fangen
Sie an! – ich bin sein Zeuge: die maurischen Mädchen haben
alles versucht, um ihn zu versuchen, unseren Kreuzritter der
Ehe, aber vergeblich, ich schwör's, ich habe ihn gesehen, so
bleich und splitternackt, seine Hände haben gezittert, der
Geist war willig, doch das Fleisch war schwach ... Fangen Sie
an!

DON GONZALO *läßt den Degen fallen.*

DON JUAN Ich bin bereit.

DONNA ELVIRA Juan –

DON JUAN Am besten, ich sagte es gleich, man läßt mich gehen; ich fühle, meine Höflichkeit läßt nach. *Er steckt die Klinge zurück.* Ich werde Sevilla verlassen.

DONNA ANNA Juan —

DON JUAN Lebwohl! *Er küßt Donna Anna die Hand.* Ich habe dich geliebt, Anna, auch wenn ich nicht weiß, wen ich geliebt habe, die Braut oder die andere. Ich habe euch beide verloren, beide in dir. Ich habe mich selbst verloren. *Er küßt nochmals ihre Hand.* Lebwohl!

DONNA ANNA Lebwohl —
Don Juan entfernt sich.

DONNA ANNA Vergiß nicht, Juan: am Teich, wenn es Nacht ist — heute — wenn es Nacht ist — Juan? — Juan! . . .
Donna Anna geht ihm nach.

PATER DIEGO So läßt man diesen Frevler einfach ziehen?

DON GONZALO Der Himmel zerschmettere ihn!

PATER DIEGO Das kann auch ein Pater sagen. Der Himmel!

DON GONZALO Verfolgt ihn! Los! Umzingelt den Park! Los! Laßt alle Hunde von der Kette und umzingelt den Park! Los, ihr alle, los!
Es bleiben Donna Elvira und Tenorio.

TENORIO Es bricht mir das Herz, Donna Elvira, wenn ich sehe, wie mein Sohn sich benimmt.

DONNA ELVIRA Ich finde ihn herrlich.

TENORIO Wie stehe ich da?

DONNA ELVIRA Das ist es, Vater Tenorio, was in diesem Augenblick uns alle, glauben Sie mir, am mindesten beschäftigt.

TENORIO Mein eignes Fleisch und Blut: mit Hunden gehetzt! Und dabei glaube ich es nicht einmal, daß er eure Tochter verführt hat, einer, der sich so wenig aus den Frauen macht wie mein Sohn. Ich kenne ihn! Am Ende ist es nur ein Lug und Trug, damit er wieder zu seiner Geometrie kommt, herzlos wie er ist. Nicht einmal wundern würde es ihn, wenn ich eines Tages stürbe — Sie haben es gehört — nicht einmal wundern!
Man hört Hundegebell, Pater Diego kommt zurück.

PATER DIEGO Auch Sie, Vater Tenorio, los!

Donna Elvira bleibt allein.

DONNA ELVIRA Ich finde ihn herrlich!

Don Juan stürzt herein.

DON JUAN Niedermachen werde ich sie, die ganze Meute, ich heirate nicht, niedermachen werde ich sie.

DONNA ELVIRA Komm!

DON JUAN Wohin?

DONNA ELVIRA In meine Kammer –

Tenorio kommt mit gezücktem Degen und sieht, wie Don Juan und Donna Elvira einander umarmen und in die Kammer fliehen.

TENORIO Junge, Junge!

Es kommen die Verfolger mit blanken Klingen und mit einer Meute wilder Hunde, die an den Leinen reißen.

DON GONZALO Wo ist er?

TENORIO *greift an sein Herz.*

DON GONZALO Los! Umzingelt den Park!

Die Verfolger stürzen davon.

TENORIO Ich – sterbe . . .

Vor dem Zwischenvorhang erscheinen Miranda, verkleidet als Braut, und Celestina mit Nähzeug.

CELESTINA Eins nach dem andern, Schätzchen, eins nach dem andern. Du kommst schon noch zur rechten Zeit. So eine Hochzeit dauert lang mit allen Reden dazu.

MIRANDA Es darf mich niemand erkennen, Celestina, sie würden mich peitschen lassen und an den Pranger binden. Gott steh mir bei! *Sie muß stillstehen, damit Celestina nähen kann.* Celestina –

CELESTINA Wenn du zitterst, kann ich nicht nähen.

MIRANDA Celestina, und du findest wirklich, ich sehe aus wie eine Braut?

CELESTINA Zum Verwechseln. *Sie näht.* Ich sage dir, Männer sind das Blindeste, was der liebe Herrgott erschaffen hat. Ich bin Schneiderin gewesen, Schätzchen, und du kannst es mir glauben. Falsche Spitzen oder echte Spitzen, das sehn die wenigsten, bevor sie's zahlen müssen. Ich sage dir: Was ein Mann ist, sieht immer nur das Wesentliche.

MIRANDA Celestina, ich kann kaum atmen.

CELESTINA Das läßt sich richten. Es spannt dich um den Busen, ich seh's, du bist keine Jungfrau. Wir trennen einfach die Naht unterm Arm, eine Kleinigkeit. Das sieht er nicht, oder erst wenn es zu spät ist. Aber nicht zittern! Sonst steche ich dich. Was hast du denn darunter an?

MIRANDA Darunter? – Nichts.

CELESTINA Das ist immer das beste.

MIRANDA Wo's eh schon so knapp ist.

CELESTINA In der Unterwäsche nämlich sind sie komisch, gerade die feineren Herrn. Plötzlich entsetzt sie ein Rosa oder ein Lila, und sie sind befremdet über deinen Geschmack. Wie wenn man über Romane redet, plötzlich seufzt so ein Geck: Wir sind zwei Welten! und blickt zum Fenster hinaus. Drum sag ich euch immer, redet nicht über Romane! Plötzlich hat man die Kluft. Und mit der Unterwäsche genau so. Es gibt Männer, die vor keiner Fahne fliehen, aber ein rosa Fetzchen auf dem Teppich, und weg sind sie. Über Geschmack läßt sich nicht streiten. Keine Unterwäsche ist besser; es bestürzt, aber es befremdet nie.

MIRANDA Celestina —

CELESTINA Nicht zittern, Schätzchen, nicht zittern!

MIRANDA Ich weiß nicht, ob ich's wage, Celestina, hoffentlich ist es keine Versündigung, was ich vorhabe.

CELESTINA Jetzt spannt es schon nicht mehr, siehst du, und der Busen ist straff genug ... Was hast du denn vor? — Und unten, mein Schätzchen, machen wir einfach einen Saum, damit er deine Fesseln sieht. Die Fesseln sind wichtig.

MIRANDA O Gott!

CELESTINA Aber zuerst laß uns den Schleier stecken.

MIRANDA O Gott!

CELESTINA Warum seufzest du?

MIRANDA Warum ist alles, was wir tun, nur Schein!

CELESTINA Tja. *Sie hebt den Rock.*

Und jetzt der Saum.

MIRANDA Nicht so!

CELESTINA Du meinst, ich bücke mich?

MIRANDA Celestina —

CELESTINA Mit sieben Stichen ist's geschehn.

Miranda dreht sich langsam wie ein Kreisel, während Celestina steht und den Saum an dem erhobenen Rock steckt.

Umarmen wird er dich, das meinst du wohl? Weil er dich für Donna Anna hält, seine Braut. Küssen und umarmen! Ich werde ja lachen, Schätzchen, wenn du dein blaues Wunder erlebst. Aber bitte! Es wird dir die Flausen schon austreiben, und drum nämlich helfe ich dir. Donna Anna? wird er sagen, wenn er dich sieht, und ein mißliches Gewissen haben, das ist alles, viel Ausreden und einen Schwall von Lügen und keine Zeit für Umarmung, von Lust ganz zu schweigen. Du überschätzest die

38

Ehemänner, Schätzchen, du kennst sie bloß, wie sie bei uns sind. *Der Saum ist fertig.* So –

MIRANDA Danke.

CELESTINA Wie fühlt sich die Braut? *Es klingelt.* Schon wieder ein Kunde!

MIRANDA Laß mir den Spiegel!

Auftritt ein spanischer Edelmann.

CELESTINA Sie wünschen?

LOPEZ Ich weiß nicht, ob ich richtig bin.

CELESTINA Ich denke schon.

LOPEZ Mein Name ist Lopez.

CELESTINA Wie dem auch sei.

LOPEZ Ich komme aus Toledo.

CELESTINA Müd von der Reise, ich verstehe, Sie wünschen ein Lager –

LOPEZ Don Balthazar Lopez.

CELESTINA Wir verlangen keine Personalien, hier genügt's, mein Herr, wenn Sie im voraus bezahlen.

LOPEZ *sieht sich um.*

CELESTINA Sie sind richtig, treten Sie ein.

LOPEZ *mustert Miranda.*

CELESTINA Dieses Mädchen hat Ausgang.

Miranda allein mit dem Spiegel.

MIRANDA Gott steh mir bei! Mehr will ich nicht: einmal erkannt sein als Braut, und wär's auch nur zum Schein, einmal soll er zu meinen Füßen knien und schwören, daß es dieses Gesicht ist, Donna Anna, nur dieses Gesicht, das er liebt – mein Gesicht . . .

Dritter Akt

Vor dem Schloß
Im Morgengrauen sitzt Don Juan auf der Treppe, in der Ferne
noch immer das Gebell der Hunde, er verzehrt ein Rebhuhn;
Don Roderigo erscheint.

DON RODERIGO Juan? Juan! – ich bin's, Don Roderigo, dein
Freund seit je. *Don Juan ißt und schweigt.* Juan?

DON JUAN Was ist los, Roderigo, Freund seit je, daß du nicht
einmal guten Morgen sagst?

DON RODERIGO Hörst du's nicht?

DON JUAN Gebell? Ich habe es die ganze Nacht gehört, mein
Guter, von Kammer zu Kammer. Einmal ferner, einmal näher.
Sie haben eine Ausdauer, die mich rührt.

DON RODERIGO Ich suche dich die ganze Nacht. *Don Juan ißt*
und schweigt. Um dich zu warnen. *Don Juan ißt und schweigt.*
Was machst du hier, Juan, mitten auf der Treppe?

DON JUAN Ich frühstücke.

DON RODERIGO Juan, hör zu –

DON JUAN Bist du bei deiner Braut gewesen?

DON RODERIGO Nein.

DON JUAN Das ist ein Fehler, Don Roderigo, Freund seit je, ein
kühner Fehler. Du solltest dein Mädchen nie allein lassen.
Plötzlich springt ein Unbekannter in ihre Kammer, von Hunden gehetzt, und sie entdeckt, daß auch du nicht der einzige
Mann bist.

DON RODERIGO Was willst du damit sagen?

DON JUAN Die Wahrheit. *Er ißt.* Du hast eine süße Braut . . .

DON RODERIGO Juan, du hinkst ja?

DON JUAN Wie der Satan persönlich, ich weiß. Das kommt
davon, wenn man aus dem Fenster springt. *Er ißt.* Es gibt
keinen andern Ausweg zu dir selbst. *Er ißt.* Das Weib ist uner-
sättlich . . .

DON RODERIGO Juan, ich muß dich warnen.

DON JUAN Ich muß dich ebenfalls warnen.

DON RODERIGO Ich spreche im Ernst, mein Freund. Etwas
Schreckliches wird geschehen, wenn du nicht vernünftig bist,
etwas Grauenvolles, was du dein Leben lang bereuen könntest. Plötzlich hört es auf, ein Spaß zu sein, und alles wird
blutig. Und unwiderrufbar. Ich bin die ganze Nacht durch den
Park geschlichen, Juan, ich habe gezittert für dich –

DON JUAN *ißt und schweigt.*

DON RODERIGO Ich habe meinen Augen nicht getraut, wie ich sie
plötzlich vor mir sehe da draußen am Teich: wie ein Gespenst
des Tods!

DON JUAN Wen?

DON RODERIGO Deine Braut.

DON JUAN – Anna?

DON RODERIGO Sie wartet auf dich, Juan, die ganze Nacht. Sie ist
von Sinnen, scheint es. Stundenlang sitzt sie reglos wie eine
Statue, stundenlang, dann flattert sie wieder am Ufer entlang.
Ich habe sie gesprochen. Er ist draußen auf der kleinen Insel,
sagt sie, und es ist dem Mädchen nicht auszureden. Kaum ist
man weg, ruft sie deinen Namen. Immer wieder ... Du mußt
sprechen mit ihr.

DON JUAN Ich wüßte nicht, was ich sprechen sollte, Roderigo.
Ich bin jetzt nicht in der Verfassung, Gefühle zu haben, und
daß ich sie verlassen habe, weiß sie. Was weiter? Das einzige,
was ich jetzt habe, ist Hunger.

DON RODERIGO Still!

Auftritt Don Gonzalo mit gezückter Klinge.

DON GONZALO Halt! Wer da?

DON JUAN Der kann ja kaum noch auf den Beinen stehen. Sag
ihm doch, er soll es aufgeben.

DON GONZALO Wer da?

DON JUAN Er sucht einfach seinen Tod und sein Denkmal, du
wirst sehen, vorher ist er nicht zufrieden.

Auftreten die drei Vettern, blutig, zerfetzt, erschöpft.

DON GONZALO Halt! Wer da?

EIN VETTER Der Himmel zerschmettere den Frevler.

DON GONZALO Ihr habt ihn?

EIN VETTER Wir sind am Ende, Onkel Gonzalo, zerfetzt haben sie uns, die verfluchten Hunde.

EIN VETTER Du hast sie gepeitscht, Idiot.

EIN VETTER Idiot, wenn sie mich anfallen.

DON GONZALO Wo sind die Hunde?

EIN VETTER Ich habe sie nicht geschlachtet, Onkel.

DON GONZALO Geschlachtet?

EIN VETTER Wir mußten.

DON GONZALO Geschlachtet? sagt ihr.

EIN VETTER Wir mußten: sie oder wir.

DON GONZALO Meine Hunde?

EIN VETTER Wir können nicht mehr, Onkel Gonzalo, der Himmel sorge selbst für seine Rache, wir sind am Ende.

DON GONZALO Meine Hunde . . .

EIN VETTER Wir müssen ihn verbinden.

Die drei Vettern schleppen sich davon.

DON GONZALO Ich werde nicht rasten noch ruhen, bis auch die Hunde gerächt sind. Sagt meiner Gemahlin, wenn sie erwacht: ich werde nicht rasten noch ruhen.

Don Gonzalo geht nach der andern Seite.

DON JUAN Hast du's gehört? Der Himmel zerschmettere den Frevler. Ein rührendes Losungswort. Ich bedaure jeden Hund, der sich dafür schlachten läßt.

DON RODERIGO Laß uns nicht spotten, Freund.

DON JUAN Ich spotte nicht über den Himmel, Freund, ich finde ihn schön. Besonders um diese Stunde. Man sieht ihn selten um diese Stunde.

DON RODERIGO Denk jetzt an deine Braut!

DON JUAN An welche?

DON RODERIGO Die draußen um den Teich irrt und deinen Namen ruft – Juan, du hast sie geliebt, ich weiß es.

DON JUAN Ich weiß es auch. *Er wirft den Knochen fort.* Das war ein unvergeßliches Rebhuhn! *Er wischt sich die Finger.* Ich habe sie geliebt. Ich erinnere mich. Im Frühjahr, wie ich Donna Anna zum ersten Mal sah, hier bin ich auf die Knie gesunken, hier auf dieser Treppe. Stumm. Wie vom Blitz getroffen. So sagt man doch? Ich werde das nie vergessen: wie sie Fuß vor Fuß auf diese Stufen sinken ließ, Wind im Gewand, und dann, da ich kniete, blieb sie stehen, stumm auch sie. Ich sah ihren jungen Mund, unter dem schwarzen Schleier sah ich den Glanz zweier Augen, blau. Es war Morgen wie jetzt, Roderigo, es war, als flösse die Sonne durch meine Adern. Ich hatte nicht den Atem, um sie anzusprechen, es würgte mich im Hals, ein Lachen, das nicht zu lachen war, weil es geweint hätte. Das war die Liebe, ich glaube, das war sie. Zum ersten und zum letzten Mal.

DON RODERIGO Wieso zum letzten Mal?

DON JUAN Es gibt keine Wiederkehr ... Wenn sie jetzt, in diesem Augenblick, noch einmal über diese Stufen käme, Wind im Gewand, und unter dem Schleier sähe ich den Glanz ihrer Augen, weißt du, was ich empfinden würde? Nichts. Bestenfalls nichts. Erinnerung. Asche. Ich will sie nicht wiedersehen. *Er reicht seine Hand.* Lebwohl, Roderigo!

DON RODERIGO Wohin?

DON JUAN Zur Geometrie.

DON RODERIGO Juan, das ist nicht dein Ernst.

DON JUAN Der einzige, der mir verblieben ist nach dieser Nacht. Bedaure mich nicht! Ich bin ein Mann geworden, das ist alles. Ich bin gesund, du siehst es, vom Scheitel bis zur Sohle. Und nüchtern vor Glück, daß es vorbei ist wie ein dumpfes Gewitter. Ich reite jetzt in den Morgen hinaus, die klare Luft wird mir schmecken. Was brauche ich sonst? Und wenn ich an einen rauschenden Bach komme, werde ich baden, lachend vor Kälte, und meine Hochzeit ist erledigt. Ich fühle mich frei wie noch nie, Roderigo, leer und wach und voll Bedürfnis nach männlicher Geometrie.

DON RODERIGO Geometrie! ...

DON JUAN Hast du es nie erlebt, das nüchterne Staunen vor einem Wissen, das stimmt? Zum Beispiel: was ein Kreis ist, das Lautere eines geometrischen Orts. Ich sehne mich nach dem Lauteren, Freund, nach dem Nüchternen, nach dem Genauen;

mir graust vor dem Sumpf unserer Stimmungen. Vor einem
Kreis oder einem Dreieck habe ich mich noch nie geschämt, nie
geekelt. Weißt du, was ein Dreieck ist? Unentrinnbar wie ein
Schicksal: es gibt nur eine einzige Figur aus den drei Teilen,
die du hast, und die Hoffnung, das Scheinbare unabsehbarer
Möglichkeiten, was unser Herz so oft verwirrt, zerfällt wie ein
Wahn vor diesen drei Strichen. So und nicht anders! sagt die
Geometrie. So und nicht irgendwie! Da hilft kein Schwindel
und keine Stimmung, es gibt eine einzige Figur, die sich mit
ihrem Namen deckt. Ist das nicht schön? Ich bekenne es,
Roderigo, ich habe noch nichts Größeres erlebt als dieses
Spiel, dem Mond und Sonne gehorchen. Was ist feierlicher als
zwei Striche im Sand, zwei Parallelen? Schau an den fernsten
Horizont, und es ist nichts an Unendlichkeit; schau auf das
weite Meer, es ist Weite, nun ja, und schau in die Milchstraße
empor, es ist Raum, daß dir der Verstand verdampft, unaus-
denkbar, aber es ist nicht das Unendliche, das sie allein dir
zeigen: zwei Striche im Sand, gelesen mit Geist ... Ach Roderigo, ich bin voll Liebe, voll Ehrfurcht, nur darum spotte ich.
Jenseits des Weihrauchs, dort wo es klar wird und heiter und
durchsichtig, beginnen die Offenbarungen; dort gibt es keine
Launen, Roderigo, wie in der menschlichen Liebe; was heute
gilt, das gilt auch morgen, und wenn ich nicht mehr atme, es gilt
ohne mich, ohne euch. Nur der Nüchterne ahnt das Heilige,
alles andere ist Geflunker, glaub mir, nicht wert, daß wir uns
aufhalten darin.
Er reicht nochmals die Hand. Lebwohl!

DON RODERIGO Und das Mädchen am Teich?

DON JUAN Ein andrer wird sie trösten.

DON RODERIGO Glaubst du das wirklich?

DON JUAN Mann und Weib – warum wollt ihr immer glauben,
was euch gefällt, und im Grunde glaubt man ja bloß, man
könne die Wahrheit ändern, indem man nicht darüber lacht.
Roderigo, mein Freund seit je, ich lache über dich! Ich bin dein
Freund; woher aber weißt du, daß es mich nicht einmal jucken
könnte, unsere Freundschaft aufs Spiel zu setzen? Ich ertrage

keine Freunde, die meiner sicher sind. Woher denn weißt du, daß ich nicht von deiner Inez komme?

DON RODERIGO Laß diesen Scherz!

DON JUAN Woher weißt du, daß es ein Scherz ist?

DON RODERIGO Ich kenne meine Inez.

DON JUAN Ich auch.

DON RODERIGO Woher?

DON JUAN Ich sag es ja: Ich war bei ihr.

DON RODERIGO Das ist nicht wahr!

DON JUAN Ich bin wißbegierig, mein Freund, von Natur. Ich fragte mich, ob ich dazu imstande bin. Inez ist deine Braut, und du liebst sie, und sie liebt dich. Ich fragte mich, ob sie auch dazu imstande ist. Und ob du es glauben wirst, wenn ich es dir sage.

DON RODERIGO Juan –!

DON JUAN Glaubst du's oder glaubst du's nicht? *Pause.* Glaub es nicht!

DON RODERIGO Du bist teuflisch.

DON JUAN Ich liebe dich. *Er tritt zu Don Roderigo und küßt ihn auf die Stirne.* Glaub es nie!

DON RODERIGO Wenn es wahr wäre, Juan, ich würde mich umbringen auf der Stelle, nicht dich, nicht sie, aber mich.

DON JUAN Es wäre schade um dich. *Er nimmt seine Weste, die auf der Treppe liegt und zieht sie an.* Ich weiß jetzt, warum mich die Zisterne mit meinem Wasserbild erschreckt hat, dieser Spiegel voll lieblicher Himmelsbläue ohne Grund. Sei nicht wißbegierig, Roderigo, wie ich! Wenn wir die Lüge einmal verlassen, die wie eine blanke Oberfläche glänzt, und diese Welt nicht bloß als Spiegel unsres Wunsches sehen, wenn wir es wissen wollen, wer wir sind, ach Roderigo, dann hört unser Sturz nicht mehr auf, und es saust dir in den Ohren, daß du nicht mehr weißt, wo Gott wohnt. Stürze dich nie in deine Seele, Roderigo, oder in irgendeine, sondern bleibe an der blauen Spiegelfläche wie die tanzenden Mücken über dem Wasser – auf daß du lange lebest im Lande, Amen. *Er hat seine Weste angezogen.* In diesem Sinn: Lebwohl! *Er umarmt Don*

Roderigo. Einen Freund zu haben, einen Roderigo, der für mich zitterte in dieser Nacht, es war schön; ich werde fortan für mich selbst zittern müssen.

DON RODERIGO Juan, was ist geschehen mit dir?

DON JUAN *lacht.*

DON RODERIGO Etwas ist geschehen mit dir.

DON JUAN Ich habe ausgeliebt. *Er will gehen, aber Don Roderigo hält ihn.* Es war eine kurze Jugend. *Er macht sich los.* Laß mich.

Don Juan geht, aber in diesem Augenblick erkennt er die Gestalt der Donna Anna, die oben auf der Treppe erschienen ist in Brautkleid und Schleier.

DON JUAN Wozu das? *Die Gestalt kommt langsam die Stufen herab . . .* Donna Anna . . . *Die Gestalt bleibt auf der drittletzten Stufe stehen.* Ich habe dich verlassen. Wozu diese Wiederkehr? Ich habe dich verlassen. Was ganz Sevilla weiß, weißt du es nicht? Ich habe dich verlassen!

DIE GESTALT *lächelt und schweigt.*

DON JUAN Ich erinnere mich. O ja! Ich sehe deinen jungen Mund, wie er lächelt. Wie damals. Und unter dem Schleier sehe ich den Glanz deiner Augen. Alles wie damals. Nur ich bin es nicht mehr, der damals vor dir kniete hier auf dieser Treppe, und es gibt kein Zurück.

DIE GESTALT Mein lieber Juan –

DON JUAN Du hättest nicht kommen dürfen, Anna, nicht über diese Stufen. Dein Anblick erfüllt mich mit einer Erwartung, die es nimmermehr gibt. Ich weiß jetzt, daß die Liebe nicht ist, wie ich sie auf diesen Stufen erwartet habe. *Pause.* Geh! *Pause.* Geh! *Pause.* Geh! sage ich. Geh! im Namen des Himmels und der Hölle. Geh!

DIE GESTALT Warum gehst denn du nicht?

DON JUAN *steht gebannt und schaut sie an.*

DIE GESTALT Mein lieber Juan –

DON JUAN Dein lieber Juan! *Er lacht.* Weißt du denn, wo er gewesen ist in dieser Nacht, dein lieber Juan? Bei deiner Mutter ist er gewesen, dein lieber Juan! Sie könnte dich etliches lehren, aber auch sie hat er verlassen, dein lieber Juan, der so voll Liebe ist, daß er aus dem Fenster sprang, um in das nächste zu fliehen. Bei deiner Mutter, hörst du? Mit Hunden haben sie ihn gehetzt, als wäre er nicht gehetzt genug, und ich weiß nicht einmal, wie sie heißt, die dritte im Verlauf seiner Hochzeit, ein junges Weib, nichts weiter, Weib wie hundert Weiber in der Finsternis. Wie machte es ihm Spaß, deinem lieben Juan, dich zu vergessen in dieser Finsternis ohne Namen und Gesicht, zu töten und zu begraben, was sich als kindisch erwiesen hat, und weiterzugehen. Was willst du von ihm, der bloß noch lachen kann? Und dann, wie alles so öde war und ohne Reiz – es war nicht Hoffnung, was ihn in die letzte Kammer lockte, deinen lieben Juan, und nicht ihr helleres Haar und die andere Art ihres Kusses, auch nicht die Lust an ihrem mädchenhaften Widerstand; sie wehrte sich so wild und bis zur Verzückung, schwächer zu sein als dein lieber Juan. Draußen kläfften die Hunde. O ja, die Unterschiede sind zauberisch, doch währt ihr Zauber nicht lang, und in unseren Armen sind alle so ähnlich, bald zum Erschrecken gleich. Etwas aber hatte sie, die letzte dieser wirren Nacht, was keine hat und jemals wieder haben wird, etwas einziges, das ihn reizte, etwas Besonderes, etwas Unwiderstehliches: – sie war die Braut seines einzigen Freundes.

DON RODERIGO Nein!

DON JUAN Aber das ist die lautere Wahrheit.

Don Roderigo stürzt davon.

DON JUAN So, Donna Anna, habe ich diese Nacht verbracht, da du am Teich auf mich gewartet hast, und so knie ich vor dir. *Er kniet nieder.* Zum letzten Mal, ich weiß es. Du bist noch einmal erschienen, um mir das Letzte zu nehmen, was mir verblieben ist: mein Gelächter ohne Reue. Warum habe ich dich umarmt und nicht erkannt? Und lassen wirst du mir das Bild dieser Stunde, das Bild der Verratenen, die nicht aufhören wird dazustehen in der Morgensonne, wohin ich auch gehe fortan.

DIE GESTALT Mein Juan!

DON JUAN Wie solltest du noch einmal glauben können, daß ich dich liebe? Ich dachte, die Erwartung wird nie wiederkehren. Wie soll ich selbst es glauben können?

DIE GESTALT Erheb dich!

DON JUAN Anna.

DIE GESTALT Erheb dich.

DON JUAN Ich knie nicht um Vergebung. Nur ein Wunder, nicht die Vergebung kann mich retten aus der Erfahrung, die ich gemacht habe –

DIE GESTALT Erheb dich!

DON JUAN *erhebt sich.*

Wir haben einander verloren, um einander zu finden für immer. Ja! Für immer. *Er umarmt sie.* Mein Weib!

DIE GESTALT Mein Mann!

Don Gonzalo erscheint mit seiner gezückten Klinge.

DON GONZALO Da ist er.

DON JUAN Ja, Vater.

DON GONZALO Fechten Sie!

DON JUAN Sie kommen zu spät, Vater, wir haben uns wieder vermählt.

DON GONZALO Mörder!

DON JUAN Wozu?

DON GONZALO Fechten Sie!

DON JUAN Er kann es nicht fassen, dein Vater, er sieht es mit eignen Augen, unser Glück, aber er kann es nicht fassen!

DON GONZALO Glück – Glück, sagt er, Glück –

DON JUAN Ja, Vater, lassen Sie uns allein.

DON GONZALO – und du, Hure, du läßt dich noch einmal beschwatzen von diesem Verbrecher, wenn ich ihn nicht auf der Stelle ersteche.

Er bedroht Don Juan, so daß Don Juan ziehen muß.

Nieder mit ihm!

DON JUAN Halt!

DON GONZALO Fechten Sie!

DON JUAN Wieso Mörder? Schließlich sind es Doggen, ganz abgesehen davon, daß nicht ich sie getötet habe –

DON GONZALO Und Don Roderigo?

DON JUAN Wo ist er?

DON GONZALO In seinem Blute röchelnd hat er Sie verflucht als
Schänder seiner Braut.

DON JUAN — Roderigo?

*Don Juan ist von der Nachricht betroffen und starrt vor sich
hin, während die fuchtelnde Klinge des Komturs ihn belästigt
wie ein Insekt, das er ärgerlich abwehrt.*

Halt! sage ich.

*Don Gonzalo fällt durch einen blitzschnellen Stich, bevor es
zu einer Fechterei gekommen ist, und stirbt, während Don
Juan, die Klinge einsteckend, vor sich hinstarrt wie zuvor.*

DON JUAN Sein Tod erschüttert mich — ich meine Roderigo. Was
hatte ich ihn der Wahrheit auszuliefern? Er hat mich nie
verstanden, mein Freund seit je, ich mochte ihn von Herzen
gern. Ich habe ihn gewarnt: ich ertrage keine Freunde, die
meiner sicher sind. Warum habe ich nicht geschwiegen? Noch
eben stand er hier . . .

DIE GESTALT Tod, Tod!

DON JUAN Schrei nicht.

DIE GESTALT O Juan!

DON JUAN Laß uns fliehen!

*Pater Diego erscheint im Hintergrund, die ertrunkene Donna
Anna auf den Armen, aber Don Juan sieht ihn noch nicht.*

Laß uns fliehen! Wie wir es geschworen haben am nächtlichen
Teich, ach, so kindlich geschworen, als läge es in unsrer
Macht, daß wir uns nicht verirren und verlieren. Was zögerst
du? Ich halte deine Hand wie ein Leben, das uns noch einmal
geschenkt ist, wirklicher als das erste, das kindliche, voller um
unser Wissen, wie leicht es vertan ist. Du zitterst? Schau mich
an: dankbar wie ein Begnadigter fühle ich die Sonne dieses
Morgens und alles, was lebt — *Er erblickt den Pater mit der
Leiche.* Was bedeutet das, Pater Diego? *Schweigen.* Antwortet! *Schweigen.* Welche ist meine Braut? *Er schreit:* Antwortet!

PATER DIEGO Sie wird nicht mehr antworten, Don Juan, und
wenn du noch so schreist. Nie wieder. Sie hat sich ertränkt.

Das ist das Ende deiner Hochzeit, Don Juan, das ist die Ernte deines Übermuts.

DON JUAN Nein –

PATER DIEGO *legt die Leiche auf die Erde.*

DON JUAN Das ist nicht meine Braut. Das ist nicht wahr. Ich habe mich dem Leben vermählt, nicht einer Wasserleiche mit baumelnden Armen und Haaren von Tang. Was soll dieser Spuk am hellichten Tag? Ich sage: das ist nicht meine Braut.

PATER DIEGO Wer denn ist deine Braut?

DON JUAN Jene! – die andere.

PATER DIEGO Und warum will sie fliehen?

Die Gestalt versucht treppauf zu entfliehen, aber in diesem Augenblick sind die drei Vettern erschienen.

DON JUAN Meine Herrn, ich begrüße euer Erscheinen. Mein Freund ist tot –

EIN VETTER Tot.

DON JUAN Und diese da?

PATER DIEGO Tot.

DON JUAN Und dieser auch. Wer wird es glauben, daß er mir in die Klinge lief wie ein Huhn? Er wird als Denkmal auferstehen.

EIN VETTER Der Himmel zerschmettere den Frevler!

DON JUAN Und was ist mit meinem Vater?

EIN VETTER Tot.

DON JUAN Ist das wahr?

DIE VETTERN Tot.

DON JUAN Ich bekenne, Pater Diego, ich komme mir wie ein Erdbeben vor oder wie ein Blitz. *Er lacht.* Was euch betrifft, ihr meine Vettern, steckt endlich eure Klingen ein, damit ihr überlebt und Zeugen meiner Hochzeit seid. Hier: zwei Bräute, und ich soll wählen, eine Lebende, eine Tote, und Pater Diego sagt, daß ich der Leiche vermählt sei. Ich aber sage: sie – *Er tritt zur verschleierten Gestalt und faßt ihre Hand:* – sie und keine andere ist meine Braut, sie, die Lebendige, sie, die nicht in den Tod gegangen ist, um mich zu verdammen bis ans Ende meiner Tage, sie, die noch einmal erschienen ist vor dem Verirrten, damit ich sie erkenne, und ich habe sie erkannt.

DIE GESTALT O Juan!

DON JUAN Nimm deinen Schleier ab!

DIE GESTALT *nimmt ihren Schleier ab.*

PATER DIEGO Miranda!?

Don Juan deckt sein Gesicht mit beiden Händen, bis er allein ist, bis die Toten weggetragen sind, bis das Geläute, das den Trauerzug begleitet, verstummt ist.

DON JUAN Begrabt das arme Kind, aber wartet nicht darauf, daß ich mich bekreuzige, und hofft nicht, daß ich weine. Und tretet mir nicht in den Weg. Jetzt fürchte ich nichts mehr. Wir wollen sehen, wer von uns beiden, der Himmel oder ich, den andern zum Gespött macht!

Pause

Vierter Akt

Ein Saal
Don Juan, jetzt ein Mann von dreiunddreißig Jahren, steht vor
einer festlichen Tafel mit Silber und Kerzen, die er mustert.
Sein Diener, Leporello, stellt Karaffen auf den Tisch. Drei
Musikanten warten auf Instruktionen. Im Hintergrund ein gro-
ßer Vorhang.

DON JUAN Ihr bleibt in dieser Kammer nebenan. Begriffen? Und
was das Halleluja betrifft: wenn sich irgend etwas ereignen
sollte, ein Unfall oder so – zum Beispiel könnte es ja sein, daß
mich die Hölle verschlingt –

MUSIKANT Herr!

DON JUAN – einfach weiterspielen. Begriffen? Das Halleluja wird
wiederholt, bis niemand mehr in diesem Saal ist. *Er strupft*
seine weißen Handschuhe von den Fingern, indem er abermals
die Tafel mustert. So macht euch bereit!

MUSIKANT Und unser Honorar?

DON JUAN Davon später!

MUSIKANT Wenn niemand mehr im Saal ist –?

DON JUAN Meine Herrn: ich erwarte dreizehn Damen, die
behaupten, daß ich sie verführt habe, und damit nicht genug,
ich erwarte den Bischof von Cordoba, der auf seiten der
Damen ist, wie jedermann weiß, ich erwarte ein Denkmal, das
ich ebenfalls eingeladen habe, einen Gast aus Stein – meine
Herrn: ich habe jetzt nicht die Nerven für euer Honorar, nicht
die Nerven...

Die Musikanten verziehen sich.

DON JUAN Es sieht nicht übel aus.

LEPORELLO Der Wein, Herr, wird nicht lang reichen, ein Gläs-
chen für jeden Gast –

DON JUAN Das reicht. Die Lust zu trinken, so hoffe ich, wird
ihnen bald vergehen, spätestens wenn der steinerne Gast
kommt.

LEPORELLO – Herr . . .

DON JUAN Wir sind bankrott. *Es klingelt draußen.* Wo sind die Tischkarten?

LEPORELLO – Herr . . . Sie glauben's aber nicht im Ernst, daß er wirklich kommt, der mit dem steinernen Sockel?

DON JUAN Glaubst du es denn im Ernst?

LEPORELLO Ich! *Er versucht ein schallendes Hohnlachen, das ihm im Augenblick, da es zum zweiten Mal klingelt, wie eine Larve vom entsetzten Gesicht fällt.* – vielleicht ist er das! . . . *Don Juan legt Tischkarten.*

LEPORELLO – Herr . . .

DON JUAN Wenn es wieder diese verschleierte Dame ist, sage ihr, ich empfange grundsätzlich keine verschleierten Damen mehr. Wir kennen das. Sie möchten immer meine Seele retten und hoffen, daß ich sie aus Widerspruch verführe. Sage der Dame, wir kennen dieses Verfahren und sind es müde. *Es klingelt zum dritten Mal.* Warum gehst du nicht ans Tor?

Leporello geht ängstlich. Die Musikanten nebenan probieren jetzt ihre Instrumente, was ein wirres Geflatter von Tönen ergibt, während Don Juan sorgsam die Tischkarten legt; er kommt zur letzten Karte und hält inne.

DON JUAN Du, lebendiger als alle, die leben, du kommst nicht, du, die einzige, die ich geliebt habe, die Erste und die Letzte, geliebt und nicht erkannt – *Er verbrennt die Karte über einer Kerze.* Asche.

Leporello kommt zurück.

LEPORELLO Der Bischof von Cordoba!

DON JUAN Blase diese Asche von der Tafel und sage dem Bischof von Cordoba, er möge einen Augenblick warten. Aber sag es höflich! Der Bischof ist zwar kein Gläubiger, ich meine, ich schulde ihm nichts; aber ich brauche ihn sehr. Ohne Kirche keine Hölle.

LEPORELLO – Herr . . .

DON JUAN Warum zitterst du immerfort?

LEPORELLO Genug ist genug, Herr, man soll's nicht auf die Spitze treiben, ein Gräbmal einzuladen zum Essen, einen Toten, der lang schon verwest und vermodert ist, alles was recht ist, Herr, ich war ein Spitzbube, wo immer es sich lohnte, und für eine gewisse Beute tu ich alles, Herr, ich bin kein Feigling, Herr, aber was Sie gestern auf dem Friedhof verlangt haben, Herr, das ist Spitzbüberei aus purer Gesinnung, Herr, ein Grabmal einzuladen zum Essen –

STIMME Don Juan?

LEPORELLO Maria und Joseph!

STIMME Don Juan?

DON JUAN Augenblick.

LEPORELLO Er kommt!

DON JUAN Augenblick, sag ich, Augenblick.

LEPORELLO Erbarmen! Ich bin unschuldig, ich mußte, ich habe Familie, Herrgott im Himmel, fünf Kinder und ein Weib. *Er wirft sich auf die Knie.* Erbarmen!

DON JUAN Wenn du beten möchtest, geh hinaus.

LEPORELLO Es hat gerufen, ich hab's gehört.

DON JUAN Steh auf!

Leporello erhebt sich.

DON JUAN Tu jetzt, was ich dich heiße: Sag dem Bischof von Cordoba, ich lasse bitten. Aber sag es mit vielen Worten und Floskeln; ich brauche noch drei Minuten hier.

LEPORELLO Maria und Joseph –

DON JUAN Und vergiß nicht den Kniefall, wo er hingehört.

Leporello geht.

DON JUAN Was ist denn los da hinten? *Er tritt zum großen Vorhang im Hintergrund, und hervor tritt Celestina, als Denkmal verkleidet, nur ihr Kopf ist noch unverhüllt.* Warum ziehen Sie den Plunder nicht an?

CELESTINA Dieser Helm ist mir zu knapp.

DON JUAN Das merkt kein Mensch.

CELESTINA Außer mir.

Don Juan winkt, daß sie verschwinden soll.

CELESTINA Ich hab's mir noch einmal überlegt: –

DON JUAN Was?

CELESTINA Sie können mir sagen, was Sie wollen, es ist halt eine

Gotteslästerung, und das mach ich nicht für fünfhundert, mein Herr, ich nicht.

DON JUAN Celestina –?

CELESTINA Tausend ist das mindeste, was ich dafür haben muß. Nämlich wenn ich Sie an die Herzogin von Ronda verkaufe, dann bekomm ich auch meine tausend Pesos und blank auf den Tisch.

DON JUAN Das nenne ich Erpressung.

CELESTINA Nennen Sie's, wie Sie wollen, Don Juan, es geht mir nicht um die Benennung, sondern ums Geld, und fünfhundert ist mir zu wenig.

DON JUAN Ich habe nicht mehr.

CELESTINA Dann mach ich's nicht.

Don Juan reißt sich etwas vom Hals.

CELESTINA Ein Amulett?

DON JUAN Das letzte, was ich habe. Verschwinden Sie! Wenn jetzt die Höllenfahrt nicht gelingt, bin ich verloren.

CELESTINA Es ist nicht meine Schuld, Don Juan, daß Sie bankrott sind. Warum wollen Sie nichts wissen von meinem Angebot? Sie wären reicher als der Bischof von Cordoba. Ich sag es Ihnen: ein Schloß mit vierundvierzig Zimmern –

DON JUAN Kein Wort mehr davon!

CELESTINA Noch ist es Zeit.

DON JUAN Verschonen Sie mich endlich mit dieser Kuppelei! Ganz Spanien weiß es, und ich sage es zum letzten Mal: Ich heirate nicht!

CELESTINA Das hat schon manch einer gesagt.

DON JUAN Still!

Celestina verschwindet hinter dem Vorhang, Don Juan wartet, aber eintritt bloß Leporello.

DON JUAN Was ist los?

LEPORELLO Herr – ich hab's vergessen, Herr, was ich ihm sagen soll. Der ist so feierlich, Herr, und geht in der Halle auf und ab, als könnt er's nicht erwarten, bis der Himmel uns zerschmettert.

DON JUAN Sag ihm, ich lasse bitten.

Leporello geht und läßt jetzt beide Türflügel offen. Don Juan bereitet den Empfang des Bischofs vor: er rückt einen Sessel zurecht, probiert, wo und wie er seinen Kniefall machen will, dann gibt er den Musikanten einen Wink. Man hört jetzt eine feierliche Musik. Don Juan steht vor einem Spiegel, seine Krause ordnend, als durch die offene Türe langsam eine verschleierte Dame eintritt. Pause. Don Juan entdeckt sie im Spiegel und zuckt zusammen, ohne sich umzudrehen.

DIE DAME Warum erschrickst du?

DON JUAN Da ich das einzig Wissenswerte weiß: Du bist nicht Donna Anna, denn Donna Anna ist tot – wozu dieser Schleier? *Er dreht sich um.* Wer sind Sie?

DIE DAME Du hast mir den Empfang verweigert. Plötzlich fand ich die Türen offen . . .

DON JUAN Womit kann ich dienen?

DIE DAME Ich habe dich einmal geliebt, weil ein Schach dich unwiderstehlicher lockte als ein Weib. Und weil du an mir vorbei gegangen bist wie ein Mann, der ein Ziel hat. Hast du es noch? Es war die Geometrie. Lang ist es her! Ich sehe dein Leben: voll Weib, Juan, und ohne Geometrie.

DON JUAN Wer bist du?!

DIE DAME Ich bin jetzt die Herzogin von Ronda.

DON JUAN Schwarz wie der Tod, Herzogin, sind Sie in meinen Spiegel getreten. Es hätte solcher Schwärze nicht bedurft, um mich zu erschrecken. Das Weib erinnert mich an Tod, je blühender es erscheint.

DIE DAME Ich bin schwarz, weil ich Witwe bin.

DON JUAN Durch mich?

DIE DAME Nein.

DON JUAN Worum handelt es sich, Herzogin von Ronda?

DIE DAME Um deine Rettung.

DON JUAN Sie sind die Dame, die mich heiraten will. Sie sind das Schloß mit den vierundvierzig Zimmern. Ihre Ausdauer ist erstaunlich, Herzogin von Ronda. Im übrigen haben Sie recht: obschon mich ein Schach unwiderstehlicher lockt als ein Weib, ist mein Leben voll Weib. Und dennoch irren Sie sich! Noch hat das Weib mich nicht besiegt, Herzogin von Ronda, und eher fahre ich in die Hölle als in die Ehe –

DIE DAME Ich komme nicht als Weib.

DON JUAN Sie beschämen mich.

DIE DAME Ich hatte Männer bis zum Überdruß, der überging in Lächeln, und ihrer einer, der ohne dieses Lächeln nicht glaubte leben zu können, machte mich zur Herzogin, worauf er starb.

DON JUAN Ich verstehe.

DIE DAME Nun habe ich dieses Schloß in Ronda –

DON JUAN Es wurde mir geschildert.

DIE DAME Ich dachte so: Du kannst im linken Flügel wohnen, ich wohne im rechten wie bisher. Und dazwischen ist ein großer Hof. Springbrunnenstille. Wir müssen einander überhaupt nicht begegnen, es sei denn, man habe ein Verlangen nach Gespräch. Und hinzu käme ein herzogliches Vermögen, groß genug, um nicht allein deine dummen Schulden zu tilgen, groß genug, daß die Gerichte dieser Welt, die dich des Mords verklagen, davor verstummen. Kurz und gut, kein Mensch, solange du in Ronda wohnst, vermag dich zu stören in deiner Geometrie.

DON JUAN Aber?

DIE DAME Kein Aber.

DON JUAN Ihr Verständnis für den Mann, ich gebe es zu, ist außerordentlich, Herzogin von Ronda. Was aber ist der Preis für diese Rettung?

DIE DAME Daß du sie annimmst, Juan.

DON JUAN Nichts weiter?

DIE DAME Mag sein, ich liebe dich noch immer, doch soll es dich nicht erschrecken; ich habe erfahren, daß ich dich nicht brauche, Juan, und das vor allem ist es, was ich dir biete; ich bin die Frau, die frei ist vom Wahn, ohne dich nicht leben zu können. *Pause.* Überlege es dir. *Pause.* Du hast immer bloß dich selbst geliebt und nie dich selbst gefunden. Drum hassest du uns. Du hast uns stets als Weib genommen, nie als Frau. Als Episode. Jede von uns. Aber die Episode hat dein ganzes

Leben verschlungen. Warum glaubst du nicht an eine Frau, Juan, ein einziges Mal? Es ist der einzige Weg, Juan, zu deiner Geometrie.

Leporello führt den Bischof von Cordoba herein.

LEPORELLO Seine Eminenz!

DON JUAN Sie entschuldigen mich, Herzogin von Ronda, seine Eminenz und ich haben ein geschäftliches Gespräch, aber ich hoffe, Sie bald bei Tisch zu sehen: ohne Schleier.

DIE DAME In Ronda, mein lieber Juan!

Die Dame rafft ihren Rock und macht einen tiefen Knicks vor dem Bischof, dann entfernt sie sich, gefolgt von Leporello, der die Türen schließt.

DON JUAN Sie sehen, Eminenz, nicht einen Augenblick habe ich Ruhe. Alle wollen mich retten durch Heirat . . . Eminenz! *Er kniet nieder.* Ich danke, daß Sie gekommen sind!

BISCHOF Erheben Sie sich.

DON JUAN Zwölf Jahre lang hat die spanische Kirche mich verfolgt – ich knie nicht aus Gewöhnung, weiß der Himmel, ich knie aus Dankbarkeit; wie habe ich mich gesehnt, Eminenz, mit einem Mann zu sprechen!

BISCHOF Erheben Sie sich.

Don Juan erhebt sich.

BISCHOF Worum handelt es sich?

DON JUAN Wollen Eminenz sich nicht setzen?

Bischof setzt sich.

DON JUAN Ich kann keine Damen mehr sehen noch hören, Eminenz. Ich verstehe die Schöpfung nicht. War es nötig, daß es zwei Geschlechter gibt? Ich habe darüber nachgedacht: über Mann und Weib, über die unheilbare Wunde des Geschlechts, über Gattung und Person, das vor allem, über den verlorenen Posten der Person –

BISCHOF Kommen wir zur Sache.

Don Juan setzt sich.

BISCHOF Worum handelt es sich?

DON JUAN Kurz gesprochen: Um die Gründung einer Legende.

BISCHOF – wie bitte?

DON JUAN Um die Gründung einer Legende. *Er greift nach einer Karaffe.* Ich habe vergessen zu fragen, Eminenz: Trinken Sie etwas? *Der Bischof wehrt ab.* Wir haben wenig Zeit, bis die Damen erscheinen, und Sie gestatten, daß ich ohne Umschweife spreche.

BISCHOF Ich bitte drum.

DON JUAN Mein Vorschlag ist einfach und klar: Don Juan Tenorio, Ihr nachgerade volkstümlicher Erzfeind, der vor Ihnen sitzt im Glanz seiner besten Mannesjahre und im Begriff, unsterblich zu werden, ja, ich darf es wohl sagen: ein Mythos zu werden – Don Juan Tenorio, sage ich, ist entschlossen und bereit, tot zu sein mit dem heutigen Tag.

BISCHOF Tot?

DON JUAN Unter gewissen Bedingungen.

BISCHOF Welcher Art?

DON JUAN Wir sind unter uns, Eminenz. Also rundheraus: Sie, die spanische Kirche, geben mir eine bescheidene Rente, nichts weiter, eine Klause im Kloster, Männerkloster, nicht allzu winzig, wenn ich Wünsche äußern darf, und womöglich mit Aussicht auf die andalusischen Berge; allda lebe ich mit Brot und Wein, namenlos, vom Weib verschont, still und zufrieden mit meiner Geometrie.

BISCHOF Hm.

DON JUAN Und Ihnen, Bischof von Cordoba, liefere ich dafür, was die spanische Kirche dringender braucht als Geld: die Legende von der Höllenfahrt des Frevlers. *Pause.* Was sagen Sie dazu?

BISCHOF Hm.

DON JUAN Jetzt sind es zwölf Jahre schon, Eminenz, seit dieses Denkmal steht mit dem peinlichen Spruch: DER HIMMEL ZERSCHMETTERE DEN FREVLER, und ich, Don Juan Tenorio, spaziere dran vorbei, sooft ich in Sevilla bin, unzerschmettert wie irgendeiner in Sevilla. Wie lang, Eminenz, wie lang denn soll ich es noch treiben? Verführen, erstechen, lachen, weitergehen . . . *Er erhebt sich.* Es muß etwas geschehen, Bischof von Cordoba, es muß etwas geschehen!

BISCHOF Es wird.

DON JUAN Was mache ich für einen Eindruck auf unsre Jugend? Die Jugend nimmt mich zum Vorbild, ich sehe es kommen, ein ganzes Zeitalter sehe ich kommen, das in die Leere rennt wie ich, aber kühn nur, weil sie gesehen haben, es gibt kein Gericht, ein ganzes Geschlecht von Spöttern, die sich für meinesgleichen halten, eitel in einem Hohn, der billig wird, modisch, ordinär, dumm zum Verzweifeln – ich sehe das kommen!

BISCHOF Hm.

DON JUAN Sie nicht? *Der Bischof nimmt die Karaffe und füllt sich ein Glas.* Verstehen Sie mich richtig, Bischof von Cordoba, nicht bloß der Damen bin ich müde, ich meine es geistig, ich bin des Frevels müde. Zwölf Jahre eines unwiederholbaren Lebens: vertan in dieser kindischen Herausforderung der blauen Luft, die man Himmel nennt! Ich bin vor nichts zurückgeschreckt, aber Sie sehen ja selbst, Eminenz, meine Frevel haben mich bloß berühmt gemacht. *Der Bischof trinkt.* Ich bin verzweifelt. *Der Bischof trinkt.* Dreiunddreißigjährig teile ich das Geschick so vieler berühmter Männer: alle Welt kennt unsere Taten, fast niemand ihren Sinn. Mich schaudert's, wenn ich die Leute reden höre über mich. Als wäre es mir je um die Damen gegangen!

BISCHOF Immerhin –

DON JUAN Im Anfang, ich bekenne es, macht es Spaß. Meine Hände, so höre ich, sind wie Wünschelruten; sie finden, was der Gatte zehn Jahre lang nie gefunden hat an Quellen der Lust.

BISCHOF Sie denken an den braven Lopez?

DON JUAN Ich möchte hier keine Namen nennen, Eminenz.

BISCHOF Don Balthazar Lopez.

DON JUAN Auf alles war ich gefaßt, Eminenz, aber nicht auf Langeweile. Ihre verzückten Münder, ihre Augen dazu, ihre wässerigen Augen, von Wollust schmal, ich kann sie nicht mehr sehen! Gerade Sie, Bischof von Cordoba, sorgen für meinen Ruhm, wie kein andrer, es ist ein Witz: die Damen, die

von euren Predigten kommen, träumen ja von mir, und ihre
Ehegatten ziehen die Klinge, bevor ich die Dame auch nur
bemerkt habe, so muß ich mich schlagen, wo ich stehe und
gehe, Übung macht mich zum Meister, und noch bevor ich
meine Klinge wieder einstecke, hangen die Witwen an meinem
Hals, schluchzend, damit ich sie tröste. Was bleibt mir andres
übrig, ich bitte Sie, als meinem Ruhm zu entsprechen, Opfer
meines Ruhms zu sein – davon redet ja niemand in unserem
höflichen Spanien: wie das Weib sich an mir vergeht! – oder
aber: ich lasse die Witwe einfach liegen, drehe mich auf dem
Absatz und gehe meines wirklichen Wegs, was alles andere als
einfach ist, Eminenz, wir kennen die lebenslängliche Rach-
sucht des Weibes, das einmal vergeblich auf Verführung
gehofft hat –

Es klopft an der Türe.

DON JUAN Augenblick!

Es klopft an der Türe.

BISCHOF Warum blicken Sie mich so an?

DON JUAN Merkwürdig.

BISCHOF Was ist merkwürdig?

DON JUAN Zum ersten Mal sehe ich Sie aus der Nähe, Bischof
von Cordoba; waren Sie nicht immer viel runder?

BISCHOF Mein Vorgänger vielleicht.

DON JUAN Trotzdem habe ich plötzlich das Gefühl, ich kenne Ihr
finsteres Gesicht. Wo haben wir einander schon einmal getroffen?

Es klopft an der Türe.

DON JUAN Sehr merkwürdig . . .

Es klopft an der Türe.

DON JUAN Ich sprach von meiner Not.

BISCHOF Ehen geschändet, Familien zerstört, Töchter verführt,
Väter erstochen, ganz zu schweigen von den Ehemännern, die
ihre Schande überleben müssen – und Sie, der alles dies
verschuldet hat, Sie wagen es, Don Juan Tenorio, zu sprechen
von Ihrer eignen Not!

DON JUAN Sie zittern ja.

BISCHOF Im ganzen Land verlacht zu sein als ein gehörnter Ehemann, haben Sie schon einmal erlebt, was das heißt?

DON JUAN Haben Sie's, Eminenz?

BISCHOF Ein Mann wie dieser brave Lopez –

DON JUAN Eminenz scheinen ja verwandt mit ihm zu sein, daß Sie ihn immerfort erwähnen, Ihren braven Lopez, der, ich weiß, ein halbes Vermögen gestiftet hat, damit die spanische Kirche es nicht aufgibt, mich zu verfolgen, und jetzt ist er sogar dazu übergegangen, Ihr braver Lopez, mein Haus mit seinen Schergen zu umstellen. Sie erbleichen, Eminenz, aber es ist Tatsache: ich kann mein Haus nicht mehr verlassen, ohne jemand zu erstechen – es ist eine Not, Eminenz, glauben Sie mir, eine wirkliche Not.

Leporello ist eingetreten.

DON JUAN Stör uns jetzt nicht!

Leporello verzieht sich.

BISCHOF Um bei der Sache zu bleiben: –

DON JUAN Bitte.

BISCHOF Gründung einer Legende.

DON JUAN Sie brauchen bloß ja zu sagen, Bischof von Cordoba, und die Legende ist gemacht. Ich habe eine Person gemietet, die uns den toten Komtur spielt, und die Damen werden schon kreischen, wenn sie seine Grabesstimme hören. Machen Sie sich keine Sorge! Dazu ein schnödes Gelächter meinerseits, so daß es Ihnen kalt über den Rücken rieselt, ein Knall im rechten Augenblick, so daß die Damen ihre Gesichter verbergen – Eminenz sehen die sinnreiche Maschine unter dem Tisch! – und schon stinkt es nach Schwefel und Rauch. Alldies sehr kurz, versteht sich; Verblüffung ist die Mutter des Wunders. Und Sie, so dachte ich, sprechen sofort ein passendes Wort, wie Sie es gerne tun, ein Wort von der Zuverlässigkeit des Himmels, meine Musikanten spielen das bestellte Halleluja, und Schluß.

BISCHOF Und Sie?

DON JUAN Ich bin in den Keller gesprungen – Eminenz sehen diesen sinnreichen Deckel in der Diele! – natürlich nicht ohne einen geziemenden Schrei, der Furcht und Mitleid erregt, wie Aristoteles es verlangt. Im Keller erwarten mich eine braune Kutte und ein geschärftes Messer, um meinen allzu berühmten Schnurrbart zu entfernen, und auf staubigem Pfad wandelt ein Mönch.

BISCHOF Ich verstehe.

DON JUAN Bedingung: Wir beide wahren das Geheimnis. Sonst kommt ja keiner auf seine Rechnung. Meine Höllenfahrt – das Gerücht wird sich im Nu verbreiten, und je weniger die wenigen Augenzeugen wirklich gesehen haben, um so reicher machen es die vielen, die nicht dabei gewesen sind, um so stichhaltiger vor jeglichem Zweifel – meine Höllenfahrt tröstet die Damen, die Ehemänner, das drohende Heer meiner Gläubiger, kurzum, jedermann kommt auf seine innere Rechnung. Was wäre wunderbarer?

BISCHOF Ich verstehe.

DON JUAN Don Juan ist tot. Ich habe meine Ruhe zur Geometrie. Und Sie, die Kirche, haben einen Beweis von himmlischer Gerechtigkeit, wie Sie ihn sonst in ganz Spanien nicht finden.

BISCHOF Ich verstehe.

Leporello tritt wieder ein.

LEPORELLO Herr –

DON JUAN Was ist denn?

LEPORELLO Die Damen sind da.

DON JUAN Wo?

LEPORELLO Im Hof. Und ziemlich empört, Herr. Dachte jede: Unter vier Augen und so. Hätte ich nicht flugs den Riegel geschoben, wäre schon keine mehr hier. Das flattert und schnattert wie ein andalusischer Hühnerhof.

DON JUAN Gut.

LEPORELLO Das heißt, um genau zu sein, wie mein Herr es immer wünschen: Jetzt grad sind sie still, alle mustern einander von der Seite, jede fächelt sich.

DON JUAN Laß sie herein! *Nach einem Blick zum Bischof* – sagen wir: in fünf Minuten. *Leporello geht.*

DON JUAN Eminenz, nennen Sie mir das Kloster!

BISCHOF Sie sind Ihrer Sache sehr sicher –

DON JUAN Natürlich kann die Kirche eine Legende nur brauchen, wenn sie gelingt. Ich verstehe Ihr Zögern, Bischof von Cordoba, aber seien Sie getrost: die Geschichte ist glaubwürdig, keineswegs originell, ein alter Sagenstoff, eine Statue erschlägt den Mörder, das kommt schon in der Antike vor, und die Verspottung eines Totenschädels, der dann den Spötter ins Jenseits holt, denken Sie an die bretonischen Balladen, die unsre Soldaten singen; wir arbeiten mit Überlieferung –

BISCHOF *nimmt seine Verkleidung ab und die dunkle Brille, die er getragen hat, und zeigt sein wirkliches Gesicht.*

DON JUAN Don Balthazar Lopez?

LOPEZ Ja.

DON JUAN Also doch.

LOPEZ Wir haben einander ein einziges Mal gesehen, Don Juan, für einen kurzen Augenblick. Ein weißer Vorhang wehte in die Kerze, als ich die Türe öffnete und Sie bei meiner Gattin fand; eine plötzliche Fahne von rotem Feuer, Sie erinnern sich, und ich mußte löschen –

DON JUAN Richtig.

LOPEZ Zum Fechten blieb keine Zeit.

DON JUAN *zieht seinen Degen.*

LOPEZ Nachdem ich erfahren habe, was Sie im Schilde führen, um unsrer Rache zu entgehen, soll es mir ein Vergnügen sein, Ihre gotteslästerliche Legende zu entlarven. Lassen Sie die Damen herein! Sie bleiben auf dieser Erde, Don Juan Tenorio, genau wie wir, und ich werde nicht ruhen, bis meine Rache vollendet ist, bis ich auch Sie, Don Juan Tenorio, als Ehemann sehe.

DON JUAN Ha!

LOPEZ Und zwar mit meiner Frau!

Eintritt Leporello.

LEPORELLO Die Damen!

LOPEZ Auch ein Meister im Schach, scheint es, greift einmal die falsche Figur, und plötzlich, seines schlauen Sieges gewiß, setzt er sich selber matt.

DON JUAN Wir werden ja sehen —

Es kommen die dreizehn Damen in voller Entrüstung, die beim Anblick des vermeintlichen Bischofs vorerst verstummen; Lopez hat seinen bischöflichen Hut wieder aufgesetzt, und die Damen küssen den Saum seines Gewandes. Dies in Würde, aber dann:

DONNA ELVIRA Eminenz, wir sind betrogen —

DONNA BELISA Schamlos betrogen —

DONNA ELVIRA Ich dachte, er liege im Sterben —

DONNA ISABEL Ich auch —

DONNA VIOLA Jede von uns —

DONNA ELVIRA Ehrenwort, sonst wäre ich nie gekommen —

DONNA FERNANDA Keine von uns —

DONNA ELVIRA Ich, die Witwe des Komturs —

DONNA FERNANDA Ich dachte auch, er liege im Sterben —

DONNA INEZ Ich auch, ich auch —

DONNA ELVIRA Ich dachte, er bereue —

DONNA BELISA Jede von uns —

DONNA ISABEL Er will Buße tun, dachte ich —

DONNA VIOLA Was sonst —

DONNA ELVIRA Eminenz, ich bin eine Dame —

DONNA BELISA Und wir?

BISCHOF Donna Belisa —

DONNA BELISA Sind wir keine Damen, Eminenz?

BISCHOF Beruhigen Sie sich, Donna Belisa, ich weiß, Sie sind die Gattin des braven Lopez.

DONNA BELISA Nennen Sie seinen Namen nicht!

BISCHOF Warum nicht?

DONNA BELISA Der brave Lopez! wie er sich immer selber nennt, und nicht einmal gefochten hat er für mich, Eminenz, nicht einmal gefochten, alle andern Ehemänner haben wenigstens gefochten, ich bin die einzige in diesem Kreis, die keine Witwe ist.

BISCHOF Fassen Sie sich!

DONNA BELISA Der brave Lopez!

DONNA ELVIRA Ich war gefaßt, Eminenz, auf alles, aber nicht auf eine Parade von aufgeputzten Ehebrecherinnen, die sich für meinesgleichen halten.

DIE DAMEN Ah!

DONNA ELVIRA Entrüstet euch nur, ihr heuchlerisches Gesindel, fächelt euch, ich weiß genau, wozu ihr in dieses verruchte Haus gekommen seid.

DONNA BELISA Und Sie?

DONNA ELVIRA Wo ist er überhaupt, euer Geliebter, wo ist er, damit ich ihm die Augen auskratze?

DON JUAN Hier.

Don Juan tritt in den Kreis wie ein Torero.

Ich danke euch, meine Geliebten, daß ihr alle gekommen seid, alle sind es freilich nicht, aber genug, so denke ich, um meine Höllenfahrt zu feiern.

LEPORELLO Herr —!

DON JUAN Meine Geliebten, setzen wir uns.

Die Damen stehen, ohne sich zu fächeln, reglos.

DON JUAN Ich gestehe, ja, es ist seltsam, seine Geliebten zusammen in einem Saal zu sehen, ja, sehr seltsam, ich habe es mir schon vorzustellen versucht, aber vergeblich, und ich weiß nicht, wie ich sprechen soll in dieser feierlichen Stunde, da ich euch zusammen sehe, einander fremd und wieder nicht, vereint allein durch mich, getrennt durch mich, so, daß keine mich anblickt —

Die Damen fächeln sich.

DON JUAN Meine Damen, wir haben einander geliebt.

Eine Dame spuckt ihm vor die Füße.

DON JUAN Ich staune selbst, Donna Viola, wie wenig davon geblieben ist —

DONNA ISABEL Ich heiße nicht Viola!

DON JUAN Verzeih.

DONNA VIOLA Viola nennt er sie!

DON JUAN Verzeih auch du.

DONNA VIOLA Das halt ich nicht aus!

DON JUAN Wie flüchtig gerade jene Empfindung ist, die uns im Augenblick, da wir sie haben, dem Ewigen so nahebringt, daß wir als Person davon erblinden, ja, Donna Fernanda, es ist bitter.

DONNA ISABEL Ich heiße auch nicht Fernanda!

DON JUAN Meine Liebe —

DONNA ISABEL Das hast du jeder gesagt: Meine Liebe!

DON JUAN Ich meinte es nie persönlich, Donna Isabel — jetzt erinnere ich mich: Donna Isabel! Du mit der Seele, die immer überfließt, warum hast du nicht sogleich geschluchzt? *Zum Bischof:* Das Gedächtnis des Mannes ist sonderbar, Sie haben recht, man weiß nur noch die Nebensachen: Ein weißer Vorhang, der in die brennende Kerze weht —

DONNA BELISA O Gott.

DON JUAN Ein andermal war es ein Rascheln im Röhricht, und erschreckt, wie ich war, zog ich die Klinge: es war eine Ente im Mondschein.

DONNA VIOLA O Gott.

DON JUAN Was im Gedächtnis bleibt, sind Gegenstände: eine geschmacklose Vase, Pantoffeln, ein Kruzifix aus Porzellan. Und manchmal Gerüche: Duft verwelkter Myrrhen —

DONNA ISABEL O Gott.

DON JUAN Und so weiter und so weiter. Und ganz in der Ferne meiner Jugend, die kurz war, höre ich das heisere Gekläff einer Meute im nächtlichen Park —

DONNA ELVIRA O Gott.

DONNA CLARA O Gott.

DONNA INEZ O Gott.

DON JUAN Das ist alles, woran ich mich erinnern kann.

Die Damen haben ihre Fächer vors Gesicht genommen.

DON JUAN Leporello, zünde die Kerzen an!

Leporello zündet die Kerzen an.

DON JUAN Ich weiß nicht, ob ich anders bin als andere Männer. Haben sie ein Erinnern an die Nächte mit Frauen? Ich erschrecke, wenn ich auf mein Leben zurückblicke, ich sehe mich wie einen Schwimmer im Fluß: ohne Spur. Sie nicht? Und wenn ein Jüngling mich fragte: Wie ist das mit Frauen? ich wüßte es nicht, offengestanden, es vergißt sich wie Speisen und

Schmerzen, und erst wenn es wieder da ist, weiß ich: So ist das, ach ja, so war es immer . . .

Leporello hat die Kerzen entzündet.

DON JUAN Ich weiß nicht, Don Balthazar, ob Sie sich jetzt schon entlarven möchten oder später.

DONNA BELISA Was sagt er?

Der Bischof entlarvt sich.

LOPEZ Mein Name ist Lopez.

DONNA BELISA Du?!

LOPEZ Don Balthazar Lopez.

DON JUAN Schatzkanzler von Toledo, wenn ich nicht irre, Inhaber verschiedener Orden, wie ihr seht, Herr Lopez hat in selbstloser Weise das immer heikle Amt übernommen, die Eifersucht der Ehemänner zu vertreten.

LOPEZ Ihr Spott, Don Juan, ist am Ende.

Man hört ein dumpfes Poltern.

DON JUAN Ruhe!

Man hört ein dumpfes Poltern.

DON JUAN Herr Lopez von Toledo hat das Wort.

Man hört ein dumpfes Poltern.

LOPEZ Erschrecken Sie nicht, meine Damen, ich weiß, was hier gespielt wird, hören Sie mich an!

LEPORELLO Herr –

DON JUAN Still.

LEPORELLO – die Türen sind geschlossen.

Die Damen kreischen.

LOPEZ Hören Sie mich an!

Die Damen sind zu den Türen gelaufen, die geschlossen sind; Don Juan hat sich auf die Tischkante gesetzt und schenkt sich Wein in ein Glas.

DON JUAN Hören Sie ihn an!

LOPEZ Meine Damen –

DON JUAN Sie gestatten, daß ich unterdessen trinke; ich habe Durst. *Er trinkt.*

So reden Sie schon!

LOPEZ Er wird dieses Haus nicht verlassen, meine Damen, nicht ohne die gerechte Strafe. Dafür habe ich gesorgt. Die Stunde des Gerichtes ist da, das Maß seiner Frevel ist voll.

DON JUAN Ist es das nicht schon lang? *Er trinkt.* Und trotzdem geschieht nichts, das ist ja der Witz. Gestern auf dem Friedhof, Leporello, haben wir nicht alles unternommen, um den toten Komtur zu verhöhnen?

LEPORELLO – Herr ...

DON JUAN Habe ich ihn nicht zu dieser Tafel geladen?

DONNA ELVIRA Meinen Gemahl?!

DON JUAN Mein braver Diener hat es mit eignen Augen gesehen, wie er mit seinem steinernen Helm gewackelt hat, dein Gemahl, offenbar zum Zeichen, daß er heute Zeit hat. Warum kommt er nicht? Es ist Mitternacht vorbei. Was soll ich denn noch tun, damit euer Himmel mich endlich zerschmettere?
Man hört das dumpfe Poltern.

LOPEZ Bleiben Sie, Donna Elvira, bleiben Sie!
Man hört das dumpfe Poltern.

LOPEZ Es ist nicht wahr, eine Spitzbüberei ohnegleichen, es ist alles nicht wahr, er will Sie zum Narren halten – hier: sehen Sie diese sinnreiche Maschine unter dem Tisch? Knall und Schwefel sollen Sie erschrecken, damit Sie alle Vernunft verlieren, damit Sie glauben, Don Juan sei zur Hölle gefahren, ein Gericht des Himmels, das nichts als Theater ist, eine Gotteslästerung sondergleichen, damit er der irdischen Strafe entgehe. Ganz Spanien zum Narren zu halten, das ist sein Plan gewesen, eine Legende in die Welt zu setzen, damit er unsrer Strafe entgehe, nichts weiter, das ist sein Plan gewesen, nichts als Theater –
Don Juan lacht.

LOPEZ Bestreiten Sie es?

DON JUAN Durchaus nicht.

LOPEZ Sie hören es, meine Damen!

DON JUAN Nichts als Theater.

LOPEZ Hier: Sie sehen diesen sinnreichen Deckel in der Diele, meine Damen, hier, meine Damen, überzeugen Sie sich mit eigenen Augen!

Don Juan lacht.

LOPEZ Nichts als Theater!

DON JUAN Was sonst. *Er trinkt.* Das sage ich ja schon seit zwölf Jahren: Es gibt keine wirkliche Hölle, kein Jenseits, kein Gericht des Himmels. Herr Lopez hat vollkommen recht: Nichts als Theater.

LOPEZ Hören Sie's, meine Damen?

DON JUAN Hier: — *Er erhebt sich und tritt zum Vorhang im Hintergrund, den er öffnet, so daß man das theatralische Denkmal des Komturs sieht:* — bitte.

Die Damen kreischen.

DON JUAN Warum zittert ihr?

STIMME Don Juan!

LEPORELLO — Herr — Herr . . .

STIMME Don Juan!

DON JUAN Nichts als Theater.

STIMME Don Juan!

LEPORELLO Herr — es streckt seinen Arm . . .

DON JUAN Ich fürchte mich nicht, meine Lieben, ihr seht es, ich greife seine steinerne Hand —

Don Juan greift die Hand des Denkmals, Knall und Rauch, Don Juan und das Denkmal versinken in der Versenkung, die Musikanten spielen das bestellte Halleluja.

LOPEZ Es ist nicht wahr, meine Damen, nicht wahr, ich beschwöre Sie, bekreuzigen Sie sich nicht!

Die Damen knien und bekreuzigen sich.

LOPEZ Weiber . . .

Alle Türen öffnen sich, ein Scherge in jeder Türe.

LOPEZ Warum bleibt ihr nicht auf euren Posten?

SCHERGE Wo ist er?

LOPEZ — jetzt hat er's erreicht . . .

Intermezzo

Vor dem Zwischenvorhang erscheinen Celestina und Leporello.

CELESTINA Ich muß unter vier Augen mit ihr reden. Bleib bei
der Kutsche! Ich kenne dich: ein bißchen Klostergarten, ein
bißchen Vesperglöcklein, und schon wirst du weich. Demnächst glaubst du noch selbst daran, daß er in der Hölle sei.
Eine Nonne erscheint.
CELESTINA Schwester Elvira?
Leporello entfernt sich.
CELESTINA Ich bin gekommen, Schwester Elvira, weil ich ein
schlechtes Gewissen hab. Wegen damals. Ich hätte das nicht
machen sollen. Wenn ich seh, was ich angerichtet habe, ich
mach mir wirklich Vorwürfe, wenn ich seh, wie Sie beten den
ganzen Tag, bloß weil Sie hereingefallen sind auf den
Schwindel mit dem Steinernen Gast. Ich habe nicht geglaubt,
daß jemand es wirklich glauben würde. Ehrenwort! Und heut
glaubt es schon ganz Spanien. Öffentlich kann man ja die
Wahrheit nicht mehr sagen. Dieser unselige Lopez! Das haben
Sie gehört: des Landes verwiesen, bloß weil er öffentlich zu
sagen wagte, ein Schwindler spielte den Geist des Komturs.
Schwester Elvira, ich bin's gewesen, der den Steinernen Gast
gespielt hat, ich, niemand anders als ich. Dieser unselige
Lopez! Das haben Sie gehört: jetzt hat er sich in Marokko
drüben erhängt, der Arme, nachdem er der spanischen Kirche
sein ganzes Vermögen geschenkt hat, und jetzt glaubt ihm nicht
einmal die Kirche. Warum hat's die Wahrheit in Spanien so
schwer? Ich bin drei Stunden gefahren, bloß um die Wahrheit
zu sagen, Schwester Elvira, die schlichte Wahrheit. Hören Sie
mir denn zu? Ich bin die letzte eingeweihte Person in dieser
dummen Geschichte, es liegt mir wirklich auf der Seele, seit ich
weiß, daß Sie deswegen ins Kloster gegangen sind, Schwester
Elvira, deswegen. Ich hab nichts gegen das Kloster. Unter vier

71

Augen, Schwester Elvira: Er ist nicht in der Hölle. Glauben Sie mir! Ich weiß, wo er ist, aber ich darf es nicht sagen, ich bin bestochen, Schwester Elvira, und zwar anständig – sonst könnte ich mir nicht seinen Diener leisten ... Schwester Elvira, von Frau zu Frau: Don Juan lebt, ich hab ihn ja mit eignen Augen gesehen, von Hölle kann nicht die Rede sein, da können Sie für ihn beten, soviel Sie wollen.

Vesperglocke, die Nonne entfernt sich betend.

CELESTINA Nichts zu machen!

Leporello kommt.

CELESTINA Marsch auf den Bock! Ich hab keine Zeit für Leute, die es für Glauben halten, wenn sie die Wahrheit nicht wissen wollen. Bekreuzige dich!

LEPORELLO Celestina –

CELESTINA Don Juan ist in der Hölle.

LEPORELLO Und mein Lohn? Mein Lohn?

CELESTINA Marsch auf den Bock!

LEPORELLO »Voilà par sa mort un chacun satisfait: Ciel offensé, lois violées, filles séduites, familles déshonorées, parents outragés, femmes mises à mal, maries poussés à bout, tout le monde est content. Il n'y a que moi seul de malheureux, qui, après tant d'années de service, n'ai point d'autre récompense que de voir à mes yeux l'impiété de mon maître punie par le plus épouvantable châtiment du monde!«

Eine Loggia
Im Vordergrund steht ein Tisch, gedeckt für zwei Personen.
Don Juan wartet offensichtlich auf die andere Person. Nach
einer Weile reißt ihm die Geduld, er schellt mit einer Klingel,
worauf der Diener erscheint.

DON JUAN Ich habe gebeten, man soll mich nicht aus meiner
Arbeit holen, bevor man wirklich essen kann. Nun warte ich
schon wieder eine halbe Stunde. Sind meine Tage nicht kurz
genug? Ich weiß, Alonso, es liegt nicht an dir. *Er greift zu*
einem Buch. Wo ist sie denn? *Der Diener zuckt die Achseln.*
Ich danke. Es ist gut. Ich habe nichts gesagt. *Der Diener*
entfernt sich, und Don Juan versucht in einem Buch zu lesen,
das er plötzlich in die Ecke schmeißt; er ruft: Alonso! Wenn es
soweit ist, daß man wirklich essen kann: ich bin drüben in
meiner Klause.
Don Juan will sich entfernen, aber aus dem Garten kommt der
rundliche Bischof von Cordoba, ehemals Pater Diego, mit
einer Aster in der Hand.
BISCHOF Wohin denn so eilig?
DON JUAN Ah!
BISCHOF Wir haben Sie in den Gärten erwartet, mein Lieber. Ein
betörender Abend da draußen. Wie leid es mir tut, daß ich
heute nicht bleiben kann! Da vorn in den Arkaden, wo man die
Schlucht von Ronda sieht, die letzte Sonne in den glühenden
Astern, rot und violett, dazu die blaue Kühle im Tal, das schon
im Schatten liegt, ich denke es jedesmal: Es ist ein Paradies,
was euch zu Füßen liegt.
DON JUAN Ich weiß.
BISCHOF Aber Herbst ist es geworden...
DON JUAN Sie nehmen einen Wein, Diego?
BISCHOF Gerne. *Während Don Juan eine Karaffe nimmt und*
zwei Gläser füllt: — ich sagte eben: Was doch die alten

Mauren, die solche Gärten bauten, für ein Talent besaßen, mit der Haut zu leben. All diese Höfe, Durchblick um Durchblick, diese Fluchten voll traulicher Kühle, und die Stille darin wird nicht zum Grab, sie bleibt voll Geheimnis der verblauenden Ferne hinter zierlichen Gittern, man wandelt und labt sich am Schatten, aber die Kühle bleibt heiter vom milden Spiegelschein einer besonnten Mauer; wie witzvoll und zärtlich und ganz für die Haut ist alldies gemacht! Zu schweigen von den Wasserspielen; welche Kunst, die Schöpfung spielen zu lassen auf dem Instrument unsrer Sinne, welche Meisterschaft, das Vergängliche zu kosten, geistig zu werden bis zur Oberfläche, welche Kultur! *Er riecht an der Aster.* Die Herzogin wird jeden Augenblick kommen.

DON JUAN Wird sie.

BISCHOF Es sei ihr nicht ganz wohl, sagt sie.

Don Juan überreicht das gefüllte Glas.

BISCHOF Wie geht's der Geometrie?

DON JUAN Danke.

BISCHOF Was Sie das letzte Mal erzählten, hat mich noch lang beschäftigt, Ihre Geschichte mit den Dimensionen, wissen Sie, und daß auch die Geometrie zu einer Wahrheit kommt, die man sich nicht mehr vorstellen kann. So sagten Sie doch? Linie, Fläche, Raum; was aber soll die vierte Dimension sein? Und doch können Sie durch Denken beweisen, daß es sie geben muß –

Don Juan kippt sein Glas.

BISCHOF Don Juan, was ist los mit Ihnen?

DON JUAN Mit mir? Nichts. Wieso? Gar nichts. *Er füllt sein Glas zum zweiten Mal.* Nicht der Rede wert! *Er kippt sein Glas zum zweiten Mal.* Was soll los sein?

BISCHOF Zum Wohl.

DON JUAN Zum Wohl. *Er füllt sein Glas zum dritten Mal.* – jeden Tag wiederhole ich meinen schlichten Wunsch, man soll mich nicht rufen, bevor man wirklich essen kann. Nicht zu machen! Erst war es der Gong, den die Herzogin nicht hörte, wenn im Tal die Grillen zirpten, und ich habe einen andern verfertigen

74

lassen, der die Schlucht von Ronda übertönt. Im Ernst, ganz Ronda weiß, wann hier gegessen werden soll. Nur die Herzogin nicht. Ich habe meine Diener erzogen, die Herzogin persönlich zu suchen und zu finden, persönlich zu unterrichten: das Essen ist bereit! und mich nicht zu rufen, bevor die Herzogin tatsächlich über den Hof kommt. Sie lächeln! Es sind Nichtigkeiten, ich weiß, nicht der Rede wert; gerade das macht sie zur Folter. Was soll ich tun? Ich bin ja ihr Gefangener, vergessen Sie das nicht, ich kann ja nicht aus diesem Schloß heraus; wenn man mich draußen sieht, ist meine Legende hin, und das heißt, ich hätte abermals als Don Juan zu leben – *Er kippt das dritte Glas.* Reden wir nicht davon!

BISCHOF Ein köstlicher Jerez.

Don Juan schweigt zornig.

BISCHOF Ein köstlicher Jerez.

DON JUAN Verzeihung.

Er füllt auch das Glas des Bischofs nach.

Ich habe nichts gesagt.

BISCHOF Zum Wohl.

DON JUAN Zum Wohl.

BISCHOF Die Herzogin ist eine wunderbare Frau. *Er nippt.* Sie ist glücklich, aber klug; sie weiß sehr wohl, daß Sie, der Mann, nicht glücklich sind, und das ist das einzige, was sie unter vier Augen beklagt.

DON JUAN Sie kann nichts dafür, ich weiß.

BISCHOF Aber?

DON JUAN Reden wir nicht davon!

Bischof nippt.

DON JUAN – jeden Tag, wenn ich in diese Loggia trete, jeden Tag, jahrein und jahraus, dreimal am Tag, jedesmal habe ich das lichterlohe Gefühl, ich halte es nicht aus. Lappalien! Aber ich halte es nicht aus! Und wenn sie endlich kommt, tu ich, als wäre es wirklich eine Lappalie; wir setzen uns an den Tisch, und ich sage: Mahlzeit.

BISCHOF Sie lieben sie.

DON JUAN Das kommt noch dazu. Wenn sie eine Woche drüben

in Sevilla weilt, um sich die Haare färben zu lassen, ich will nicht sagen, daß ich sie vermisse –

BISCHOF Aber Sie vermissen sie.

DON JUAN Ja.

BISCHOF Es ist nicht gut, daß der Mann allein sei, so heißt es in der Schrift, drum schuf Gott ihm eine Gefährtin.

DON JUAN Und meinte er, dann sei es gut?

Der Diener erscheint mit einem silbernen Tablett.

DON JUAN Wir sind noch nicht soweit. –

Der Diener geht mit dem silbernen Tablett.

DON JUAN Im Ernst, mein Unwille gegen die Schöpfung, die uns gespalten hat in Mann und Weib, ist lebhafter als je. Ich zittere vor jeder Mahlzeit. Welche Ungeheuerlichkeit, daß der Mensch allein nicht das Ganze ist! Und je größer seine Sehnsucht ist, ein Ganzes zu sein, um so verfluchter steht er da, bis zum Verbluten ausgesetzt dem andern Geschlecht. Womit hat man das verdient? Und dabei habe ich dankbar zu sein, ich weiß. Ich habe nur die Wahl, tot zu sein oder hier. Dankbar für dieses Gefängnis in paradiesischen Gärten!

BISCHOF Mein Freund –

DON JUAN Es ist ein Gefängnis!

BISCHOF Mit vierundvierzig Zimmern. Denken Sie an alle die andern, Don Juan, die nur eine kleine Wohnung haben.

DON JUAN Ich beneide sie.

BISCHOF Wieso?

DON JUAN Sie werden irrsinnig, denke ich, und merken nichts mehr davon . . . Warum hat man mich nicht ins Kloster gelassen?

BISCHOF Nicht alle können ins Kloster.

DON JUAN Mehret euch und seid fruchtbar!

BISCHOF So steht es geschrieben.

DON JUAN Kein Bann der Kirche, Sie wissen es, und keine Klinge der Welt haben mich je zum Zittern gebracht; aber sie, eine Frau, die mich liebt, sie bringt mich jeden Tag dazu. Und womit eigentlich? Ich sehe bloß, daß ich über das Lächerliche nicht mehr zu lächeln vermag. Und daß ich mich abfinden werde, wo es ein Abfinden nicht gibt. Sie ist eine Frau – mag sein: die beste aller denkbaren Frauen – aber eine Frau, und ich bin ein Mann. Dagegen ist nichts zu machen, Eminenz, und mit gutem Willen schon gar nicht. Es wird nur ein Ringen daraus, wer das andere durch guten Willen beschämt. Sie sollten uns sehen und hören, wenn wir allein sind. Kein lautes Wort! Wir sind ein Idyll. Einmal ein Glas an die Wand, einmal und nie wieder! Wir haben es zu einer fürchterlichen Noblesse gebracht; wir leiden dran, wenn das andere nicht glücklich ist. Was wollen Sie mehr, um die Ehe vollkommen zu machen? *Pause.* Es fehlt jetzt nur, daß das Geschlecht mir auch noch die letzte Schlinge um den Hals wirft...

BISCHOF Und das wäre?

DON JUAN Daß es mich zum Vater macht. Was werde ich tun? Sie kann ja nichts dafür. Wir werden uns an den Tisch setzen wie immer und sagen: Mahlzeit!

Miranda, die Herzogin von Ronda, erscheint.

MIRANDA Habe ich die Herren unterbrochen?

BISCHOF Durchaus nicht, meine liebe Miranda. Wir plauderten grad von der Höllenfahrt des Don Juan. *Zu Don Juan:* Haben Sie das Spektakel in Sevilla gesehen? *Zu Miranda:* Sie geben es jetzt auf dem Theater –

DON JUAN Ich komme ja nicht nach Sevilla.

MIRANDA Ein Spektakel? sagen Sie.

BISCHOF »DER BURLADOR VON SEVILLA«, nennt es sich, »ODER DER STEINERNE GAST«, ich habe es mir neulich ansehen müssen, weil es heißt, unser Prior, der Gabriel Tellez, habe es geschrieben.

MIRANDA Wie ist es denn?

BISCHOF Nicht ohne Witz: Don Juan fährt tatsächlich in die Hölle, und das Publikum jubelt vor Gruseln. Sie sollten es sich wirklich einmal ansehen, Don Juan.

DON JUAN Wie ich in die Hölle fahre?

BISCHOF Was bleibt dem Theater andres übrig? Wahrheit läßt sich nicht zeigen, nur erfinden. Denken wir uns bloß ein Publikum, das den wirklichen Don Juan sehen könnte: hier auf dieser herbstlichen Loggia in Ronda! – die Damen würden sich brüsten und auf dem Heimweg sagen: Siehst du! Und die Ehemänner würden sich die Hände reiben vor Schadenfreude: Don Juan unter dem Pantoffel! Kommt doch das Ungewöhnliche gern an einen Punkt, wo es dem Gewöhnlichen verzweifelt ähnlich sieht. Und wo, so riefen meine Sekretäre, wo bleibt die Strafe? Nicht aufzuzählen wären die Mißverständnisse. Und ein junger Geck, der sich als Pessimist gefällt, würde erklären: Die Ehe, versteht ihr, das ist die wahre Hölle! und was der Platitüden mehr sind... Nein, es wäre gräßlich, dieses Publikum zu hören, das nur die Wirklichkeit sieht. *Er reicht die Hand.* Leben Sie wohl, Herzogin von Ronda!

MIRANDA Sie wollen wirklich gehen?

BISCHOF Ich muß, ich muß. *Er gibt Don Juan die Hand.* Leben Sie wohl, Burlador von Sevilla!

DON JUAN Wird es gedruckt?

BISCHOF Ich nehme an. Die Leute genießen es über die Maßen, zuweilen einen Mann zu sehen, der auf der Bühne macht, was sie nur machen möchten, und der es schließlich büßen muß für sie.

MIRANDA Aber ich, Diego, ich komme nicht drin vor?

BISCHOF Nein.

MIRANDA Gott sei Dank.

BISCHOF Ich auch nicht, Gott sei Dank – sonst hätten wir es verbieten müssen, und das Theater braucht Stücke. Übrigens zweifle ich, ob es wirklich ein Tirso de Molina ist; es ist allzu fromm, scheint mir, und sprachlich nicht auf der Höhe seiner andern Stücke. Aber wie dem auch sei – *Er stellt die Aster auf den Tisch:* Gott segne eure Mahlzeit!

Der Bischof geht, begleitet von Don Juan. Miranda ist einige Augenblicke allein, eine Geste verrät, daß ihr nicht wohl ist. Sie findet das Buch am Boden, Don Juan kommt zurück.

MIRANDA Was ist denn mit diesem Buch geschehen?

DON JUAN Ach so.

MIRANDA Hast du es in die Ecke geworfen?

DON JUAN Was ist es eigentlich?

MIRANDA Da fragst du, ob es gedruckt wird. Das ist es ja: EL BURLADOR DE SEVILLA Y CONVIDADO DE PIEDRA.

DON JUAN Dann hat er es uns geschenkt.

MIRANDA Und warum hast du es in die Ecke geworfen? *Don Juan rückt ihr den Sessel zurecht.* Ist es Zeit zum Essen? *Sie setzt sich.* Bist du zornig gewesen? *Don Juan setzt sich.* Du tust mir unrecht, Juan –

DON JUAN Sicher, meine Liebe, sicher.

MIRANDA Ich mußte mich wirklich einen Augenblick hinlegen.

DON JUAN Nimmst du Wein?

MIRANDA Danke, nein.

DON JUAN Wieso nicht?

MIRANDA Plötzlich war mir wieder so schwindlig, ich glaube, wir bekommen ein Kind.

DON JUAN Ein Kind –

Der Diener erscheint.

DON JUAN Wir sind soweit. –

Der Diener geht.

MIRANDA Du mußt jetzt nicht behaupten, daß es dich freut, Juan, aber es wird mich glücklich machen, wenn ich eines Tages sehe, daß es dich wirklich freut.

Der Diener kommt mit dem silbernen Tablett und serviert.

DON JUAN Mahlzeit.

MIRANDA Mahlzeit.

Sie beginnen schweigsam zu essen, langsam fällt der Vorhang.

Biedermann
und die Brandstifter

Ein Lehrstück ohne Lehre

Personen

HERR BIEDERMANN
BABETTE, *seine Frau*
ANNA, *ein Dienstmädchen*
SCHMITZ, *ein Ringer*
EISENRING, *ein Kellner*
EIN POLIZIST
EIN DR. PHIL.
WITWE KNECHTLING
DER CHOR, *bestehend aus den Mannen der Feuerwehr*

Szene: Eine Stube, ein Dachboden

*Die Bühne ist finster, dann leuchtet ein Streichholz auf: man
sieht das Gesicht von Herrn Biedermann, der sich eine Zigarre
anzündet und jetzt, da es heller wird, sich seinerseits umsieht.
Ringsum stehen Feuerwehrmänner in Helmen.*

BIEDERMANN Nicht einmal eine Zigarre kann man heutzutage
anzünden, ohne an Feuersbrunst zu denken!... das ist ja
widerlich –
*Biedermann verbirgt die rauchende Zigarre und verzieht sich,
worauf die Feuerwehr vortritt in der Art des antiken Chors.
Eine Turmuhr schlägt: ein Viertel.*

CHOR Bürger der Vaterstadt, seht
Wächter der Vaterstadt uns,
Spähend,
Horchend,
Freundlichgesinnte dem freundlichen Bürger –

CHORFÜHRER Der uns ja schließlich bezahlt.

CHOR Trefflichgerüstete
Wandeln wir um euer Haus,
Wachsam und arglos zugleich.

CHORFÜHRER Manchmal auch setzen wir uns,
Ohne zu schlafen jedoch, unermüdlich

CHOR Spähend,
Horchend,
Daß sich enthülle Verhülltes,
Eh' es zum Löschen zu spät ist,
Feuergefährliches.
Eine Turmuhr schlägt halb.

CHORFÜHRER Feuergefährlich ist viel,
Aber nicht alles, was feuert, ist Schicksal,
Unabwendbares.

CHOR Anderes nämlich, Schicksal genannt,
Daß du nicht fragest, wie's kommt,
Städtevernichtendes auch, Ungeheures,
Ist Unfug,

CHORFÜHRER Menschlicher,

CHOR Allzumenschlicher,

CHORFÜHRER Tilgend das sterbliche Bürgergeschlecht.

Eine Turmuhr schlägt: drei Viertel.

CHOR Viel kann vermeiden Vernunft.

CHORFÜHRER Wahrlich:

CHOR Nimmer verdient es der Gott,
Nimmer der Mensch,
Denn der, achtet er Menschliches so,
Nimmer verdient er den Namen
Und nimmer die göttliche Erde,
Die unerschöpfliche,
Fruchtbar und gnädig dem Menschen,
Und nimmer die Luft, die er atmet,
Und nimmer die Sonne –
Nimmer verdient,
Schicksal zu heißen, bloß weil er geschehen:
Der Blödsinn,
Der nimmerzulöschende einst!

Die Turmuhr schlägt: vier Viertel.

CHORFÜHRER Unsere Wache hat begonnen.

Der Chor setzt sich, während der Stundenschlag tönt: neun Uhr.

Szene 1

Stube
Gottlieb Biedermann sitzt in seiner Stube und liest die Zeitung,
eine Zigarre rauchend, und Anna, das Dienstmädchen mit wei-
ßem Schürzchen, bringt eine Flasche Wein.

ANNA Herr Biedermann? – *Keine Antwort.*

Herr Biedermann –

Er legt die Zeitung zusammen.

BIEDERMANN Aufhängen sollte man sie. Hab ich's nicht immer
gesagt? Schon wieder eine Brandstiftung. Und wieder dieselbe
Geschichte, sage und schreibe: wieder so ein Hausierer, der
sich im Dachboden einnistet, ein harmloser Hausierer . . .

Er nimmt die Flasche.

Aufhängen sollte man sie!

Er nimmt den Korkenzieher.

ANNA Herr Biedermann –

BIEDERMANN Was denn?

ANNA Er ist noch immer da.

BIEDERMANN Wer?

ANNA Der Hausierer, der Sie sprechen möchte.

BIEDERMANN Ich bin nicht zu Haus!

ANNA Das hab ich ihm gesagt, Herr Biedermann, schon vor einer Stunde. Er sagt, er kenne Sie. Herr Biedermann, ich kann diesen Menschen nicht vor die Tür werfen. Ich kann's nicht!

BIEDERMANN Wieso nicht?

ANNA Nämlich er ist sehr kräftig ...

Biedermann zieht den Korken.

BIEDERMANN Er soll morgen ins Geschäft kommen.

ANNA Ich hab's ihm gesagt, Herr Biedermann, schon dreimal, aber das interessiert ihn nicht.

BIEDERMANN Wieso nicht?

ANNA Er will kein Haarwasser.

BIEDERMANN Sondern?

ANNA Menschlichkeit ...

Biedermann riecht am Korken.

BIEDERMANN Sagen Sie ihm, ich werde ihn eigenhändig vor die Tür werfen, wenn er nicht sofort verschwindet.

Er füllt sorgsam sein Burgunderglas.

Menschlichkeit! ...

Er kostet den Wein.

Er soll im Flur draußen warten. Ich komme sofort. Wenn er irgend etwas verkauft, ein Traktat oder Rasierklingen, ich bin kein Unmensch, aber – ich bin kein Unmensch, Anna, das wissen Sie ganz genau! – aber es kommt mir keiner ins Haus. Das habe ich Ihnen schon hundertmal gesagt! Und wenn wir drei freie Betten haben, es kommt nicht in Frage, sag ich, nicht in Frage. Man weiß, wohin das führen kann – heutzutage ...

85

Anna will gehen und sieht, daß der Fremde eben eingetreten ist: ein Athlet, sein Kostüm erinnert halb an Strafanstalt und halb an Zirkus. Tätowierung am Arm, Lederbinde um die Handgelenke. Anna schleicht hinaus. Der Fremde wartet, bis Biedermann seinen Wein gekostet hat und sich umdreht.

SCHMITZ Guten Abend.

Biedermann verliert die Zigarre vor Verblüffung.

Ihre Zigarre, Herr Biedermann –

Er hebt die Zigarre auf und gibt sie Biedermann.

BIEDERMANN Sagen Sie mal –

SCHMITZ Guten Abend!

BIEDERMANN Was soll das heißen? Ich habe dem Mädchen ausdrücklich gesagt, Sie sollen im Flur draußen warten. Wieso – ich muß schon sagen ... ohne zu klopfen ...

SCHMITZ Mein Name ist Schmitz.

BIEDERMANN Ohne zu klopfen.

SCHMITZ Schmitz Josef.

Schweigen

Guten Abend!

BIEDERMANN Und was wünschen Sie?

SCHMITZ Herr Biedermann brauchen keine Angst haben: Ich bin kein Hausierer!

BIEDERMANN Sondern?

SCHMITZ Ringer von Beruf.

BIEDERMANN Ringer?

SCHMITZ Schwergewicht.

BIEDERMANN Ich sehe.

SCHMITZ Das heißt: gewesen.

BIEDERMANN Und jetzt?

SCHMITZ Arbeitslos.

Pause

Herr Biedermann brauchen keine Angst haben, ich suche keine Arbeit. Im Gegenteil. Die Ringerei ist mir verleidet ... Bin nur gekommen, weil's draußen so regnet.

Pause

Hier ist's wärmer.

Pause

Hoffentlich stör ich nicht. –

Pause

BIEDERMANN Rauchen Sie?

Er bietet Zigarren an.

SCHMITZ Das ist schrecklich, Herr Biedermann, wenn einer so gewachsen ist wie ich. Alle Leute haben Angst vor mir... Danke!

Biedermann gibt ihm Feuer.

Danke.

Sie stehen und rauchen.

BIEDERMANN Kurz und gut, was wünschen Sie?

SCHMITZ Mein Name ist Schmitz.

BIEDERMANN Das sagten Sie schon, ja, sehr erfreut –

SCHMITZ Ich bin obdachlos.

Er hält die Zigarre unter die Nase und kostet den Duft.

Ich bin obdachlos.

BIEDERMANN Wollen Sie – ein Stück Brot?

SCHMITZ Wenn Sie nichts andres haben...

BIEDERMANN Oder ein Glas Wein?

SCHMITZ Brot und Wein... Aber nur wenn ich nicht störe, Herr Biedermann, nur wenn ich nicht störe!

Biedermann geht zur Tür.

BIEDERMANN Anna!

Biedermann kommt zurück.

SCHMITZ Das Mädchen hat mir gesagt, Herr Biedermann will mich persönlich hinauswerfen, aber ich habe gedacht, Herr Biedermann, daß das nicht Ihr Ernst ist...

Anna ist eingetreten.

BIEDERMANN Anna, bringen Sie ein zweites Glas.

ANNA Sehr wohl.

BIEDERMANN Und etwas Brot – ja.

SCHMITZ Und wenn's dem Fräulein nichts ausmacht: etwas Butter. Etwas Käse oder kaltes Fleisch oder so. Nur keine Umstände. Ein paar Gurken, eine Tomate oder so, etwas Senf – was Sie grad haben, Fräulein.

ANNA Sehr wohl.

SCHMITZ Nur keine Umstände!

Anna geht hinaus.

BIEDERMANN Sie kennen mich, haben Sie dem Mädchen gesagt.

SCHMITZ Freilich, Herr Biedermann, freilich.

BIEDERMANN Woher?

SCHMITZ Nur von Ihrer besten Seite, Herr Biedermann, nur von Ihrer besten Seite. Gestern abend am Stammtisch, ich weiß, Herr Biedermann haben mich gar nicht bemerkt in der Ecke, die ganze Wirtschaft hat sich gefreut, Herr Biedermann, jedes Mal, wenn Sie mit der Faust auf den Tisch geschlagen haben.

BIEDERMANN Was habe ich denn gesagt?

SCHMITZ Das Einzigrichtige.

Er raucht seine Zigarre, dann:

Aufhängen sollte man sie. Alle. Je rascher, um so besser. Aufhängen. Diese Brandstifter nämlich . . .

Biedermann bietet einen Sessel an.

BIEDERMANN Bitte. –

Schmitz setzt sich.

SCHMITZ Männer wie Sie, Herr Biedermann, das ist's, was wir brauchen!

BIEDERMANN Jaja, gewiß, aber –

SCHMITZ Kein Aber, Herr Biedermann, kein Aber! Sie sind noch vom alten Schrot und Korn, Sie haben noch eine positive Einstellung. Das kommt davon.

BIEDERMANN Gewiß –

SCHMITZ Sie haben noch Zivilcourage.

BIEDERMANN Sicher –

SCHMITZ Das kommt eben davon.

BIEDERMANN Wovon?

SCHMITZ Sie haben noch ein Gewissen, das spürte die ganze Wirtschaft, ein regelrechtes Gewissen.

BIEDERMANN Jaja, natürlich –

SCHMITZ Herr Biedermann, das ist gar nicht natürlich. Heutzutage. Im Zirkus, wo ich gerungen hab, zum Beispiel – und drum, sehn Sie, ist er dann auch niedergebrannt, der ganze

Zirkus! – unser Direktor zum Beispiel, der hat gesagt: Sie können mir, Sepp! – ich heiße doch Josef . . . Sie können mir! hat er gesagt: Wozu soll ich ein Gewissen haben? Wörtlich. Was ich brauch, um mit meinen Bestien fertigzuwerden, das ist 'ne Peitsche. Wörtlich! So einer war das. Gewissen! hat er gelacht: Wenn einer ein Gewissen hat, so ist es meistens ein schlechtes . . .

Er raucht genußvoll.

Gott hab ihn selig.

BIEDERMANN Das heißt, er ist tot?

SCHMITZ Verbrannt mit seinem ganzen Plunder . . .

Eine Standuhr schlägt neun.

BIEDERMANN Versteh nicht, was das Mädchen so lang macht!

SCHMITZ Ich hab Zeit. –

Es gibt sich, daß sie einander plötzlich in die Augen blicken.

Sie haben auch kein freies Bett im Haus, Herr Biedermann, das Mädchen sagte es schon –

BIEDERMANN Warum lachen Sie?

SCHMITZ Leider kein freies Bett! das sagen nämlich alle, kaum daß ein Obdachloser – und dabei will ich gar kein Bett.

BIEDERMANN Nein?

SCHMITZ Ich bin's gewohnt, Herr Biedermann, auf dem Boden zu schlafen. Mein Vater war Köhler. Ich bin's gewohnt . . .

Er raucht vor sich hin.

Kein Aber, Herr Biedermann, kein Aber! sag ich: Sie sind keiner von denen, der in der Wirtschaft ein großes Maul verreißt, weil er Schiß hat. Ihnen glaub ich's. Leider kein freies Bett! – das sagen alle – aber Ihnen, Herr Biedermann, glaub ich aufs Wort . . . Wo führt das noch hin, wenn keiner mehr dem andern glaubt? Ich sag immer: Wo führt das noch hin, Kinder! jeder hält den andern für einen Brandstifter, nichts als Mißtrauen in der Welt. Oder hab ich nicht recht? Das spürte die ganze Wirtschaft, Herr Biedermann: Sie glauben noch an das Gute in den Menschen und in sich selbst. Oder hab ich nicht recht? Sie sind der erste Mensch in dieser Stadt, der unsereinen nicht einfach wie einen Brandstifter behandelt –

BIEDERMANN Hier ist ein Aschenbecher.

SCHMITZ Oder hab ich nicht recht?

Er schlägt sorgsam die Asche seiner Zigarre ab.

Die meisten Leute heutzutage glauben nicht an Gott, sondern an die Feuerwehr.

BIEDERMANN Was wollen Sie damit sagen?

SCHMITZ Die Wahrheit.

Anna bringt ein Tablettchen.

ANNA Kaltes Fleisch haben wir keins.

SCHMITZ Das genügt, Fräulein, das genügt – nur den Senf haben Sie noch vergessen.

ANNA Entschuldigung!

Anna geht hinaus.

BIEDERMANN Essen Sie! –

Biedermann füllt die Gläser.

SCHMITZ Nicht überall, Herr Biedermann, wird man so empfangen. Das kann ich Ihnen sagen! Ich habe schon Dinge erlebt – Kaum tritt unsereiner über die Schwelle, Mann ohne Krawatte, obdachlos, hungrig: Nehmen Sie Platz! heißt es, und hintenherum rufen sie die Polizei. Was finden Sie dazu? Ich frage nach einem Obdach, nichts weiter, ein braver Ringer, der sein Leben lang gerungen hat; da packt so ein Herr, der noch nie gerungen hat, unsereinen am Kragen – Wieso? frag ich und dreh mich bloß um, bloß um ihn anzublicken, schon hat er die Schulter gebrochen.

Er nimmt das Glas.

Prost!

Sie trinken, und Schmitz beginnt zu futtern.

BIEDERMANN Es ist halt so eine Sache, mein Herr, heutzutage. Keine Zeitung kann man mehr aufschlagen: Schon wieder so eine Brandstifterei! Und wieder die alte Geschichte, sage und schreibe: Wieder ein Hausierer, der um Obdach bittet, und am andern Morgen steht das Haus in Flammen . . . Ich meine nur – offengesprochen: Ich kann ein gewisses Mißtrauen schon verstehen.

Er greift zu einer Zeitung.

90

Hier: bitte!

Er legt ihm die offene Zeitung neben den Teller.

SCHMITZ Ich hab's gesehen.

BIEDERMANN Ein ganzer Stadtteil.

Er erhebt sich, um es Schmitz zu zeigen.

Hier: lesen Sie das!

Schmitz futtert und liest und trinkt.

SCHMITZ Beaujolais?

BIEDERMANN Ja.

SCHMITZ Dürfte noch etwas wärmer sein . . .

Er liest über den Teller hinweg.

»— scheint es, daß die Brandstiftung nach dem gleichen Muster
geplant und durchgeführt worden ist wie schon das letzte
Mal.«

Sie geben einander einen Blick.

BIEDERMANN Ist das nicht unglaublich?!

Schmitz legt die Zeitung weg.

SCHMITZ Drum les ich ja keine Zeitungen.

BIEDERMANN Wie meinen Sie das?

SCHMITZ Weil's immer wieder dasselbe ist.

BIEDERMANN Jaja, mein Herr, natürlich, aber – das ist doch keine
Lösung, mein Herr, einfach keine Zeitung lesen; schließlich
und endlich muß man doch wissen, was einem bevorsteht.

SCHMITZ Wozu?

BIEDERMANN Einfach so.

SCHMITZ Es kommt ja doch, Herr Biedermann, es kommt ja doch!

Er riecht an der Wurst.

Gottesgericht.

Er schneidet sich Wurst ab.

BIEDERMANN Meinen Sie?

Anna bringt den Senf.

SCHMITZ Danke, Fräulein, danke!

ANNA Sonst noch etwas?

SCHMITZ Heute nicht.

Anna bleibt bei der Türe.

Senf ist nämlich meine Leibspeise –

91

Er drückt Senf aus der Tube.

BIEDERMANN Wieso Gottesgericht?!

SCHMITZ Weiß ich's...

Er futtert und blickt nochmals in die Zeitung.

»— scheint es den Sachverständigen, daß die Brandstiftung nach dem gleichen Muster geplant und durchgeführt worden ist wie schon das letzte Mal.«

Er lacht kurz, dann füllt er sein Glas mit Wein.

ANNA Herr Biedermann?

BIEDERMANN Was denn?

ANNA Herr Knechtling möchte Sie sprechen.

BIEDERMANN Knechtling? Jetzt? Knechtling?

ANNA Er sagt —

BIEDERMANN Kommt nicht in Frage.

ANNA Er könne Sie gar nicht verstehen ·

BIEDERMANN Wozu muß er mich verstehen?

ANNA Er habe eine kranke Frau und drei Kinder —

BIEDERMANN Kommt nicht in Frage! sag ich.

Er ist aufgestanden vor Ungeduld.

Herr Knechtling! Herr Knechtling! Herr Knechtling soll mich gefälligst in Ruh lassen, Herrgott nochmal, oder er soll einen Anwalt nehmen. Bitte! Ich habe Feierabend. Herr Knechtling! Ich verbitte mir dieses Getue wegen einer Kündigung. Lächerlich! Und dabei gibt's heutzutage Versicherungen wie noch nie in der Geschichte der Menschheit... Ja! Soll er einen Anwalt nehmen. Bitte! Ich werde auch einen Anwalt nehmen. Beteiligung an seiner Erfindung. Soll er sich unter den Gasherd legen oder einen Anwalt nehmen — bitte! — wenn Herr Knechtling es sich leisten kann, einen Prozeß zu verlieren oder zu gewinnen. Bitte! Bitte!

Er beherrscht sich mit Blick auf Schmitz.

Sagen Sie Herrn Knechtling: Ich habe Besuch.

Anna geht hinaus.

Sie entschuldigen!

SCHMITZ Sie sind hier zu Haus, Herr Biedermann.

BIEDERMANN Schmeckt es denn?

Er setzt sich und schaut zu, wie der Gast genießt.

SCHMITZ Wer hätte gedacht, ja, wer hätte gedacht, daß es das noch gibt! Heutzutage.

BIEDERMANN Senf?

SCHMITZ Menschlichkeit.

Er schraubt die Tube wieder zu.

Ich meine nur so: Daß Sie mich nicht einfach am Kragen packen, Herr Biedermann, um unsereinen einfach auf die Straße zu werfen – hinaus in den Regen! – sehen Sie, das ist's, Herr Biedermann, was wir brauchen: Menschlichkeit.

Er nimmt die Flasche und gießt sich ein.

Vergelt's Gott. *Er trinkt und genießt es sichtlich.*

BIEDERMANN Sie müssen jetzt nicht denken, Herr Schmitz, daß ich ein Unmensch sei –

SCHMITZ Herr Biedermann!

BIEDERMANN Frau Knechtling nämlich behauptet das!

SCHMITZ Wenn Sie ein Unmensch wären, Herr Biedermann, dann würden Sie mir heute nacht kein Obdach geben, das ist mal klar.

BIEDERMANN Nicht wahr?

SCHMITZ Und wenn's auch nur auf dem Dachboden ist.

Er stellt das Glas nieder.

Jetzt ist er richtig, unser Wein.

Es klingelt an der Haustür.

Polizei –?

BIEDERMANN Meine Frau –

SCHMITZ Hm.

Es klingelt nochmals.

BIEDERMANN Kommen Sie! . . . Aber unter einer Bedingung, mein Herr: Kein Lärm! Meine Frau ist herzkrank –

Man hört Frauenstimmen draußen, und Biedermann winkt dem Schmitz, daß er sich beeile, und hilft, Tablettchen und Glas und Flasche werden mitgenommen, sie gehen auf Fußspitzen nach rechts, wo aber der Chor sitzt.

BIEDERMANN Sie entschuldigen!

Er steigt über die Bank.

SCHMITZ Sie entschuldigen!

*Er steigt über die Bank, und sie verschwinden, während von
links Frau Biedermann in die Stube tritt, begleitet von Anna,
die ihr die Sachen abnimmt.*

BABETTE Wo ist mein Mann? Sie wissen, Anna, wir sind keine
Spießer: Sie können einen Schatz haben, aber ich will nicht,
Anna, daß Sie ihn im Haus verstecken.

ANNA Frau Biedermann, ich hab aber keinen.

BABETTE Und wem gehört das rostige Fahrrad, das unten neben
unsrer Haustüre steht? Ich bin ja zu Tod erschrocken –

Dachboden

*Biedermann knipst das Licht an, man sieht den Dachboden, er
winkt dem Schmitz, daß er eintreten soll, es wird nur geflüstert.*

BIEDERMANN Hier ist der Schalter... Wenn Sie kalt haben,
irgendwo gibt's ein altes Schaffell, glaub ich – aber leise, Herrgott nochmal... Ziehn Sie die Schuhe aus!

Schmitz stellt das Tablettchen ab und zieht einen Schuh aus.

Herr Schmitz –

SCHMITZ Herr Biedermann?

BIEDERMANN Sie versprechen es mir aber: Sie sind aber wirklich
kein Brandstifter?

Schmitz muß lachen.

Scht!

*Er nickt gut' Nacht, geht hinaus und macht die Türe zu,
Schmitz zieht den anderen Schuh aus.*

Stube

*Babette hat etwas gehört und horcht, sie blickt entsetzt, dann
plötzliche Erleichterung, sie wendet sich an den Zuschauer.*

BABETTE Mein Mann, der Gottlieb, hat mir versprochen, jeden
Abend persönlich auf den Dachboden zu gehen, um persönlich
nachzuschauen, ob kein Brandstifter da ist. Ich bin ihm dankbar. Sonst könnte ich nämlich die halbe Nacht lang nicht
schlafen...

Dachboden
Schmitz geht zum Schalter, jetzt in Socken, und löscht das Licht.

Chor
Bürger der Vaterstadt, seht
Wachen uns, Wächter der Unschuld,
Arglos noch immer,
Freundlichgesinnte der schlafenden Stadt,
Sitzend,
Stehend –
CHORFÜHRER Manchmal eine Pfeife stopfend zur Kurzweil.
CHOR Spähend,
 Horchend,
 Daß nicht ein Feuer aus traulichen Dächern
 Lichterloh
 Tilge die Vaterstadt uns.
 Eine Turmuhr schlägt drei.
CHORFÜHRER Jedermann weiß, daß wir da sind, und weiß:
 Anruf genügt.
 Er stopft sich die Pfeife.
CHOR Wer denn macht Licht in der Stube
 Um diese Stunde?
 Wehe, in nervenzerrüttetem Zustand
 Schlaflos-unselig
 Seh ich die Gattin.
 Babette erscheint im Morgenrock.
BABETTE Da hustet einer! . . .
 Man hört Schnarchen.
 Gottlieb! Hörst du's denn nicht?
 Man hört Husten.
 Da ist doch einer! . . .
 Man hört Schnarchen.
 Männer! dann nehmen sie einfach ein Schlafpulver.
 Eine Turmuhr schlägt vier.
CHORFÜHRER 's ist vier Uhr.

Babette löscht das Licht wieder.

CHORFÜHRER Aber ein Anruf kam nicht.

Er steckt die Pfeife wieder ein, es wird hell im Hintergrund.

CHOR Strahl der Sonne,
　　Wimper, o göttlichen Auges,
　　Aufleuchtet noch einmal Tag
　　Über den traulichen Dächern der Stadt.
　　　　Heil uns!
　　Nichts ist geschehen der nächtlichen Stadt,
　　Heute noch nichts . . .
　　　　Heil uns!

Der Chor setzt sich.

Szene 2

Stube

Biedermann steht in Mantel und Hut, Ledermappe unterm Arm, trinkt seinen Morgenkaffee und spricht zur Stube hinaus.

BIEDERMANN – zum letzten Mal: Er ist kein Brandstifter.

STIMME Woher weißt du das?

BIEDERMANN Ich habe ihn ja selbst gefragt . . . Und überhaupt: Kann man eigentlich nichts anderes mehr denken in dieser Welt? Das ist ja zum Verrücktwerden, ihr mit euren Brandstiftern die ganze Zeit –

Babette kommt mit einem Milchkrug.

Zum Verrücktwerden!

BABETTE Schrei mich nicht an.

BIEDERMANN Ich schrei nicht dich an, Babette, ich schreie ganz allgemein.

Sie gießt Milch in seine Tasse.

Ich muß ja gehn!

Er trinkt seinen Kaffee, der zu heiß ist.

Wenn man jedermann für einen Brandstifter hält, wo führt das hin? Man muß auch ein bißchen Vertrauen haben, Babette, ein bißchen Vertrauen –

96

Er blickt auf seine Armbanduhr.

BABETTE Du bist zu gutmütig. Das mach ich nicht mit, Gottlieb. Du läßt dein Herz sprechen, während ich die ganze Nacht nicht schlafen kann . . . ich will ihm ein Frühstück geben, aber dann, Gottlieb, schick ich ihn auf den Weg.

BIEDERMANN Tu das.

BABETTE In aller Freundlichkeit, weißt du, ohne ihn zu kränken.

BIEDERMANN Tu das.

Er stellt die Tasse hin.

Ich muß zum Rechtsanwalt.

Er gibt Babette einen Gewohnheitskuß, in diesem Augenblick erscheint Schmitz, der ein Schaffell trägt; sie sehen ihn noch nicht.

BABETTE Warum hast du Knechtling entlassen?

BIEDERMANN Weil ich ihn nicht mehr brauche.

BABETTE Du warst immer so zufrieden mit ihm.

BIEDERMANN Das ist es ja, was er ausnutzen will. Beteiligung an seiner Erfindung! Und dabei weiß Knechtling ganz genau, was unser Haarwasser ist: eine kaufmännische Leistung, aber keine Erfindung. Lächerlich! Die guten Leute, die unser Haarwasser auf die Glatze streichen, könnten ebensogut ihren eigenen Harn —

BABETTE Gottlieb!

BIEDERMANN Es ist aber auch wahr!

Er vergewissert sich, ob er alles in der Mappe hat.

Ich bin zu gutmütig, du hast recht: Diesem Knechtling werde ich die Kehle schon umdrehn.

Er will gehen und sieht Schmitz.

SCHMITZ Guten Morgen, die Herrschaften!

BIEDERMANN Herr Schmitz —

Schmitz streckt ihm die Hand hin.

SCHMITZ Sagen Sie doch einfach Sepp!

Biedermann gibt seine Hand nicht.

BIEDERMANN — meine Frau wird mit Ihnen sprechen, Herr Schmitz. Ich muß gehen. Leider. Ich wünsche Ihnen aber alles Gute . . .

Er schüttelt dem Schmitz die Hand.

Alles Gute, Sepp, alles Gute!

Biedermann geht weg.

SCHMITZ Alles Gute, Gottlieb, alles Gute!

Babette starrt ihn an.

Ihr Mann heißt doch Gottlieb? . . .

BABETTE Wie haben Sie geschlafen?

SCHMITZ Danke, kalt. Aber ich habe mir gestattet, Madame, das Schaffell zu nehmen – Erinnert mich an meine Jugend in den Köhlerhütten . . . Ja – Bin die Kälte gewohnt . . .

BABETTE Ihr Frühstück ist bereit.

SCHMITZ Madame!

Sie weist ihm den Sessel an.

Das kann ich nicht annehmen!

Sie füllt seine Tasse.

BABETTE Sie müssen tüchtig essen, Sepp. Sie haben sicherlich einen langen Weg vor sich.

SCHMITZ Wieso?

Sie weist ihm nochmals den Sessel an.

BABETTE Nehmen Sie ein weiches Ei?

SCHMITZ Zwei.

BABETTE Anna!

SCHMITZ Sie sehen, Madame, ich fühl mich schon wie zu Haus . . . Ich bin so frei –

Er setzt sich, Anna ist eingetreten.

BABETTE Zwei weiche Eier.

ANNA Sehr wohl.

SCHMITZ Dreieinhalb Minuten.

ANNA Sehr wohl.

Anna will gehen.

SCHMITZ Fräulein!

Anna steht in der Tür.

Guten Tag!

ANNA Tag.

Anna geht hinaus.

SCHMITZ Wie das Fräulein mich ansieht! Verdammtnochmal!

Wenn's auf die ankäme, ich glaub, ich stünde draußen im strö-
menden Regen.

Babette gießt Kaffee ein.

BABETTE Herr Schmitz –

SCHMITZ Ja?

BABETTE Wenn ich offen sprechen darf: –

SCHMITZ Sie zittern, Madame!?

BABETTE Herr Schmitz –

SCHMITZ Was bekümmert Sie?

BABETTE Hier ist Käse.

SCHMITZ Danke.

BABETTE Hier ist Marmelade.

SCHMITZ Danke.

BABETTE Hier ist Honig.

SCHMITZ Eins nach dem andern, Madame, eins nach dem
andern!

Er lehnt zurück und ißt sein Butterbrot, zum Hören bereit.

Was ist's?

BABETTE Rundheraus, Herr Schmitz –

SCHMITZ Sagen Sie doch einfach Sepp.

BABETTE Rund heraus –

SCHMITZ Sie möchten mich los sein?

BABETTE Nein, Herr Schmitz, nein! so würd ich es nicht sagen –

SCHMITZ Wie würden Sie's denn sagen?

Er nimmt Käse.

Tilsiter ist nämlich meine Leibspeis.

Er lehnt wieder zurück und futtert, zum Hören bereit.

Madame halten mich also für einen Brandstifter –

BABETTE Mißverstehen Sie mich nicht! Was hab ich denn gesagt?
Nichts liegt mir ferner, Herr Schmitz, als Sie zu kränken.
Ehrenwort! Sie haben mich ganz verwirrt. Wer redet denn von
Brandstiftern! Ich beklage mich ja in keiner Weise, Herr
Schmitz, über Ihr Benehmen –

Schmitz legt das Besteck nieder.

SCHMITZ Ich weiß: Ich hab kein Benehmen.

BABETTE Nein, Herr Schmitz, das ist es nicht –

99

SCHMITZ Ein Mensch, der schmatzt –

BABETTE Unsinn –

SCHMITZ Das haben sie mir schon im Waisenhaus immer gesagt:
Schmitz, schmatze nicht!

Sie nimmt die Kanne, um Kaffee einzugießen.

BABETTE Sie mißverstehen mich, ach Gott, vollkommen.

Er hält die Hand auf seine Tasse.

SCHMITZ Ich geh.

BABETTE Herr Schmitz –

SCHMITZ Ich geh.

BABETTE Noch eine Tasse?

Er schüttelt den Kopf.

BABETTE Eine halbe?

Er schüttelt den Kopf.

So dürfen Sie nicht gehen, Herr, ich habe Sie nicht kränken
wollen, Herr, ich habe doch kein Wort gesagt, daß Sie schmatzen!

Er erhebt sich.

Habe ich Sie gekränkt?

Er faltet die Serviette zusammen.

SCHMITZ Was können Madame dafür, daß ich kein Benehmen
habe! Mein Vater war Köhler. Woher soll unsereiner ein
Benehmen haben! Hungern und frieren, Madame, das macht
mir nichts, aber – keine Bildung, Madame, kein Benehmen,
Madame, keine Kultur...

BABETTE Ich versteh.

SCHMITZ Ich geh.

BABETTE Wohin?

SCHMITZ Hinaus in den Regen...

BABETTE Ach Gott.

SCHMITZ Bin ich gewohnt.

BABETTE Herr Schmitz... Blicken Sie mich nicht so an! – Ihr
Vater war Köhler, das sehe ich doch ein, Herr Schmitz, Sie
haben sicherlich eine harte Jugend gehabt –

SCHMITZ Überhaupt keine, Madame.

Er senkt den Blick und fingert an seinen Fingern herum.

Überhaupt keine. Ich zählte sieben Jahr, als meine Mutter starb...

Er dreht sich und wischt sich die Augen.

BABETTE Sepp! – aber Sepp...

Anna kommt und bringt die weichen Eier.

ANNA Sonst noch etwas?

Anna bekommt keine Antwort und geht hinaus.

BABETTE Ich schicke Sie gar nicht fort, mein Herr, das habe ich ja gar nicht gesagt. Was habe ich denn gesagt? Sie mißverstehen mich wirklich, Herr Schmitz, das ist ja furchtbar. Was kann ich denn tun, daß Sie mir glauben?

Sie faßt ihn (nicht ohne Zögern) am Ärmel.

Kommen Sie, Sepp, essen Sie!

Schmitz setzt sich wieder an den Tisch.

Wofür halten Sie uns! Ich habe nicht bemerkt, daß Sie schmatzen, Ehrenwort! Und wenn schon: Wir geben nichts auf Äußerlichkeiten, Herr Schmitz, das müssen Sie doch spüren, Herr Schmitz, wir sind nicht so...

Er köpft sein Ei.

SCHMITZ Vergelt's Gott!

BABETTE Hier ist Salz.

Er löffelt das Ei.

SCHMITZ 's ist wahr, Madame haben mich ja gar nicht fortgeschickt, kein Wort davon, 's ist wahr. Bitte um Entschuldigung, daß ich Madame so mißverstanden habe...

BABETTE Ist es denn richtig, das Ei?

SCHMITZ Etwas weich... Bitte sehr um Entschuldigung.

Er hat es ausgelöffelt.

Was haben Sie denn sagen wollen, Madame, vorher als Sie sagten: Rundheraus!

BABETTE Ja, was hab ich eigentlich sagen wollen...

Er köpft das zweite Ei.

SCHMITZ Vergelt's Gott.

Er löffelt das zweite Ei.

Der Willi, der sagt immer, das gibt's gar nicht mehr: die private Barmherzigkeit. Es gibt heutzutage keine feinen Leute mehr.

Verstaatlichung! Es gibt keine Menschen mehr. Sagt er! – drum
geht die Welt in den Eimer – drum!...

Er salzt das Ei.

Der wird Augen machen! – wenn er ein solches Frühstück
bekommt, der wird Augen machen!... Der Willi!

Es klingelt an der Haustür.

SCHMITZ Vielleicht ist er das.

Es klingelt an der Haustür.

BABETTE Wer ist der Willi?

SCHMITZ Der hat Kultur, Madame, Sie werden sehen, der ist
doch Kellner gewesen damals im Metropol, bevor's niedergebrannt ist, das Metropol –

BABETTE Niedergebrannt?

SCHMITZ Oberkellner.

Anna ist eingetreten.

BABETTE Wer ist's?

ANNA Ein Herr.

BABETTE Und was will er?

ANNA Von der Feuerversicherung, sagt er, nämlich er müsse sich
das Haus ansehen.

Babette erhebt sich.

Er trägt einen Frack –

Babette und Anna gehen hinaus, Schmitz gießt sich Kaffee ein.

SCHMITZ Der Willi!

Chor
  Nun aber sind es schon zwei,
  Die unsern Argwohn erwecken,
  Fahrräder nämlich, verrostete, die
  Jemand gehören, doch wem?

CHORFÜHRER Eines seit gestern, das andre seit heut.

CHOR Wehe!

CHORFÜHRER Wieder ist Nacht, und wir wachen.

  Eine Turmuhr schlägt.

CHOR Viel sieht, wo nichts ist, der Ängstliche,
  Den nämlich schreckt schon der eigene Schatten,

Kampfmutig findet ihn jedes Gerücht,
So daß er strauchelt,
So, schreckhaft, lebt er dahin,
Bis es eintritt:
In seine Stube.
Die Turmuhr schlägt.

CHORFÜHRER Daß sie das Haus nicht verlassen, die zwei,
Wie soll ich's deuten?
Die Turmuhr schlägt.

CHOR Blinder als blind ist der Ängstliche,
Zitternd vor Hoffnung, es sei nicht das Böse,
Freundlich empfängt er's,
Wehrlos, ach, müde der Angst,
Hoffend das beste . . .
Bis es zu spät ist.
Die Turmuhr schlägt.

CHOR Wehe!
Der Chor setzt sich.

Szene 3

Dachboden
Schmitz, immer im Kostüm des Ringers, und der Andere, der
seinen Frack ausgezogen hat und nur die weiße Weste trägt,
sind dabei, Fässer in den Estrich zu rollen, Fässer aus Blech,
wie sie zum Transport von Benzin üblich sind, alles so leise als
möglich; beide haben ihre Schuhe ausgezogen.

DER ANDERE Leise! Leise!

SCHMITZ Und wenn er auf die Idee kommt und die Polizei ruft?

DER ANDERE Vorwärts!

SCHMITZ Was dann?

DER ANDERE Langsam! Langsam . . . Halt.
Sie haben das Faß zu den andern gerollt, die schon im
Dämmerdunkel stehen; der Andere nimmt Putzfäden, um sich
die Finger zu wischen.

103

DER ANDERE Wieso soll er die Polizei rufen?

SCHMITZ Wieso nicht?

DER ANDERE Weil er selber strafbar ist.

Man hört Gurren von Tauben.

's ist leider Tag, gehn wir schlafen!

Er wirft die Putzfäden weg.

Jeder Bürger ist strafbar, genaugenommen, von einem gewissen Einkommen an. Mach dir keine Sorge! . . .

Es klopft an der verriegelten Tür.

BIEDERMANN Aufmachen! Aufmachen!

Es poltert und rüttelt.

DER ANDERE Das tönt aber nicht nach Frühstück.

BIEDERMANN Aufmachen! sag ich. Sofort!

SCHMITZ So war er noch nie.

Es poltert mehr und mehr. Der Andere zieht seinen Frack an. Ohne Hast, aber flink. Er zieht die Krawatte zurecht und wischt sich den Staub ab, dann öffnet er die Tür: – eintritt Biedermann im Morgenrock, wobei er den neuen Gesellen, da dieser hinter der aufgehenden Tür steht, nicht bemerkt.

BIEDERMANN Herr Schmitz!

SCHMITZ Guten Morgen, Herr Biedermann, guten Morgen, hoffentlich hat Sie das blöde Gepolter nicht geweckt –

BIEDERMANN Herr Schmitz!

SCHMITZ Soll nie wieder vorkommen.

BIEDERMANN Sie verlassen mein Haus. –

Pause

Ich sage: Sie verlassen mein Haus!

SCHMITZ Wann?

BIEDERMANN Sofort.

SCHMITZ Wieso?

BIEDERMANN Oder meine Frau (ich kann und ich werde es nicht hindern!) ruft die Polizei.

SCHMITZ Hm.

BIEDERMANN Und zwar sofort!

Pause

Worauf warten Sie?

Schmitz, stumm, nimmt seine Schuhe.

Ich will keine Diskussionen!

SCHMITZ Ich sag ja gar nichts.

BIEDERMANN Wenn Sie meinen, Herr Schmitz, ich lasse mir alles
gefallen, bloß weil Sie ein Ringer sind – ein solches Gepolter
die ganze Nacht –

Er zeigt mit gestrecktem Arm zur Tür.

Hinaus! Hinaus! sag ich. Hinaus!

Schmitz spricht zum Andern hinüber.

SCHMITZ So war er noch nie ...

Biedermann dreht sich um und ist sprachlos.

DER ANDERE Mein Name ist Eisenring.

BIEDERMANN Meine Herrn –?

EISENRING Wilhelm Maria Eisenring.

BIEDERMANN Wieso, meine Herrn, wieso sind Sie plötzlich zwei?

Schmitz und Eisenring blicken einander an.

Ohne zu fragen!

EISENRING Siehst du.

BIEDERMANN Was soll das heißen?

EISENRING Ich hab's dir ja gesagt. Das macht man nicht, Sepp, du
hast kein Benehmen. Ohne zu fragen. Was ist das für eine Art:
– plötzlich sind wir zwei.

BIEDERMANN Ich bin außer mir.

EISENRING Siehst du!

Er wendet sich an Biedermann.

Ich hab es ihm gesagt!

Er wendet sich an Schmitz.

Hab ich es dir nicht gesagt?

Schmitz schämt sich.

BIEDERMANN Was stellen Sie sich eigentlich vor, meine Herren?
Schließlich und endlich, meine Herren, bin ich der Hauseigentümer. Ich frage: Was stellen Sie sich eigentlich vor?

Pause

EISENRING Antworte, wenn der Herr dich fragt!

Pause

SCHMITZ Der Willi ist doch mein Freund ...

105

BIEDERMANN Was weiter?

SCHMITZ Wir sind doch zusammen in die Schule gegangen, Herr
Biedermann, schon als Kinder ...

BIEDERMANN Und?

SCHMITZ Da hab ich gedacht ...

BIEDERMANN Was?

SCHMITZ Da hab ich gedacht ...

Pause

EISENRING Nichts hast du gedacht!

Er wendet sich an Biedermann.

Ich versteh Sie vollkommen, Herr Biedermann. Alles was recht
ist, aber schließlich und endlich –

Er schreit Schmitz an.

Meinst du eigentlich, ein Hauseigentümer braucht sich alles
gefallen zu lassen?

Er wendet sich an Biedermann.

Der Sepp hat Sie überhaupt nicht gefragt?

BIEDERMANN Kein Wort!

EISENRING Sepp –

BIEDERMANN Kein Wort!

EISENRING – und dann wunderst du dich, wenn man dich auf die
Straße wirft?

Er schüttelt den Kopf und lacht wie über einen Dummkopf.

BIEDERMANN Es ist nicht zum Lachen, meine Herren. Es ist mir
bitterernst, meine Herren. Meine Frau ist herzkrank –

EISENRING Siehst du!

BIEDERMANN Meine Frau hat die halbe Nacht nicht geschlafen.
Wegen dieser Polterei. Und überhaupt: – Was machen Sie da
eigentlich?

Er sieht sich um.

Was, zum Teufel, sollen diese Fässer hier?

Schmitz und Eisenring sehen dahin, wo keine Fässer sind.

Hier! Bitte! Was ist das?

Er klopft auf ein Faß.

Was ist das?

SCHMITZ Fässer ...

BIEDERMANN Wo kommen die her?

SCHMITZ Weißt du's, Willi? wo sie herkommen.

EISENRING Import, es steht drauf.

BIEDERMANN Meine Herren –

EISENRING Irgendwo steht's drauf!

Eisenring und Schmitz suchen die Anschrift.

BIEDERMANN Ich bin sprachlos. Was stellen Sie sich eigentlich vor? Mein ganzer Dachboden voll Fässer – gestapelt, geradzu gestapelt!

EISENRING Ja eben.

BIEDERMANN Was wollen Sie damit sagen?

EISENRING Der Sepp hat sich verrechnet... Zwölf auf fünfzehn Meter! hast du gesagt, und dabei hat er keine hundert Quadratmeter, dieser ganze Dachboden... Ich kann meine Fässer nicht auf der Straße lassen, Herr Biedermann, das werden Sie verstehen.

BIEDERMANN Nichts verstehe ich –

Schmitz zeigt eine Etikette.

SCHMITZ Hier, Herr Biedermann, hier ist die Etikette!

BIEDERMANN Ich bin sprachlos –

SCHMITZ Hier steht's, wo sie herkommen. Hier.

BIEDERMANN – einfach sprachlos. *Er betrachtet die Etikette.*

Unten

Anna führt einen Polizisten in die Stube.

ANNA Ich werde ihn rufen.

Sie geht, und der Polizist wartet.

Oben

BIEDERMANN Benzin!? –

Unten

Anna kommt nochmals zurück.

ANNA Und worum handelt es sich, Herr Wachtmeister?

POLIZIST Geschäftlich.

Anna geht, und der Polizist wartet.

Oben

BIEDERMANN Ist das wahr, meine Herren, ist das wahr?

EISENRING Was?

BIEDERMANN Was auf dieser Etikette steht.

Er zeigt ihnen die Etikette.

Wofür halten Sie mich eigentlich? Das ist mir noch nicht vorgekommen. Glauben Sie eigentlich, ich kann nicht lesen?

Sie betrachten die Etikette.

Bitte! –

Er lacht, wie man über eine Unverschämtheit lacht.

Benzin!

Er spricht wie ein Untersuchungsrichter.

Was ist in diesen Fässern?

EISENRING Benzin.

BIEDERMANN Machen Sie keine Witze! Ich frage zum letzten Mal, was in diesen Fässern ist. Sie wissen so gut wie ich, daß Benzin nicht in den Dachboden gehört –

Er fährt mit dem Finger über ein Faß

Bitte – da: riechen Sie selbst!

Er hält ihnen den Finger unter die Nase.

Ist das Benzin oder ist das kein Benzin?

Sie schnuppern und blicken einander an.

Antworten Sie!

EISENRING Es ist.

SCHMITZ Es ist.

BEIDE Eindeutig.

BIEDERMANN Sind Sie eigentlich wahnsinnig? Mein ganzer Dachboden voll Benzin –

SCHMITZ Drum, Herr Biedermann, rauchen wir auch nicht.

BIEDERMANN Und das, meine Herren, in dieser Zeit, wo man in jeder Zeitung, die man aufschlägt, gewarnt wird. Was denken Sie sich eigentlich? Meine Frau bekommt einen Schlag, wenn sie das sieht.

EISENRING Siehst du!

BIEDERMANN Sagen Sie nicht immer: Siehst du!

EISENRING Das kannst du einer Frau nicht zumuten, Sepp, einer
Hausfrau, ich kenne die Hausfrauen –

Anna ruft im Treppenhaus.

ANNA Herr Biedermann! Herr Biedermann!

Biedermann macht die Türe zu.

BIEDERMANN Herr Schmitz! Herr –

EISENRING Eisenring.

BIEDERMANN Wenn Sie diese Fässer nicht augenblicklich aus
dem Hause schaffen, aber augenblicklich! sag ich –

EISENRING Dann rufen Sie die Polizei.

BIEDERMANN Ja.

SCHMITZ Siehst du!

Anna ruft im Treppenhaus.

ANNA Herr Biedermann!

Biedermann flüstert.

BIEDERMANN Das war mein letztes Wort!

EISENRING Welches?

BIEDERMANN Ich dulde kein Benzin in meinem Dachstock. Ein
für allemal! Ich dulde es nicht.

Es klopft an die Tür.

Ich komme!

Er öffnet die Tür, um zu gehen, und eintritt ein Polizist.

POLIZIST Da sind Sie ja, Herr Biedermann, da sind Sie ja. Sie
brauchen nicht herunterzukommen, ich will nicht lange stören.

BIEDERMANN Guten Morgen!

POLIZIST Guten Morgen!

EISENRING Morgen . . .

SCHMITZ Morgen . . .

Schmitz und Eisenring verneigen sich.

POLIZIST Es handelt sich um einen Unfall –

BIEDERMANN Um Gottes willen!

POLIZIST Ein alter Mann, dessen Frau behauptet, er habe bei
Ihnen gearbeitet – als Erfinder! – hat sich heute nacht unter
den Gashahn gelegt.

Er sieht in seinem Notizbüchlein nach.

POLIZIST Knechtling, Johann, wohnhaft Roßgasse 11.

Er steckt das Büchlein ein.

Haben Sie einen solchen gekannt?

BIEDERMANN Ich —

POLIZIST Vielleicht ist's Ihnen lieber, Herr Biedermann, wenn wir unter vier Augen —

BIEDERMANN Ja.

POLIZIST Geht ja die Angestellten nichts an!

BIEDERMANN Nein —

Er bleibt in der Tür stehen.

Wenn mich jemand sucht, meine Herren, ich bin bei der Polizei. Verstanden? Ich komme sofort.

Schmitz und Eisenring nicken.

POLIZIST Herr Biedermann —

BIEDERMANN Gehen wir!

POLIZIST Was haben Sie denn in diesen Fässern da?

BIEDERMANN — ich?

POLIZIST Wenn man fragen darf.

BIEDERMANN ... Haarwasser ...

Er blickt zu Schmitz und Eisenring.

EISENRING HORMOFLOR.

SCHMITZ »Die Männerwelt atmet auf.«

EISENRING HORMOFLOR.

SCHMITZ »Versuchen Sie es noch heute.«

EISENRING »Sie werden es nicht bereuen.«

BEIDE HORMOFLOR, HORMOFLOR.

Der Polizist lacht.

BIEDERMANN Ist er tot? *Biedermann und der Polizist gehen.*

EISENRING Eine Seele von Mensch.

SCHMITZ Hab ich's nicht gesagt?

EISENRING Aber von Frühstück kein Wort.

SCHMITZ So war er noch nie ...

Eisenring greift in seine Hosentasche.

EISENRING Hast du die Zündkapsel?

Schmitz greift in seine Hosentasche.

SCHMITZ So war er noch nie ...

Chor
Strahl der Sonne,
Wimper, o göttlichen Auges,
Aufleuchtet noch einmal
Tag
Über den traulichen Dächern der Stadt.

CHORFÜHRER Heute wie gestern.

CHOR Heil uns!

CHORFÜHRER Nichts ist geschehen der schlafenden Stadt.

CHOR Heil uns!

CHORFÜHRER Immer noch nichts . . .

CHOR Heil uns!

Man hört Verkehrslärm, Hupen, Straßenbahn.

CHORFÜHRER Klug ist und Herr über manche Gefahr,
  Wenn er bedenkt, was er sieht,
  Der Mensch.
  Aufmerkenden Geistes vernimmt er
  Zeichen des Unheils
  Zeitig genug, wenn er will.

CHOR Was aber, wenn er nicht will?

CHORFÜHRER Der, um zu wissen, was droht,
  Zeitungen liest
  Täglich zum Frühstück entrüstet
  Über ein fernes Ereignis,
  Täglich beliefert mit Deutung,
  Die ihm das eigene Sinnen erspart,
  Täglich erfahrend, was gestern geschah,
  Schwerlich durchschaut er, was eben geschieht
  Unter dem eigenen Dach: —

CHOR Unveröffentlichtes!

CHORFÜHRER Offenkundiges.

CHOR Hanebüchenes!

CHORFÜHRER Tatsächliches.

CHOR Ungern durchschaut er's, denn sonst —

Der Chorführer unterbricht mit einem Zeichen der Hand.

CHORFÜHRER Hier kommt er.

111

Der Chor schwenkt die Front.

CHOR Nichts ist geschehen der schlafenden Stadt,
Heute wie gestern,
Um zu vergessen, was droht,
Stürzt sich der Bürger
Sauber rasiert
In sein Geschäft...

Auftritt Biedermann in Mantel und Hut, Mappe im Arm.

BIEDERMANN Taxi!...Taxi?...Taxi!

Der Chor steht ihm im Weg.

Was ist los?

CHOR Wehe!

BIEDERMANN Sie wünschen?

CHOR Wehe!

BIEDERMANN Das sagten Sie schon.

CHOR Dreimal Wehe!

BIEDERMANN Wieso?

CHORFÜHRER Allzuverdächtiges, scheint uns,
Feuergefährliches hat sich enthüllt
Unseren Blicken wie deinen.
Wie soll ich's deuten?
Fässer voll Brennstoff im Dach –

Biedermann schreit.

BIEDERMANN Was geht das Sie an!

Schweigen

Lassen Sie mich durch. – Ich muß zu meinem Rechtsanwalt. –
Was will man von mir? – Ich bin unschuldig...

Biedermann scheint verängstigt.

Soll das ein Verhör sein?

Biedermann zeigt herrenhafte Sicherheit.

Lassen Sie mich durch, ja.

Der Chor steht reglos.

CHOR Nimmer geziemt es dem Chor,
Richter zu sein über Bürger, die handeln.

CHORFÜHRER Der nämlich zusieht von außen, der Chor,
Leichter begreift er, was droht.

CHOR Fragend nur, höflich
   Noch in Gefahr, die uns schreckt,
   Warnend nur, ach kalten Schweißes gefaßt
   Naht sich bekanntlich der Chor,
   Ohnmächtig-wachsam, mitbürgerlich,
   Bis es zum Löschen zu spät ist,
   Feuerwehrgleich.
   Biedermann blickt auf seine Armbanduhr.
BIEDERMANN Ich bin eilig.
CHOR Wehe!
BIEDERMANN Ich weiß wirklich nicht, was Sie wünschen.
CHORFÜHRER Daß du sie duldest, die Fässer voll Brennstoff, Bie-
   dermann Gottlieb, wie hast du's gedeutet?
BIEDERMANN Gedeutet?
CHORFÜHRER Wissend auch du, wie brennbar die Welt ist, Bie-
   dermann Gottlieb, was hast du gedacht?
BIEDERMANN Gedacht?
   Er mustert den Chor.
   Meine Herrn, ich bin ein freier Bürger. Ich kann denken, was
   ich will. Was sollen diese Fragen? Ich habe das Recht, meine
   Herrn, überhaupt nichts zu denken — ganz abgesehen davon,
   meine Herrn: Was unter meinem Dach geschieht — ich muß
   schon sagen, schließlich und endlich bin ich der Hauseigentü-
   mer!
CHOR Heilig sei Heiliges uns,
   Eigentum,
   Was auch entstehe daraus,
   Nimmerzulöschendes einst,
   Das uns dann alle versengt und verkohlt:
   Heilig sei Heiliges uns!
BIEDERMANN Also. —
   Schweigen
   Warum lassen Sie mich nicht durch?
   Schweigen
   Man soll nicht immer das Schlimmste denken. Wo führt das
   hin! Ich will meine Ruhe und meinen Frieden haben, nichts

113

weiter, und was die beiden Herren betrifft – ganz abgesehen davon, daß ich zur Zeit andere Sorgen habe...

Auftritt Babette in Mantel und Hut.

Was willst du hier?

BABETTE Stör ich?

BIEDERMANN Ich habe eine Besprechung mit dem Chor.

Babette nickt zum Chor, dann flüstert sie Biedermann ins Ohr.
Natürlich mit Schleife! Das spielt doch keine Rolle, was er kostet, Hauptsache, daß es ein Kranz ist.

Babette nickt zum Chor.

BABETTE Sie verzeihen, meine Herren. *Babette entfernt sich.*

BIEDERMANN ... kurz und gut, meine Herrn, ich habe es satt, Ihr mit euren Brandstiftern! Ich geh an keinen Stammtisch mehr, so satt hab ich's. Kann man eigentlich nichts andres mehr reden heutzutag? Schließlich lebe ich nur einmal. Wenn wir jeden Menschen, ausgenommen uns selbst, für einen Brandstifter halten, wie soll es jemals besser werden? Ein bißchen Vertrauen, Herrgottnochmal, muß man schon haben, ein bißchen guten Willen. Finde ich. Nicht immer nur das Böse sehen. Herrgottnochmal! Nicht jeder Mensch ist ein Brandstifter. Finde ich! Ein bißchen Vertrauen, ein bißchen...

Pause

Ich kann nicht Angst haben die ganze Zeit!

Pause

Heute nacht, meinen Sie denn, ich habe ein einziges Auge geschlossen? Ich bin ja nicht blöd. Benzin ist Benzin! Ich habe mir die allerschwersten Gedanken gemacht – auf den Tisch bin ich gestiegen, um zu horchen, und später sogar auf den Schrank, um mein Ohr an die Zimmerdecke zu legen. Jawohl! Geschnarcht haben sie. Geschnarcht! Mindestens viermal bin ich auf den Schrank gestiegen. Ganz friedlich geschnarcht!... Und trotzdem: – Einmal stand ich schon draußen im Treppenhaus, ob Sie's glauben oder nicht, im Pyjama – vor Wut. Ich war drauf und dran, die beiden Halunken zu wecken und auf die Straße zu werfen – mitsamt ihren Fässern! – eigenhändig, rücksichtslos, mitten in der Nacht!

114

CHOR Eigenhändig?

BIEDERMANN Ja.

CHOR Rücksichtslos?

BIEDERMANN Ja.

CHOR Mitten in der Nacht?

BIEDERMANN Ich war drauf und dran, ja – wäre meine Frau nicht gekommen, die fürchtete, daß ich mich erkälte – drauf und dran!

Er nimmt sich eine Zigarre aus Verlegenheit.

CHORFÜHRER Wie soll ich's abermals deuten?
Schlaflos verging ihm die Nacht.
Daß sie die Güte des Bürgers mißbrauchen,
Schien es ihm denkbar?
Argwohn befiel ihn. Wieso?

Biedermann zündet seine Zigarre an.

CHOR Schwer hat es, wahrlich, der Bürger!
Der nämlich, hart im Geschäft,
Sonst aber Seele von Mensch,
Gerne bereit ist,
Gutes zu tun.

CHORFÜHRER Wo es ihm paßt.

CHOR Hoffend, es komme das Gute
Aus Gutmütigkeiten,
Der nämlich irrt sich gefährlich.

BIEDERMANN Was wollen Sie damit sagen?

CHOR Uns nämlich dünkte, es stinkt nach Benzin.

Biedermann schnuppert.

BIEDERMANN Also, meine Herren, ich rieche nichts . . .

CHOR Weh uns!

BIEDERMANN Rein gar nichts.

CHOR Weh uns!

CHORFÜHRER So schon gewohnt ist er bösen Geruch.

CHOR Weh uns!

BIEDERMANN Und kommen Sie nicht immer mit diesem Defaitismus, meine Herrn, sagen Sie nicht immer: Weh uns!

Man hört ein Auto hupen.

115

Taxi! – Taxi!

Man hört, wie ein Auto stoppt.

Sie entschuldigen.

Biedermann geht in Eile weg.

CHOR Bürger – wohin!?

Man hört, wie ein Auto losfährt.

CHORFÜHRER Was hat er vor, der Unselige, jetzt?
Ängstlich-verwegen, so schien mir, und bleich
Lief er davon,
Ängstlich-entschlossen: wozu?

Man hört, wie ein Auto hupt.

CHOR So schon gewohnt ist er bösen Geruch!

Man hört das Hupen in der Ferne.

Weh uns!

CHORFÜHRER Weh euch!

*Der Chor tritt zurück, ausgenommen der Chorführer, der seine
Pfeife nimmt.*

CHORFÜHRER Der die Verwandlungen scheut
Mehr als das Unheil,
Was kann er tun
Wider das Unheil?

Er folgt dem Chor.

Szene 4

Dachboden
*Eisenring ist allein und arbeitet, indem er Schnur von einem
Haspel wickelt und pfeift dazu: Lili Marlen. Er unterbricht
sein Pfeifen, um den Zeigfinger zu nässen, und hält den Zeigfinger durch die Lukarne hinaus, um den Wind zu prüfen.*

Stube
*Eintritt Biedermann, gefolgt von Babette, er zieht seinen Man-
tel aus und wirft die Mappe hin, die Zigarre im Mund.*

BIEDERMANN Tu, was ich dir sage.

BABETTE Eine Gans?

BIEDERMANN Eine Gans.

Er zieht die Krawatte aus, die Zigarre im Mund.

BABETTE Warum ziehst du die Krawatte aus, Gottlieb?

Er übergibt ihr die Krawatte.

BIEDERMANN Wenn ich sie anzeige, die beiden Gesellen, dann
weiß ich, daß ich sie zu meinen Feinden mache. Was hast du
davon! Ein Streichholz genügt, und unser Haus steht in Flammen. Was hast du davon? Wenn ich hinaufgehe und sie einlade
– sofern sie meine Einladung annehmen . . .

BABETTE Dann?

BIEDERMANN Sind wir eben Freunde. –

Er zieht seine Jacke aus, übergibt sie seiner Frau und geht.

BABETTE Damit Sie's wissen, Anna: Sie haben dann heute abend
keinen Ausgang. Wir haben Gesellschaft. Sie decken den
Tisch für vier Personen.

Dachboden

Eisenring singt Lili Marlen, dann klopft es an die Tür.

EISENRING Herein!

Er pfeift weiter, aber niemand tritt ein.

Herein!

Eintritt Biedermann, hemdärmelig, die Zigarre in der Hand.

EISENRING Morgen, Herr Biedermann!

BIEDERMANN Sie gestatten?

EISENRING Wie haben Sie geschlafen?

BIEDERMANN Danke, miserabel.

EISENRING Ich auch. Wir haben Föhn . . .

Er arbeitet weiter mit Schnur und Haspel.

BIEDERMANN Ich möchte nicht stören.

EISENRING Aber bitte, Herr Biedermann, Sie sind hier zu Haus.

BIEDERMANN Ich möchte mich nicht aufdrängen . . .

Man hört Gurren der Tauben.

Wo ist denn unser Freund?

EISENRING Der Sepp? An der Arbeit, der faule Hund. Wollte

nicht gehen ohne Frühstück! Ich hab ihn geschickt, um Holzwolle aufzutreiben.

BIEDERMANN Holzwolle —?

EISENRING Holzwolle trägt die Funken am weitesten.

Biedermann lacht höflich wie über einen schwachen Witz.

BIEDERMANN Was ich habe sagen wollen, Herr Eisenring —

EISENRING Sie wollen uns wieder hinausschmeißen?

BIEDERMANN Mitten in der Nacht (meine Schlafpillen sind alle) ist es mir eingefallen: Sie haben ja hier oben, meine Herren, gar keine Toilette —

EISENRING Wir haben die Dachrinne.

BIEDERMANN Wie Sie wollen, meine Herren, wie Sie wollen. Es ging mir nur so durch den Kopf. Die ganze Nacht. Vielleicht möchten Sie sich waschen oder duschen. Benutzen Sie getrost mein Badezimmer! Ich habe Anna gesagt, sie soll Handtücher hinlegen.

Eisenring schüttelt den Kopf.

Warum schütteln Sie den Kopf?

EISENRING Wo hat er sie jetzt wieder hingelegt?

BIEDERMANN Was?

EISENRING Haben Sie irgendwo eine Zündkapsel gesehen?

Er sucht da und dort.

Machen Sie sich keine Sorge, Herr Biedermann, wegen Badzimmer. Im Ernst. Im Gefängnis, wissen Sie, gab's auch kein Badezimmer.

BIEDERMANN Gefängnis?

EISENRING Hat Ihnen denn der Sepp nicht erzählt, daß ich aus dem Gefängnis komme?

BIEDERMANN Nein.

EISENRING Kein Wort?

BIEDERMANN Nein.

EISENRING Der erzählt alleweil nur von sich selbst. Gibt solche Leute! Schließlich was können wir dafür, daß er so eine tragische Jugend gehabt hat. Haben Sie, Herr Biedermann, eine tragische Jugend gehabt? Ich nicht! — ich hätte studieren können, Papa wollte, daß ich Jurist werde.

118

Er steht an der Lukarne und unterhält sich mit den Tauben.
Grrr! Grrr! Grrr!
Biedermann zündet wieder seine Zigarre an.

BIEDERMANN Herr Eisenring, ich habe die ganze Nacht nicht
geschlafen, offen gesprochen: – ist wirklich Benzin in diesen
Fässern?

EISENRING Sie trauen uns nicht?

BIEDERMANN Ich frag ja nur.

EISENRING Wofür halten Sie uns, Herr Biedermann, offen
gesprochen: wofür eigentlich?

BIEDERMANN Sie müssen nicht denken, mein Freund, daß ich keinen Humor habe, aber ihr habt eine Art zu scherzen, ich muß
schon sagen. –

EISENRING Wir lernen das.

BIEDERMANN Was?

EISENRING Scherz ist die drittbeste Tarnung. Die zweitbeste:
Sentimentalität. Was unser Sepp so erzählt: Kindheit bei Köhlern im Wald, Waisenhaus, Zirkus und so. Aber die beste und
sicherste Tarnung (finde ich) ist immer noch die blanke und
nackte Wahrheit. Komischerweise. Die glaubt niemand.

Stube
Anna führt die schwarze Witwe Knechtling herein.
ANNA Nehmen Sie Platz!
Die Witwe setzt sich.
Aber wenn Sie die Frau Knechtling sind, dann hat's keinen
Zweck, Herr Biedermann möchte nichts mit Ihnen zu tun
haben, hat er gesagt –
Die Witwe erhebt sich.
Nehmen Sie Platz!
Die Witwe setzt sich.
Aber machen Sie sich keine Hoffnung ...
Anna geht hinaus.

Dachboden
Eisenring steht und hantiert, Biedermann steht und raucht.

EISENRING Wo unser Sepp nur so lange bleibt! Holzwolle ist doch keine Sache. Hoffentlich haben sie ihn nicht geschnappt.

BIEDERMANN Geschnappt?

EISENRING Warum belustigt Sie das?

BIEDERMANN Wenn Sie so reden, wissen Sie, Herr Eisenring, Sie kommen für mich wie aus einer anderen Welt. Geschnappt! Ich finde es ja faszinierend. Wie aus einer andern Welt! In unseren Kreisen, wissen Sie, wird selten jemand geschnappt –

EISENRING Weil man in Ihren Kreisen keine Holzwolle stiehlt, das ist klar, Herr Biedermann, das ist der Klassenunterschied.

BIEDERMANN Unsinn!

EISENRING Sie wollen doch nicht sagen, Herr Biedermann –

BIEDERMANN Ich glaube nicht an Klassenunterschiede! – das müssen Sie doch gespürt haben, Eisenring, ich bin nicht altmodisch. Im Gegenteil. Ich bedaure es aufrichtig, daß man gerade in den unteren Klassen immer noch von Klassenunterschied schwatzt. Sind wir denn heutzutage nicht alle, ob arm oder reich, Geschöpfe eines gleichen Schöpfers? Auch der Mittelstand. Sind wir, Sie und ich, nicht Menschen aus Fleisch und Blut? ... Ich weiß nicht, mein Herr, ob Sie auch Zigarren rauchen?

Er bietet an, aber Eisenring schüttelt den Kopf.

Ich rede nicht für Gleichmacherei, versteht sich, es wird immer Tüchtige und Untüchtige geben, Gott sei Dank, aber warum reichen wir uns nicht einfach die Hände? Ein bißchen guten Willen, Herrgottnochmal, ein bißchen Idealismus, ein bißchen – und wir alle hätten unsere Ruhe und unseren Frieden, die Armen und die Reichen, meinen Sie nicht?

EISENRING Wenn ich offen sein darf, Herr Biedermann: –

BIEDERMANN Ich bitte drum.

EISENRING Nehmen Sie's nicht krumm?

BIEDERMANN Je offener, um so besser.

EISENRING Ich meine: – offen gesprochen: – Sie sollten hier nicht rauchen.

Biedermann erschrickt und löscht die Zigarre.

Ich habe Ihnen hier keine Vorschriften zu machen, Herr

Biedermann, schließlich und endlich ist es Ihr eigenes Haus, aber Sie verstehen –

BIEDERMANN Selbstverständlich!

Eisenring bückt sich.

EISENRING Da liegt sie ja!

Er nimmt etwas vom Boden und bläst es sauber, bevor er es an der Schnur befestigt, neuerdings pfeifend: Lili Marlen.

BIEDERMANN Sagen Sie, Herr Eisenring: Was machen Sie eigentlich die ganze Zeit? Wenn ich fragen darf. Was ist das eigentlich?

EISENRING Die Zündkapsel.

BIEDERMANN –?

EISENRING Und das ist die Zündschnur.

BIEDERMANN –?

EISENRING Es soll jetzt noch bessere geben, sagt der Sepp, neuerdings. Aber die haben sie noch nicht in den Zeughäusern, und kaufen kommt für uns ja nicht in Frage. Alles was mit Krieg zu tun hat, ist furchtbar teuer, immer nur erste Qualität.

BIEDERMANN Zündschnur? sagen Sie.

EISENRING Knallzündschnur.

Er gibt Biedermann das Ende der Schnur.

Wenn Sie so freundlich sein möchten, Herr Biedermann, dieses Ende zu halten, damit ich messen kann.

Biedermann hält die Schnur.

BIEDERMANN Spaß beiseite, mein Freund –

EISENRING Nur einen Augenblick!

Er pfeift Lili Marlen und mißt die Zündschnur.

Danke, Herr Biedermann, danke sehr!

Biedermann muß plötzlich lachen.

BIEDERMANN Nein, Willi, mich können Sie nicht ins Bockshorn jagen. Mich nicht! Aber ich muß schon sagen, Sie verlassen sich sehr auf den Humor der Leute. Sehr! Wenn Sie so reden, kann ich mir schon vorstellen, daß man Sie ab und zu verhaftet. Nicht alle, mein Freund, nicht alle haben soviel Humor wie ich!

EISENRING Man muß die Richtigen finden.

BIEDERMANN An meinem Stammtisch zum Beispiel, die sehen
    schon Sodom und Gomorra, wenn man nur sagt, man glaube
    an das Gute in den Menschen.

EISENRING Ha.

BIEDERMANN Und dabei habe ich unsrer Feuerwehr eine Summe
    gestiftet, die ich gar nicht nennen will.

EISENRING Ha.

Er legt die Zündschnur aus.

Die Leute, die keinen Humor haben, sind genau so verloren,
wenn's losgeht; seien Sie getrost!

Biedermann muß sich auf ein Faß setzen, Schweiß.

Was ist denn? Herr Biedermann? Sie sind ja ganz bleich!

Er klopft ihm auf die Schulter.

Das ist dieser Geruch, ich weiß, wenn's einer nicht gewohnt ist,
dieser Benzingeruch, ich werde noch ein Fensterchen öffnen –

Eisenring öffnet die Tür.

BIEDERMANN Danke ...

Anna ruft im Treppenhaus.

ANNA Herr Biedermann! Herr Biedermann!

EISENRING Schon wieder die Polizei?

ANNA Herr Biedermann!

EISENRING Wenn das kein Polizeistaat ist.

ANNA Herr Biedermann!

BIEDERMANN Ich komme!

Es wird nur noch geflüstert.

Herr Eisenring, mögen Sie Gans?

EISENRING Gans?

BIEDERMANN Gans, ja, Gans.

EISENRING Mögen? Ich? Wieso?

BIEDERMANN Gefüllt mit Kastanien.

EISENRING Und Rotkraut dazu?

BIEDERMANN Ja ... Was ich nämlich habe sagen wollen: Meine
    Frau und ich, vor allem ich – ich dachte nur: Wenn es Ihnen
    Freude macht ... Ich will mich nicht aufdrängen ! – wenn es
    Ihnen Freude macht, Herr Eisenring, zu einem netten Abend-
    essen zu kommen, Sie und der Sepp –

122

EISENRING Heute?

BIEDERMANN Oder lieber morgen?

EISENRING Morgen, glaub ich, sind wir nicht mehr da. Aber heute mit Vergnügen, Herr Biedermann, mit Vergnügen!

BIEDERMANN Sagen wir: Sieben Uhr.

Anna ruft im Treppenhaus.

ANNA Herr Biedermann –

Er gibt die Hand.

BIEDERMANN Abgemacht?

EISENRING Abgemacht.

Biedermann geht und bleibt in der Türe nochmals stehen, freundlich nickend, während er einen stieren Blick auf Fässer und Zündschnur wirft.

EISENRING Abgemacht.

Biedermann geht, und Eisenring arbeitet weiter, indem er pfeift. Vortritt der Chor, als wäre die Szene zu Ende; aber im Augenblick, wo der Chor sich an der Rampe versammelt hat, gibt es Lärm auf dem Dachboden; irgend etwas ist umgefallen.

Dachboden

EISENRING Du kannst rauskommen, Doktor.

Ein Dritter kriecht zwischen den Fässern hervor, Brillenträger.

Du hast's gehört: Wir müssen zu einem Nachtessen, der Sepp und ich, du machst die Wache hier. Daß keiner hereinkommt und raucht. Verstanden? Bevor's Zeit ist.

Der Dritte putzt seine Brille.

Ich frag mich manchmal, Doktor, was du eigentlich machst bei uns, wenn du keine Freude hast an Feuersbrünsten, an Funken und prasselnden Flammen, an Sirenen, die immer zu spät sind, an Hundegebell und Rauch und Menschengeschrei – und Asche.

Der Dritte setzt seine Brille auf; stumm und ernst. Eisenring lacht.

Weltverbesserer!

Er pfeift eine kurze Weile vor sich hin, ohne den Doktor anzu-
sehen.

Ich mag euch Akademiker nicht, aber das weißt du, Doktor,
das sagte ich dir sofort: 's ist keine rechte Freude dabei, eures-
gleichen ist immer so ideologisch, immer so ernst, bis es reicht
zum Verrat – 's ist keine rechte Freude dabei.
Er hantiert weiter und pfeift weiter.

Chor
Wir sind bereit.
Sorgsam gerollt sind die Schläuche, die roten,
Alles laut Vorschrift,
Blank ist und sorgsam geschmiert und aus Messing
Jeglicher Haspel.
Jedermann weiß, was zu tun ist.
CHORFÜHRER Leider herrscht Föhn –
CHOR Jedermann weiß, was zu tun ist,
Blank auch und sorgsam geprüft,
Daß es an Druck uns nicht fehle,
Ist unsere Pumpe,
Gleichfalls aus Messing.
CHORFÜHRER Und die Hydranten?
CHOR Jedermann weiß, was zu tun ist,
CHORFÜHRER Wir sind bereit. –
Es kommen Babette, eine Gans in der Hand, und der Dr. phil.
BABETTE Ja, Herr Doktor, ja, ich weiß, aber mein Mann, ja, es ist
dringend, Herr Doktor, es ist dringend, ja, ich werde es ihm
sagen –
Sie läßt den Doktor stehen und tritt an die Rampe.
Mein Mann hat eine Gans bestellt, bitte, da ist sie. Und ich soll
sie braten!
Damit wir Freunde werden mit denen da oben.
Man hört Kirchenglockengeläute.
Es ist Samstagabend, wie Sie hören, und ich werde so eine
dumme Ahnung nicht los: daß sie vielleicht zum letzten Mal so
läuten, die Glocken unsrer Stadt . . .

Biedermann ruft nach Babette.

Ich weiß nicht, meine Damen, ob Gottlieb immer recht hat. Das hat er nämlich schon einmal gesagt: Natürlich sind's Halunken, aber wenn ich sie zu meinen Feinden mache, Babette, dann ist unser Haarwasser hin! Und kaum war er in der Partei –

Biedermann ruft nach Babette.

Immer das gleiche! Ich kenne meinen Gottlieb. Immer wieder ist er zu gutmütig, ach, einfach zu gutmütig!

Babette geht mit der Gans.

CHOR Einer mit Brille.

Sohn wohl aus besserem Haus,

Neidlos,

Aber belesen, so scheint mir, und bleich,

Nimmermehr hoffend, es komme das Gute

Aus Gutmütigkeit,

Sondern entschlossen zu jedweder Tat,

Nämlich es heiligt die Mittel (so hofft er) der Zweck,

Ach,

Hoffend auch er . . . bieder-unbieder!

Putzend die Brille, um Weitsicht zu haben,

Sieht er in Fässern voll Brennstoff

Nicht Brennstoff –

Er nämlich sieht die Idee!

Bis es brennt.

DR. PHIL. Guten Abend . . .

CHORFÜHRER An die Schläuche!

An die Pumpe!

An die Leiter!

Die Feuerwehrmänner rennen an ihre Plätze.

CHORFÜHRER Guten Abend.

Zum Publikum; nachdem man Bereit-Rufe von überall gehört hat.

Wir sind bereit. –

125

Stube
Die Witwe Knechtling ist noch immer da, sie steht. Man hört
das Glockengeläute sehr laut. Anna deckt den Tisch, und
Biedermann bringt zwei Sessel.

BIEDERMANN – weil ich, wie Sie sehen, keine Zeit habe, Frau
Knechtling, keine Zeit, um mich mit Toten zu befassen – wie
gesagt: Wenden Sie sich an meinen Rechtsanwalt.
Die Witwe Knechtling geht.
Man hört ja seine eigne Stimme nicht, Anna, machen Sie das
Fenster zu!
Anna macht das Fenster zu, und das Geläute tönt leiser.
Ich habe gesagt: Ein schlichtes und gemütliches Abendessen.
Was sollen diese idiotischen Kandelaber!

ANNA Haben wir aber immer, Herr Biedermann.

BIEDERMANN Schlicht und gemütlich, sag ich. Nur keine Protze-
rei! – und diese Wasserschalen, verdammtnochmal! diese Messerbänklein, Silber, nichts als Silber und Kristall. Was macht
das für einen Eindruck!
*Er sammelt die Messerbänklein und steckt sie in die Hosenta-
sche.*
Sie sehen doch, Anna, ich trage meine älteste Hausjacke, und
Sie – Das große Geflügelmesser können Sie lassen, Anna, das
brauchen wir. Aber sonst: Weg mit diesem Silber! Die beiden
Herren sollen sich wie zu Haus fühlen ... Wo ist der Korkenzieher?

ANNA Hier.

BIEDERMANN Haben wir nichts Einfacheres?

ANNA In der Küche, aber der ist rostig.

BIEDERMANN Her damit!
Er nimmt einen Silberkübel vom Tisch.
Was soll denn das?

ANNA Für den Wein –

BIEDERMANN Silber!
Er starrt auf den Kübel und dann auf Anna.

Haben wir das immer?

ANNA Das braucht man doch, Herr Biedermann.

BIEDERMANN Brauchen! Was heißt brauchen? Was wir brauchen, das ist Menschlichkeit, Brüderlichkeit. Weg damit! – und was, zum Teufel, bringen Sie denn da?

ANNA Servietten.

BIEDERMANN Damast!

ANNA Wir haben keine andern.

Er sammelt die Servietten und steckt sie in den Silberkübel.

BIEDERMANN Es gibt ganze Völkerstämme, die ohne Servietten leben, Menschen wie wir –

Eintritt Babette mit einem großen Kranz, Biedermann bemerkt sie noch nicht, er steht vor dem Tisch.

Ich frage mich, wozu wir überhaupt ein Tischtuch brauchen –

BABETTE Gottlieb?

BIEDERMANN Nur keine Klassenunterschiede!

Er sieht Babette.

Was soll dieser Kranz?

BABETTE Den wir bestellt haben. Was sagst du dazu, Gottlieb, jetzt schicken sie den Kranz hierher. Dabei habe ich ihnen selber die Adresse geschrieben, die Adresse von Knechtlings, schwarz auf weiß. Und die Schleife und alles ist verkehrt!

BIEDERMANN Die Schleife, wieso?

BABETTE Und die Rechnung, sagt der Bursche, die haben sie an die Frau Knechtling geschickt.

Sie zeigt die Schleife.

UNSEREM UNVERGESSLICHEN GOTTLIEB BIEDERMANN   – OMEN

Er betrachtet die Schleife.

BIEDERMANN Das nehmen wir nicht an. Kommt nicht in Frage! Das müssen sie ändern –

Er geht zum Tisch zurück.

Mach mich jetzt nicht nervös, Babette, ich habe anderes zu tun, Herrgottnochmal, ich kann nicht überall sein.

Babette geht mit dem Kranz.

Also weg mit dem Tischtuch! Helfen Sie mir doch, Anna. Und wie gesagt: Es wird nicht serviert. Unter keinen Umständen!

127

Sie kommen herein, ohne zu klopfen, einfach herein und stellen die Pfanne einfach auf den Tisch –

ANNA Die Pfanne?

Er nimmt das Tischtuch weg.

BIEDERMANN Sofort eine ganz andere Stimmung. Sehn Sie! Ein hölzerner Tisch, nichts weiter, wie beim Abendmahl.

Er gibt ihr das Tischtuch.

ANNA Herr Biedermann meinen, ich soll die Gans einfach in der Pfanne bringen?

Sie faltet das Tischtuch zusammen.

Was für einen Wein, Herr Biedermann, soll ich denn holen?

BIEDERMANN Ich hole ihn selbst.

ANNA Herr Biedermann!

BIEDERMANN Was denn noch?

ANNA Ich hab aber keinen solchen Pullover, wie Sie sagen, Herr Biedermann, so einen schlichten, daß man meint, ich gehöre zur Familie.

BIEDERMANN Nehmen Sie's bei meiner Frau!

ANNA Den gelben oder den roten?

BIEDERMANN Nur keine Umstände! Ich will kein Häubchen sehen und kein Schürzchen. Verstanden? Und wie gesagt: Weg mit diesen Kandelabern! Und überhaupt: Sehen Sie zu, Anna, daß hier nicht alles so ordentlich ist!

. . . Ich bin im Keller.

Biedermann geht hinaus.

ANNA »Sehen Sie zu, daß hier nicht alles so ordentlich ist!«

Sie schleudert das Tischtuch, nachdem es zusammengefaltet ist, in irgendeine Ecke und tritt mit beiden Füßen drauf.

Bitte sehr.

Eintreten Schmitz und Eisenring, jeder mit einer Rose in der Hand.

BEIDE Guten Abend, Fräulein!

Anna geht hinaus, ohne die beiden anzublicken.

EISENRING Wieso keine Holzwolle?

SCHMITZ Beschlagnahmt. Polizeilich. Vorsichtsmaßnahme. Wer Holzwolle verkauft oder besitzt, ohne eine polizeiliche Genehmigung zu haben, wird verhaftet. Vorsichtsmaßnahme im ganzen Land ...

Er kämmt sich die Haare.

EISENRING Hast du noch Streichhölzchen?

SCHMITZ Ich nicht.

EISENRING Ich auch nicht.

Schmitz bläst seinen Kamm aus.

SCHMITZ Müssen ihn darum bitten.

EISENRING Biedermann?

SCHMITZ Aber nicht vergessen.

Er steckt den Kamm ein und schnuppert.

Mh, wie das schon duftet ...

Biedermann tritt an die Rampe

BIEDERMANN *Flaschen im Arm*

Sie können über mich denken, meine Herren, wie Sie wollen. Aber antworten Sie mir auf eine Frage: –

Man hört Grölen und Lachen.

Ich sag mir: Solange sie grölen und saufen, tun sie nichts anderes ... Die besten Flaschen aus meinem Keller, hätte es mir einer vor einer Woche gesagt – Hand aufs Herz: Seit wann (genau) wissen Sie, meine Herren, daß es Brandstifter sind? Es kommt eben nicht so, meine Herren, wie Sie meinen – sondern langsam und plötzlich ... Verdacht! Das hatte ich sofort, meine Herren, Verdacht hat man immer – aber Hand aufs Herz, meine Herren: Was hätten Sie denn getan, Herrgottnochmal, an meiner Stelle? Und wann?

Er horcht, und es ist still.

Ich muß hinauf!

Er entfernt sich geschwind.

Szene 6

Stube

Das Gansessen ist im vollen Gang, Gelächter, vor allem

Biedermann (noch mit den Flaschen im Arm) kann sich von dem Witz, der gefallen ist, nicht mehr erholen; nur Babette lacht durchaus nicht.

BIEDERMANN Putzfäden! Hast du das wieder gehört? Putzfäden, sagt er, Putzfäden brennen noch besser!

BABETTE Wieso ist das ein Witz?

BIEDERMANN Putzfäden! – weißt du, was Putzfäden sind?

BABETTE Ja.

BIEDERMANN Du hast keinen Humor, Babettchen.

Er stellt die Flasche auf den Tisch.

Was soll man machen, meine Freunde, wenn jemand einfach keinen Humor hat?

BABETTE So erkläre es mir doch.

BIEDERMANN Also! – heute morgen sagt der Willi, er hätte den Sepp geschickt, um Holzwolle zu stehlen. Holzwolle, das verstehst du? Und jetzt frage ich den Sepp: Was macht denn die Holzwolle? worauf er sagt: Holzwolle habe er nicht auftreiben können, aber Putzfäden. Verstehst du? Und Willi sagt: Putzfäden brennen noch viel besser!

BABETTE Das habe ich verstanden.

BIEDERMANN Ja? Hast du verstanden?

BABETTE Und was ist der Witz dran?

Biedermann gibt es auf.

BIEDERMANN Trinken wir, meine Herren!

Biedermann entkorkt die Flasche.

BABETTE Ist das denn wahr, Herr Schmitz, Sie haben Putzfäden auf unseren Dachboden gebracht?

BIEDERMANN Du wirst lachen, Babette, heute vormittag haben wir zusammen sogar die Zündschnur gemessen, der Willi und ich.

BABETTE Zündschnur?

BIEDERMANN Knallzündschnur!

Er füllt die Gläser.

BABETTE Jetzt aber im Ernst, meine Herren, was soll das alles?

Biedermann lacht.

BIEDERMANN Im Ernst! sagt sie. Im Ernst! Hören Sie das? Im

Ernst! . . . Laß dich nicht foppen, Babette, ich hab's dir gesagt, unsere Freunde haben eine Art zu scherzen — andere Kreise, andere Witze! sag ich immer . . . Es fehlt jetzt nur noch, daß sie mich um Streichhölzchen bitten!

Schmitz und Eisenring geben einander einen Blick.

Nämlich die beiden Herren halten mich immer noch für einen ängstlichen Spießer, der keinen Humor hat, weißt du, den man ins Bockshorn jagen kann —

Er hebt sein Glas.

Prost!

EISENRING Prost!

SCHMITZ Prost!

Sie stoßen an.

BIEDERMANN Auf unsere Freundschaft.

Sie trinken und setzen sich wieder.

In unserem Haus wird nicht serviert, meine Herren, Sie greifen einfach zu.

SCHMITZ Aber ich kann nicht mehr.

EISENRING Zier dich nicht. Du bist nicht im Waisenhaus, Sepp, zier dich nicht.

Er bedient sich mit Gans.

Ihre Gans, Madame, ist Klasse.

BABETTE Das freut mich.

EISENRING Gans und Pommard! — dazu gehörte eigentlich bloß noch ein Tischtuch.

BABETTE Hörst du's Gottlieb?

EISENRING Es muß aber nicht sein! — so ein weißes Tischtuch, wissen Sie, Damast mit Silber drauf.

BIEDERMANN Anna!

EISENRING Damast mit Blumen drin, aber weiß, wissen Sie, wie Eisblumen! — es muß aber nicht sein, Herr Biedermann, es muß aber nicht sein. Im Gefängnis haben wir auch kein Tischtuch gehabt.

BIEDERMANN Anna!

BABETTE Im Gefängnis —?

BIEDERMANN Wo ist sie denn?

BABETTE Sie sind im Gefängnis gewesen?

Anna kommt; sie trägt einen knallroten Pullover.

BIEDERMANN Anna, bringen Sie sofort ein Tischtuch!

ANNA Sehr wohl. –

EISENRING Und wenn Sie so etwas wie Fingerschalen haben –

ANNA Sehr wohl. –

EISENRING Sie finden es vielleicht kindisch, Madame, aber so sind halt die Leute aus dem Volk. Sepp zum Beispiel, der bei den Köhlern aufgewachsen ist und noch nie ein Messerbänklein gesehen hat, sehen Sie, es ist nun einmal der Traum seines verpfuschten Lebens: – so eine Tafel mit Silber und Kristall!

BABETTE Gottlieb, das haben wir doch alles.

EISENRING Aber es muß nicht sein.

ANNA Bitte sehr.

EISENRING Und wenn Sie schon Servietten haben, Fräulein: Her damit!

ANNA Herr Biedermann hat gesagt –

BIEDERMANN Her damit!

ANNA Bitte sehr.

Anna bringt alles wieder herbei.

EISENRING Sie nehmen es hoffentlich nicht krumm, Madame. Wenn man aus dem Gefängnis kommt, wissen Sie, monatelang ohne Kultur –

Er nimmt das Tischtuch und zeigt es Schmitz.

Weißt du, was das ist?

Hinüber zu Babette.

Hat er noch nie gesehen!

Wieder zurück zu Schmitz.

Das ist Damast.

SCHMITZ Und jetzt? Was soll ich damit?

Eisenring bindet ihm das Tischtuch um den Hals.

EISENRING So. –

Biedermann versucht, es lustig zu finden und lacht.

BABETTE Und wo sind denn unsere Messerbänklein, Anna, unsere Messerbänklein?

ANNA Herr Biedermann —

BIEDERMANN Her damit!

ANNA Sie haben gesagt: Weg damit.

BIEDERMANN Her damit! sag ich. Wo sind sie denn, Herrgott-nochmal?

ANNA In Ihrer linken Hosentasche.

Biedermann greift in die Hosentasche und findet sie.

EISENRING Nur keine Aufregung.

ANNA Ich kann doch nichts dafür!

EISENRING Nur keine Aufregung, Fräulein —

Anna bricht in Heulen aus, dreht sich und läuft weg.

EISENRING Das ist der Föhn.

Pause

BIEDERMANN Trinken Sie, meine Freunde, trinken Sie!

Sie trinken und schweigen.

EISENRING Gans habe ich jeden Tag gegessen, wissen Sie, als Kellner. Wenn man so durch die langen Korridore flitzt, die Platte auf der flachen Hand. Aber dann, Madame, wo putzt unsereiner die Finger ab? Das ist es. Wo anders als an den eignen Haaren? — während andere Menschen eine kristallene Wasserschale dafür haben! Das ist's, was ich nie vergessen werde.

Er taucht seine Finger in die Fingerschale.

Wissen Sie, was ein Trauma ist?

BIEDERMANN Nein.

EISENRING Haben sie mir im Gefängnis alles erklärt . . .

Er trocknet seine Finger ab.

BABETTE Und wieso, Herr Eisenring, sind Sie denn ins Gefängnis gekommen?

BIEDERMANN Babette!

EISENRING Wieso ich ins Gefängnis gekommen bin?

BIEDERMANN Das fragt man doch nicht!

EISENRING Ich frage mich selbst . . . Ich war ein Kellner, wie gesagt, ein kleiner Oberkellner, und plötzlich verwechselten sie mich mit einem großen Brandstifter.

BIEDERMANN Hm.

EISENRING Verhafteten mich in meiner Wohnung.

BIEDERMANN Hm.

EISENRING Ich war so erstaunt, daß ich drauf einging.

BIEDERMANN Hm.

EISENRING Ich hatte Glück, Madame, ich hatte sieben ausgespro-
chen reizende Polizisten. Als ich sagte, ich müsse an meine
Arbeit und hätte keine Zeit, sagten sie: Ihr Etablissement ist
niedergebrannt.

BIEDERMANN Niedergebrannt?

EISENRING So über Nacht, scheint es, ja.

BABETTE Niedergebrannt?

EISENRING Schön! sagte ich: Dann hab ich Zeit. Es war nur noch
ein rauchendes Gebälk, unser Etablissement, ich sah es im
Vorbeifahren, wissen Sie, durch dieses kleine Gitterfenster aus
dem Gefängniswagen.

Er trinkt kennerhaft.

BIEDERMANN Und dann?

Eisenring betrachtet die Etikette.

EISENRING Den hatten wir auch: Neunundvierziger! Cave de
l'Echannon . . . Und dann? Das muß Ihnen der Sepp erzählen.
Als ich so im Vorzimmer sitze und mit den Handschellen spiele,
sage und schreibe, wer wird da hereingeführt? – der da!

Schmitz strahlt.

Prost, Sepp!

SCHMITZ Prost, Willi!

Sie trinken.

BIEDERMANN Und dann?

SCHMITZ Sind Sie der Brandstifter? fragt man ihn und bietet
Zigaretten an. Entschuldigen Sie! sagt er: Streichhölzchen
habe ich leider nicht, Herr Kommissar, obschon Sie mich für
einen Brandstifter halten –

Sie lachen dröhnend und hauen sich auf die Schenkel.

BIEDERMANN Hm. –

*Anna ist eingetreten, sie trägt wieder Häubchen und Schürz-
chen, sie überreicht eine Visitenkarte, die Biedermann sich
ansieht.*

ANNA Es ist dringend, sagt er.

BIEDERMANN Wenn ich aber Gäste habe –

Schmitz und Eisenring stoßen wieder an.

SCHMITZ Prost, Willi!

EISENRING Prost, Sepp!

Sie trinken, Biedermann betrachtet die Visitenkarte.

BABETTE Wer ist es denn, Gottlieb?

BIEDERMANN Dieser Dr. phil . . .

Anna betätigt sich beim Schrank.

EISENRING Und was ist denn das andere dort, Fräulein, das Silberne dort?

ANNA Die Kandelaber?

EISENRING Warum verstecken Sie das?

BIEDERMANN Her damit!

ANNA Herr Biedermann haben selbst gesagt –

BIEDERMANN Her damit! sag ich.

Anna stellt die Kandelaber auf den Tisch.

EISENRING Sepp, was sagst du dazu? Haben sie Kandelaber und verstecken sie! Was willst du noch? Silber mit Kerzen drauf . . . Hast du Streichhölzer?

Er greift in seine Hosentasche.

SCHMITZ Ich? Nein.

Er greift in seine Hosentasche.

EISENRING Leider haben wir gar keine Streichhölzer, Herr Biedermann, tatsächlich.

BIEDERMANN Ich habe.

EISENRING Geben Sie her!

BIEDERMANN Ich mach es schon. Lassen Sie nur. Ich mach es schon.

Er zündet die Kerzen an.

BABETTE Was will denn der Herr?

ANNA Ich versteh ihn nicht, Madame, er kann nicht länger schweigen, sagt er und wartet im Treppenhaus.

BABETTE Unter vier Augen? sagt er.

ANNA Ja, und dann will er immer etwas enthüllen.

BABETTE Was?

ANNA Das versteh ich nicht, Madame, und wenn er's mir hundertmal sagt; er sagt: er möchte sich distanzieren ...

Es leuchten viele Kerzen.

EISENRING Macht doch sofort einen ganz anderen Eindruck, finden Sie nicht, Madame? Candlelight.

BABETTE Ach ja.

EISENRING Ich bin für Stimmung.

BIEDERMANN Sehen Sie, Herr Eisenring, das freut mich ...

Es sind alle Kerzen angezündet.

EISENRING Schmitz, schmatze nicht!

Babette nimmt Eisenring zur Seite.

BABETTE Lassen Sie ihn doch!

EISENRING Er hat kein Benehmen, Madame, ich bitte um Entschuldigung; es ist mir furchtbar. Woher soll er's haben! Von der Köhlerhütte zum Waisenhaus –

BABETTE Ich weiß!

EISENRING Vom Waisenhaus zum Zirkus –

BABETTE Ich weiß!

EISENRING Vom Zirkus zum Theater.

BABETTE Das habe ich nicht gewußt, nein –

EISENRING Schicksale, Madame, Schicksale!

Babette wendet sich an Schmitz.

BABETTE Beim Theater sind Sie auch gewesen?

Schmitz nagt ein Gansbein und nickt.

Wo denn?

SCHMITZ Hinten.

EISENRING Dabei ist er begabt – Sepp als Geist, haben Sie das schon erlebt?

SCHMITZ Aber nicht jetzt!

EISENRING Wieso nicht?

SCHMITZ Ich war nur eine Woche beim Theater, Madame, dann ist es niedergebrannt –

BABETTE Niedergebrannt?

EISENRING Zier dich nicht!

BIEDERMANN Niedergebrannt?

EISENRING Zier dich nicht!

Er löst das Tischtuch, das Schmitz als Serviette getragen hat,
und wirft es dem Schmitz über den Kopf.
Los!
Schmitz, verhüllt mit dem weißen Tischtuch, erhebt sich.
Bitte. Sieht er nicht aus wie ein Geist?

ANNA Ich hab aber Angst.

EISENRING Mädelchen!

Er nimmt Anna in seinen Arm, sie hält die Hände vors Gesicht.

SCHMITZ »Können wir?«

EISENRING Das ist Theatersprache, Madame, das hat er auf den
Proben gelernt in einer einzigen Woche, bevor es niedergebrannt ist, erstaunlicherweise.

BABETTE Reden Sie doch nicht immer von Bränden!

SCHMITZ »Können wir?«

EISENRING Bereit. –

Alle sitzen, Eisenring hält Anna an seiner Brust.

SCHMITZ JEDERMANN! JEDERMANN!

BABETTE Gottlieb –?

BIEDERMANN Still!

BABETTE Das haben wir in Salzburg gesehen.

SCHMITZ BIEDERMANN! BIEDERMANN!

EISENRING Ich find's großartig, wie er das macht.

SCHMITZ BIEDERMANN! BIEDERMANN!

EISENRING Sie müssen fragen, wer bist du?

BIEDERMANN Ich?

EISENRING Sonst wird er seinen Text nicht los.

SCHMITZ JEDERMANN! BIEDERMANN!

BIEDERMANN Also: – wer bin ich?

BABETTE Nein! Du mußt doch fragen, wer er ist.

BIEDERMANN Ah so.

SCHMITZ HÖRT IHR MICH NICHT?

EISENRING Nein, Sepp, nochmals von Anfang an!

Sie nehmen eine andere Stellung ein.

SCHMITZ JEDERMANN! BIEDERMANN!

BABETTE Bist du – zum Beispiel – der Tod?

BIEDERMANN Quatsch!

BABETTE Was kann er denn sonst sein?

BIEDERMANN Du mußt fragen: Wer bist du? Er kann auch der Geist von Hamlet sein. Oder der Steinerne Gast, weißt du. Oder dieser Dingsda, wie heißt er schon: der Mitarbeiter von Macbeth . . .

SCHMITZ WER RUFT MICH?

EISENRING Weiter.

SCHMITZ BIEDERMANN GOTTLIEB!

BABETTE Frag du ihn doch, er spricht zu dir.

SCHMITZ HÖRT IHR MICH NICHT?

BIEDERMANN Wer bist du denn?

SCHMITZ ICH BIN DER GEIST – VON KNECHTLING.

Babette springt auf und schreit.

EISENRING Stop.

Er reißt dem Schmitz das weiße Tischtuch herunter.

Ein Idiot bist du! Das kannst du doch nicht machen. Knechtling! Das geht doch nicht. Knechtling ist heute begraben worden.

SCHMITZ Eben.

Babette hält ihre Hände vors Gesicht.

EISENRING Madame, er ist es nicht!

Er schüttelt den Kopf über Schmitz.

Wie kannst du so geschmacklos sein?

SCHMITZ Es fiel mir nichts anderes ein . . .

EISENRING Knechtling! Ausgerechnet. Ein alter und treuer Mitarbeiter von Herrn Biedermann, stell dir das vor: Heute begraben – der ist ja noch ganz beisammen, bleich wie ein Tischtuch, weißlich und glänzend wie Damast, steif und kalt, aber zum Hinstellen . . .

Er faßt Babette an der Schulter.

Ehrenwort, Madame, er ist es nicht.

Schmitz wischt sich den Schweiß.

SCHMITZ Entschuldigung.

BIEDERMANN Setzen wir uns.

ANNA Ist das jetzt alles?

Man setzt sich, Pause der Verlegenheit.

BIEDERMANN Wie wär's mit einer kleinen Zigarre, meine Herren?
Er bietet eine Schachtel mit Zigarren an.
EISENRING Idiot! da siehst du's, wie Herr Biedermann zittert ...
Danke, Herr Biedermann, danke! ... Wenn du meinst, das sei
lustig. Wo du genau weißt: Knechtling hat sich unter den
Gasherd gelegt, nachdem unser Gottlieb getan hat, was er
konnte, für diesen Knechtling. Vierzehn Jahre lang hat er ihm
Arbeit gegeben, diesem Knechtling, das ist der Dank —
BIEDERMANN Reden wir nicht mehr davon.
EISENRING Das ist dein Dank für die Gans!
Sie rüsten ihre Zigarren.
SCHMITZ Soll ich etwas singen?
EISENRING Was?
SCHMITZ »Fuchs, du hast die Gans gestohlen —«
Er singt mit voller Stimme.
»Fuchs, du hast die Gans gestohlen, gib sie wieder her —«
EISENRING Laß das.
SCHMITZ »Gib sie wieder her,
Sonst wird dich der Jäger holen —«
EISENRING Er ist betrunken.
SCHMITZ »Mit dem Scheißgewehr.«
EISENRING Hören Sie nicht zu, Madame.
SCHMITZ »Gib sie wieder her,
Sonst wird dich der Jäger holen
Mit dem Scheißgewehr!«
BIEDERMANN Scheißgewehr ist gut.
ALLE MÄNNER »Fuchs, du hast die Gans gestohlen —«
*Sie singen mehrstimmig, einmal sehr laut, einmal sehr leise,
Wechselgesang jeder Art, Gelächter und grölende Verbrüde-
rung, einmal eine Pause, aber dann ist es Biedermann, der
wieder anhebt und in der Spaßigkeit vorangeht, bis sich das
Ganze erschöpft.*
BIEDERMANN Also: — Prost!
Sie heben die Gläser, und man hört Sirenen in der Ferne.
Was war das?
EISENRING Sirenen.

BIEDERMANN Spaß beiseite! –

BABETTE Brandstifter, Brandstifter!

BIEDERMANN Schrei nicht.

Babette reißt das Fenster auf, und die Sirenen kommen näher, heulen, daß es durch Mark und Bein geht, und sausen vorbei.

BIEDERMANN Wenigstens nicht bei uns.

BABETTE Wo kann das nur sein?

EISENRING Wo der Föhn herkommt.

BIEDERMANN Wenigstens nicht bei uns . . .

EISENRING Das machen wir meistens so. Wir holen die Feuerwehr in ein billiges Außenviertel, und später, wenn's wirklich losgeht, ist ihnen der Rückweg versperrt.

BIEDERMANN Nein, meine Herren, Spaß beiseite –

SCHMITZ So machen wir's aber, Spaß beiseite.

BIEDERMANN Schluß mit diesem Unsinn! ich bitte Sie. Alles mit Maß, Sie sehen, meine Frau ist kreidebleich.

BABETTE Und du?!

BIEDERMANN Und überhaupt: Sirenen sind Sirenen, darüber kann ich nicht lachen, meine Herren, irgendwo hört's auf, irgendwo brennt's, sonst würde unsere Feuerwehr nicht ausfahren.

Eisenring blickt auf seine Uhr.

EISENRING Wir müssen gehen.

BIEDERMANN Jetzt?

EISENRING Leider.

SCHMITZ »Sonst wird dich der Jäger holen . . .«

Man hört nochmals die Sirenen.

BIEDERMANN Mach einen Kaffee, Babette!

Babette geht hinaus.

Und Sie, Anna, was stehen Sie da und glotzen?

Anna geht hinaus.

Unter uns, meine Herren: Genug ist genug: Meine Frau ist herzkrank. Scherzen wir nicht länger über Brandstifterei.

SCHMITZ Wir scherzen ja nicht, Herr Biedermann.

EISENRING Wir sind Brandstifter.

BIEDERMANN Meine Herren, jetzt ganz im Ernst –

SCHMITZ Ganz im Ernst.

EISENRING Ganz im Ernst.

SCHMITZ Warum glauben Sie uns nicht?

EISENRING Ihr Haus, Herr Biedermann, liegt sehr günstig, das müssen Sie einsehen: fünf solche Brandherde rings um die Gasometer, die leider bewacht sind, und dazu ein richtiger Föhn –

BIEDERMANN Das ist nicht wahr.

SCHMITZ Herr Biedermann! Wenn Sie uns schon für Brandstifter halten, warum nicht offen darüber reden?

Biedermann blickt wie ein geschlagener Hund.

BIEDERMANN Ich halte Sie ja nicht für Brandstifter, meine Herren, das ist nicht wahr, Sie tun mir Unrecht, ich halte Sie nicht für – Brandstifter . . .

EISENRING Hand aufs Herz!

BIEDERMANN Nein! Nein, nein! Nein!

SCHMITZ Aber wofür halten Sie uns denn?

BIEDERMANN Für meine – Freunde . . .

Sie klopfen ihm auf die Schultern und lassen ihn stehen.

Wohin gehen Sie jetzt?

EISENRING 's ist Zeit.

BIEDERMANN Ich schwöre es Ihnen, meine Herren, bei Gott!

EISENRING Bei Gott?

BIEDERMANN Ja!

Er hält die Schwurfinger langsam hoch.

SCHMITZ Er glaubt nicht an Gott, der Willi, so wenig wie Sie, Herr Biedermann – da können Sie lange schwören.

Sie gehen weiter zur Türe.

BIEDERMANN Was soll ich tun, daß Sie mir glauben?

Er vertritt ihnen den Ausgang.

EISENRING Geben Sie uns Streichhölzchen.

BIEDERMANN Was – soll ich?

EISENRING Wir haben keine mehr.

BIEDERMANN Ich soll –

EISENRING Ja, Wenn Sie uns nicht für Brandstifter halten.

BIEDERMANN Streichhölzchen?

SCHMITZ Als Zeichen des Vertrauens, meint er.

Biedermann greift in seine Tasche.

EISENRING Er zögert. Siehst du? Er zögert.

BIEDERMANN Still! – aber nicht vor meiner Frau . . .

Babette kommt zurück.

BABETTE Der Kaffee kommt sogleich.

Pause

Sie müssen gehen?

BIEDERMANN Ja, meine Freunde – so schade es ist, aber – Hauptsache, daß Sie gespürt haben – Ich will nicht viel Worte
machen, meine Freunde, aber warum sagen wir einander
eigentlich nicht du?

BABETTE Hm.

BIEDERMANN Ich bin dafür, daß wir Bruderschaft trinken!

Er nimmt eine Flasche und den Korkenzieher.

EISENRING Sagen Sie doch Ihrem lieben Mann, er soll deswegen
keine Flasche mehr aufmachen, es lohnt sich nicht mehr.

Biedermann entkorkt.

BIEDERMANN Es ist mir nichts zu viel, meine Freunde, nichts zu
viel, und wenn Sie irgendeinen Wunsch haben – irgendeinen
Wunsch . . .

Er füllt hastig die Gläser und gibt die Gläser.

Meine Freunde, stoßen wir an!

Sie stoßen an.

Gottlieb. –

Er küßt Schmitz auf die Wange.

SCHMITZ Sepp. –

BIEDERMANN Gottlieb.

Er küßt Eisenring auf die Wange.

EISENRING Willi. –

Sie stehen und trinken.

Trotzdem, Gottlieb, müssen wir jetzt gehen.

SCHMITZ Leider.

EISENRING Madame –

Man hört Sirenen.

BABETTE Es war ein reizender Abend.

Man hört Sturmglocken.

EISENRING Nur noch eins, Gottlieb: –

BIEDERMANN Was denn?

EISENRING Du weißt es.

BIEDERMANN Wenn Ihr irgendeinen Wunsch habt –

EISENRING Die Streichhölzchen.

Anna ist eingetreten mit dem Kaffee.

BABETTE Anna, was ist los?

ANNA Der Kaffee.

BABETTE Sie sind ja ganz verstört?

ANNA Dahinten – der Himmel, Frau Biedermann, von der
Küche aus – der Himmel brennt . . .

*Es ist schon sehr rot, als Schmitz und Eisenring sich verneigen
und gehen. Biedermann steht bleich und starr.*

BIEDERMANN Zum Glück ist's nicht bei uns . . . Zum Glück ist's
nicht bei uns . . . Zum Glück –

Eintritt der Akademiker.

BIEDERMANN Was wollen Sie?

DR. PHIL. Ich kann nicht länger schweigen.

Er nimmt ein Schriftstück aus der Brusttasche und verliest.

»Der Unterzeichnete, selber zutiefst erschüttert von den Ereig-
nissen, die zur Zeit im Gang sind und die auch von unsrem
Standpunkt aus, wie mir scheint, nur als verbrecherisch
bezeichnet werden können, gibt die folgende Erklärung
zuhanden der Öffentlichkeit: –«

*Viele Sirenen heulen, er verliest einen ausführlichen Text,
wovon man aber kein Wort versteht, man hört Hundegebell,
Sturmglocken, Schreie, Sirenen in der Ferne, das Prasseln von
Feuer in der Nähe; dann tritt er zu Biedermann und überreicht
ihm das Schriftstück.*

Ich distanziere mich –

BIEDERMANN Und?

DR. PHIL. Ich habe gesagt, was ich zu sagen habe.

Er nimmt seine Brille ab und klappt sie zusammen.

Sehen Sie, Herr Biedermann, ich war ein Weltverbesserer, ein
ernster und ehrlicher, ich habe alles gewußt, was sie auf dem

Dachboden machten, alles, nur das eine nicht: Die machen es aus purer Lust!

BIEDERMANN Herr Doktor –

Der Akademiker entfernt sich.

Sie, Herr Doktor, was soll ich damit?

Der Akademiker steigt über die Rampe und setzt sich ins Parkett.

BABETTE Gottlieb –

BIEDERMANN Weg ist er.

BABETTE Was hast du denen gegeben? Ich hab's gesehen – Streichhölzer?

BIEDERMANN Warum nicht.

BABETTE Streichhölzer?

BIEDERMANN Wenn die wirkliche Brandstifter wären, du meinst, die hätten keine Streichhölzer? . . . Babettchen, Babettchen!

Die Standuhr schlägt, Stille, das Licht wird rot, und man hört, während es dunkel wird auf der Bühne: Sturmglocken, Gebell von Hunden, Sirenen, Krach von stürzendem Gebälk, Hupen, Prasseln von Feuer, Schreie, bis der Chor vor die Szene tritt.

Chor
Sinnlos ist viel, und nichts
Sinnloser als diese Geschichte:
Die nämlich, einmal entfacht,
Tötete viele, ach, aber nicht alle
Und änderte gar nichts.
Erste Detonation

CHORFÜHRER Das war ein Gasometer.

Zweite Detonation

CHOR Was nämlich jeder voraussieht
Lange genug,
Dennoch geschieht es am End:
Blödsinn,
Der nimmerzulöschende jetzt,
Schicksal genannt.
Dritte Detonation

144

CHORFÜHRER Noch ein Gasometer.
  Es folgt eine Serie von Detonationen fürchterlicher Art.
CHOR Weh uns! Weh uns! Weh uns!
  Licht im Zuschauerraum.

Die große Wut
des Philipp Hotz

Ein Schwank

Personen

PHILIPP HOTZ, *Dr. phil.*
DORLI, *seine Frau*
WILFRID, *ein Freund*
CLARISSA, *seine Frau*
DER ALTE DIENSTMANN
DER JUNGE DIENSTMANN
EINE JUMPFER

Szene: Zimmer einer modernen Mietwohnung

Szene

Das Zimmer ist leer. Eintritt Hotz in einem offenen Regen-mantel, bleich vor Wut, und packt ein winziges Köffer-chen.

HOTZ Damit du es weißt: Ich bin jetzt beim Packen. Hemd, Zahnbürste, Pyjama. Alles Weitere, nehme ich an, liefert die Fremdenlegion.

Man hört Schluchzen einer Frau.

Ich mache so rasch wie möglich. Beruhige dich! Sobald ich fertig bin, laß ich dich aus dem Schrank –

Er schließt das Köfferchen.

Mein Köfferchen, siehst du, ist schon gepackt.

Er stellt das Köfferchen bereit.

Jetzt muß ich nur noch die Wohnung zertrümmern –

Er sieht sich um, wo er anfangen soll, und reißt einen Vorhang herunter und wurstelt ihn zusammen; dann tritt er (vom Anblick des verwurstelten Vorhangs wie erwacht) an die Rampe.

Conférence

HOTZ Ich weiß, auch Sie, meine Damen und Herren, stehen ganz und gar auf der Seite meiner Frau. Bitte. Auch Sie (Ich weiß!) sind der Ansicht, daß die Ehe geht –

Er nimmt sich eine Zigarette.

Ich gedenke mich keineswegs zu ereifern.

Er raucht vor sich hin.

Ich weiß nicht, meine Damen und Herren, was Dorli Ihnen gesagt hat –

Das Telefon klingelt.

Sie entschuldigen!

Er nimmt das Telefon und sagt ins Telefon:

Augenblick bitte.

Er legt das Telefon hin, kommt wieder zur Rampe.

Wenn auch Sie, meine Damen und Herren, wie jedermann, der mit Dorli nie verheiratet gewesen ist, zu der Ansicht neigen wie unser Friedensrichter, wir sollten es nochmals versuchen, zwei

so wertvolle Menschen wie wir, oder wie unser Friedensrichter
sich auszudrücken liebt: nochmals darüber schlafen —

Er erinnert sich an das abgenommene Telefon.

Augenblick bitte.

Er spricht ins Telefon:

Hotz, ja Doktor Hotz. Ich bin nicht meine Frau, nein, es tut mir
leid. Ich werde es ausrichten.

Er hängt ab und spricht zum Schrank:

Du sollst deinen Anwalt anrufen, sobald du zuhause bist. —

Er kommt an die Rampe.

Ich habe gesagt: Eher zertrümmere ich unsere ganze Wohnung
(was Dorli mir nicht zutraut!) und eher gehe ich in die Fremdenlegion —

Es klingelt an der Tür.

Da sind meine Dienstmänner!

Hotz geht in die Szene zurück und zur Türe hinaus.
Schluchzen im Schrank. Eintritt eine alte und verschüchterte
Jumpfer, die allein im Zimmer steht, wartend, während Hotz
aus der seitlichen Kulisse nochmals an die Rampe tritt.

Ich habe gesagt: Eher zertrümmere ich unsere ganze Wohnung! — aber man nimmt mich ja nicht ernst, man lächelt, man
geht nachhause Arm in Arm mit mir, man traut es mir nicht zu,
bloß weil ich ein gebildeter Mensch bin . . .

Er nimmt eine neue Zigarette und entdeckt, daß er schon eine
Zigarette im Mund hat, und zertritt die brennende Zigarette
am Boden.

Man soll mich kennenlernen.

Er tritt in die Szene.

Szene

HOTZ Bitte.

JUMPFER Hoffentlich stör ich den Herrn Doktor nicht?

HOTZ Bitte.

Er weist ihr einen Sessel, und sie setzt sich.

Was hat meine Frau Ihnen gesagt?

JUMPFER Ich soll kommen, wenn Herr Doktor zuhaus sind —

HOTZ Sprechen wir offen!

Er zündet sich die neue Zigarette an.

Ich bestreite nicht, daß Dorli der wertvollere Mensch ist. Und ich brauche keinen Friedensrichter und keine Tante Bertha, um zu wissen, daß ich eine Persönlichkeit wie meine Frau gar nicht verdiene –

JUMPFER Herr Doktor –

HOTZ Lassen Sie mich ausreden!

Er setzt sich wie zu einer Verhandlung.

Was verstehen Sie, Madame, unter Ehe?

Die Jumpfer kramt in ihrer Tasche.

Madame, ich habe mir die Mühe genommen, die durchschnittliche Anzahl der Ehebrüche in meinem Freundeskreis, der sicherlich nicht der schlechteste ist, zu ermitteln, wobei ich, wohlverstanden, nur Ehebrüche einsetze, die mindestens drei Unbeteiligten als zweifellos erscheinen – ich komme, Männer bis zu 50 Jahren gerechnet, auf einen ortsüblichen Durchschnitt von 5,1607. Bitte! Ehebrüche, die mit weltmännischer Sorgfalt geplant und nur umständehalber gescheitert sind, sowie bloße Anwandlungen, die allerdings sehr weit gehen können und sogar das Vergehen, das tatsächliche, oft an Innigkeit übertreffen, nicht gerechnet: 5,1607. Und dabei, Madame, sind all diese Leute (ich werde keine Namen nennen) Leute, die der Ansicht sind, daß die Ehe geht.

JUMPFER Herr Doktor...

HOTZ Das heißt: –

JUMPFER Herr Doktor!

HOTZ Unterbrechen Sie mich nicht immer.

Er ist aufgesprungen.

Seit Weihnachten, Madame, seit Weihnachten sagen wir einander die lautere Wahrheit, und morgen ist Pfingsten, und was ist erreicht? – außer Gerichtskosten, dazu die Rechnung von zwei Anwälten...

JUMPFER Herr Doktor!

HOTZ Tante Bertha!

Er verbietet sich jeden Affekt.

151

Ich habe alles getan für eine Scheidung in Frieden und Freundschaft. Alles nach üblicher Vereinbarung: Frau Simone Dorothea Hotz, geborene Hauschild, klagt auf Ehebruch seitens ihres Gatten, der alles Nötige zugibt. Meine Gegenklage lautet (um Dorli zu schonen!) auf Unvereinbarkeit der Charaktere, was keine Übertreibung ist, ich habe meine Frau, wie sie selbst sagt, nie verstanden – am allerwenigsten heute Vormittag um elf Uhr, als Dorli, dieses Erzweib, plötzlich ihre Scheidungsklage einfach zurückzieht.

Die Jumpfer ist aufgestanden.

Setzen Sie sich!

Die Jumpfer setzt sich.

Liebe und geschätzte Tante Bertha –

JUMPFER Sie irren sich, Herr Doktor, Sie irren sich!

HOTZ Ich irre mich, Tante Bertha, leider durchaus nicht. Woran unsere Ehe in die Brüche geht, das sind nicht die paar Ehebrüche – das schmerzt, ich geb's zu, und als Mode ist's widerlich – sondern die Tatsache, Madame, die schlichte und bodenlose Tatsache, daß ich ein Mann bin (wenn auch ein Intellektueller) und meine Frau, mit Verlaub gesagt, ein Weib.

Es klingelt an der Tür.

Und daran, meine sehr geschätzte Tante Bertha, ändert sich auch nichts, wenn wir nochmals, wie unser Friedensrichter es wünscht, darüber schlafen –

Es klingelt an der Tür.

Im Gegenteil.

Es klingelt an der Tür.

Sie entschuldigen! – *Hotz geht zur Türe hinaus.*

JUMPFER Frau Doktor? . . . Frau Doktor? . . .

Sie schaut, woher das Schluchzen kommt.

Conférence

Hotz tritt sofort wieder aus der Kulisse, eine Handsäge in der Hand.

HOTZ O nein, meine Damen, ich bin nicht eifersüchtig. Denken

Sie bitte nicht, ich sei eifersüchtig, weil Dorli, lange ist's her,
mit diesem Mistbock, der meines Erachtens, offen gesprochen,
Direktor einer Maschinenfabrik ist, Export – O nein, meine
Damen, o nein! . . .

Zwei Dienstmänner mit Gurten treten ins Zimmer.

Ich komme sogleich.

Er bleibt an der Rampe.

Ich bin, meine Damen, kein Eskimo, der die Frau als sein
Eigentum betrachtet. Es gibt (für mich) keinen Besitz in der
Liebe. Ich kann nicht eifersüchtig sein, meine Damen, grund-
sätzlich nicht –

Die Handsäge in seiner Hand zittert mehr und mehr.

. . .Aber: Wenn eine Frau, kaum sitzt man vor Gericht, einfach
die vereinbarte Scheidungsklage zurückzieht – meine Damen!
was heißt da noch Vereinbarung? Treue in jeder Lebenslage?
Vertrauen? Kameradschaft zwischen Mann und Weib? Ich
frage Sie: Was, zum Teufel, heißt da noch – Ehe?

Er verläßt die Rampe, aber dreht sich nochmals.

Sie rechnet einfach damit, daß meine Wut nicht ausreicht.

Er steigt in die Szene.

Szene

HOTZ Meine Herren, Sie brauchen keine Gurten.

DER ALTE Wieso nicht?

HOTZ Ich – liquidiere.

Die Jumpfer ist aufgestanden.

Kurz und gut, Tante Bertha, ich bedaure –

Die Jumpfer gibt ihm den Prospekt.

Was soll das?

JUMPFER Von wegen der Vorführung, Herr Doktor –

HOTZ Sie sind gar nicht Tante Bertha?

Er wendet sich an die Dienstmänner:

Ein Brecheisen haben Sie? Und eine Beißzange, ich habe
ausdrücklich bestellt: eine Handsäge, ein Brecheisen und eine
Beißzange und eine gute Handsäge.

DER JUNGE Haben wir.

153

HOTZ Und die Handsäge?

DER JUNGE Haben Sie.

Hotz sieht, daß er die Handsäge selber in der Hand hat.

HOTZ Gut. –

Er gibt der Jumpfer den Prospekt zurück.

Madame, ich brauche keinen Staubsauger.

Er begleitet sie zur Tür.

. . . wir haben wenig Zeit, meine Herren, fangen Sie nur schon
an! Zum Beispiel die Bilder. Sie nehmen ein Küchenmesser
oder was Sie grad finden, schneiden von links oben nach
unten: – so.

Er macht es vor, indem er ein Bild zerschneidet.

Verstanden?

Die Dienstmänner blicken einander an.

Was überlegen Sie?

DER ALTE Kaputtmachen?

HOTZ Ausgenommen was zum Haus gehört: Installationen,
Kochherd und Derartiges, Radiatoren, Badwanne und Schalter und so weiter . . .Junger Mann, hier ist ein Aschenbecher!

DER JUNGE Was soll damit geschehen?

HOTZ Für die Asche.

DER JUNGE Ah so.

HOTZ Der Teppich ist Frauengut. –

Er geht zum Schreibtisch.

Dorli! – wo haben wir die Liste wegen Frauengut?

Die zwei Dienstmänner nehmen die alte Standuhr.

Die Standuhr erledige ich persönlich, das ist ein altes
Erbstück.

Die Dienstmänner stellen die Standuhr mitten im Zimmer ab.

Und was so Damensachen sind, die überall umherliegen, Kleider und Wäsche und so weiter, Lippenstift, Journale, Strümpfe
und alles was rosa ist, Büstenhalter, Fläschchen, Kämme und
so weiter, Briefe aus Argentinien, Pantoffeln und so weiter,
Noten und Gürtel und Nagelscherchen und so weiter und
Handschuhe und so weiter, Halsketten aus Holz und aus
Muscheln und so weiter und so weiter, alles was auf die

154

Nerven geht – rühren Sie bitte nicht an. Meine Frau ist sehr
sensibel. Und wenn Sie sägen, meine Herren, bitte draußen in
der Diele.
Die Dienstmänner legen ihre Gurten an den Schrank.
Halt! Um Gotteswillen! Der Schrank bleibt hier – Um Gottes-
willen! . . .
Die Dienstmänner stellen den Schrank wieder ab.
Entschuldige!
Er wischt sich den Schweiß ab.
Hier die Liste wegen Frauengut . . .
Die Dienstmänner nehmen Sessel und Tisch.
DER JUNGE Herr Doktor, was machen wir damit?
HOTZ Machen Sie's kurz.
DER JUNGE Wie kurz?
HOTZ Kurz – Sägen Sie die Beine ab.
Der junge Dienstmann zeigt die Stelle.
DER JUNGE Hier ungefähr?
HOTZ Bitte – ja . . .
Die Dienstmänner gehen mit Sessel und Tisch hinaus.
Ich sagte: Entschuldige!
Er klopft an den Schrank.
Dorli?
Er legt das Ohr an den Schrank.
Warum hältst du den Atem an?
Man hört, wie in der Diele gesägt wird.
Du hörst es, Dorli, ich habe zwei Dienstmänner bestellt, beru-
hige dich! Damit es schneller geht.
Man hört, wie ein Stück Holz fällt, die Säge verstummt.
Das erste Bein. –
Man hört, wie wieder gesägt wird.
Nur jetzt nicht die Wut verlieren! . . .
Man hört, wie ein Stück Holz fällt, die Säge verstummt.
Das zweite Bein. –
Er hält die Hand vors Gesicht, bis es wieder soweit ist.
Das dritte Bein. –
Er geht und gibt der Standuhr einen Tritt, so daß sie stürzt.

155

Jetzt nicht die Wut verlieren –
Er sucht etwas, während wieder gesägt wird.
Dorli, wo ist denn unser Schraubenzieher?
Er blickt zum Schrank.
Bist du wahnsinnig!? Dorli!
Ein Räuchlein steigt aus dem Schrank.
Ich lehne jede Verantwortung ab. Hörst du? Ich habe dich in
diesen Schrank gesperrt, Dorli, aber du bist mündig und weißt
genau, wie gefährlich es ist, Dorli, in einem Kleiderschrank zu
rauchen –
Ein Räuchlein steigt aus dem Schrank.
Hörst du!?
Ein Räuchlein steigt aus dem Schrank.

Conférence
Hotz kommt an die Rampe.
HOTZ Jetzt, meine Herrschaften, sehen Sie es selbst: Sie verläßt
sich einfach auf mein schlechtes Gewissen –
Er tritt in die Szene.

Szene
Hotz nimmt das winzige Köfferchen.
HOTZ Damit du es weißt, Dorli, was du nicht sehen kannst: Ich
steh jetzt mit dem Köfferchen in der Hand, und ob du's glaubst
oder nicht –
Eintritt der alte Dienstmann.
DER ALTE Wie wünschen Sie die Vorhänge, Herr Doktor?
HOTZ Vorhänge?
DER ALTE Zerschnitten oder verbrannt?
HOTZ Lieber zerschnitten.
DER ALTE In Streifen oder –
HOTZ Bitte, ja, in Streifen.
DER ALTE Wie breit, die Streifen?
HOTZ Handbreit.
DER ALTE 9 cm?
HOTZ Ungefähr.

Der alte Dienstmann nimmt seinen Meter aus der Hosenta-
sche.

Ungefähr – aber Sie können auch lauter Dreiecke schneiden.
Was Ihnen mehr Spaß macht, mein Freund, was Ihnen mehr
Spaß macht!
Der alte Dienstmann nimmt den Vorhang und geht.
Dorli, ich geh jetzt. – Es geht nicht, daß immer ich es bin, der
mit der Versöhnung beginnt. – Du, ich geh jetzt . . .
Ein Räuchlein steigt aus dem Schrank.

Conférence
Hotz stellt das Köfferchen ab, um an die Rampe zu kommen.
HOTZ Meine Frau treibt mich in die Fremdenlegion, denn sie
traut es mir einfach nicht zu, daß ich gehe.
Er zückt einen Fahrplan.
Genf, Lyon, Marseille.
Er sieht im Fahrplan nach.
Ich kenne die Tatsachenberichte, wie es in der Fremdenlegion
zugeht, oh, und auch Dorli kennt sie . . .
Er steckt den Fahrplan wieder ein.
17.23. Anschluß: 22.07.
Er steigt in die Szene zurück.

Szene
Hotz nimmt wieder sein Köfferchen zur Hand.
HOTZ Zum letzten Mal, Dorli: Ich bin soweit.
Er klopft an den Schrank.
Du?
Man hört, wie gesägt wird.
Ich habe ihnen die Liste gegeben. Wegen Frauengut. Es wird
nicht berührt, was du in die Ehe gebracht hast. Nicht berührt.
Ich gehe mit Hemd und Zahnbürste, wie du siehst, ohne deinen
Dünndruck-Goethe . . . Ich zweifle nicht, daß du eine Arbeit
findest, die dich ernährt . . . Grüß deine Familie von mir . . . Er
machte es sich leicht, werden sie sagen, er ging in die Fremden-
legion . . . Wir werden einander nie wiedersehen . . . Wenn in

den nächsten Jahren noch Post für mich kommt –

Der junge Dienstmann kommt und bringt den kurzgesägten Sessel, den er hinstellt; der Sitz ist ungefähr zehn Zentimeter über dem Boden.

DER JUNGE Herr Doktor, da ist einer in der Diele.

HOTZ Ich bin nicht zu sprechen.

DER JUNGE Er möchte die Dame sprechen.

Ein Räuchlein steigt aus dem Schrank.

HOTZ Ich lehne jede Verantwortung ab!

Hotz geht hinaus, und der junge Dienstmann, neugierig geworden, dreht den Schlüssel, der steckt, und öffnet den Schrank: – heraustritt Dorli, eine zarte und noch in ihrer Verheultheit entzückende Person, die ihre Zigarette hält.

DORLI Haben wir noch einen Aschenbecher?

Der junge Dienstmann reicht einen Aschenbecher, Dorli löscht ihre Zigarette und geht ans Telefon, wo sie eine Nummer wählt.

Hotz, ja, Frau Hotz. Kann ich mit meinem Anwalt sprechen?

Zu dem jungen Dienstmann:

Vielen Dank!

Sie spricht ins Telefon:

Herr Doktor! – wir versuchen es seit drei Stunden, aber ... Wie bitte? Er tut's, er sagt es nicht bloß, er tut's. Wie bitte? Ich habe kein Wort gesagt. Was kann ich machen, Herr Doktor, wenn er mich in den Schrank sperrt?

Zu dem jungen Dienstmann:

Sie sind mein Zeuge.

Sie hängt das Telefon ab.

Nicht einmal mein eigener Anwalt glaubt es.

Man hört Männerstimmen draußen, und Dorli versteckt sich hinter einem Vorhang, während Hotz (nachwievor im offenen Regenmantel und mit Schraubenzieher in der Hand) einen Gast hereinführt, der sich die Hände reibt.

WILFRID Wer hätte das gedacht, Philipp, wer hätte das gedacht! Ich bin soeben gelandet, Mensch, und schon steh ich hier. Wer hätte das gedacht! Ich bin noch wie benommen – drei Jahre in

Argentinien, Mensch, drei Jahre in diesem Klima, das kannst du dir ja nicht vorstellen, drei Jahre, Mensch, drei Jahre nichts als Geldverdienen, nein, das kannst du dir nicht vorstellen . . .

Er sieht sich um.

Unverändert! Unverändert!

Verlegenheitspause

Und du, mein Philipp, du bist noch immer Schriftsteller?

Wilfrid lacht und haut ihm auf die Schulter.

Philipp, mein Freund!

HOTZ Wilfrid –

WILFRID Nein, mein Freund, das könnt ihr euch nicht vorstellen, drei Jahre da drüben, und kaum ist man wieder in Europa, kaum gelandet – fühlt man sich wie zuhaus.

HOTZ Bitte.

Er stellt den kurzgesägten Sessel hin.

Bitte. –

Wilfrid setzt sich und tut, als wäre nichts dabei. Er will keine Verlegenheit zeigen. Draußen wird wieder gesägt. Hotz setzt sich wieder rittlings auf die Standuhr und demontiert mit dem Schraubenzieher, während Wilfrid sich eine Zigarre rüstet.

WILFRID Sag mal – wie geht es Dorli?

Er zündet die Zigarre an und raucht.

Macht sie noch immer Keramik?

HOTZ Im Augenblick nicht.

WILFRID Wo ist sie denn?

Hotz erhebt sich und geht zur Tür.

HOTZ Meine Herren, nehmen Sie den Schrank hinaus.

Zu Wilfrid:

Du entschuldigst.

Zu den Dienstmännern:

Aber bitte nicht stürzen!

Die Dienstmänner nehmen ihre Gurten.

Wilfrid, mein Freund, was kann ich dir anbieten?

Nur Gläser, glaube ich, haben wir keine mehr. Gin? Campari? Whisky?

Die Dienstmänner kippen den Schrank.

Halt! – sind Sie verrückt? Halt! Halt! Ich habe ausdrücklich gesagt: Nicht stürzen –

DER ALTE Wenn aber die Tür zu niedrig ist?

HOTZ Dann – bitte – hinaus auf den Balkon.

Er öffnet die Balkontür, zu Wilfrid:

Du entschuldigst.

Er wischt sich den Schweiß, während die Dienstmänner den Schrank auf den Balkon tragen.

WILFRID Wieso ziehst du deinen Mantel nicht aus, wenn du so warm hast?

Hotz schließt den Schrank ab und steckt den Schlüssel in die Hosentasche.

HOTZ Sehr herzlichen Dank.

Die zwei Dienstmänner gehen mit schleifenden Gurten, während Hotz sich rittlings auf die Standuhr setzt, die am Boden liegt, und mit einem Schraubenzieher zu demolieren beginnt, Wilfrid raucht seine Zigarre.

WILFRID Ich fragte, wie es Dorli geht …

Hotz löst das Perpentikel und schleudert es weg.

Du sagst es mir, Philipp, wenn ich ungelegen komme.

HOTZ Im Gegenteil.

WILFRID Aber Ehrenwort?

HOTZ Du kannst mir die Schräubchen halten.

Er gibt ihm Schräubchen in die Hand.

Ferner kannst du mir eine Frage beantworten: –

Er löst das Zifferblatt und schleudert es weg.

Glaubst du, daß die Ehe geht?

WILFRID Welche?

HOTZ Überhaupt.

Jetzt springt die Uhrfeder heraus.

WILFRID Wehgetan?

Hotz saugt an seinem Finger.

Sag mal, was machst du eigentlich?

HOTZ Ich demontiere eine alte Uhr.

WILFRID Warum?

HOTZ Weil ich keinen Humor habe.

WILFRID Philipp –!

HOTZ Findest du, ich habe Humor?

WILFRID Nein.

HOTZ Also.

WILFRID Wer hat's dir gesagt?

HOTZ Dorli, meine Gattin, die du ja kennst – sie sagt: Erstens bin
ich kein Mann, ich rede nur, ich tue nicht, was ich rede. Im
Gegensatz beispielsweise zu dir. Ihr Anwalt geht noch einen
Schritt weiter, weil er ja dafür bezahlt ist von mir, und sagt: Ihr
Mann ist schizoid. Und zweitens: Ich habe keinen Humor. Im
Gegensatz beispielsweise zu dir. Ich habe meinen Humor ver-
loren, laut Dorli, im Augenblick meiner Geburt.

Wilfrid muß lachen.

Ich finde es nett von dir, Wilfrid, mein Freund, daß du
trotzdem lachst –

Der alte Dienstmann bringt den kurzgesägten Tisch.

Danke.

DER ALTE Und was ist das nächste?

HOTZ Der Keller. Sämtliche Flaschen werden entkorkt. Aber das
mach ich persönlich, bringen Sie einfach die Flaschen hie-
her.

Der alte Dienstmann geht.

WILFRID Saugemütlich!

Er streichelt über den niedrigen Tisch.

Saugemütlich!

HOTZ Findest du.

WILFRID Wenn du auch keinen Humor hast, siehst du, aber Ideen
hast du.

Hotz saugt am Finger.

Hast du einmal in Japan gelebt?

Hotz schüttelt den Kopf, saugend.

Deine eigene Idee?

Hotz nickt, saugend.

Drei Jahre in Argentinien, nein, das kannst du dir nicht
vorstellen, wie unsereiner sich sehnt – nach so etwas – nach
Geschmack, nach Kultur und so, nach Gemütlichkeit . . .

161

Er streichelt den niedrigen Tisch.

HOTZ Um auf unsere Frage zurückzukommen: —

Er gibt ihm ein Schräubchen in die Hand.

Liebst du sie wirklich?

WILFRID Meine Frau?

HOTZ Meine!

Wilfrid zuckt zusammen.

Verlier meine Schräubchen nicht —

Ein Lärm, dann kommt der junge Dienstmann.

DER JUNGE Entschuldigung, Herr Doktor, das ging aber nicht anders.

HOTZ Was war's?

DER JUNGE Die Sprungfedermatratze.

HOTZ Danke.

Der junge Dienstmann verschwindet.

Um auf unsere Frage zurückzukommen: —

WILFRID Jetzt hör aber auf!

HOTZ Du glaubst also, daß die Ehe geht?

WILFRID Oder ich werfe dir deine Schräubchen zum Fenster hinaus!

Wilfrid ist aufgesprungen.

Jawohl!

Hotz arbeitet mit dem Schraubenzieher weiter.

HOTZ Ich habe dich von jeher beneidet, Wilfrid, um deinen Humor. Du brauchst ihn jetzt nicht zu verlieren, bloß weil ich meinerseits nicht lachen kann, daß du mit meiner Frau geschlafen hast.

WILFRID Philipp!

HOTZ Hältst du mir die Schräubchen, mein Freund, oder hältst du sie mir nicht?

Wilfrid steht mit dem Rücken gegen Hotz.

Ich verstehe deine Entrüstung nicht . . .

Der alte Dienstmann kommt und wirft Kleinholz hin.

Was war's?

DER ALTE Die Bettstatt.

HOTZ Danke.

Der alte Dienstmann geht wieder hinaus.

Um auf meine Frage zurückzukommen: –

Es klingelt das Telefon.

Du entschuldigst.

Er spricht ins Telefon:

Hotz, ja, persönlich.

Er legt den Hörer ab.

Gib mir die Schräubchen!

Er nimmt die Schräubchen, die Wilfrid hat halten müssen, und wirft sie zum Fenster hinaus und nimmt den Hörer wieder:

Sind Sie noch da? Ich auch, wie bitte?

Er deckt die Sprechmuschel.

Findest du, ich mache Lärm?

Er hört sich das Telefon eine Weile an.

Das war die Standuhr, die plötzlich umgefallen ist, mag sein, ich besaß eine einzige Standuhr, Frau Oppikofer, das wird nie wieder vorkommen. Wie bitte?

Er hält den Hörer unter den Arm und greift in die Hosentasche.

Hier ist der Schlüssel!

WILFRID Schlüssel?

HOTZ Du bist gekommen, um Dorli zu sehen. Nimm ihn! Sie ist im Schrank.

WILFRID Dorli?

HOTZ Draußen auf dem Balkon, ja.

Er hält den Schlüssel hin, aber Wilfrid nimmt ihn nicht.

Ich werde antworten, Frau Oppikofer, sobald Sie nicht mehr schreien.

Er deckt die Sprechmuschel.

Wie geht es deiner Clarissa?

Er spricht ins Telefon:

Meinerseits, Frau Oppikofer, ich kündige meinerseits. Ich komme sogleich hinunter.

Er hängt das Telefon ab.

Ich habe noch nie an einem Tag soviel Unangenehmes erledigt. Ich staune selbst. Ich bin sonst kein Tatmensch . . .

163

Er nimmt einen Kamm und kämmt sich die Haare.
Nur jetzt nicht die Wut verlieren!
Der alte Dienstmann kommt mit einer großen Vase, die er aus dem Papier hüllt, und wendet sich an Wilfrid.

DER ALTE Ist das Frauengut?

WILFRID Das – wie kommen Sie dazu, Mann, das einfach auszu-packen? – ist eine echte Inka-Vase.

DER ALTE Was ist Inka?

WILFRID Was geht das Sie an?

DER ALTE Für die Frau Doktor?

WILFRID Ich muß schon sagen –

DER ALTE Sagen Sie's lieber, Herr, sonst ist sie hin.

WILFRID Frau Doktor und ich kennen einander seit dem Kinder-garten –

DER ALTE Also Frauengut.

Er stellt die Vase hin und geht wieder, Hotz hat überhaupt keine Notiz genommen, sondern sich für den Besuch bei Frau Oppikofer gekämmt, jetzt bläst er den Kamm aus.

HOTZ Nur jetzt nicht die Wut verlieren!

Er steckt den Kamm ein und geht hinaus, Wilfrid blickt nach dem Schrank, der draußen auf dem Balkon steht, und Dorli tritt (hinter seinem Rücken) aus ihrem Versteck.

DORLI Ich danke dir –

WILFRID Dorli!

DORLI – für die schöne Vase.

Er faßt sie an ihren beiden Schultern, sprachlos.
Gib mir eine Zigarette.
Er muß ihr eine Zigarette geben.

WILFRID Dorli, er weiß alles.

DORLI Ich weiß.

WILFRID Wer hat es ihm gesagt?

DORLI Ich –

Sie nimmt ihm das Feuerzeug aus der erstarrten Hand.
Und wie geht's dir?

Conférence/Szene

Hotz kommt aus der Kulisse.

HOTZ Jetzt, meine Damen und Herren, hören Sie, was ich nicht
hören kann – ich bin unten bei Frau Oppikofer – aber ich kann
es mir vorstellen.

Er bleibt an der Rampe, Blick zum Zuschauer.

DORLI Er ist primitiv!

HOTZ Sie meint mich.

DORLI Er ist ein Egozentriker!

HOTZ Sie meint immer mich.

DORLI Immer denkt er nur an sich!

HOTZ Jetzt kommt dann das Gutachten . . .

DORLI Er ist schizophren!

HOTZ Schizoid!

DORLI oder wie das heißt –

Hotz steckt sich eine Zigarette zwischen die Lippen.

HOTZ Weiter!

Hotz zündet die Zigarette nicht an, sondern horcht.

DORLI Ehe als geistiges Bündnis!

HOTZ Das ist es, was ich meine.

DORLI Und alles andere mit anderen Frauen! das könnte ihm so
passen. Freiheit in der Ehe! Ich könne tun, was ich wolle –

HOTZ Meine Frau ist nicht mein Eigentum.

DORLI Er kenne keine Eifersucht. So ein Quatsch! Grundsätzlich
nicht. So ein Quatsch! Er mache mir keine Vorwürfe –

Hotz zündet gelassen die Zigarette an.

Wo bleibt da noch die Ehe!?

Hotz raucht vor sich hin.

HOTZ Es ist hoffnungslos. Sieben Jahre lang habe ich erklärt,
was ich unter Ehe verstehe, oder wie meine Frau es nennt:
Vorträge gehalten – daß die Ehe nur geht (für mich) als ein
Bündnis in Freiheit und Offenheit.

Dorli muß lachen.

Als geistiges Wagnis.

Dorli muß lachen.

Ehen werden nicht im Bett geschlossen.

Dorli muß lachen.
Ich sage: –
DORLI Wenn du ihn reden hörtest!
HOTZ Eine Ehe, die nur auf Bett-Treue beruht –
DORLI Ich kenne es auswendig!
HOTZ Eine Ehe, die nicht fertig wird mit der Tatsache –
DORLI So ein Quatsch.
Dorli schreit:
Und ob er eifersüchtig ist!
Hotz schreit:
HOTZ Das ist nicht wahr!
DORLI Er beherrscht sich bloß. Nichts weiter. Damit ich auch
kein Recht habe, weißt du, eifersüchtig zu sein –
Hotz raucht vor sich hin.
HOTZ Du hast kein Recht, eifersüchtig zu sein.
DORLI Es ist geradezu gemein, wie er sich beherrscht!
HOTZ Niemand hat ein Recht, eifersüchtig zu sein.
Hotz raucht vor sich hin.
DORLI Morgen ist es genau ein Jahr, seit ich's ihm gesagt habe.
Wegen uns. Und heute endlich zeigt er seine Wut. So introver-
tiert ist er! Heute endlich –
Der junge Dienstmann schüttelt einen Korb voll Scherben aus.
Schau ihn dir an!
WILFRID Scherben –
DORLI Bloß weil ich meine Scheidungsklage zurückziehe. Schau
ihn dir an! Bloß weil ich gesagt habe: Das wirst du nicht tun,
Philipp, ich kenne dich!
Der alte Dienstmann schüttelt einen Korb voll Scherben aus.
WILFRID Was soll das?
DORLI Bloß damit ich ihn ernstnehme, wenn er ein nächstes Mal
wütend ist und wieder behauptet, daß unsere Ehe nicht gehe –
Dorli schüttelt den Kopf.
Und die Vorhänge! die Möbel! die Bilder! Hat man schon so
etwas gesehen! – bloß weil der Friedensrichter ihm sagte, er sei
ein gebildeter Mensch.
Dorli nimmt sich eine Zigarette.

166

HOTZ Sie beginnt sich zu wundern.

Hotz steigt in die Szene, um ihr sein Feuerzeug zu bieten.

WILFRID Du – sogar die schönen Gläser, die ich euch geschenkt habe, sind dabei!

Dorli raucht den ersten Zug, und Hotz tritt aus der Szene.

DORLI Dabei liebe ich ihn!

Hotz steht an der Rampe, Blick zum Publikum, rauchend.
Ich kann doch nicht jedesmal, wenn er mit seiner Fremdenlegion droht, an den Hauptbahnhof rennen und ihn vom Trittbrett reißen – bloß damit er glaubt, daß ich ihn ernstnehme.

Dorli weint von neuem.

WILFRID Warum hat er dich in den Schrank gesperrt?

HOTZ Das weiß sie ganz genau.

WILFRID Warum denn?

HOTZ Sag's nur!

DORLI Weil – bloß weil – weil ich – gesagt habe: Das – wirst du nicht tun, Philipp, ich – kenne – dich!

Dorli weint von neuem.

HOTZ Es scheint mir bemerkenswert, daß Wilfrid, mein Freund, nicht daran denkt, meine Frau anzufassen, seit er merkt, daß wir in Scheidung sind.

DORLI – bloß – weil ich – gesagt habe: – das wirst du – nicht tun, Philipp, das sagst du – seit – sieben Jahren . . .

Hotz steigt in die Szene, um ihr den Aschenbecher zu reichen.
Dabei bin ich so glücklich in unsrer Ehe!

Dorli gibt ihm die Zigarette in den Aschenbecher, und Hotz geht wieder.
Warum soll ich mich scheiden lassen?

Wilfrid legt seinen Arm über ihre Schultern.

WILFRID Ach Dorli . . .

DORLI Ach Wilfrid . . .

HOTZ Jetzt greift er zu.

WILFRID Du liebst ihn?

HOTZ Ja, sei beruhigt!

Wilfrid streicht mit der Hand über ihr Haar.

167

Bitte. –

Hotz nimmt sich, obschon er noch eine Zigarette raucht, eine neue.

Mag sein, meine Damen und Herren, Sie finden es egozentrisch von mir, wenn ich mir vorstelle, die Beiden reden soviel über mich. Aber es ist so! Ich bin der einzige Gesprächsstoff, der ihnen nicht ausgeht ...

Hotz zündet sich die neue Zigarette an.

WILFRID Und er, meinst du, liebt dich auch?

HOTZ Das meint sie.

DORLI Warum will er mir immer Eindruck machen? Er nehme sämtliche Ehebrüche auf sich. Um mich zu schonen! Und ich soll die Madonna spielen. Warum? Nur daß vor Gericht nicht zur Sprache kommt, was ihm das Blut in den Kopf jagt, nur daß sein eigener Anwalt nicht merkt, wie eifersüchtig er ist, mein Philipp, wie eifersüchtig! Nein! lieber nimmt er alle Schuld auf sich, lieber zahlt er als Ehebrecher und ruiniert sich bis zu meinem sechzigsten Lebensjahr – bloß um mir Eindruck zu machen ...

Dorli stampft auf den Boden.

Ich laß mir keinen Eindruck machen!

Dorli wird plötzlich laut:

Ich laß mich nicht scheiden, und wenn es bis ans Ende meiner Tage geht, ich bleib seine Frau, bis er es zugibt, mein Philipp, bis er es zugibt!

HOTZ Was?

Hotz schreit ebenfalls:

Was!?

Dorli ist wieder ruhig.

DORLI Kein atavistisches Geschrei, nein, aber innerlich (ich hab's ja geahnt) benimmt er sich wie ein Höhlenbewohner.

Hotz schreit noch lauter:

HOTZ Woher – weißt – du – das–!

Dorli tritt zu Wilfrid.

DORLI Ach Wilfrid ...

WILFRID Ach Dorli ...

Wilfrid und Dorli umarmen einander.

HOTZ Endlich –

Hotz ist sehr verlegen, während sie sich küssen.

Was ich sagen wollte: eigentlich kann ich gar nicht wissen, was hier vorgeht – eigentlich bin ich in diesem Augenblick drunten bei Frau Oppikofer ...

Er zertritt seine Zigarette.

Meine Herren, schauen Sie nicht hin! Ich schaue auch nicht hin. Wir können es uns vorstellen. Und wenn Sie je in meine Lage kommen, meine Herren, ich rate Ihnen –

Er schaut trotzdem hin.

Gartenlaube!

Man hört einen gräßlichen Knall.

WILFRID Was war das?

DORLI Keine Ahnung.

WILFRID Meine Herren, wenn Sie nicht sofort aufhören, meine Herren, mit diesem Heidenlärm, aber sofort –

Noch ein Knall

Was machen Sie mit diesem Bechstein-Flügel?

Eine Serie von knallenden Saiten.

HOTZ Gütertrennung

Dorli beginnt zu weinen.

»Tritt während der Ehe die Gütertrennung ein, so zerfällt das eheliche Gut in das Eigengut des Mannes und das Eigengut der Frau.«

Noch ein Knall

Familienrecht, Erster Abschnitt, Artikel 189.

Er knöpft seinen Kragen wieder zu.

Wie gesagt, meine Damen und Herren, eigentlich bin ich in diesem Augenblick drunten bei Frau Oppikofer. –

Er geht weg in die Kulissen.

Szene

WILFRID Warum hast du's ihm gesagt?

DORLI Er hat's ja auch gesagt.

WILFRID Was?

DORLI Wegen Clarissa.

WILFRID Clarissa?

DORLI Offenheit! Das kann ich auch, nichts leichter als das, Offenheit als Grundlage der Ehe, dann bitte sehr!

WILFRID Was hat Philipp mit meiner Frau zu schaffen?

DORLI Was du mit mir –.

Sie wischt sich mit dem Taschentuch die Tränen ab.

Das hast du nicht gewußt?

Conférence

Hotz kommt an die Rampe mit einem Schriftstück.

HOTZ Die Wohnung ist gekündigt. –

Er zerfetzelt das Schriftstück.

Szene

WILFRID Clarissa!?

DORLI Schrei nicht –

WILFRID Meine Clarissa?!

DORLI – daß das ganze Hochhaus es hört.

WILFRID Weiber! . . . Huren! . . .

Er geht hinaus.

DORLI Jetzt ist er noch primitiver.

Sie geht ihm nach.

Conférence

HOTZ Jetzt nur noch der Abschied.

Er ruft in die leere Szene:

Meine Herren!

Die Dienstmänner kommen mit ihrem Imbiß in der Hand.

Nehmen Sie sofort den Schrank herein, es regnet in Strömen.

Er bleibt an der Rampe.

Nein, meine Damen und Herren, ich bin nicht schizoid. Ich gebe zu: In Gedanken war ich hier, während ich diese Kündigung unterzeichnete, und ich stellte mir vor, wie meine Frau und mein Freund über mich reden. Aber ich weiß genau, daß meine Frau in diesem Schrank ist – in Wirklichkeit . . . Ich bin nicht schizoid!

Er tritt in die Szene.

Szene

Die Dienstmänner tragen den Schrank herein.

HOTZ Geht's? Geht's?

Sie nicken, ihr Butterbrot im Mund.

Ist es sehr schwer?

Sie schütteln den Kopf, ihr Butterbrot im Mund.

Ich beneide Sie um ihre Kraft.

Sie stellen den Schrank an den alten Ort.

Nochmals sehr herzlichen Dank!

Die Dienstmänner gehen mit ihren schleifenden Gurten hinaus, Hotz wartet nur, bis sie verschwunden sind, dann spricht er zum Schrank:

Dorli – bist du naß geworden?

Er klopft an den Schrank.

Dorli?

Er nimmt sein kleines Köfferchen zur Hand.

Ich geh jetzt, Dorli – in die Fremdenlegion.

Er legt sein Ohr an den Schrank.

Warum hältst du wieder deinen Atem an?!

Er steht ratlos.

Ich finde es unwürdig, Dorli, wie du mich behandelst. Seit sieben Jahren hältst du deinen Atem an, damit ich jedesmal, wenn's draufankommt, zu Tod erschrecke und meine, ich habe dich umgebracht . . . Dorli, das ist keine Art, eine Ehe zu führen. Du verläßt dich einfach darauf, daß ich dich liebe, und machst mit mir, was du willst. Was du willst! Bloß weil du die Schwächere bist.

Er nimmt das Köfferchen wieder.

Du, jetzt geh ich –

Er blickt auf seine Armbanduhr.

Ich habe einen Zug nach Genf: 17.23. Anschluß nach Marseille: 22.07. Wenn es dich heute noch reuen sollte, Dorli, daß du jetzt schweigst: – Poste de la Gare, Marseille, poste restante . . .

Jetzt setzt ein gedämpftes Geläute aller Münster ein.

Lebwohl!

Eintritt der junge Dienstmann.

DER JUNGE Herr Doktor?

Hotz zuckt zusammen.

Wegen Radio. Ich meine ja bloß: Wenn Sie schon nichts verkaufen wollen, Herr Doktor. Eine fabelhafte Anlage, was Sie da haben. Da versteh ich mich nämlich drauf. Mit Vorverstärker. Aber Sie müssen's ganz offen sagen: – könnte man's nicht so zerstören, daß ich es nachher wieder zusammensetzen kann?

HOTZ Bitte.

DER JUNGE Nämlich ich heirate auch, Herr Doktor . . .

HOTZ Bitte.

Der junge Dienstmann zieht sich wieder zurück.

Ich sagte: Lebwohl.

Das Geläute bereichert sich um eine neue Glocke.

Morgen wäre Pfingsten . . . Unsere Pfingsten in Rom, Dorli, nun ist das schon wieder ein Jahr, ja – Aber ich geh trotzdem.

Er küßt den Schrank.

Glück sei mit Dir.

Eintritt Dorli, Papiertüten im Arm.

Dorli?

DORLI Ja –

HOTZ Nein –

DORLI Was ist los?

Er starrt sie an und greift in die Hosentasche.

HOTZ Augenblick, Augenblick.

Er nimmt den Schlüssel heraus und öffnet den Schrank.

Dorli? . . . Dorli! . . . Dorli –

Er wirft sämtliche Kleider aus dem Schrank, bis er leer ist, dann kommt er aus dem Schrank.

Ich will dich nicht mehr sehen!

Der alte Dienstmann kommt mit einer Geige.

DER ALTE Entschuldigung, Herr Doktor, aber wir müssen fertig machen – Wollte nur wissen, ob das auch Frauengut ist.

HOTZ Meine Geige?

DER ALTE Auf dieser Liste da steht: Eine alte Geige, italienisch, mit Zubehör, Ende 18. Jahrhundert, von Tante Bertha – aber dann ist's gestrichen.

HOTZ Gestrichen?

DER ALTE Was bedeutet das?

DORLI Dann hast du sie bezahlt, Philipp.

DER ALTE Das eben wollte ich wissen.

Hotz starrt ihn an.

Gehört also nicht der Frau Doktor?

HOTZ Nein.

DER ALTE Das eben wollte ich wissen.

Der alte Dienstmann geht und bricht die Geige übers Knie.

HOTZ Ich will dich nicht mehr sehn!

Hotz geht hinaus.

DORLI Wohin?

Sie setzt sich auf den niedrigen Tisch und packt Eßwaren aus.

Hast du auch solchen Hunger?

Conférence
Hotz kommt aus der Kulisse und tritt an die Rampe.

HOTZ Jetzt hab ich mein Köfferchen vergessen.

Er reibt sich das Kinn.

Szene
Dorli sitzt und spricht, als stünde Hotz in der Diele.

DORLI Philipp, nimmst du Wurst oder Käse?

Sie streicht Brote.

Conférence

HOTZ Ich versteh nicht, wieso sie nicht im Schrank ist. Ich hatte den Schlüssel in meiner Hosentasche, und der Schrank war geschlossen. Ich versteh sie immer weniger . . .

173

Er nimmt sich eine Zigarette.
Nur noch diese Zigarette!
Er zündet die Zigarette an.
– dann werde ich das Köfferchen holen.

Szene
DORLI Dein Brot ist bereit.
Sie ruft freundlich:
Philipp?
Sie dreht sich um und sieht die zwei Dienstmänner.
DER JUNGE Madame, wir wären fertig.
DORLI Wenn Sie ein Trinkgeld wünschen, mein Mann ist drau-
ßen in der Diele.
DER ALTE Nein.
DORLI Dann steht er im Treppenhaus.
DER ALTE Und wenn er da auch nicht ist?
DORLI Dann sitzt er im Café Marokko.
Die Dienstmänner setzen ihre Mützen auf den Kopf.
Schöne Pfingsten!
Die Dienstmänner gehen grußlos.
Philipp –?
Hotz tritt in die Szene.
HOTZ Ich geh jetzt.
Er nimmt das Köfferchen zur Hand.
Lebwohl.
Sie blickt ihn an.
DORLI Ich bin dir nicht bös.
HOTZ Dorli –
DORLI Warum ziehst du eigentlich deinen Mantel nicht aus,
Philipp, seit heute Vormittag?
Dorli ißt.
HOTZ Du – ich geh jetzt!
Er blickt auf seine Armbanduhr.
Hast du genaue Zeit?
DORLI 16.48.
Hotz zieht seine Armbanduhr auf.

174

HOTZ Das ist keine Art, Dorli, eine Ehe zu führen, du machst mit mir, was du willst, bloß weil du die Schwächere bist.

DORLI Was mach ich denn?

HOTZ Ich habe einen Zug nach Genf: 17.23. Anschluß nach Marseille: 22.07. Wenn es dich heute noch reuen sollte, Dorli, daß du jetzt schweigst: – Poste de la Gare, Marseille, poste restante.

DORLI Ich schweige ja gar nicht.

HOTZ Aber ich muß jetzt gehen . . .

DORLI Wohin?

HOTZ Lebwohl.

Pause, Glockengeläute

DORLI Wann kommst du zurück?

Pause, Glockengeläute

HOTZ Morgen wäre Pfingsten . . . unsere Pfingsten in Rom, ja, nun ist das schon wieder ein Jahr her – aber ich geh trotzdem.

Dorli streicht ein Brot, während Hotz endlich geht.

DORLI Du, Räucherlachs habe ich heute keinen gekauft, ich denke, wir müssen sparen, Philipp, es war ein teurer Tag für dich . . .

Conférence
Hotz tritt aus der Kulisse, sein Köfferchen in der Hand.

HOTZ Wenn sie jetzt kommt, um mich zurück zu rufen, und wenn sie nur (wie in früheren Jahren) bis zur Haustür kommt – dann glaubt sie wieder, daß ich eines Tages gehe; dann ist es nicht nötig, daß ich gehe.

Er blickt auf seine Armbanduhr.

Hoffentlich stimmt ihre Uhr!

Er hält sie ans Ohr und zieht sie auf.

Szene
Dorli wendet sich und sieht, daß niemand da ist.

DORLI Philipp, – ob du auch einen Rollmops möchtest?

HOTZ Ob die in Marseille mich überhaupt nehmen?

Szene
DORLI Herein!
  Eintritt eine Dame, die ihre Handschuhe von den Fingern strupft.
CLARISSA Ich bin außer mir!
DORLI Du –
CLARISSA Geohrfeigt hat er mich!
DORLI Wer?
CLARISSA Wilfrid, mein Mann.
  Dorli räumt die Papiertüten etwas zur Seite.
DORLI Nimm Platz.
  Clarissa schleudert ihre Handschuhe hin.
CLARISSA Wie, möchte ich wissen, wie kommst du dazu, meinem Mann zu sagen, daß ich ein Verhältnis habe mit deinem Mann?
DORLI Weil Philipp es mir gesagt hat.
CLARISSA Philipp – ?
DORLI Ja.
CLARISSA Ich bin außer mir.
  Dorli futtert weiter.
DORLI Das ist nun einmal so eine Idee von ihm, weißt du, Offenheit als Grundlage der Ehe.
  Clarissa nimmt ihre Handschuhe wieder.
CLARISSA Nie haben wir etwas miteinander gehabt –
  Sie schleudert ihren ersten Handschuh hin.
  Nie!
  Sie schleudert ihren zweiten Handschuh hin.
  Nie!
  Sie bricht in Tränen aus.

Conférence
HOTZ Wenn Dorli jetzt erfährt, daß ich überhaupt keinen Ehebruch begangen habe, und wenn sie es glaubt, dann glaubt sie mir überhaupt nichts mehr! – dann muß ich wirklich gehen.

Szene

DORLI Ich weiß nicht, wieso wir Frauen nicht zusammenhalten. Schade. Wir sind zusammen in die Schule gegangen, und kaum ist es so weit, daß man von Reife sprechen kann, hat jede nur noch ein einziges Ziel: dem Mann zu gefallen – und die Schwester zu belügen. *Sie hält eine Papiertüte hin.*

CLARISSA Danke!

Dorli nimmt sich selbst einen Apfel.

DORLI Du bist von Argentinien gekommen, um mir zu sagen, daß alles nicht wahr ist. Wie war der Flug?

CLARISSA Simone –

DORLI Werde nicht feierlich.

CLARISSA Es ist nicht wahr!

Dorli reibt sich ihren Apfel.

DORLI Wie war dein Flug, frage ich.

Dorli beißt in ihren Apfel.

CLARISSA Was soll ich tun, Simone, daß du mir glaubst?

DORLI Nichts. –

Dorli bietet nochmals die Tüte an.

Äpfel machen nicht dick!

CLARISSA Du findest mich dick?

DORLI Bleiben wir bei der Sache.

Dorli sitzt und frißt ihren Apfel.

Unsere Sache ist der Mann.

CLARISSA Meiner oder deiner?

DORLI Meiner.

Clarissa lacht.

Ich laß mich nicht scheiden, verstehst du, und deinetwegen schon gar nicht.

Dorli schreit. Deinetwegen schon gar nicht!

Conférence

HOTZ Jetzt schreien sie schon.

Er blickt auf seine Armbanduhr.

Das kann nicht lange dauern . . .

177

Szene
Clarissa schreit.

CLARISSA ... Einfach nicht wahr! Ich werde es hinausschreien in die ganze Welt: Einfach nicht wahr! – wir haben nichts gehabt miteinander ...

Conférence

HOTZ Ich werde meinen Zug verpassen.
Er blickt auf die Armbanduhr.
Was geht's die Welt an, daß wir nichts miteinander gehabt haben, was zum Teufel geht das die Welt an!

Szene
Die beiden Frauen sind ruhig und gediegen.

DORLI Du willst schon gehen?
CLARISSA Du bist mager geworden.
DORLI Du antwortest mir nicht.
CLARISSA Sehr mager.
DORLI Wieso ist Philipp nicht dein Typ?
Clarissa zuckt die Achsel.
Du kennst meinen Mann nicht –
CLARISSA Das sag ich ja.
DORLI Du kannst sagen gegen meinen Mann, was du willst, und gegen die Männer überhaupt, aber so ist keiner, weißt du, daß er auch noch Ehebrüche gesteht, die nie stattgefunden haben, weißt du, und das vor aller Öffentlichkeit.
CLARISSA Dein Mann ist Schriftsteller.
DORLI Was willst du damit sagen?
Clarissa erhebt sich.
Mein Mann lügt nicht!
Clarissa prüft ihr make-up.
Clarissa, ich will dir etwas sagen –
Dorli faßt Clarissa.
Unter Schwestern sozusagen.
CLARISSA Das mag ich nicht, meine Liebe.
DORLI Dann halt nicht!

Dorli läßt Clarissa wieder los.
Aber ich sag's dir trotzdem: –
Clarissa malt sich die Lippen.
CLARISSA Dein Philipp interessiert mich nicht.
Clarissa leckt sich die gemalten Lippen.
DORLI Philipp ist der schamhafteste Mann, den es gibt. Das geht
bis zur Verlogenheit, weißt du, unter vier Augen. So schamhaft
ist er. Aber kaum weiß er, daß die Öffentlichkeit zuhört, lügt
er nicht.
CLARISSA Ach.
DORLI Ja, das ist merkwürdig.
CLARISSA Lügt er nicht . . .
DORLI Um keinen Preis, nein. Und drum kann ich auch nicht
ausstehen, was Philipp schreibt: kaum wittert er Öffentlichkeit,
sagt er Wahrheiten beispielsweise über die Ehe, wie er sie in
unseren vier Wänden nie über die Lippen bringt.
Clarissa nimmt ihre Handschuhe wieder.
CLARISSA Kurz und gut, du glaubst mir nicht.
Dorli nimmt sich einen neuen Apfel.
Simone!
Clarissa zieht ihre Handschuhe an.
Nichts ist geschehen! Ich schwöre es dir. Rein gar nichts!
Dorli beißt in ihren Apfel.
DORLI Ich will keine Details –.

Conférence
HOTZ Jetzt geh ich!
Er nimmt das Köfferchen zur Hand.
Worauf warte ich noch . . .
Er sieht das Köfferchen in seiner Hand.
Das Köfferchen hab ich ja.

Szene
CLARISSA Schöne Pfingsten!
Dorli steht und frißt ihren Apfel.
DORLI Schöne Pfingsten.

179

Clarissa geht weg.
Hast du schon einmal zwei Frauen gesehen, die einander glau-
ben, wenn's um den gleichen Mann geht?
Eintritt Hotz, Dorli bemerkt es nicht.
Schöne Pfingsten!
*Hotz zieht die Konsequenz und geht. Dorli wirft ihren Apfel
weg.*
So eine Ziege! ...

Conférence
Hotz tritt aus der Kulisse.
HOTZ Höhnisch war sie nie. Das ist neu! Sie war – ich weiß nicht
wie – aber höhnisch war sie nie ...
Er ahmt ihren Tonfall nach:
»Schöne Pfingsten!«
Er strahlt vor Hoffnung.
Immerhin ein neuer Ton.
Er tritt in die Szene.

Szene
*Dorli hat sich wieder auf den niedrigen Tisch gesetzt und
kramt in der Papiertüte.*
HOTZ Ich geh jetzt.
Sie erschrickt.
DORLI Du –! ...
Hotz tritt vor sie hin.
HOTZ Ich geh jetzt.
Sie starrt ihn an.
DORLI Du, jetzt hab ich die Tomaten vergessen!
Sie kramt nochmals in der Papiertüte.
HOTZ Ich geh jetzt.
Er wartet noch eine Weile, dann geht er.
DORLI Nein, da sind sie ja! ...
Sie nimmt eine Tomate heraus.

180

Conférence
Hotz tritt aus der Kulisse, Mantel auf dem Arm, das Glocken-
geläute bricht ab.

HOTZ Schlimm war die Reise bis Genf: solange ich mich bemühte
– ich fuhr erster Klasse –, immer noch wütend zu sein, und bis
ich zugab, daß es eine Idiotie ist, wenn ich's tue, eine bare
Idiotie!

AUSRUFER Cigarettes, Cigars, Journaux, Chocolats!

HOTZ Sie hatte recht, ich konnte von Dorli nicht erwarten, daß
sie jedes Frühjahr an den Hauptbahnhof rennt, um mich vom
Trittbrett zu reißen, bloß damit ich glaube, daß sie mich ernstnehme.

AUSRUFER Cigarettes, Cigars, Journaux, Chocolats!

HOTZ Sie kann mich nicht ernstnehmen . . .
Man hört das Einfahren eines Zuges in die Bahnhalle.

Szene
Dorli steht am Telefon.

DORLI Philipp! . . . Ja, ich bin zuhaus. Hallo? Und wo bist du? In
einer Kabine? Hallo, Hallo. Ich versteh nicht. Wo? Es knackt
so. Hallo? Jetzt ist es besser . . . Wieso in Genf? –
Sie läßt den Hörer sinken, sie ist sprachlos, während man das
Dröhnen des Zuges hört, und wählt eine Nummer ihrerseits.

Conférence

HOTZ Was habe ich erwartet? Ich hätte wissen können, daß
Dorli zuhause sitzt, daß sie nicht daran denkt, dieses Luder –
Hinzutritt ein Zöllner.

ZÖLLNER Schweizer Zollkontrolle. Douane Suisse.
Hotz gibt seinen Paß.

HOTZ Wieso hoffte ich noch immer auf sie?

ZÖLLNER Haben Sie Handelsware?

HOTZ Ich ärgere mich über mich selbst.

ZÖLLNER Ob Sie Handelsware haben?
Hotz zeigt auf sein winziges Köfferchen.
Aufmachen bitte.

Der Zöllner nimmt Hemd, Zahnbürste, Pyjama heraus.
Vielen Dank! –
Hotz packt wieder ein.
HOTZ Die einzige Chance, die Dorli noch hatte, wäre eine Leibesvisitation gewesen, so daß ich den Zug verpaßt hätte . . .
Der Zöllner hat unterdessen die Mütze gewechselt.
ZÖLLNER Bon soir Monsieur.
HOTZ Ich zuckte zusammen.
ZÖLLNER Votre passeport s'il vous plaît.
Hotz gibt seinen Paß mit Zittern.
HOTZ Aber von Verdacht keine Spur . . .
Der Zöllner gibt den Paß zurück.
ZÖLLNER Est-ce que vous avez des marchandises?
Hotz zeigt auf sein Köfferchen.
Ouvrir, s'il vous plaît.
Der Zöllner nimmt Hemd, Zahnbürste, Pyjama heraus.
Bon voyage, Monsieur.
Hotz packt wieder ein, der Zöllner geht.
HOTZ Alle ließen mich fahren . . .

Szene
Dorli steht am Telefon.
DORLI Können Sie herausfinden, Fräulein, ob dieser Anruf wirklich aus Genf gekommen ist. Vor fünf Minuten. Bitte.
Dorli wartet am Telefon.

Conférence
HOTZ In Marseille war es schon ziemlich warm . . .
Er zieht auch seine Jacke aus.
Ich kam gerade zum Zapfenstreich, oder wie man so etwas nennt, aber ich ging zuerst noch in ein Bistro, um einen Kaffee zu trinken, mein Lieblingsfrühstück: –
Hinzutritt ein Kellner, der gähnt.
GARÇON Café?
HOTZ Au lait.
Der Garçon gähnt.
Est-ce qu'il y a des brioches?

Der Garçon nickt und gähnt und geht.

Mein Lieblingsfrühstück.

Er dreht sich um.

Von meinem Weib natürlich keine Spur . . .

Man hört Clairons.

Und dann war's zu spät. –

Finale

Es senkt sich, während man die Marschmusik mit Clairons und Trommeln hört, ein eisernes Gitter herab, wie es die Kasernen umschließt, grau mit einer schmutzigen Trikolore, und hinter diesem Gitter erscheint Dorli.

DORLI Philipp! . . . Philipp? . . .

Es kommen und marschieren vorbei: zwei staubige Legionäre mit Gewehr und aufgepflanztem Bajonett, dahinter Hotz mit dem kleinen Köfferchen und mit Mantel und Rock auf dem Arm, dann nochmals zwei staubige Legionäre mit Gewehr und aufgepflanztem Bajonett. Hotz will stehenbleiben, um Dorli zu winken, aber der hintere Legionär gibt ihm einen Gewehr-kolben in den Rücken, damit er marschiere, und Dorli sinkt hinter dem Gitter auf die Knie, indem sie bitterlich schluchzt: Philipp! – das ist doch nichts für dich . . .

Die Marschmusik verschwindet, und das Kasernengitter ent-schwebt nach oben; Dorli bleibt auf den Knien (im Zimmer) und schluchzt, als Hotz ins Zimmer tritt und ablegt.

Philipp – ?

HOTZ Sie nehmen mich nicht.

DORLI – da bist du ja!

HOTZ Zu kurzsichtig. *Dorli fällt ihm um den Hals.*

DORLI Philipp!

Hotz streicht über ihr Haar, während Dorli sich selig an seine Brust legt, dann sagt er mehr aus Verlegenheit, nicht grob, nur um die Situation zu bagatellisieren:

HOTZ Ist Post für mich gekommen?

Vorhang

Andorra

Stück in zwölf Bildern

Das Andorra dieses Stücks hat nichts zu tun mit dem wirklichen Kleinstaat dieses Namens, gemeint ist auch nicht ein andrer wirklicher
Kleinstaat; Andorra ist der Name für ein Modell.   M. F.

Erstes Bild

Vor einem andorranischen Haus. Barblin weißelt die schmale und hohe Mauer mit einem Pinsel an langem Stecken. Ein andorranischer Soldat, olivgrau, lehnt an der Mauer.

BARBLIN Wenn du nicht die ganze Zeit auf meine Waden gaffst, dann kannst du ja sehn, was ich mache. Ich weißle. Weil morgen Sanktgeorgstag ist, falls du das vergessen hast. Ich weißle das Haus meines Vaters. Und was macht ihr Soldaten? Ihr lungert in allen Gassen herum, eure Daumen im Gurt, und schielt uns in die Bluse, wenn eine sich bückt.

Der Soldat lacht.

Ich bin verlobt.

SOLDAT Verlobt!

BARBLIN Lach nicht immer wie ein Michelin-Männchen.

SOLDAT Hat er eine Hühnerbrust?

BARBLIN Wieso?

SOLDAT Daß du ihn nicht zeigen kannst.

BARBLIN Laß mich in Ruh!

SOLDAT Oder Plattfüße?

BARBLIN Wieso soll er Plattfüße haben?

SOLDAT Jedenfalls tanzt er nicht mit dir.

Barblin weißelt.

Vielleicht ein Engel!

Der Soldat lacht.

Daß ich ihn noch nie gesehen hab.

BARBLIN Ich bin verlobt!

SOLDAT Von Ringlein seh ich aber nichts.

BARBLIN Ich bin verlobt,

Barblin taucht den Pinsel in den Eimer.

und überhaupt – dich mag ich nicht.

Im Vordergrund, rechts, steht ein Orchestrion. Hier erscheinen – während Barblin weißelt – der Tischler, ein behäbiger Mann, und hinter ihm Andri als Küchenjunge.

TISCHLER Wo ist mein Stock?

ANDRI Hier, Herr Tischlermeister.

TISCHLER Eine Plage, immer diese Trinkgelder, kaum hat man den Beutel eingesteckt –

Andri gibt den Stock und bekommt ein Trinkgeld, das er ins Orchestrion wirft, so daß Musik ertönt, während der Tischler vorn über die Szene spaziert, wo Barblin, da der Tischler nicht auszuweichen gedenkt, ihren Eimer wegnehmen muß. Andri trocknet einen Teller, indem er sich zur Musik bewegt, und verschwindet dann, die Musik mit ihm.

BARBLIN Jetzt stehst du noch immer da?

SOLDAT Ich hab Urlaub.

BARBLIN Was willst du noch wissen?

SOLDAT Wer dein Bräutigam sein soll.

Barblin weißelt.

Alle weißeln das Haus ihrer Väter, weil morgen Sanktgeorgstag ist, und der Kohlensack rennt in allen Gassen herum, weil morgen Sanktgeorgstag ist: Weißelt, ihr Jungfrauen, weißelt das Haus eurer Väter, auf daß wir ein weißes Andorra haben, ihr Jungfraun, ein schneeweißes Andorra!

BARBLIN Der Kohlensack – wer ist denn das wieder?

SOLDAT Bist du eine Jungfrau?

Der Soldat lacht.

Also du magst mich nicht.

BARBLIN Nein.

SOLDAT Das hat schon manch eine gesagt, aber bekommen hab ich sie doch, wenn mir ihre Waden gefallen und ihr Haar.

Barblin streckt ihm die Zunge heraus.

Und ihre rote Zunge dazu!

Der Soldat nimmt sich eine Zigarette und blickt am Haus hinauf.

Wo hast du deine Kammer?

Auftritt ein Pater, der ein Fahrrad schiebt.

PATER So gefällt es mir, Barblin, so gefällt es mir aber. Wir werden ein weißes Andorra haben, ihr Jungfraun, ein schneeweißes Andorra, wenn bloß kein Platzregen kommt über Nacht.

Der Soldat lacht.

Ist Vater nicht zu Haus?

SOLDAT Wenn bloß kein Platzregen kommt über Nacht! Nämlich seine Kirche ist nicht so weiß, wie sie tut, das hat sich herausgestellt, nämlich seine Kirche ist auch nur aus Erde gemacht, und die Erde ist rot, und wenn ein Platzregen kommt, das saut euch jedesmal die Tünche herab, als hätte man eine Sau drauf geschlachtet, eure schneeweiße Tünche von eurer schneeweißen Kirche.

Der Soldat streckt die Hand nach Regen aus.

Wenn bloß kein Platzregen kommt über Nacht!

Der Soldat lacht und verzieht sich.

PATER Was hat der hier zu suchen?

BARBLIN Ist's wahr, Hochwürden, was die Leut sagen? Sie werden uns überfallen, die Schwarzen da drüben, weil sie neidisch sind auf unsre weißen Häuser. Eines Morgens, früh um vier, werden sie kommen mit tausend schwarzen Panzern, die kreuz und quer durch unsre Äcker rollen, und mit Fallschirmen wie graue Heuschrecken vom Himmel herab.

PATER Wer sagt das?

BARBLIN Peider, der Soldat.

Barblin taucht den Pinsel in den Eimer.

Vater ist nicht zu Haus.

PATER Ich hätt es mir denken können.

Pause

Warum trinkt er soviel in letzter Zeit? Und dann beschimpft er alle Welt. Er vergißt, wer er ist. Warum redet er immer solches Zeug?

BARBLIN Ich weiß nicht, was Vater in der Pinte redet.

PATER Er sieht Gespenster. Haben sich hierzuland nicht alle entrüstet über die Schwarzen da drüben, als sie es trieben wie beim Kindermord zu Bethlehem, und Kleider gesammelt für die Flüchtlinge damals? Er sagt, wir sind nicht besser als die Schwarzen da drüben. Warum sagt er das die ganze Zeit? Die

189

Leute nehmen es ihm übel, das wundert mich nicht. Ein Lehrer sollte nicht so reden. Und warum glaubt er jedes Gerücht, das in die Pinte kommt?

Pause

Kein Mensch verfolgt euren Andri –

Barblin hält inne und horcht.

– noch hat man eurem Andri kein Haar gekrümmt.

Barblin weißelt weiter.

Ich sehe, du nimmst es genau, du bist kein Kind mehr, du arbeitest wie ein erwachsenes Mädchen.

BARBLIN Ich bin ja neunzehn.

PATER Und noch nicht verlobt?

Barblin schweigt.

Ich hoffe, dieser Peider hat kein Glück bei dir.

BARBLIN Nein.

PATER Der hat schmutzige Augen.

Pause

Hat er dir Angst gemacht? Um wichtig zu tun. Warum sollen sie uns überfallen? Unsre Täler sind eng, unsre Äcker sind steinig und steil, unsre Oliven werden auch nicht saftiger als anderswo. Was sollen die wollen von uns? Wer unsern Roggen will, der muß ihn sich mit der Sichel holen und muß sich bücken Schritt vor Schritt. Andorra ist ein schönes Land, aber ein armes Land. Ein friedliches Land, ein schwaches Land – ein frommes Land, so wir Gott fürchten, und das tun wir, mein Kind, nicht wahr?

Barblin weißelt.

Nicht wahr?

BARBLIN Und wenn sie trotzdem kommen?

Eine Vesperglocke, kurz und monoton

PATER Wir sehn uns morgen, Barblin, sag deinem Vater, Sankt Georg möchte ihn nicht betrunken sehn.

Der Pater steigt auf sein Rad.

Oder sag lieber nichts, sonst tobt er nur, aber hab acht auf ihn.

Der Pater fährt lautlos davon.

BARBLIN Und wenn sie trotzdem kommen, Hochwürden?

190

Im Vordergrund rechts, beim Orchestrion, erscheint der Jemand, hinter ihm Andri als Küchenjunge.

JEMAND Wo ist mein Hut?

ANDRI Hier, mein Herr.

JEMAND Ein schwüler Abend, ich glaub, es hängt ein Gewitter in der Luft . . .

Andri gibt den Hut und bekommt ein Trinkgeld, das er ins Orchestrion wirft, aber er drückt noch nicht auf den Knopf, sondern pfeift nur und sucht auf dem Plattenwähler, während der Jemand vorn über die Szene geht, wo er stehenbleibt vor Barblin, die weißelt und nicht bemerkt hat, daß der Pater weggefahren ist.

BARBLIN Ist's wahr, Hochwürden, was die Leut sagen? Sie sagen: Wenn einmal die Schwarzen kommen, dann wird jeder, der Jud ist, auf der Stelle geholt. Man bindet ihn an einen Pfahl, sagen sie, man schießt ihn ins Genick. Ist das wahr oder ist das ein Gerücht? Und wenn er eine Braut hat, die wird geschoren, sagen sie, wie ein räudiger Hund.

JEMAND Was hältst denn du für Reden?

BARBLIN *wendet sich und erschrickt.*

JEMAND Guten Abend.

BARBLIN Guten Abend.

JEMAND Ein schöner Abend heut.

BARBLIN *nimmt den Eimer.*

JEMAND Aber schwül.

BARBLIN Ja.

JEMAND Es hängt etwas in der Luft.

BARBLIN Was meinen Sie damit?

JEMAND Ein Gewitter. Wie alles wartet auf Wind, das Laub und die Stores und der Staub. Dabei seh ich keine Wolke am Himmel, aber man spürt's. So eine heiße Stille. Die Mücken spüren's auch. So eine trockene und faule Stille. Ich glaub, es hängt ein Gewitter in der Luft, ein schweres Gewitter, dem Land tät's gut . . .

Barblin geht ins Haus, der Jemand spaziert weiter, Andri läßt das Orchestrion tönen, die gleiche Platte wie zuvor, und verschwindet, einen Teller trocknend. Man sieht den Platz von Andorra. Der Tischler und der Lehrer sitzen vor der Pinte. Die Musik ist aus.

LEHRER Nämlich es handelt sich um meinen Sohn.

TISCHLER Ich sagte: 50 Pfund.

LEHRER – um meinen Pflegesohn, meine ich.

TISCHLER Ich sagte: 50 Pfund.

Der Tischler klopft mit einer Münze auf den Tisch.

Ich muß gehn.

Der Tischler klopft nochmals.

Wieso will er grad Tischler werden? Tischler werden, das ist nicht einfach, wenn's einer nicht im Blut hat. Und woher soll er's im Blut haben? Ich meine ja bloß. Warum nicht Makler? Zum Beispiel. Warum nicht geht er zur Börse? Ich meine ja bloß...

LEHRER Woher kommt dieser Pfahl?

TISCHLER Ich weiß nicht, was Sie meinen.

LEHRER Dort!

TISCHLER Sie sind ja bleich.

LEHRER Ich spreche von einem Pfahl!

TISCHLER Ich seh keinen Pfahl.

LEHRER Hier!

Der Tischler muß sich umdrehen.

Ist das ein Pfahl oder ist das kein Pfahl?

TISCHLER Warum soll das kein Pfahl sein?

LEHRER Der war gestern noch nicht.

Der Tischler lacht.

's ist nicht zum Lachen, Prader, Sie wissen genau, was ich meine.

TISCHLER Sie sehen Gespenster.

LEHRER Wozu ist dieser Pfahl?

TISCHLER *klopft mit der Münze auf den Tisch.*

LEHRER Ich bin nicht betrunken. Ich sehe, was da ist, und ich sage, was ich sehe, und ihr alle seht es auch –

TISCHLER Ich muß gehn.

Der Tischler wirft eine Münze auf den Tisch und erhebt sich.

Ich habe gesagt: 50 Pfund.

LEHRER Das bleibt Ihr letztes Wort?

TISCHLER Ich heiße Prader.

LEHRER 50 Pfund?

TISCHLER Ich feilsche nicht.

LEHRER Sie sind ein feiner Mann, ich weiß... Prader, das ist Wucher, 50 Pfund für eine Tischlerlehre, das ist Wucher. Das ist ein Witz, Prader, das wissen Sie ganz genau. Ich bin Lehrer, ich habe mein schlichtes Gehalt, ich habe kein Vermögen wie ein Tischlermeister – ich habe keine 50 Pfund, ganz rundheraus, ich hab sie nicht!

TISCHLER Dann eben nicht.

LEHRER Prader –

TISCHLER Ich sagte: 50 Pfund.

Der Tischler geht.

LEHRER Sie werden sich wundern, wenn ich die Wahrheit sage. Ich werde dieses Volk vor seinen Spiegel zwingen, sein Lachen wird ihm gefrieren.

Auftritt der Wirt.

WIRT Was habt ihr gehabt?

LEHRER Ich brauch einen Korn.

WIRT Ärger?

LEHRER 50 Pfund für eine Lehre!

WIRT Ich hab's gehört.

LEHRER – ich werde sie beschaffen.

Der Lehrer lacht.

Wenn's einer nicht im Blut hat!

Der Wirt wischt mit einem Lappen über die Tischlein.

Sie werden ihr eignes Blut noch kennenlernen.

WIRT Man soll sich nicht ärgern über die eignen Landsleute, das geht auf die Nieren und ändert die Landsleute gar nicht. Natürlich ist's Wucher! Die Andorraner sind gemütliche Leut, aber wenn es ums Geld geht, das hab ich immer gesagt, dann sind sie wie der Jud.

Der Wirt will gehen.

LEHRER Woher wißt ihr alle, wie der Jud ist?

WIRT Can –

LEHRER Woher eigentlich?

WIRT – ich habe nichts gegen deinen Andri. Wofür hältst du
mich? Sonst hätt ich ihn wohl nicht als Küchenjunge genommen. Warum siehst du mich so schief an? Ich habe Zeugen.
Hab ich nicht bei jeder Gelegenheit gesagt, Andri ist eine
Ausnahme?

LEHRER Reden wir nicht davon!

WIRT Eine regelrechte Ausnahme –

Glockenbimmeln

LEHRER Wer hat diesen Pfahl hier aufgestellt?

WIRT Wo?

LEHRER Ich bin nicht immer betrunken, wie Hochwürden meinen. Ein Pfahl ist ein Pfahl. Jemand hat ihn aufgestellt. Von
gestern auf heut. Das wächst nicht aus dem Boden.

WIRT Ich weiß es nicht.

LEHRER Zu welchem Zweck?

WIRT Vielleicht das Bauamt, ich weiß nicht, das Straßenamt,
irgendwo müssen die Steuern ja hin, vielleicht wird gebaut,
eine Umleitung vielleicht, das weiß man nie, vielleicht die
Kanalisation –

LEHRER Vielleicht.

WIRT Oder das Telefon –

LEHRER Vielleicht auch nicht.

WIRT Ich weiß nicht, was du hast.

LEHRER Und wozu der Strick dabei?

WIRT Weiß ich's.

LEHRER Ich sehe keine Gespenster, ich bin nicht verrückt, ich seh
einen Pfahl, der sich eignet für allerlei –

WIRT Was ist dabei!

*Der Wirt geht in die Pinte. Der Lehrer allein. Wieder Glok-
kenbimmeln. Der Pater im Meßgewand geht mit raschen
Schritten über den Platz, gefolgt von Meßknaben, deren Weih-
rauchgefäße einen starken Duft hinterlassen. Der Wirt kommt
mit dem Schnaps.*

WIRT 50 Pfund will er?

LEHRER – ich werde sie beschaffen.

WIRT Aber wie?

LEHRER Irgendwie.

Der Lehrer kippt den Schnaps.

Land verkaufen.

Der Wirt setzt sich zum Lehrer.

Irgendwie ...

WIRT Wie groß ist dein Land?

LEHRER Wieso?

WIRT Ich kaufe Land jederzeit. Wenn's nicht zu teuer ist! Ich
meine: Wenn du Geld brauchst unbedingt.

Lärm in der Pinte

Ich komme!

Der Wirt greift den Lehrer am Arm.

Überleg es dir, Can, in aller Ruh, aber mehr als 50 Pfund kann
ich nicht geben –

Der Wirt geht.

LEHRER »Die Andorraner sind gemütliche Leut, aber wenn es
ums Geld geht, dann sind sie wie der Jud.«

*Der Lehrer kippt nochmals das leere Glas, während Barblin,
gekleidet für die Prozession, neben ihn tritt.*

BARBLIN Vater?

LEHRER Wieso bist du nicht an der Prozession?

BARBLIN Du hast versprochen, Vater, nichts zu trinken am Sanktgeorgstag –

LEHRER *legt eine Münze auf den Tisch.*

BARBLIN Sie kommen hier vorbei.

LEHRER 50 Pfund für eine Lehre!

*Jetzt hört man lauten und hellen Gesang, Glockengeläute, im
Hintergrund zieht die Prozession vorbei, Barblin kniet nieder,
der Lehrer bleibt sitzen. Leute sind auf den Platz gekommen,
sie knien alle nieder, und man sieht über die Knienden hinweg:
Fahnen, die Muttergottes wird vorbeigetragen, begleitet von
aufgepflanzten Bajonetten. Alle bekreuzigen sich, der Lehrer
erhebt sich und geht in die Pinte. Die Prozession ist langsam
und lang und schön; der helle Gesang verliert sich in die*

Ferne, das Glockengeläute bleibt. Andri tritt aus der Pinte, während die Leute sich der Prozession anschließen, und hält sich abseits; er flüstert:

ANDRI Barblin!

BARBLIN *bekreuzigt sich.*

ANDRI Hörst du mich nicht?

BARBLIN *erhebt sich.*

ANDRI Barblin?!

BARBLIN Was ist?

ANDRI – ich werde Tischler!

Barblin folgt als letzte der Prozession, Andri allein.

ANDRI Die Sonne scheint grün in den Bäumen heut. Heut läuten die Glocken auch für mich.

Er zieht seine Schürze ab.

Später werde ich immer denken, daß ich jetzt gejauchzt habe. Dabei zieh ich bloß meine Schürze ab, ich staune, wie still. Man möchte seinen Namen in die Luft werfen wie eine Mütze, und dabei steh ich nur da und rolle meine Schürze. So ist Glück. Nie werde ich vergessen, wie ich jetzt hier stehe ...

Krawall in der Pinte

ANDRI Barblin, wir heiraten!

Andri geht.

WIRT Hinaus! Er ist sternhagel voll, dann schwatzt er immer so. Hinaus! sag ich.

Heraus stolpert der Soldat mit der Trommel.

WIRT Ich geb dir keinen Tropfen mehr.

SOLDAT – ich bin Soldat.

WIRT Das sehen wir.

SOLDAT – und heiße Peider.

WIRT Das wissen wir.

SOLDAT Also.

WIRT Hör auf, Kerl, mit diesem Radau!

SOLDAT Wo ist sie?

WIRT Das hat doch keinen Zweck, Peider. Wenn ein Mädchen nicht will, dann will es nicht. Steck deine Schlegel ein! Du bist blau. Denk an das Ansehen der Armee!

Der Wirt geht in die Pinte.

SOLDAT Hosenscheißer! Sie sind's nicht wert, daß ich kämpfe für
sie. Nein. Aber ich kämpfe. Das steht fest. Bis zum letzten
Mann, das steht fest, lieber tot als Untertan, und drum sage
ich: Also – ich bin Soldat und hab ein Aug auf sie ...

Auftritt Andri, der seine Jacke anzieht.

SOLDAT Wo ist sie?

ANDRI Wer?

SOLDAT Deine Schwester.

ANDRI Ich habe keine Schwester.

SOLDAT Wo ist die Barblin?

ANDRI Warum?

SOLDAT Ich hab Urlaub und ein Aug auf sie ...

*Andri hat seine Jacke angezogen und will weitergehen, der
Soldat stellt ihm das Bein, so daß Andri stürzt, und lacht.*

Ein Soldat ist keine Vogelscheuche. Verstanden? Einfach vor-
beilaufen. Ich bin Soldat, das steht fest, und du bist Jud.

Andri erhebt sich wortlos.

Oder bist du vielleicht kein Jud?

Andri schweigt.

Aber du hast Glück, ein sozusagen verfluchtes Glück, nicht
jeder Jud hat Glück so wie du, nämlich du kannst dich beliebt
machen.

Andri wischt seine Hosen ab.

Ich sage: beliebt machen!

ANDRI Bei wem?

SOLDAT Bei der Armee.

ANDRI Du stinkst ja nach Trester.

SOLDAT Was sagst du?

ANDRI Nichts.

SOLDAT Ich stinke?

ANDRI Auf sieben Schritt und gegen den Wind.

SOLDAT Paß auf, was du sagst.

Der Soldat versucht den eignen Atem zu riechen.

Ich riech nichts.

Andri lacht.

's ist nicht zum Lachen, wenn einer Jud ist, 's ist nicht zum Lachen, du, nämlich ein Jud muß sich beliebt machen.

ANDRI Warum?

SOLDAT *grölt:*

>Wenn einer seine Liebe hat
und einer ist Soldat, Soldat,
das heißt Soldatenleben,
und auf den Bock
und ab den Rock —«
Gaff nicht so wie ein Herr!
>Wenn einer seine Liebe hat
und einer ist Soldat, Soldat.«

ANDRI Kann ich jetzt gehn?

SOLDAT Mein Herr!

ANDRI Ich bin kein Herr.

SOLDAT Dann halt Küchenjunge.

ANDRI Gewesen.

SOLDAT So einer wird ja nicht einmal Soldat.

ANDRI Weißt du, was das ist?

SOLDAT Geld?

ANDRI Mein Lohn. Ich werde Tischler jetzt.

SOLDAT Pfui Teufel!

ANDRI Wieso?

SOLDAT Ich sage: Pfui Teufel!

Der Soldat schlägt ihm das Geld aus der Hand und lacht.
Da!

Andri starrt den Soldaten an.

So'n Jud denkt alleweil nur ans Geld.

Andri beherrscht sich mit Mühe, dann bückt er sich und sammelt die Münzen auf dem Pflaster.

Also du willst dich nicht beliebt machen?

ANDRI Nein.

SOLDAT Das steht fest?

ANDRI Ja.

SOLDAT Und für deinesgleichen sollen wir kämpfen? Bis zum letzten Mann, weißt du, was das heißt, ein Bataillon gegen zwölf Bataillone, das ist ausgerechnet, lieber tot als Untertan, das steht fest, aber nicht für dich!

ANDRI Was steht fest?

SOLDAT Ein Andorraner ist nicht feig. Sollen sie kommen mit ihren Fallschirmen wie die Heuschrecken vom Himmel herab, da kommen sie nicht durch, so wahr ich Peider heiße, bei mir nicht. Das steht fest. Bei mir nicht. Man wird ein blaues Wunder erleben!

ANDRI Wer wird ein blaues Wunder erleben?

SOLDAT Bei mir nicht.

Hinzutritt ein Idiot, der nur grinsen und nicken kann. Der Soldat spricht nicht zu ihm, sondern zu einer vermeintlichen Menge.

Habt ihr das wieder gehört? Er meint, wir haben Angst. Weil er selber Angst hat! Wir kämpfen nicht, sagt er, bis zum letzten Mann, wir sterben nicht vonwegen ihrer Übermacht, wir ziehen den Schwanz ein, wir scheißen in die Hosen, daß es zu den Stiefeln heraufkommt, das wagt er zu sagen: mir ins Gesicht, der Armee ins Gesicht!

ANDRI Ich habe kein Wort gesagt.

SOLDAT Ich frage: Habt ihr's gehört?

IDIOT *nickt und grinst.*

SOLDAT Ein Andorraner hat keine Angst!

ANDRI Das sagtest du schon.

SOLDAT Aber du hast Angst!

ANDRI *schweigt.*

SOLDAT Weil du feig bist.

ANDRI Wieso bin ich feig?

SOLDAT Weil du Jud bist.

IDIOT *grinst und nickt.*

SOLDAT So, und jetzt geh ich ...

ANDRI Aber nicht zu Barblin!

SOLDAT Wie er rote Ohren hat!

ANDRI Barblin ist meine Braut.

SOLDAT *lacht.*

ANDRI Das ist wahr.

SOLDAT *grölt:*
>>Und mit dem Bock
und in den Rock
und ab den Rock
und mit dem Bock
und mit dem Bock —«

ANDRI Geh nur!

SOLDAT Braut! hat er gesagt.

ANDRI Barblin wird dir den Rücken drehn.

SOLDAT Dann nehm ich sie von hinten!

ANDRI — du bist ein Vieh.

SOLDAT Was sagst du?

ANDRI Ein Vieh.

SOLDAT Sag das noch einmal. Wie er zittert! Sag das noch
einmal. Aber laut, daß der ganze Platz es hört. Sag das noch
einmal.
Andri geht.

SOLDAT Was hat er da gesagt?

IDIOT *grinst und nickt.*

SOLDAT Ein Vieh? Ich bin ein Vieh?

IDIOT *nickt und grinst.*

SOLDAT Der macht sich nicht beliebt bei mir.

Der Wirt, jetzt ohne die Wirteschürze, tritt an die Zeugen-schranke.

WIRT Ich gebe zu: Wir haben uns in dieser Geschichte alle getäuscht. Damals. Natürlich hab ich geglaubt, was alle geglaubt haben, damals. Er selbst hat's geglaubt. Bis zuletzt. Ein Judenkind, das unser Lehrer gerettet habe vor den Schwarzen da drüben, so hat's immer geheißen, und wir fanden's großartig, daß der Lehrer sich sorgte wie um einen eigenen Sohn. Ich jedenfalls fand das großartig. Hab ich ihn vielleicht an den Pfahl gebracht? Niemand von uns hat wissen können, daß Andri wirklich sein eigner Sohn ist, der Sohn von unsrem Lehrer. Als er mein Küchenjunge war, hab ich ihn schlecht behandelt? Ich bin nicht schuld, daß es dann so gekommen ist. Das ist alles, was ich nach Jahr und Tag dazu sagen kann. Ich bin nicht schuld.

Zweites Bild

Andri und Barblin auf der Schwelle vor der Kammer der Barblin.

BARBLIN Andri, schläfst du?

ANDRI Nein.

BARBLIN Warum gibst du mir keinen Kuß?

ANDRI Ich bin wach, Barblin, ich denke.

BARBLIN Die ganze Nacht.

ANDRI Ob's wahr ist, was die andern sagen.

Barblin hat auf seinen Knien gelegen, jetzt richtet sie sich auf, sitzt und löst ihre Haare.

ANDRI Findest du, sie haben recht?

BARBLIN Fang jetzt nicht wieder an!

ANDRI Vielleicht haben sie recht.

Barblin beschäftigt sich mit ihrem Haar.

ANDRI Vielleicht haben sie recht...

BARBLIN Du hast mich ganz zerzaust.

ANDRI Meinesgleichen, sagen sie, hat kein Gefühl.

BARBLIN Wer sagt das?

ANDRI Manche.

BARBLIN Jetzt schau dir meine Bluse an!

ANDRI Alle.

BARBLIN Soll ich sie ausziehen? – *Barblin zieht ihre Bluse aus.*

ANDRI Meinesgleichen, sagen sie, ist geil, aber ohne Gemüt, weißt du –

BARBLIN Andri, du denkst zuviel!

Barblin legt sich wieder auf seine Knie.

ANDRI Ich lieb dein Haar, dein rotes Haar, dein leichtes warmes bitteres Haar, Barblin, ich werde sterben, wenn ich es verliere.

Andri küßt ihr Haar.

Und warum schläfst denn du nicht?

BARBLIN *horcht.*

ANDRI Was war das?

BARBLIN Die Katze.

ANDRI *horcht.*

BARBLIN Ich hab sie ja gesehen.

ANDRI War das die Katze?

BARBLIN Sie schlafen doch alle ...

Barblin legt sich wieder auf seine Knie.

Küß mich!

ANDRI *lacht.*

BARBLIN Worüber lachst du?

ANDRI Ich muß ja dankbar sein!

BARBLIN Ich weiß nicht, wovon du redest.

ANDRI Von deinem Vater. Er hat mich gerettet, er fände es sehr
undankbar von mir, wenn ich seine Tochter verführte. Ich
lache, aber es ist nicht zum Lachen, wenn man den Menschen
immerfort dankbar sein muß, daß man lebt.

Pause

Vielleicht bin ich drum nicht lustig.

BARBLIN *küßt ihn.*

ANDRI Bist du ganz sicher, Barblin, daß du mich willst?

BARBLIN Warum fragst du das immer.

ANDRI Die andern sind lustiger.

BARBLIN Die andern!

ANDRI Vielleicht haben sie recht. Vielleicht bin ich feig, sonst
würde ich endlich zu deinem Alten gehn und sagen, daß wir
verlobt sind. Findest du mich feig?

Man hört Grölen in der Ferne.

ANDRI Jetzt grölen sie immer noch.

Das Grölen verliert sich.

BARBLIN Ich geh nicht mehr aus dem Haus, damit sie mich in Ruh
lassen. Ich denke an dich, Andri, den ganzen Tag, wenn du an
der Arbeit bist, und jetzt bist du da, und wir sind allein – ich
will, daß du an mich denkst, Andri, nicht an die andern. Hörst
du? Nur an mich und an uns. Und ich will, daß du stolz bist,
Andri, fröhlich und stolz, weil ich dich liebe vor allen andern.

ANDRI Ich habe Angst, wenn ich stolz bin.

BARBLIN Und jetzt will ich einen Kuß.

Andri gibt ihr einen Kuß.

Viele viele Küsse!

Andri denkt.

Ich denke nicht an die andern, Andri, wenn du mich hältst mit deinen Armen und mich küssest, glaub mir, ich denke nicht an sie.

ANDRI — aber ich.

BARBLIN Du mit deinen andern die ganze Zeit!

ANDRI Sie haben mir wieder das Bein gestellt.

Eine Turmuhr schlägt.

ANDRI Ich weiß nicht, wieso ich anders bin als alle. Sag es mir. Wieso? Ich seh's nicht . . .

Eine andere Turmuhr schlägt.

ANDRI Jetzt ist es schon wieder drei.

BARBLIN Laß uns schlafen!

ANDRI Ich langweile dich.

Barblin schweigt.

Soll ich die Kerze löschen? . . . du kannst schlafen, ich wecke dich um sieben.

Pause

Das ist kein Aberglaube, o nein, das gibt's, Menschen, die verflucht sind, und man kann machen mit ihnen, was man will, ihr Blick genügt, plötzlich bist du so, wie sie sagen. Das ist das Böse. Alle haben es in sich, keiner will es haben, und wo soll das hin? In die Luft? Es ist in der Luft, aber da bleibt's nicht lang, es muß in einen Menschen hinein, damit sie's eines Tages packen und töten können . . .

Andri ergreift die Kerze.

Kennst du einen Soldat namens Peider?

Barblin murrt schläfrig.

Er hat ein Aug auf dich.

BARBLIN Der!

ANDRI — ich dachte, du schläfst schon.

Andri bläst die Kerze aus.

204

Der Tischler tritt an die Zeugenschranke.

TISCHLER Ich gebe zu: Das mit den 50 Pfund für die Lehre, das war eben, weil ich ihn nicht in meiner Werkstatt wollte, und ich wußte ja, es wird nur Unannehmlichkeiten geben. Wieso wollte er nicht Verkäufer werden? Ich dachte, das würd ihm liegen. Niemand hat wissen können, daß er keiner ist. Ich kann nur sagen, daß ich es im Grund wohlmeinte mit ihm. Ich bin nicht schuld, daß es so gekommen ist später.

Drittes Bild

Man hört eine Fräse, Tischlerei, Andri und ein Geselle je mit einem fertigen Stuhl.

ANDRI Ich habe auch schon Linksaußen gespielt, wenn kein and-rer wollte. Natürlich will ich, wenn eure Mannschaft mich nimmt.

GESELLE Hast du Fußballschuh?

ANDRI Nein.

GESELLE Brauchst du aber.

ANDRI Was kosten die?

GESELLE Ich hab ein altes Paar, ich verkaufe sie dir. Ferner brauchst du natürlich schwarze Shorts und ein gelbes Tschersi, das ist klar, und gelbe Strümpfe natürlich.

ANDRI Rechts bin ich stärker, aber wenn ihr einen Linksaußen braucht, also einen Eckball bring ich schon herein.

Andri reibt die Hände.

Das ist toll, Fedri, wenn das klappt.

GESELLE Warum soll's nicht?

ANDRI Das ist toll.

GESELLE Ich bin Käpten, und du bist mein Freund.

ANDRI Ich werde trainieren.

GESELLE Aber reib nicht immer die Hände, sonst lacht die ganze Tribüne.

Andri steckt die Hände in die Hosentaschen.

Hast du Zigaretten? So gib schon. Mich bellt er nicht an! Sonst erschrickt er nämlich über sein Echo. Oder hast du je gehört, daß der mich anbellt?

Der Geselle steckt sich eine Zigarette an.

ANDRI Das ist toll, Fedri, daß du mein Freund bist.

GESELLE Dein erster Stuhl?

ANDRI Wie findest du ihn?

Der Geselle nimmt den Stuhl von Andri und versucht ein Stuhlbein herauszureißen, Andri lacht.

Die sind nicht zum Ausreißen!

GESELLE So macht er's nämlich.

ANDRI Versuch's nur!

Der Geselle versucht es vergeblich.

Er kommt.

GESELLE Du hast Glück.

ANDRI Jeder rechte Stuhl ist verzapft. Wieso Glück? Nur was geleimt ist, geht aus dem Leim.

Auftritt der Tischler.

TISCHLER ... schreiben Sie diesen Herrschaften, ich heiße Prader. Ein Stuhl von Prader bricht nicht zusammen, das weiß jedes Kind, ein Stuhl von Prader ist ein Stuhl von Prader. Und überhaupt: bezahlt ist bezahlt. Mit einem Wort: Ich feilsche nicht.

Zu den beiden:

Habt ihr Ferien?

Der Geselle verzieht sich flink.

Wer hat hier wieder geraucht?

Andri schweigt.

Ich riech es ja.

Andri schweigt.

Wenn du wenigstens den Schneid hättest –

ANDRI Heut ist Sonnabend.

TISCHLER Was hat das damit zu tun?

ANDRI Wegen meiner Lehrlingsprobe. Sie haben gesagt: Am letzten Sonnabend in diesem Monat. Hier ist mein erster Stuhl.

Der Tischler nimmt einen Stuhl.

Nicht dieser, Meister, der andere!

TISCHLER Tischler werden ist nicht einfach, wenn's einer nicht im Blut hat. Nicht einfach. Woher sollst du's im Blut haben. Das hab ich deinem Vater aber gleich gesagt. Warum gehst du nicht in den Verkauf? Wenn einer nicht aufgewachsen ist mit dem Holz, siehst du, mit unserem Holz – lobpreiset eure Zedern vom Libanon, aber hierzuland wird in andorranischer Eiche gearbeitet, mein Junge.

ANDRI Das ist Buche.

TISCHLER Meinst du, du mußt mich belehren?

ANDRI Sie wollen mich prüfen, meinte ich.

TISCHLER *versucht ein Stuhlbein auszureißen.*

ANDRI Meister, das ist aber nicht meiner!

TISCHLER Da –

Der Tischler reißt ein erstes Stuhlbein aus.

Was hab ich gesagt?

Der Tischler reißt die andern drei Stuhlbeine aus.

– wie die Froschbeine, wie die Froschbeine. Und so ein
Humbug soll in den Verkauf. Ein Stuhl von Prader, weißt du,
was das heißt? – da,

Der Tischler wirft ihm die Trümmer vor die Füße.

schau's dir an!

ANDRI Sie irren sich.

TISCHLER Hier – das ist ein Stuhl!

Der Tischler setzt sich auf den andern Stuhl.

Hundert Kilo, Gott sei's geklagt, hundert Kilo hab ich am
Leib, aber was ein rechter Stuhl ist, das ächzt nicht, wenn ein
rechter Mann sich draufsetzt, und das wackelt nicht. Ächzt
das?

ANDRI Nein.

TISCHLER Wackelt das?

ANDRI Nein.

TISCHLER Also!

ANDRI Das ist meiner.

TISCHLER – und wer soll diesen Humbug gemacht haben?

ANDRI Ich hab es Ihnen aber gleich gesagt.

TISCHLER Fedri! Fedri!

Die Fräse verstummt.

TISCHLER Nichts als Ärger hat man mit dir, das ist der Dank,
wenn man deinesgleichen in die Bude nimmt, ich hab's ja
geahnt.

Auftritt der Geselle.

Fedri, bist du ein Gesell oder was bist du?

GESELLE Ich –

TISCHLER Wie lang arbeitest du bei Prader & Sohn?

GESELLE Fünf Jahre.

TISCHLER Welchen Stuhl hast du gemacht? Schau sie dir an. Diesen oder diesen? Und antworte.

Der Geselle mustert die Trümmer.

Antworte frank und blank.

GESELLE — ich . . .

TISCHLER Hast du verzapft oder nicht?

GESELLE — jeder rechte Stuhl ist verzapft . . .

TISCHLER Hörst du's?

GESELLE — nur was geleimt ist, geht aus dem Leim . . .

TISCHLER Du kannst gehn.

GESELLE *erschrickt.*

TISCHLER In die Werkstatt, meine ich.

Der Geselle geht rasch.

Das laß dir eine Lehre sein. Aber ich hab's ja gewußt, du gehörst nicht in eine Werkstatt.

Der Tischler sitzt und stopft sich eine Pfeife.

Schad ums Holz.

ANDRI *schweigt.*

TISCHLER Nimm das zum Heizen.

ANDRI Nein.

TISCHLER *zündet sich die Pfeife an.*

ANDRI Das ist eine Gemeinheit!

TISCHLER *zündet sich die Pfeife an.*

ANDRI . . . ich nehm's nicht zurück, was ich gesagt habe. Sie sitzen auf meinem Stuhl, ich sag es Ihnen, Sie lügen, wie's Ihnen grad paßt, und zünden sich die Pfeife an. Sie, ja, Sie! Ich hab Angst vor euch, ja, ich zittere. Wieso hab ich kein Recht vor euch? Ich bin jung, ich hab gedacht: Ich muß bescheiden sein. Es hat keinen Zweck, Sie machen sich nichts aus Beweisen. Sie sitzen auf meinem Stuhl. Das kümmert Sie aber nicht? Ich kann tun, was ich will, ihr dreht es immer gegen mich, und der Hohn nimmt kein Ende. Ich kann nicht länger schweigen, es zerfrißt mich. Hören Sie denn überhaupt zu? Sie saugen an Ihrer Pfeife herum, und ich sag Ihnen ins Gesicht: Sie lügen. Sie wissen ganz genau, wie gemein Sie sind. Sie sind hundsgemein. Sie sitzen auf dem Stuhl, den ich gemacht habe, und zünden sich Ihre Pfeife an. Was hab ich Ihnen zuleid getan? Sie wollen nicht, daß ich tauge. Warum schmähen Sie mich? Sie sitzen auf meinem Stuhl. Alle schmähen mich und frohlocken und hören nicht auf. Wieso seid ihr stärker als die Wahrheit? Sie wissen genau, was wahr ist, Sie sitzen drauf –

Der Tischler hat endlich die Pfeife angezündet.

Sie haben keine Scham –.

TISCHLER Schnorr nicht soviel.

ANDRI Sie sehen aus wie ein Kröte!

TISCHLER Erstens ist hier keine Klagemauer.

Der Geselle und zwei andere verraten sich durch Kichern.

TISCHLER Soll ich eure ganze Fußballmannschaft entlassen?

Der Geselle und die andern verschwinden.

Erstens ist hier keine Klagemauer, zweitens habe ich kein Wort davon gesagt, daß ich dich deswegen entlasse. Kein Wort. Ich habe eine andere Arbeit für dich. Zieh deine Schürze aus! Ich zeige dir, wie man Bestellungen schreibt. Hörst du zu, wenn dein Meister spricht? Für jede Bestellung, die du hereinbringst mit deiner Schnorrerei, verdienst du ein halbes Pfund. Sagen wir: ein ganzes Pfund für drei Bestellungen. Ein ganzes Pfund! Das ist's, was deinesgleichen im Blut hat, glaub mir, und jedermann soll tun, was er im Blut hat. Du kannst Geld verdienen, Andri, Geld, viel Geld ...

Andri reglos.

Abgemacht?

Der Tischler erhebt sich und klopft Andri auf die Schulter.

~~Ich~~ mein's gut mit dir.

Der Tischler geht, man hört die Fräse wieder.

ANDRI Ich wollte aber Tischler werden ...

Der Geselle, jetzt in einer Motorradfahrerjacke, tritt an die Zeugenschranke.

GESELLE Ich geb zu: Es war mein Stuhl und nicht sein Stuhl. Damals. Ich wollte ja nachher mit ihm reden, aber da war er schon so, daß man halt nicht mehr reden konnte mit ihm. Nachher hab ich ihn auch nicht mehr leiden können, geb ich zu. Er hat einem nicht einmal mehr guten Tag gesagt. Ich sag ja nicht, es sei ihm recht geschehen, aber es lag halt auch an ihm, sonst wär's nie so gekommen. Als wir uns nochmals fragten wegen Fußball, da war er sich schon zu gut für uns. Ich bin nicht schuld, daß sie ihn geholt haben später.

Stube beim Lehrer. Andri sitzt und wird vom Doktor unter-
sucht, der ihm einen Löffel in den Hals hält, die Mutter dane-
ben.

ANDRI Aaaandorra.

DOKTOR Aber lauter, mein Freund, viel lauter!

ANDRI Aaaaaaandorra.

DOKTOR Habt Ihr einen längeren Löffel?

Die Mutter geht hinaus.

Wie alt bist du?

ANDRI Zwanzig.

DOKTOR *zündet sich einen Zigarillo an.*

ANDRI Ich bin noch nie krank gewesen.

DOKTOR Du bist ein strammer Bursch, das seh ich, ein braver
Bursch, ein gesunder Bursch, das gefällt mir, mens sana in
corpore sano, wenn du weißt, was das heißt.

ANDRI Nein.

DOKTOR Was ist dein Beruf?

ANDRI Ich wollte Tischler werden –

DOKTOR Zeig deine Augen!

Der Doktor nimmt eine Lupe aus der Westentasche und prüft
die Augen.

Das andre!

ANDRI Was ist das – ein Virus?

DOKTOR Ich habe deinen Vater gekannt vor zwanzig Jahren,
habe gar nicht gewußt, daß der einen Sohn hat. Der Eber! So
nannten wir ihn. Immer mit dem Kopf durch die Wand! Er hat
von sich reden gemacht damals, ein junger Lehrer, der die
Schulbücher zerreißt, er wollte andre haben, und als er dann
doch keine andern bekam, da hat er die andorranischen
Kinder gelehrt, Seite um Seite mit einem schönen Rotstift anzu-
streichen, was in den andorranischen Schulbüchern nicht wahr

ist. Und sie konnten es ihm nicht widerlegen. Er war ein Kerl. Niemand wußte, was er eigentlich wollte. Ein Teufelskerl. Die Damen waren scharf auf ihn –

Eintritt die Mutter mit dem längeren Löffel.

Euer Sohn gefällt mir.

Die Untersuchung wird fortgesetzt.

Tischler ist ein schöner Beruf, ein andorranischer Beruf, nirgends in der Welt gibt es so gute Tischler wie in Andorra, das ist bekannt.

ANDRI Aaaaaaaaaaandorra!

DOKTOR Nochmal.

ANDRI Aaaaaaaaaaandorra!

MUTTER Ist es schlimm, Doktor?

DOKTOR Was Doktor! Ich heiße Ferrer.

Der Doktor mißt den Puls.

Professor, genau genommen, aber ich gebe nichts auf Titel, liebe Frau. Der Andorraner ist nüchtern und schlicht, sagt man, und da ist etwas dran. Der Andorraner macht keine Bücklinge. Ich hätte Titel haben können noch und noch. Andorra ist eine Republik, das hab ich ihnen in der ganzen Welt gesagt: Nehmt euch ein Beispiel dran! Bei uns gilt ein jeder, was er ist. Warum bin ich zurückgekommen, meinen Sie, nach zwanzig Jahren?

Der Doktor verstummt, um den Puls zählen zu können.

Hm.

MUTTER Ist es schlimm, Professor?

DOKTOR Liebe Frau, wenn einer in der Welt herumgekommen ist wie ich, dann weiß er, was das heißt: Heimat! Hier ist mein Platz, Titel hin oder her, hier bin ich verwurzelt.

Andri hustet.

Seit wann hustet er?

ANDRI Ihr Zigarillo, Professor, Ihr Zigarillo!

DOKTOR Andorra ist ein kleines Land, aber ein freies Land. Wo gibt's das noch? Kein Vaterland in der Welt hat einen schöneren Namen, und kein Volk auf Erden ist so frei – Mund auf, mein Freund, Mund auf!

Der Doktor schaut nochmals in den Hals, dann nimmt er den Löffel heraus.

Ein bißchen entzündet.

ANDRI Ich?

DOKTOR Kopfweh?

ANDRI Nein.

DOKTOR Schlaflosigkeit?

ANDRI Manchmal.

DOKTOR Aha.

ANDRI Aber nicht deswegen.

Der Doktor steckt ihm nochmals den Löffel in den Hals.

Aaaaaaaa-Aaaaaaaaaaaaaaaaaandorra.

DOKTOR So ist's gut, mein Freund, so muß es tönen, daß jeder Jud in den Boden versinkt, wenn er den Namen unseres Vaterlands hört.

Andri zuckt.

Verschluck den Löffel nicht!

MUTTER Andri...

ANDRI *ist aufgestanden.*

DOKTOR Also tragisch ist es nicht, ein bißchen entzündet, ich mache mir keinerlei Sorgen, eine Pille vor jeder Mahlzeit –

ANDRI Wieso – soll der Jud – versinken im Boden?

DOKTOR Wo habe ich sie bloß.

Der Doktor kramt in seinem Köfferchen.

Das fragst du, mein junger Freund, weil du noch nie in der Welt gewesen bist. Ich kenne den Jud. Wo man hinkommt, da hockt er schon, der alles besser weiß, und du, ein schlichter Andorraner kannst einpacken. So ist es doch. Das Schlimme am Jud ist sein Ehrgeiz. In allen Ländern der Welt hocken sie auf allen Lehrstühlen, ich hab's erfahren, und unsereinem bleibt nichts andres übrig als die Heimat. Dabei habe ich nichts gegen den Jud. Ich bin nicht für Greuel. Auch ich habe Juden gerettet, obschon ich sie nicht riechen kann. Und was ist der Dank? Sie sind nicht zu ändern. Sie hocken auf allen Lehrstühlen der Welt. Sie sind nicht zu ändern.

Der Doktor reicht die Pillen.

Hier deine Pillen!

Andri nimmt sie nicht, sondern geht.

Was hat er denn plötzlich?

MUTTER Andri! Andri!

DOKTOR Einfach rechtsumkehrt und davon . . .

MUTTER Das hätten Sie vorhin nicht sagen sollen, Professor, das mit dem Jud.

DOKTOR Warum denn nicht?

MUTTER Andri ist Jud.

Eintritt der Lehrer, Schulhefte im Arm.

LEHRER Was ist los?

MUTTER Nichts, reg dich nicht auf, gar nichts.

DOKTOR Das hab ich ja nicht wissen können –

LEHRER Was?

DOKTOR Wieso denn ist euer Sohn ein Jud?

LEHRER *schweigt.*

DOKTOR Ich muß schon sagen, einfach rechtsumkehrt und davon, ich habe ihn ärztlich behandelt, sogar geplaudert mit ihm, ich habe ihm erklärt, was ein Virus ist –

LEHRER Ich hab zu arbeiten.

Schweigen

MUTTER Andri ist unser Pflegesohn.

LEHRER Guten Abend.

DOKTOR Guten Abend.

Der Doktor nimmt Hut und Köfferchen.

Ich geh ja schon. *Der Doktor geht.*

LEHRER Was ist wieder geschehn?

MUTTER Reg dich nicht auf!

LEHRER Wie kommt diese Existenz in mein Haus?

MUTTER Er ist der neue Amtsarzt.

Eintritt nochmals der Doktor.

DOKTOR Er soll die Pillen trotzdem nehmen.

Der Doktor zieht den Hut ab.

Bitte um Entschuldigung.

Der Doktor setzt den Hut wieder auf.

Was hab ich denn gesagt . . . bloß weil ich gesagt habe . . . im

215

Spaß natürlich, sie verstehen keinen Spaß, das sag ich ja, hat man je einen Juden getroffen, der Spaß versteht? Also ich nicht ... dabei hab ich bloß gesagt: Ich kenne den Jud. Die Wahrheit wird man in Andorra wohl noch sagen dürfen ...

LEHRER *schweigt.*

DOKTOR Wo hab ich jetzt meinen Hut?

LEHRER *tritt zum Doktor, nimmt ihm den Hut vom Kopf, öffnet die Türe und wirft den Hut hinaus.*

Dort ist Ihr Hut!

Der Doktor geht.

MUTTER Ich habe dir gesagt, du sollst dich nicht aufregen. Das wird er nie verzeihen. Du verkrachst dich mit aller Welt, das macht es dem Andri nicht leichter.

LEHRER Er soll kommen.

MUTTER Andri! Andri!

LEHRER Der hat uns noch gefehlt. Der und Amtsarzt! Ich weiß nicht, die Welt hat einen Hang, immer grad die mieseste Wendung zu nehmen ...

Eintreten Andri und Barblin.

LEHRER Also ein für allemal, Andri, kümmre dich nicht um ihr Geschwätz. Ich werde kein Unrecht dulden, das weißt du, Andri.

ANDRI Ja, Vater.

LEHRER Wenn dieser Herr, der neuerdings unser Amtsarzt ist, noch einmal sein dummes Maul auftut, dieser Akademiker, dieser verkrachte, dieser Schmugglersohn – ich hab auch geschmuggelt, ja, wie jeder Andorraner: aber keine Titel! – dann, sage ich, fliegt er selbst die Treppe hinunter, und zwar persönlich, nicht bloß sein Hut. *Zur Mutter:* Ich fürchte sie nicht! *Zu Andri:* Und du, verstanden, du sollst sie auch nicht fürchten. Wenn wir zusammenhalten, du und ich, wie zwei Männer, Andri, wie Freunde, wie Vater und Sohn – oder habe ich dich nicht behandelt wie meinen Sohn? Hab ich dich je zurückgesetzt? Dann sag es mir ins Gesicht. Hab ich dich anders gehalten, Andri, als meine Tochter? Sag es mir ins Gesicht. Ich warte.

216

ANDRI Was, Vater, soll ich sagen?

LEHRER Ich kann's nicht leiden, wenn du dastehst wie ein Meßknabe, der gestohlen hat oder was weiß ich, so artig, weil du mich fürchtest. Manchmal platzt mir der Kragen, ich weiß, ich bin ungerecht. Ich hab's nicht gezählt und gebucht, was mir als Erzieher unterlaufen ist.

MUTTER *deckt den Tisch.*

LEHRER Hat Mutter dich herzlos behandelt?

MUTTER Was hältst du denn für Reden! Man könnte meinen, du redest vor einem Publikum.

LEHRER Ich rede mit Andri.

MUTTER Also.

LEHRER Von Mann zu Mann.

MUTTER Man kann essen.

Die Mutter geht hinaus.

LEHRER Das ist eigentlich alles, was ich dir sagen wollte.

BARBLIN *deckt den Tisch fertig.*

LEHRER Warum, wenn er draußen so ein großes Tier ist, bleibt er nicht draußen, dieser Professor, der's auf allen Universitäten der Welt nicht einmal zum Doktor gebracht hat? Dieser Patriot, der unser Amtsarzt geworden ist, weil er keinen Satz bilden kann ohne Heimat und Andorra. Wer denn soll schuld daran sein, daß aus seinem Ehrgeiz nichts geworden ist, wer denn, wenn nicht der Jud? – Also ich will dieses Wort nicht mehr hören.

MUTTER *bringt die Suppe.*

LEHRER Auch du, Andri, sollst dieses Wort nicht in den Mund nehmen. Verstanden? Ich duld es nicht. Sie wissen ja nicht, was sie reden, und ich will nicht, daß du am Ende noch glaubst, was sie reden. Denk dir, es ist nichts dran. Ein für allemal. Verstanden? Ein für allemal.

MUTTER Bist du fertig?

LEHRER 's ist auch nichts dran.

MUTTER Dann schneid uns das Brot.

LEHRER *schneidet das Brot.*

ANDRI Ich wollte etwas andres fragen . . .

217

MUTTER *schöpft die Suppe.*

ANDRI Vielleicht wißt Ihr es aber schon. Nichts ist geschehn, Ihr braucht nicht immer zu erschrecken. Ich weiß nicht, wie man so etwas sagt: – Ich werde einundzwanzig, und Barblin ist neunzehn ...

LEHRER Und?

ANDRI Wir möchten heiraten.

LEHRER *läßt das Brot fallen.*

ANDRI Ja. Ich bin gekommen, um zu fragen – ich wollte es tun, wenn ich die Tischlerprobe bestanden habe, aber daraus wird ja nichts – Wir wollen uns jetzt verloben, damit die andern es wissen und der Barblin nicht überall nachlaufen.

LEHRER – – – heiraten?

ANDRI Ich bitte dich, Vater, um die Hand deiner Tochter.

LEHRER *erhebt sich wie ein Verurteilter.*

MUTTER Ich hab das kommen sehen, Can.

LEHRER Schweig!

MUTTER Deswegen brauchst du das Brot nicht fallen zu lassen.
Die Mutter nimmt das Brot vom Boden.
Sie lieben einander.

LEHRER Schweig!

Schweigen

ANDRI Es ist aber so, Vater, wir lieben einander. Davon zu reden ist schwierig. Seit der grünen Kammer, als wir Kinder waren, reden wir vom Heiraten. In der Schule schämten wir uns, weil alle uns auslachten: Das geht ja nicht, sagten sie, weil wir Bruder und Schwester sind! Einmal wollten wir uns vergiften, weil wir Bruder und Schwester sind, mit Tollkirschen, aber es war Winter, es gab keine Tollkirschen. Und wir haben geweint, bis Mutter es gemerkt hat – bis du gekommen bist, Mutter, du hast uns getröstet und gesagt, daß wir gar nicht Bruder und Schwester sind. Und diese ganze Geschichte, wie Vater mich über die Grenze gerettet hat, weil ich Jud bin. Da war ich froh drum und sagte es ihnen in der Schule und überall. Seither schlafen wir nicht mehr in der gleichen Kammer, wir sind ja keine Kinder mehr.

218

Der Lehrer schweigt wie versteinert.

Es ist Zeit, Vater, daß wir heiraten.

LEHRER Andri, das geht nicht.

MUTTER Wieso nicht?

LEHRER Weil es nicht geht!

MUTTER Schrei nicht.

LEHRER Nein – Nein – Nein . . .

BARBLIN *bricht in Schluchzen aus.*

MUTTER Und du heul nicht gleich!

BARBLIN Dann bring ich mich um.

MUTTER Und red keinen Unfug!

BARBLIN Oder ich geh zu den Soldaten, jawohl.

MUTTER Dann straf dich Gott!

BARBLIN Soll er.

ANDRI Barblin?

BARBLIN *läuft hinaus.*

LEHRER Sie ist ein Huhn. Laß sie! Du findest noch Mädchen genug.

Andri reißt sich von ihm los.

Andri –!

ANDRI Sie ist wahnsinnig.

LEHRER Du bleibst.

Andri bleibt.

Es ist das erste Nein, Andri, das ich dir sagen muß.

Der Lehrer hält sich beide Hände vors Gesicht.

Nein!

MUTTER Ich versteh dich nicht, Can, ich versteh dich nicht. Bist du eifersüchtig? Barblin ist neunzehn, und einer wird kommen. Warum nicht Andri, wo wir ihn kennen? Das ist der Lauf der Welt. Was starrst du vor dich hin und schüttelst den Kopf, wo's ein großes Glück ist, und willst deine Tochter nicht geben? Du schweigst. Willst du sie heiraten? Du schweigst in dich hinein, weil du eifersüchtig bist, Can, auf die Jungen und auf das Leben überhaupt und daß es jetzt weitergeht ohne dich.

LEHRER Was weißt denn du!

219

MUTTER Ich frag ja nur.

LEHRER Barblin ist ein Kind –

MUTTER Das sagen alle Väter. Ein Kind! – für dich, Can, aber nicht für den Andri.

LEHRER *schweigt.*

MUTTER Warum sagst du nein?

LEHRER *schweigt.*

ANDRI Weil ich Jud bin.

LEHRER Andri –

ANDRI So sagt es doch.

LEHRER Jud! Jud!

ANDRI Das ist es doch.

LEHRER Jud! Jedes dritte Wort, kein Tag vergeht, jedes zweite Wort, kein Tag ohne Jud, keine Nacht ohne Jud, ich höre Jud, wenn einer schnarcht, Jud, Jud, kein Witz ohne Jud, kein Geschäft ohne Jud, kein Fluch ohne Jud, ich höre Jud, wo keiner ist, Jud und Jud und nochmals Jud, die Kinder spielen Jud, wenn ich den Rücken drehe, jeder plappert's nach, die Pferde wiehern in den Gassen: Juuuud, Juud, Jud . . .

MUTTER Du übertreibst.

LEHRER Gibt es denn keine andern Gründe mehr?!

MUTTER Dann sag sie.

LEHRER *schweigt, dann nimmt er seinen Hut.*

MUTTER Wohin?

LEHRER Wo ich meine Ruh hab.

Er geht und knallt die Tür zu.

MUTTER Jetzt trinkt er wieder bis Mitternacht.

Andri geht langsam nach der andern Seite.

MUTTER Andri? – Jetzt sind alle auseinander.

Fünftes Bild

Platz von Andorra, der Lehrer sitzt allein vor der Pinte, der Wirt bringt den bestellten Schnaps, den der Lehrer noch nicht nimmt.

WIRT Was gibt's Neues?

LEHRER Noch ein Schnaps.

Der Wirt geht.

LEHRER »Weil ich Jud bin!«

Jetzt kippt er den Schnaps.

Einmal werd ich die Wahrheit sagen – das meint man, aber die Lüge ist ein Egel, sie hat die Wahrheit ausgesaugt. Das wächst. Ich werd's nimmer los. Das wächst und hat Blut. Das sieht mich an wie ein Sohn, ein leibhaftiger Jud, mein Sohn . . . »Was gibt's Neues?« – ich habe gelogen, und ihr habt ihn gestreichelt, solang er klein war, und jetzt ist er ein Mann, jetzt will er heiraten, ja, seine Schwester – Das gibt's Neues! . . . ich weiß, was ihr denkt, im voraus: Auch einem Judenretter ist das eigne Kind zu schad für den Jud! Ich sehe euer Grinsen schon.

Auftritt der Jemand und setzt sich zum Lehrer.

JEMAND Was gibt's Neues?

LEHRER *schweigt.*

JEMAND *nimmt sich seine Zeitung vor.*

LEHRER Warum grinsen Sie?

JEMAND Sie drohen wieder.

LEHRER Wer?

JEMAND Die da drüben.

Der Lehrer erhebt sich, der Wirt kommt heraus.

WIRT Wohin?

LEHRER Wo ich meine Ruhe hab.

Der Lehrer geht in die Pinte hinein.

JEMAND Was hat er denn? Wenn der so weitermacht, der nimmt kein gutes Ende, möchte ich meinen . . . Mir ein Bier.

Der Wirt geht.

Seit der Junge nicht mehr da ist, wenigstens kann man seine Zeitung lesen: ohne das Orchestrion, wo er alleweil sein Trinkgeld verklimpert hat ...

Sechstes Bild

*Vor der Kammer der Barblin. Andri schläft allein auf der
Schwelle. Kerzenlicht. Es erscheint ein großer Schatten an der
Wand, der Soldat. Andri schnarcht. Der Soldat erschrickt und
zögert. Stundenschlag einer Turmuhr, der Soldat sieht, daß
Andri sich nicht rührt, und wagt sich bis zur Türe, zögert
wieder, öffnet die Türe, Stundenschlag einer andern Turmuhr,
jetzt steigt er über den schlafenden Andri hinweg und dann, da
er schon soweit ist, hinein in die finstere Kammer. Barblin will
schreien, aber der Mund wird ihr zugehalten. Stille. Andri
erwacht.*

ANDRI Barblin!?...
Stille
Jetzt ist es wieder still draußen, sie haben mit Saufen und
Grölen aufgehört, jetzt sind alle im Bett.
Stille
Schläfst du, Barblin? Wie spät kann es sein? Ich hab geschla-
fen. Vier Uhr? Die Nacht ist wie Milch, du, wie blaue Milch.
Bald fangen die Vögel an. Wie eine Sintflut von Milch...
Geräusch
Warum riegelst du die Tür?
Stille
Soll er doch heraufkommen, dein Alter, soll er mich auf der
Schwelle seiner Tochter finden. Meinetwegen! Ich geb's nicht
auf, Barblin, ich werd auf deiner Schwelle sitzen jede Nacht,
und wenn er sich zu Tod säuft darüber, jede Nacht.
Er nimmt sich eine Zigarette.
Jetzt bin ich wieder so wach...
Er sitzt und raucht.
Ich schleiche nicht länger herum wie ein bettelnder Hund. Ich
hasse. Ich weine nicht mehr. Ich lache. Je gemeiner sie sind
wider mich, um so wohler fühle ich mich in meinem Haß. Und
um so sicherer. Haß macht Pläne. Ich freue mich jetzt von Tag

223

zu Tag, weil ich einen Plan habe, und niemand weiß davon, und wenn ich verschüchtert gehe, so tu ich nur so. Haß macht listig. Haß macht stolz. Eines Tags werde ich's ihnen zeigen. Seit ich sie hasse, manchmal möcht ich pfeifen und singen, aber ich tu's nicht. Haß macht geduldig. Und hart. Ich hasse ihr Land, das wir verlassen werden, und ihre Gesichter alle. Ich liebe einen einzigen Menschen, und das ist genug.

Er horcht.

Die Katze ist auch noch wach!

Er zählt die Münzen.

Heut habe ich anderthalb Pfund verdient, Barblin, anderthalb Pfund an einem einzigen Tag. Ich spare jetzt. Ich geh auch nicht mehr an die Klimperkiste –

Er lacht.

Wenn sie sehen könnten, wie sie recht haben: alleweil zähl ich mein Geld!

Er horcht.

Da schlurft noch einer nach Haus.

Vogelzwitschern

Gestern hab ich diesen Peider gesehen, weißt du, der ein Aug hat auf dich, der mir das Bein gestellt hat, jetzt grinst er jedesmal, wenn er mich sieht, aber es macht mir nichts aus –

Er horcht.

Er kommt herauf!

Tritte im Haus

Jetzt haben wir schon einundvierzig Pfund, Barblin, aber sag's niemand. Wir werden heiraten. Glaub mir, es gibt eine andre Welt, wo niemand uns kennt und wo man mir kein Bein stellt, und wir werden dahin fahren, Barblin, dann kann er hier schreien, soviel er will.

Er raucht.

Es ist gut, daß du geriegelt hast.

Auftritt der Lehrer.

LEHRER Mein Sohn!

ANDRI Ich bin nicht dein Sohn.

LEHRER Ich bin gekommen, Andri, um dir die Wahrheit zu sagen, bevor es wieder Morgen ist . . .

ANDRI Du hast getrunken.

LEHRER Deinetwegen, Andri, deinetwegen.

Andri lacht.

Mein Sohn –

ANDRI Laß das!

LEHRER Hörst du mich an?

ANDRI Halt dich an einem Laternenpfahl, aber nicht an mir, ich rieche dich.

Andri macht sich los.

Und sag nicht immer: Mein Sohn! wenn du blau bist.

LEHRER *wankt.*

ANDRI Deine Tochter hat geriegelt, sei beruhigt.

LEHRER Andri –

ANDRI Du kannst nicht mehr stehen.

LEHRER Ich bin bekümmert . . .

ANDRI Das ist nicht nötig.

LEHRER Sehr bekümmert . . .

ANDRI Mutter weint und wartet auf dich.

LEHRER Damit habe ich nicht gerechnet . . .

ANDRI Womit hast du nicht gerechnet?

LEHRER Daß du nicht mein Sohn sein willst.

Andri lacht.

Ich muß mich setzen . . .

ANDRI Dann gehe ich.

LEHRER Also du willst mich nicht anhören?

ANDRI *nimmt die Kerze.*

LEHRER Dann halt nicht.

ANDRI Ich verdanke dir mein Leben. Ich weiß. Wenn du Wert drauf legst, ich kann es jeden Tag einmal sagen: Ich verdanke dir mein Leben. Sogar zweimal am Tag: Ich verdanke dir mein Leben. Einmal am Morgen, einmal am Abend: Ich verdanke dir mein Leben, ich verdanke dir mein Leben.

LEHRER Ich hab getrunken, Andri, die ganze Nacht, um dir die Wahrheit zu sagen – ich hab zuviel getrunken . . .

ANDRI Das scheint mir auch.

LEHRER Du verdankst mir dein Leben...

ANDRI Ich verdanke es.

LEHRER Du verstehst mich nicht...

ANDRI *schweigt.*

LEHRER Steh nicht so da! – wenn ich dir mein Leben erzähle...

Hähne krähen.

Also mein Leben interessiert dich nicht?

ANDRI Mich interessiert mein eignes Leben.

Hähne krähen.

Jetzt krähen schon die Hähne.

LEHRER *wankt.*

ANDRI Tu nicht, als ob du noch denken könntest.

LEHRER Du verachtest mich...

ANDRI Ich schau dich an. Das ist alles. Ich habe dich verehrt. Nicht weil du mein Leben gerettet hast, sondern weil ich glaubte, du bist nicht wie alle, du denkst nicht ihre Gedanken, du hast Mut. Ich hab mich verlassen auf dich. Und dann hat es sich gezeigt, und jetzt schau ich dich an.

LEHRER Was hat sich gezeigt?...

ANDRI *schweigt.*

LEHRER Ich denke nicht ihre Gedanken, Andri, ich hab ihnen die Schulbücher zerrissen, ich wollte andre haben –

ANDRI Das ist bekannt.

LEHRER Weißt du, was ich getan habe?

ANDRI Ich geh jetzt.

LEHRER Ob du weißt, was ich getan habe...

ANDRI Du hast ihnen die Schulbücher zerrissen.

LEHRER – ich hab gelogen.

Pause

Du willst mich nicht verstehn...

Hähne krähen.

ANDRI Um sieben muß ich im Laden sein, Stühle verkaufen, Tische verkaufen, Schränke verkaufen, meine Hände reiben.

LEHRER Warum mußt du deine Hände reiben?

ANDRI »Kann man finden einen bessern Stuhl? Wackelt das? Ächzt das? Kann man finden einen billigeren Stuhl?«

Der Lehrer starrt ihn an.

Ich muß reich werden.

LEHRER Warum mußt du reich werden?

ANDRI Weil ich Jud bin.

LEHRER Mein Sohn –!

ANDRI Faß mich nicht wieder an!

ANDRI Faß mich nicht wieder an!

LEHRER *wankt.*

ANDRI Du ekelst mich.

LEHRER Andri –

ANDRI Heul nicht.

LEHRER Andri –

ANDRI Geh pissen.

LEHRER Was sagst du?

ANDRI Heul nicht den Schnaps aus den Augen; wenn du ihn nicht halten kannst, sag ich, geh.

LEHRER Du hassest mich?

Andri schweigt.

Der Lehrer geht.

ANDRI Barblin, er ist gegangen. Ich hab ihn nicht kränken wollen. Aber es wird immer ärger. Hast du ihn gehört? Er weiß nicht mehr, was er redet, und dann sieht er aus wie einer, der weint ... Schläfst du?

Er horcht an der Türe.

Barblin! Barblin?

Er rüttelt an der Türe, dann versucht er die Türe zu sprengen, er nimmt einen neuen Anlauf, aber in diesem Augenblick öffnet sich die Türe von innen: im Rahmen steht der Soldat, beschienen von der Kerze, barfuß, Hosen mit offenem Gurt, Oberkörper nackt. Barblin ...

SOLDAT Verschwinde.

ANDRI Das ist nicht wahr ...

SOLDAT Verschwinde, du, oder ich mach dich zur Sau.

Der Soldat, jetzt in Zivil, tritt an die Zeugenschranke.

SOLDAT Ich gebe zu: Ich hab ihn nicht leiden können. Ich habe
ja nicht gewußt, daß er keiner ist, immer hat's geheißen, er sei
einer. Übrigens glaub ich noch heut, daß er einer gewesen ist.
Ich hab ihn nicht leiden können von Anfang an. Aber ich hab
ihn nicht getötet. Ich habe nur meinen Dienst getan. Order ist
Order. Wo kämen wir hin, wenn Befehle nicht ausgeführt
werden! Ich war Soldat.

Sakristei, der Pater und Andri.

PATER Andri, wir wollen sprechen miteinander. Deine Pflegemutter wünscht es. Sie macht sich große Sorge um dich...
Nimm Platz!

ANDRI *schweigt.*

PATER Nimm Platz, Andri!

ANDRI *schweigt.*

PATER Du willst dich nicht setzen?

ANDRI *schweigt.*

PATER Ich verstehe, du bist zum ersten Mal hier. Sozusagen. Ich
erinnere mich: Einmal als euer Fußball hereingeflogen ist, sie
haben dich geschickt, um ihn hinter dem Altar zu holen.
Der Pater lacht.

ANDRI Wovon, Hochwürden, sollen wir sprechen?

PATER Nimm Platz!

ANDRI *schweigt.*

PATER Also du willst dich nicht setzen.

ANDRI *schweigt.*

PATER Nun gut.

ANDRI Stimmt das, Hochwürden, daß ich anders bin als alle?
Pause

PATER Andri, ich will dir etwas sagen.

ANDRI – ich bin vorlaut, ich weiß.

PATER Ich verstehe deine Not. Aber du sollst wissen, daß wir
dich gern haben, Andri, so wie du bist. Hat dein Pflegevater
nicht alles getan für dich? Ich höre, er hat Land verkauft,
damit du Tischler wirst.

ANDRI Ich werde aber nicht Tischler.

PATER Wieso nicht?

ANDRI Meinesgleichen denkt alleweil nur ans Geld, heißt es, und
drum gehöre ich nicht in die Werkstatt, sagt der Tischler,
sondern in den Verkauf. Ich werde Verkäufer, Hochwürden.

PATER Nun gut.

ANDRI Ich wollte aber Tischler werden.

PATER Warum setzest du dich nicht?

ANDRI Hochwürden irren sich, glaub ich. Niemand mag mich. Der Wirt sagt, ich bin vorlaut, und der Tischler findet das auch, glaub ich. Und der Doktor sagt, ich bin ehrgeizig, und meinesgleichen hat kein Gemüt.

PATER Setz dich!

ANDRI Stimmt das, Hochwürden, daß ich kein Gemüt habe?

PATER Mag sein, Andri, du hast etwas Gehetztes.

ANDRI Und Peider sagt, ich bin feig.

PATER Wieso feig?

ANDRI Weil ich ein Jud bin.

PATER Was kümmerst du dich um Peider!

ANDRI *schweigt.*

PATER Andri, ich will dir etwas sagen.

ANDRI Man soll nicht immer an sich selbst denken, ich weiß. Aber ich kann nicht anders, Hochwürden, es ist so. Immer muß ich denken, ob's wahr ist, was die andern von mir sagen: daß ich nicht bin wie sie, nicht fröhlich, nicht gemütlich, nicht einfach so. Und Hochwürden finden ja auch, ich hab etwas Gehetztes. Ich versteh schon, daß niemand mich mag. Ich mag mich selbst nicht, wenn ich an mich selbst denke.

Der Pater erhebt sich.

Kann ich jetzt gehn?

PATER Jetzt hör mich einmal an!

ANDRI Was, Hochwürden, will man von mir?

PATER Warum so mißtrauisch?

ANDRI Alle legen ihre Hände auf meine Schulter.

PATER Weißt du, Andri, was du bist?

Der Pater lacht.

Du weißt es nicht, drum sag ich es dir.

Andri starrt ihn an.

Ein Prachtskerl! In deiner Art. Ein Prachtskerl! Ich habe dich beobachtet, Andri, seit Jahr und Tag –

ANDRI Beobachtet?

PATER Freilich.

ANDRI Warum beobachtet ihr mich alle?

PATER Du gefällst mir, Andri, mehr als alle andern, ja, grad weil du anders bist als alle. Was schüttelst du den Kopf? Du bist gescheiter als sie. Jawohl! Das gefällt mir an dir, Andri, und ich bin froh, daß du gekommen bist und daß ich es dir einmal sagen kann.

ANDRI Das ist nicht wahr.

PATER Was ist nicht wahr?

ANDRI Ich bin nicht anders. Ich will nicht anders sein. Und wenn er dreimal so kräftig ist wie ich, dieser Peider, ich hau ihn zusammen vor allen Leuten auf dem Platz, das hab ich mir geschworen –

PATER Meinetwegen.

ANDRI Das hab ich mir geschworen –

PATER Ich mag ihn auch nicht.

ANDRI Ich will mich nicht beliebt machen. Ich werde mich wehren. Ich bin nicht feig – und nicht gescheiter als die andern, Hochwürden, ich will nicht, daß Hochwürden das sagen.

PATER Hörst du mich jetzt an?

ANDRI Nein.

Andri entzieht sich.

Ich mag nicht immer eure Hände auf meinen Schultern ...

Pause

PATER Du machst es einem wirklich nicht leicht.

Pause

Kurz und gut, deine Pflegemutter war hier. Mehr als vier Stunden. Die gute Frau ist ganz unglücklich. Du kommst nicht mehr zu Tisch, sagt sie, und bist verstockt. Sie sagt, du glaubst nicht, daß man dein Bestes will.

ANDRI Alle wollen mein Bestes!

PATER Warum lachst du?

ANDRI Wenn er mein Bestes will, warum, Hochwürden, warum will er mir alles geben, aber nicht seine eigene Tochter?

PATER Es ist sein väterliches Recht –

ANDRI Warum aber? Warum? Weil ich Jud bin.

PATER Schrei nicht!

ANDRI *schweigt.*

PATER Kannst du nichts andres mehr denken in deinem Kopf? Ich habe dir gesagt, Andri, als Christ, daß ich dich liebe – aber eine Unart, das muß ich leider schon sagen, habt ihr alle: Was immer euch widerfährt in diesem Leben, alles und jedes bezieht ihr nur darauf, daß ihr Jud seid. Ihr macht es einem wirklich nicht leicht mit eurer Überempfindlichkeit.

ANDRI *schweigt und wendet sich ab.*

PATER Du weinst ja.

ANDRI *schluchzt, Zusammenbruch.*

PATER Was ist geschehen? Antworte mir. Was ist denn los? Ich frage dich, was geschehen ist, Andri! So rede doch. Andri? Du schlotterst ja. Was ist mit Barblin? Du hast ja den Verstand verloren. Wie soll ich helfen, wenn du nicht redest? So nimm dich doch zusammen. Andri! Hörst du? Andri! Du bist doch ein Mann. Du! Also ich weiß nicht.

ANDRI – meine Barblin.

Andri läßt die Hände von seinem Gesicht fallen und starrt vor sich hin.

Sie kann mich nicht lieben, niemand kann's, ich selbst kann mich nicht lieben ...

Eintritt ein Kirchendiener mit einem Meßgewand.

Kann ich jetzt gehn?

Der Kirchendiener knöpft den Pater auf.

PATER Du kannst trotzdem bleiben.

Der Kirchendiener kleidet den Pater zur Messe.

Du sagst es selbst. Wie sollen die andern uns lieben können, wenn wir uns selbst nicht lieben? Unser Herr sagt: Liebe deinen Nächsten wie dich selbst. Er sagt: Wie dich selbst. Wir müssen uns selbst annehmen, und das ist es, Andri, was du nicht tust. Warum willst du sein wie die andern? Du bist gescheiter als sie, glaub mir, du bist wacher. Wieso willst du's nicht wahrhaben? 's ist ein Funke in dir. Warum spielst du Fußball wie diese Blödiane alle und brüllst auf der Wiese herum, bloß um ein Andorraner zu sein? Sie mögen dich alle nicht, ich weiß. Ich weiß auch warum. 's ist ein Funke in dir. Du denkst. Warum soll's nicht auch Geschöpfe geben, die mehr Verstand haben als Gefühl? Ich sage: Gerade dafür bewundere ich euch. Was siehst du mich so an? 's ist ein Funke in euch. Denk an Einstein! Und wie sie alle heißen. Spinoza!

ANDRI Kann ich jetzt gehn?

PATER Kein Mensch, Andri, kann aus seiner Haut heraus, kein Jud und kein Christ. Niemand. Gott will, daß wir sind, wie er uns geschaffen hat. Verstehst du mich? Und wenn sie sagen, der Jud ist feig, dann wisse: Du bist nicht feig, Andri, wenn du es annimmst, ein Jud zu sein. Im Gegenteil. Du bist nun einmal anders als wir. Hörst du mich? Ich sage: Du bist nicht feig. Bloß wenn du sein willst wie die Andorraner alle, dann bist du feig...

Eine Orgel setzt ein.

ANDRI Kann ich jetzt gehn?

PATER Denk darüber nach, Andri, was du selbst gesagt hast: Wie sollen die andern dich annehmen, wenn du dich selbst nicht annimmst?

ANDRI Kann ich jetzt gehn...

PATER Andri, hast du mich verstanden?

Der Pater kniet.

PATER Du sollst dir kein Bildnis machen von Gott, deinem
Herrn, und nicht von den Menschen, die seine Geschöpfe sind.
Auch ich bin schuldig geworden damals. Ich wollte ihm mit
Liebe begegnen, als ich gesprochen habe mit ihm. Auch ich
habe mir ein Bildnis gemacht von ihm, auch ich habe ihn gefes-
selt, auch ich habe ihn an den Pfahl gebracht.

Achtes Bild

Platz von Andorra. Der Doktor sitzt als einziger; die andern stehen: der Wirt, der Tischler, der Soldat, der Geselle, der Jemand, der eine Zeitung liest.

DOKTOR Ich sage: Beruhigt euch!

SOLDAT Wieso kann Andorra nicht überfallen werden?

DOKTOR *zündet sich einen Zigarillo an.*

SOLDAT Ich sage: Pfui Teufel!

WIRT Soll ich vielleicht sagen, es gibt in Andorra kein anständiges Zimmer? Ich bin Gastwirt. Man kann eine Fremdlingin nicht von der Schwelle weisen —

JEMAND *lacht, die Zeitung lesend.*

WIRT Was bleibt mir andres übrig? Da steht eine Senora und fragt, ob es ein anständiges Zimmer gibt —

SOLDAT Eine Senora, ihr hört's!

TISCHLER Eine von drüben?

SOLDAT Unsereiner kämpft, wenn's losgeht, bis zum letzten Mann, und der bewirtet sie!

Er spuckt aufs Pflaster. Ich sage: Pfui Teufel.

DOKTOR Nur keine Aufregung.

Er raucht.

Ich bin weit in der Welt herumgekommen, das könnt ihr mir glauben. Ich bin Andorraner, das ist bekannt, mit Leib und Seele. Sonst wäre ich nicht in die Heimat zurückgekehrt, ihr guten Leute, sonst hätte euer Professor nicht verzichtet auf alle Lehrstühle der Welt —

JEMAND *lacht, die Zeitung lesend.*

WIRT Was gibt's da zu lachen?

JEMAND Wer kämpft bis zum letzten Mann?

SOLDAT Ich.

JEMAND In der Bibel heißt's, die Letzten werden die Ersten sein, oder umgekehrt, ich weiß nicht, die Ersten werden die Letzten sein.

SOLDAT Was will er damit sagen?

JEMAND Ich frag ja bloß.

SOLDAT Bis zum letzten Mann, das ist Order. Lieber tot als untertan, das steht in jeder Kaserne. Das ist Order. Sollen sie kommen, sie werden ihr blaues Wunder erleben . . .

Kleines Schweigen

TISCHLER Wieso kann Andorra nicht überfallen werden?

DOKTOR Die Lage ist gespannt, ich weiß.

TISCHLER Gespannt wie noch nie.

DOKTOR Das ist sie schon seit Jahren.

TISCHLER Wozu haben sie Truppen an der Grenze?

DOKTOR Was ich habe sagen wollen: Ich bin weit in der Welt herumgekommen. Eins könnt ihr mir glauben: In der ganzen Welt gibt es kein Volk, das in der ganzen Welt so beliebt ist wie wir. Das ist eine Tatsache.

TISCHLER Schon.

DOKTOR Fassen wir einmal diese Tatsache ins Auge, fragen wir uns: Was kann einem Land wie Andorra widerfahren? Einmal ganz sachlich.

WIRT Das stimmt, das stimmt.

SOLDAT Was stimmt?

WIRT Kein Volk ist so beliebt wie wir.

TISCHLER Schon.

DOKTOR Beliebt ist kein Ausdruck. Ich habe Leute getroffen, die keine Ahnung haben, wo Andorra liegt, aber jedes Kind in der Welt weiß, daß Andorra ein Hort ist, ein Hort des Friedens und der Freiheit und der Menschenrechte.

WIRT Sehr richtig.

DOKTOR Andorra ist ein Begriff, geradezu ein Inbegriff, wenn ihr begreift, was das heißt.

Er raucht.

Ich sage: sie werden's nicht wagen.

SOLDAT Wieso nicht, wieso nicht?

WIRT Weil wir ein Inbegriff sind.

SOLDAT Aber die haben die Übermacht!

WIRT Weil wir so beliebt sind.

Der Idiot bringt einen Damenkoffer und stellt ihn hin.

SOLDAT Da: – bitte!

Der Idiot geht wieder.

TISCHLER Was will die hier?

GESELLE Eine Spitzelin!

SOLDAT Was sonst?

GESELLE Eine Spitzelin!

SOLDAT Und der bewirtet sie!

JEMAND *lacht.*

SOLDAT Grinsen Sie nicht immer so blöd.

JEMAND Spitzelin ist gut.

SOLDAT Was sonst soll die sein?

JEMAND Es heißt nicht Spitzelin, sondern Spitzel, auch wenn die Lage gespannt ist und wenn es sich um eine weibliche Person handelt.

TISCHLER Ich frag mich wirklich, was die hier sucht.

Der Idiot bringt einen zweiten Damenkoffer.

SOLDAT Bitte! Bitte!

GESELLE Stampft ihr doch das Zeug zusammen!

WIRT Das fehlte noch.

Der Idiot geht wieder.

WIRT Statt daß er das Gepäck hinaufbringt, dieser Idiot, läuft er wieder davon, und ich hab das Aufsehen von allen Leuten –

JEMAND *lacht.*

WIRT Ich bin kein Verräter. Nicht wahr, Professor, nicht wahr? Das ist nicht wahr. Ich bin Wirt. Ich wäre der erste, der einen Stein wirft. Jawohl! Noch gibt's ein Gastrecht in Andorra, ein altes und heiliges Gastrecht. Nicht wahr, Professor, nicht wahr? Ein Wirt kann nicht Nein sagen, und wenn die Lage noch so gespannt ist, und schon gar nicht, wenn es eine Dame ist.

JEMAND *lacht.*

GESELLE Und wenn sie Klotz hat!

JEMAND *lacht.*

WIRT Die Lage ist nicht zum Lachen, Herr.

JEMAND Spitzelin.

WIRT Laßt ihr Gepäck in Ruh!

JEMAND Spitzelin ist sehr gut.

Der Idiot bringt einen Damenmantel und legt ihn hin.

SOLDAT Da: – bitte.

Der Idiot geht wieder.

TISCHLER Wieso meinen Sie, Andorra kann nicht überfallen werden?

DOKTOR Man hört mir ja nicht zu.

Er raucht.

Ich dachte, man hört mir zu.

Er raucht.

Sie werden es nicht wagen, sage ich. Und wenn sie noch soviel Panzer haben und Fallschirme obendrein, das können die sich gar nicht leisten. Oder wie Perin, unser großer Dichter, einmal gesagt hat: Unsere Waffe ist unsere Unschuld. Oder umgekehrt: Unsere Unschuld ist unsere Waffe. Wo in der Welt gibt es noch eine Republik, die das sagen kann? Ich frage: Wo? Ein Volk wie wir, das sich aufs Weltgewissen berufen kann wie kein anderes, ein Volk ohne Schuld –

Andri erscheint im Hintergrund.

SOLDAT Wie der wieder herumschleicht!

Andri verzieht sich, da alle ihn anblicken.

DOKTOR Andorraner, ich will euch etwas sagen. Noch kein Volk der Welt ist überfallen worden, ohne daß man ihm ein Vergehen hat vorwerfen können. Was sollen sie uns vorwerfen? Das Einzige, was Andorra widerfahren könnte, wäre ein Unrecht, ein krasses und offenes Unrecht. Und das werden sie nicht wagen. Morgen sowenig wie gestern. Weil die ganze Welt uns verteidigen würde. Schlagartig. Weil das ganze Weltgewissen auf unsrer Seite ist.

JEMAND *nach wie vor die Zeitung lesend.* Schlagartig.

WIRT Jetzt halten Sie endlich das Maul!

JEMAND *lacht, steckt die Zeitung ein.*

DOKTOR Wer sind Sie eigentlich?

JEMAND Ein fröhlicher Charakter.

DOKTOR Ihr Humor ist hier nicht am Platz.

GESELLE *tritt gegen die Koffer.*

WIRT Halt!

DOKTOR Was soll das?

WIRT Um Gotteswillen!

JEMAND *lacht.*

DOKTOR Unsinn. Darauf warten sie ja bloß. Belästigung von
Reisenden in Andorra! Damit sie einen Vorwand haben gegen
uns. So ein Unsinn! Wo ich euch sage: Beruhigt euch! Wir
liefern ihnen keinen Vorwand – Spitzel hin oder her.

WIRT *stellt die Koffer wieder zurecht.*

SOLDAT Ich sage: Pfui Teufel!

WIRT *wischt die Koffer wieder sauber.*

DOKTOR Ein Glück, daß es niemand gesehen hat . . .

*Auftritt die Senora. Stille. Die Senora setzt sich an ein freies
Tischlein. Die Andorraner mustern sie, während sie langsam
ihre Handschuhe abstreift.*

DOKTOR Ich zahle.

TISCHLER Ich auch.

*Der Doktor erhebt sich und entfernt sich, indem er vor der
Senora den Hut lüftet; der Tischler gibt dem Gesellen einen
Wink, daß er ihm ebenfalls folge.*

SENORA Ist hier etwas vorgefallen?

JEMAND *lacht.*

SENORA Kann ich etwas trinken?

WIRT Mit Vergnügen, Senora –

SENORA Was trinkt man hierzulande?

WIRT Mit Vergnügen, Senora –

SENORA Am liebsten ein Glas frisches Wasser.

WIRT Senora, wir haben alles.

JEMAND *lacht.*

WIRT Der Herr hat einen fröhlichen Charakter.

JEMAND *geht.*

SENORA Das Zimmer, Herr Wirt, ist ordentlich, sehr ordentlich.

WIRT *verneigt sich und geht.*

SOLDAT Und mir einen Korn!

Der Soldat bleibt und setzt sich, um die Senora zu begaffen. Im

Vordergrund rechts, am Orchestrion, erscheint Andri und wirft eine Münze ein.

WIRT Immer diese Klimperkiste!

ANDRI Ich zahle.

WIRT Hast du nichts andres im Kopf?

ANDRI Nein.

Während die immergleiche Platte spielt: Die Senora schreibt einen Zettel, der Soldat gafft, sie faltet den Zettel und spricht zum Soldaten, ohne ihn anzublicken.

SENORA Gibt es in Andorra keine Frauen?

Der Idiot kommt zurück.

Du kennst einen Lehrer namens Can?

Der Idiot grinst und nickt.

Bringe ihm diesen Zettel.

Auftreten drei andere Soldaten und der Geselle.

SOLDAT Habt ihr das gehört? Ob's in Andorra keine Weiber gibt, fragt sie.

GESELLE Was hast du gesagt?

SOLDAT – nein, aber Männer!

GESELLE Hast du gesagt?

SOLDAT – ob sie vielleicht nach Andorra kommt, weil's drüben keine Männer gibt.

GESELLE Hast du gesagt?

SOLDAT Hab ich gesagt.

Sie grinsen.

Da ist er schon wieder. Gelb wie ein Käs! Der will mich verhauen . . .

Auftritt Andri, die Musik ist aus.

SOLDAT Wie geht's deiner Braut?

ANDRI *packt den Soldaten am Kragen.*

SOLDAT Was soll das?

Der Soldat macht sich los.

Ein alter Rabbi hat ihm das Märchen erzählt von David und Goliath, jetzt möcht er uns den David spielen.

Sie grinsen.

Gehn wir.

ANDRI Fedri —

GESELLE Wie er stottert!

ANDRI Warum hast du mich verraten?

SOLDAT Gehn wir.

Andri schlägt dem Soldaten die Mütze vom Kopf.

Paß auf, du!

Der Soldat nimmt die Mütze vom Pflaster und klopft den Staub ab.

Wenn du meinst, ich will deinetwegen in Arrest —

GESELLE Was will er denn bloß?

ANDRI Jetzt mach mich zur Sau.

SOLDAT Gehn wir.

Der Soldat setzt sich die Mütze auf, Andri schlägt sie ihm nochmals vom Kopf, die andern lachen, der Soldat schlägt ihm plötzlich einen Haken, so daß Andri stürzt.

Wo hast du die Schleuder, David?

Andri erhebt sich.

Unser David, unser David geht los!

Andri schlägt auch dem Soldaten plötzlich den Haken, der Soldat stürzt.

Jud, verdammter —!

SENORA Nein! Nein! Alle gegen einen. Nein!

Die andern Soldaten haben Andri gepackt, so daß der Soldat loskommt. Der Soldat schlägt auf Andri, während die andern ihn festhalten. Andri wehrt sich stumm, plötzlich kommt er los. Der Geselle gibt ihm einen Fußtritt von hinten. Als Andri sich umdreht, packt ihn der Soldat seinerseits von hinten. Andri fällt. Die vier Soldaten und der Geselle versetzen ihm Fußtritte von allen Seiten, bis sie die Senora wahrnehmen, die herbeigekommen ist.

SOLDAT — das hat noch gefehlt, uns lächerlich machen vor einer Fremden . . .

Der Soldat und die andern verschwinden.

SENORA Wer bist du?

ANDRI Ich bin nicht feig.

SENORA Wie heißest du?

ANDRI Immer sagen sie, ich bin feig.

SENORA Nicht, nicht mit der Hand in die Wunde!

Auftritt der Wirt mit Karaffe und Glas auf Tablett.

WIRT Was ist geschehn?

SENORA Holen Sie einen Arzt.

WIRT Und das vor meinem Hotel –!

SENORA Geben Sie her.

*Die Senora nimmt die Karaffe und ihr Taschentuch, kniet
neben Andri, der sich aufzurichten versucht.*

Sie haben ihn mit Stiefeln getreten.

WIRT Unmöglich, Senora!

SENORA Stehen Sie nicht da, ich bitte Sie, holen Sie einen Arzt.

WIRT Senora, das ist nicht üblich hierzuland . . .

SENORA Ich wasche dich nur.

WIRT Du bist selbst schuld. Was kommst du immer, wenn die
Soldaten da sind . . .

SENORA Sieh mich an!

WIRT Ich habe dich gewarnt.

SENORA Zum Glück ist das Auge nicht verletzt.

WIRT Er ist selbst schuld, immer geht er an die Klimperkiste, ich
hab ihn ja gewarnt, er macht die Leute rein nervös . . .

SENORA Wollen Sie keinen Arzt holen?

Der Wirt geht.

ANDRI Jetzt sind alle gegen mich.

SENORA Schmerzen?

ANDRI Ich will keinen Arzt.

SENORA Das geht bis auf den Knochen.

ANDRI Ich kenne den Arzt.

Andri erhebt sich.

Ich kann schon gehn, das ist nur an der Stirn.

SENORA *erhebt sich.*

ANDRI Ihr Kleid, Senora! – Ich habe Sie blutig gemacht.

SENORA Führe mich zu deinem Vater.

*Die Senora nimmt Andri am Arm, sie gehen langsam, während
der Wirt und der Doktor kommen.*

DOKTOR Arm in Arm?

WIRT Sie haben ihn mit Stiefeln getreten, ich hab's mit eigenen
     Augen gesehen, ich war drin.

DOKTOR *steckt sich einen Zigarillo an.*

WIRT Immer geht er an die Klimperkiste, ich hab's ihm noch
     gesagt, er macht die Leute rein nervös.

DOKTOR Blut?

WIRT Ich hab es kommen sehn.

DOKTOR *raucht.*

WIRT Sie sagen kein Wort.

DOKTOR Eine peinliche Sache.

WIRT Er hat angefangen.

DOKTOR Ich habe nichts wider dieses Volk, aber ich fühle mich
     nicht wohl, wenn ich einen von ihnen sehe. Wie man sich
     verhält, ist's falsch. Was habe ich denn gesagt? Sie können's
     nicht lassen, immer verlangen sie, daß unsereiner sich an ihnen
     bewährt. Als hätten wir nichts andres zu tun! Niemand hat
     gern ein schlechtes Gewissen, aber darauf legen sie's an. Sie
     wollen, daß man ihnen ein Unrecht tut. Sie warten nur
     darauf ...
     Er wendet sich zum Gehen.
     Waschen Sie das bißchen Blut weg. Und schwatzen Sie nicht
     immer soviel in der Welt herum! Sie brauchen nicht jedermann
     zu sagen, was Sie mit eignen Augen gesehen haben.

Der Lehrer und die Senora vor dem weißen Haus wie zu Anfang.

SENORA Du hast gesagt, unser Sohn sei Jude.

LEHRER *schweigt.*

SENORA Warum hast du diese Lüge in die Welt gesetzt?

LEHRER *schweigt.*

SENORA Eines Tages kam ein andorranischer Krämer vorbei, der überhaupt viel redete. Um Andorra zu loben, erzählte er überall die rührende Geschichte von einem andorranischen Lehrer, der damals, zur Zeit der großen Morde, ein Judenkind gerettet habe, das er hege und pflege wie einen eignen Sohn. Ich schickte sofort einen Brief: Bist du dieser Lehrer? Ich forderte Antwort. Ich fragte: Weißt du, was du getan hast? Ich wartete auf Antwort. Sie kam nicht. Vielleicht hast du meinen Brief nie bekommen. Ich konnte nicht glauben, was ich befürchtete. Ich schrieb ein zweites Mal, ein drittes Mal. Ich wartete auf Antwort. So verging die Zeit ... Warum hast du diese Lüge in die Welt gesetzt?

LEHRER Warum, warum, warum!

SENORA Du hast mich gehaßt, weil ich feige war, als das Kind kam. Weil ich Angst hatte vor meinen Leuten. Als du an die Grenze kamst, sagtest du, es sei ein Judenkind, das du gerettet hast vor uns. Warum? Weil auch du feige warst, als du wieder nach Hause kamst. Weil auch du Angst hattest vor deinen Leuten.

Pause

War es nicht so?

Pause

Vielleicht wolltest du zeigen, daß ihr so ganz anders seid als wir. Weil du mich gehaßt hast. Aber sie sind hier nicht anders, du siehst es, nicht viel.

LEHRER *schweigt.*

SENORA Er sagte, er wolle nach Haus, und hat mich hierher

gebracht; als er dein Haus sah, drehte er um und ging weg, ich weiß nicht wohin.

LEHRER Ich werde es sagen, daß er mein Sohn ist, unser Sohn, ihr eignes Fleisch und Blut –

SENORA Warum gehst du nicht?

LEHRER Und wenn sie die Wahrheit nicht wollen?

Pause

Stube beim Lehrer, die Senora sitzt, Andri steht.

SENORA Da man also nicht wünscht, daß ich es dir sage, Andri,
weswegen ich gekommen bin, ziehe ich jetzt meine Handschuhe
an und gehe.

ANDRI Senora, ich verstehe kein Wort.

SENORA Bald wirst du alles verstehen.
Sie zieht einen Handschuh an.
Weißt du, daß du schön bist?
Lärm in der Gasse
Sie haben dich beschimpft und mißhandelt, Andri, aber das
wird ein Ende nehmen. Die Wahrheit wird sie richten, und du,
Andri, bist der einzige hier, der die Wahrheit nicht zu fürchten
braucht.

ANDRI Welche Wahrheit?

SENORA Ich bin froh, daß ich dich gesehen habe.

ANDRI Sie verlassen uns, Senora?

SENORA Man bittet darum.

ANDRI Wenn Sie sagen, kein Land sei schlechter und kein Land
sei besser als Andorra, warum bleiben Sie nicht hier?

SENORA Möchtest du das?
Lärm in der Gasse
Ich muß. Ich bin eine von drüben, du hörst es, wie ich sie
verdrieße. Eine Schwarze! So nennen sie uns hier, ich weiß . . .
Sie zieht den andern Handschuh an.
Vieles möchte ich dir noch sagen, Andri, und vieles fragen,
lang mit dir sprechen. Aber wir werden uns wiedersehen, so
hoffe ich . . .
Sie ist fertig.
Wir werden uns wiedersehen.
Sie sieht sich nochmals um.
Hier also bist du aufgewachsen.

ANDRI Ja.

SENORA Ich sollte jetzt gehen.

Sie bleibt sitzen.

Als ich in deinem Alter war – das geht sehr schnell, Andri, du
bist jetzt zwanzig und kannst es nicht glauben: man trifft sich,
man liebt, man trennt sich, das Leben ist vorne, und wenn man
in den Spiegel schaut, plötzlich ist es hinten, man kommt sich
nicht viel anders vor, aber plötzlich sind es andere, die jetzt
zwanzig sind . . . Als ich in deinem Alter war: mein Vater, ein
Offizier, war gefallen im Krieg, ich weiß, wie er dachte, und ich
wollte nicht denken wie er. Wir wollten eine andere Welt. Wir
waren jung wie du, und was man uns lehrte, war mörderisch,
das wußten wir. Und wir verachteten die Welt, wie sie ist, wir
durchschauten sie und wollten eine andere wagen. Und wir
wagten sie auch. Wir wollten keine Angst haben vor den
Leuten. Um nichts in der Welt. Wir wollten nicht lügen. Als
wir sahen, daß wir die Angst nur verschwiegen, haßten wir
einander. Unsere andere Welt dauerte nicht lang. Wir kehrten
über die Grenze zurück, wo wir herkamen, als wir jung waren
wie du . . .

Sie erhebt sich.

Verstehst du, was ich sage?

ANDRI Nein.

SENORA *tritt zu Andri und küßt ihn.*

ANDRI Warum küssen Sie mich?

SENORA Ich muß gehen. Werden wir uns wiedersehen?

ANDRI Ich möchte es.

SENORA Ich wollte immer, ich hätte Vater und Mutter nie
    gekannt. Kein Mensch, wenn er die Welt sieht, die sie ihm
    hinterlassen, versteht seine Eltern.

Der Lehrer und die Mutter treten ein.

SENORA Ich gehe, ja, ich bin im Begriff zu gehen.

Schweigen

So sage ich denn Lebwohl.

Schweigen

Ich gehe, ja, jetzt gehe ich . . .

Die Senora geht hinaus.

LEHRER Begleite sie! Aber nicht über den Platz, geh hinten herum.

ANDRI Warum hinten herum?

LEHRER Geh!

Andri geht hinaus.

LEHRER Der Pater wird es ihm sagen. Frag mich jetzt nicht! Du verstehst mich nicht, drum hab ich es dir nie gesagt.

Er setzt sich.

Jetzt weißt du's.

MUTTER Was wird Andri dazu sagen?

LEHRER Mir glaubt er's nicht.

Lärm in der Gasse

Hoffentlich läßt der Pöbel sie in Ruh.

MUTTER Ich versteh mehr, als du meinst, Can. Du hast sie geliebt, aber mich hast du geheiratet, weil ich eine Andorranerin bin. Du hast uns alle verraten, aber den Andri vor allem. Fluch nicht auf die Andorraner, du selbst bist einer.

Eintritt der Pater.

Hochwürden haben eine schwere Aufgabe in diesem Haus. Hochwürden haben unsrem Andri erklärt, was das ist, ein Jud, und daß er's annehmen soll. Nun hat er's angenommen. Nun müssen Hochwürden ihm sagen, was ein Andorraner ist, und daß er's annehmen soll.

LEHRER Jetzt laß uns allein!

MUTTER Gott steh Ihnen bei, Pater Benedikt.

Die Mutter geht hinaus.

PATER Ich habe es versucht, aber vergeblich, man kann nicht reden mit ihnen, jedes vernünftige Wort bringt sie auf. Sie sollen endlich nach Hause gehen, ich hab's ihnen gesagt, und sich um ihre eignen Angelegenheiten kümmern. Dabei weiß keiner, was sie eigentlich wollen.

Andri kommt zurück.

LEHRER Wieso schon zurück.

ANDRI Sie will allein gehen, sagt sie.

Er zeigt seine Hand.

Sie hat mir das geschenkt.

LEHRER — ihren Ring?

ANDRI Ja.

LEHRER *schweigt, dann erhebt er sich.*

ANDRI Wer ist diese Senora?

LEHRER Dann begleit ich sie.

Der Lehrer geht.

PATER Was lachst du denn?

ANDRI Er ist eifersüchtig!

PATER Nimm Platz.

ANDRI Was ist eigentlich los mit euch allen?

PATER Es ist nicht zum lachen, Andri.

ANDRI Aber lächerlich.

Andri betrachtet den Ring.

Ist das ein Topas oder was kann das sein?

PATER Andri, wir sollen sprechen miteinander.

ANDRI Schon wieder?

Andri lacht.

Alle benehmen sich heut wie Marionetten, wenn die Fäden
durcheinander sind, auch Sie, Hochwürden.

Andri nimmt sich eine Zigarette.

War sie einmal seine Geliebte? Man hat so das Gefühl. Sie
nicht?

Andri raucht.

Sie ist eine fantastische Frau.

PATER Ich habe dir etwas zu sagen.

ANDRI Kann man nicht stehen dazu?

Andri setzt sich.

Um zwei muß ich im Laden sein. Ist sie nicht eine fantastische
Frau?

PATER Es freut mich, daß sie dir gefällt.

ANDRI Alle tun so steif.

Andri raucht.

Sie wollen mir sagen, man soll halt nicht zu einem Soldat gehn
und ihm die Mütze vom Kopf hauen, wenn man weiß, daß man
Jud ist, man soll das überhaupt nicht tun, und doch bin ich
froh, daß ich's getan habe, ich hab etwas gelernt dabei, auch

249

wenn's mir nichts nützt, überhaupt vergeht jetzt, seit unserm
Gespräch, kein Tag, ohne daß ich etwas lerne, was mir nichts
nützt, Hochwürden, so wenig wie Ihre guten Worte, ich glaub's,
daß Sie es wohl meinen, Sie sind Christ von Beruf, aber ich
bin Jud von Geburt, und drum werd ich jetzt auswandern.

PATER Andri –

ANDRI Sofern's mir gelingt.

Andri löscht die Zigarette.

Das wollte ich niemand sagen.

PATER Bleib sitzen!

ANDRI Dieser Ring wird mir helfen.

Daß Sie jetzt schweigen, Hochwürden, daß Sie es niemand
sagen, ist das Einzige, was Sie für mich tun können.

Andri erhebt sich.

Ich muß gehn.

Andri lacht.

Ich hab so etwas Gehetztes, ich weiß, Hochwürden haben
ganz recht ...

PATER Sprichst du oder spreche ich?

ANDRI Verzeihung.

Andri setzt sich.

Ich höre.

PATER Andri –

ANDRI Sie sind so feierlich!

PATER Ich bin gekommen, um dich zu erlösen.

ANDRI Ich höre.

PATER Auch ich, Andri, habe nichts davon gewußt, als wir das
letzte Mal miteinander redeten. Er habe ein Judenkind gerettet, so hieß es seit Jahr und Tag, eine christliche Tat, wieso
sollte ich nicht dran glauben! Aber nun, Andri, ist deine
Mutter gekommen –

ANDRI Wer ist gekommen?

PATER Die Senora.

ANDRI *springt auf.*

PATER Andri, du bist kein Jud.

Schweigen

Du glaubst nicht, was ich dir sage?

ANDRI Nein.

PATER Also glaubst du, ich lüge?

ANDRI Hochwürden, das fühlt man.

PATER Was fühlt man?

ANDRI Ob man Jud ist oder nicht.

Der Pater erhebt sich und nähert sich Andri.

Rühren Sie mich nicht an. Eure Hände! Ich will das nicht mehr.

PATER Hörst du nicht, was ich dir sage?

ANDRI *schweigt.*

PATER Du bist sein Sohn.

ANDRI *lacht.*

PATER Andri, das ist die Wahrheit.

ANDRI Wie viele Wahrheiten habt ihr?

Andri nimmt sich eine Zigarette, die er dann vergißt.

Das könnt ihr nicht machen mit mir . . .

PATER Warum glaubst du uns nicht?

ANDRI Euch habe ich ausgeglaubt.

PATER Ich sage und schwöre beim Heil meiner Seele, Andri: Du bist sein Sohn, unser Sohn, und von Jud kann nicht die Rede sein.

ANDRI 's war aber viel die Red davon . . .

Großer Lärm in der Gasse

PATER Was ist denn los?

Stille

ANDRI Seit ich höre, hat man mir gesagt, ich sei anders, und ich habe geachtet drauf, ob es so ist, wie sie sagen. Und es ist so, Hochwürden: Ich bin anders. Man hat mir gesagt, wie meinesgleichen sich bewege, nämlich so und so, und ich bin vor den Spiegel getreten fast jeden Abend. Sie haben recht: Ich bewege mich so und so. Ich kann nicht anders. Und ich habe geachtet auch darauf, ob's wahr ist, daß ich alleweil denke ans Geld, wenn die Andorraner mich beobachten und denken, jetzt denke ich ans Geld, und sie haben abermals recht: Ich denke alleweil ans Geld. Es ist so. Und ich habe kein Gemüt, ich hab's versucht, aber vergeblich: Ich habe kein Gemüt, sondern Angst. Und man hat mir gesagt, meinesgleichen ist feig. Auch darauf habe ich geachtet. Viele sind feig, aber ich weiß es, wenn ich feig bin. Ich wollte es nicht wahrhaben, was sie mir sagten, aber es ist so. Sie haben mich mit Stiefeln getreten, und es ist so, wie sie sagen: Ich fühle nicht wie sie. Und ich habe keine Heimat. Hochwürden haben gesagt, man muß das annehmen, und ich hab's angenommen. Jetzt ist es an Euch, Hochwürden, euren Jud anzunehmen.

PATER Andri –

ANDRI Jetzt, Hochwürden, spreche ich.

PATER – du möchtest ein Jud sein?

ANDRI Ich bin's. Lang habe ich nicht gewußt, was das ist. Jetzt weiß ich's.

PATER *setzt sich hilflos.*

ANDRI Ich möchte nicht Vater noch Mutter haben, damit ihr Tod nicht über mich komme mit Schmerz und Verzweiflung und mein Tod nicht über sie. Und keine Schwester und keine Braut: Bald wird alles zerrissen, da hilft kein Schwur und nicht unsre Treue. Ich möchte, daß es bald geschehe. Ich bin alt. Meine Zuversicht ist ausgefallen, eine um die andere, wie Zähne. Ich habe gejauchzt, die Sonne schien grün in den Bäumen, ich habe meinen Namen in die Lüfte geworfen wie eine Mütze, die niemand gehört wenn nicht mir, und herunter fällt ein Stein, der mich tötet. Ich bin im Unrecht gewesen, anders als sie dachten, allezeit. Ich wollte recht haben und frohlocken. Die meine Feinde waren, hatten recht, auch wenn sie kein Recht dazu hatten, denn am Ende seiner Einsicht kann man sich selbst nicht recht geben. Ich brauche jetzt schon keine Feinde mehr, die Wahrheit reicht aus. Ich erschrecke, so oft ich noch hoffe. Das Hoffen ist mir nie bekommen. Ich erschrecke, wenn ich lache, und ich kann nicht weinen. Meine Trauer erhebt mich über euch alle, und so werde ich stürzen. Meine Augen sind groß von Schwermut, mein Blut weiß alles, und ich möchte tot sein. Aber mir graut vor dem Sterben. Es gibt keine Gnade –

PATER Jetzt versündigst du dich.

ANDRI Sehen Sie den alten Lehrer, wie der herunterkommt und war doch einmal ein junger Mann, sagt er, und ein großer Wille. Sehen Sie Barblin. Und alle, alle, nicht nur mich. Sehen Sie die Soldaten. Lauter Verdammte. Sehen Sie sich selbst. Sie wissen heut schon, was Sie tun werden, Hochwürden, wenn man mich holt vor Ihren guten Augen, und drum starren die mich so an, Ihre guten guten Augen. Sie werden beten. Für mich und für sich. Ihr Gebet hilft nicht einmal Ihnen, Sie werden trotzdem ein Verräter. Gnade ist ein ewiges Gerücht, die Sonne scheint grün in den Bäumen, auch wenn sie mich holen.

Eintritt der Lehrer, zerfetzt.

PATER Was ist geschehen?!

LEHRER *bricht zusammen.*

PATER So reden Sie doch!

LEHRER Sie ist tot.

ANDRI Die Senora –?

PATER Wie ist das geschehen?

LEHRER – ein Stein.

PATER Wer hat ihn geworfen?

LEHRER – Andri, sagen sie, der Wirt habe es mit eignen Augen gesehen.

ANDRI *will davonlaufen, der Lehrer hält ihn fest.*

LEHRER Er war hier, Sie sind sein Zeuge.

Der Jemand tritt an die Zeugenschranke.

JEMAND Ich gebe zu: Es ist keineswegs erwiesen, wer den Stein
geworfen hat gegen die Fremde damals. Ich persönlich war zu
jener Stunde nicht auf dem Platz. Ich möchte niemand beschul-
digen, ich bin nicht der Weltenrichter. Was den jungen Bursch
betrifft: natürlich erinnere ich mich an ihn. Er ging oft ans
Orchestrion, um sein Trinkgeld zu verklimpern, und als sie ihn
holten, tat er mir leid. Was die Soldaten, als sie ihn holten,
gemacht haben mit ihm, weiß ich nicht, wir hörten nur seinen
Schrei ... Einmal muß man auch vergessen können, finde ich.

Zehntes Bild

Platz von Andorra, Andri sitzt allein.

ANDRI Man sieht mich von überall, ich weiß. Sie sollen mich
sehen . . .
Er nimmt eine Zigarette.
Ich habe den Stein nicht geworfen!
Er raucht.
Sollen sie kommen, alle, die's gesehen haben mit eignen Augen,
sollen sie aus ihren Häusern kommen, wenn sie's wagen, und
mit dem Finger zeigen auf mich.

STIMME *flüstert.*

ANDRI Warum flüsterst du hinter der Mauer?

STIMME *flüstert.*

ANDRI Ich versteh kein Wort, wenn du flüsterst.
Er raucht.
Ich sitze mitten auf dem Platz, ja, seit einer Stunde. Kein
Mensch ist hier. Wie ausgestorben. Alle sind im Keller. Es
sieht merkwürdig aus. Nur die Spatzen auf den Drähten.

STIMME *flüstert.*

ANDRI Warum soll ich mich verstecken?

STIMME *flüstert.*

ANDRI Ich habe den Stein nicht geworfen.
Er raucht.
Seit dem Morgengrauen bin ich durch eure Gassen geschlen-
dert. Mutterseelenallein. Alle Läden herunter, jede Tür zu. Es
gibt nur noch Hunde und Katzen in eurem schneeweißen
Andorra . . .
*Man hört das Gedröhn eines fahrenden Lautsprechers, ohne
daß man die Worte versteht, laut und hallend.*

ANDRI Du sollst kein Gewehr tragen. Hast du's gehört? 's ist aus.
Der Lehrer tritt hervor, ein Gewehr im Arm.

LEHRER Andri –

ANDRI *raucht.*

LEHRER Wir suchen dich die ganze Nacht –

ANDRI Wo ist Barblin?

LEHRER Ich war droben im Wald –

ANDRI Was soll ich im Wald?

LEHRER Andri – die Schwarzen sind da.

Er horcht.

Still.

ANDRI Was hörst du denn?

LEHRER *entsichert das Gewehr.*

ANDRI Spatzen, nichts als Spatzen!

Vogelzwitschern

LEHRER Hier kannst du nicht bleiben.

ANDRI Wo kann ich bleiben?

LEHRER Das ist Unsinn, was du tust, das ist Irrsinn –

Er nimmt Andri am Arm.

Jetzt komm!

ANDRI Ich habe den Stein nicht geworfen –

Er reißt sich los.

Ich habe den Stein nicht geworfen!

Geräusch

LEHRER Was war das?

ANDRI Fensterläden.

Er zertritt seine Zigarette.

Leute hinter Fensterläden.

Er nimmt eine nächste Zigarette.

Hast du Feuer?

Trommeln in der Ferne.

LEHRER Hast du Schüsse gehört?

ANDRI Es ist stiller als je.

LEHRER Ich habe keine Ahnung, was jetzt geschieht.

ANDRI Das blaue Wunder.

LEHRER Was sagst du?

ANDRI Lieber tot als Untertan.

Wieder das Gedröhn des fahrenden Lautsprechers

ANDRI KEIN ANDORRANER HAT ETWAS ZU FÜRCH-
TEN.

Hörst du's?

RUHE UND ORDNUNG / JEDES BLUTVERGIESSEN /
IM NAMEN DES FRIEDENS / WER EINE WAFFE
TRÄGT ODER VERSTECKT / DER OBERBEFEHLS-
HABER / KEIN ANDORRANER HAT ETWAS ZU
FÜRCHTEN...

Stille

ANDRI Eigentlich ist es genau so, wie man es sich hätte vorstellen
  können. Genau so.

LEHRER Wovon redest du?

ANDRI Von eurer Kapitulation.

  Drei Männer, ohne Gewehr, gehen über den Platz.

ANDRI Du bist der letzte mit einem Gewehr.

LEHRER Lumpenhunde.

ANDRI Kein Andorraner hat etwas zu fürchten.

  Vogelzwitschern

  Hast du kein Feuer?

LEHRER *starrt den Männern nach.*

ANDRI Hast du bemerkt, wie sie gehn? Sie blicken einander nicht
  an. Und wie sie schweigen! Wenn es dann soweit ist, merkt
  jeder, was er alles nie geglaubt hat. Drum gehen sie heute so
  seltsam. Wie lauter Lügner.

  Zwei Männer, ohne Gewehr, gehen über den Platz.

LEHRER Mein Sohn –

ANDRI Fang jetzt nicht wieder an!

LEHRER Du bist verloren, wenn du mir nicht glaubst.

ANDRI Ich bin nicht dein Sohn.

LEHRER Man kann sich seinen Vater nicht wählen. Was soll ich
  tun, damit du's glaubst? Was noch? Ich sag es ihnen, wo ich
  stehe und gehe, ich hab's den Kindern in der Schule gesagt,
  daß du mein Sohn bist. Was noch? Soll ich mich aufhängen,
  damit du's glaubst? Ich geh nicht weg von dir.

  Er setzt sich zu Andri.

  Andri –

ANDRI *blickt an den Häusern herauf.*

LEHRER Wo schaust du hin?

Eine schwarze Fahne wird gehißt.

ANDRI Sie können's nicht erwarten.

LEHRER Woher haben sie die Fahnen?

ANDRI Jetzt brauchen sie nur noch einen Sündenbock.

Eine zweite Fahne wird gehißt.

LEHRER Komm nach Haus!

ANDRI Es hat keinen Zweck, Vater, daß du es nochmals erzählst. Dein Schicksal ist nicht mein Schicksal, Vater, und mein Schicksal ist nicht dein Schicksal.

LEHRER Mein einziger Zeuge ist tot.

ANDRI Sprich nicht von ihr!

LEHRER Du trägst ihren Ring –

ANDRI Was du getan hast, tut kein Vater.

LEHRER Woher weißt du das?

ANDRI *horcht.*

LEHRER Ein Andorraner, sagen sie, hat nichts mit einer von drüben und schon gar nicht ein Kind. Ich hatte Angst vor ihnen, ja, Angst vor Andorra, weil ich feig war –

ANDRI Man hört zu.

LEHRER *sieht sich um und schreit gegen die Häuser:* – weil ich feig war! *wieder zu Andri:* Drum hab ich das gesagt. Es war leichter, damals, ein Judenkind zu haben. Es war rühmlich. Sie haben dich gestreichelt, im Anfang haben sie dich gestreichelt, denn es schmeichelte ihnen, daß sie nicht sind wie diese da drüben.

ANDRI *horcht.*

LEHRER Hörst du, was dein Vater sagt?

Geräusch eines Fensterladens

Sollen sie zuhören!

Geräusch eines Fensterladens

Andri –

ANDRI Sie glauben's dir nicht.

LEHRER Weil du mir nicht glaubst!

ANDRI *raucht.*

LEHRER Du mit deiner Unschuld, ja, du hast den Stein nicht geworfen, sag's noch einmal, du hast den Stein nicht geworfen, ja, du mit dem Unmaß deiner Unschuld, sieh mich an wie ein Jud, aber du bist mein Sohn, ja, mein Sohn, und wenn du's nicht glaubst, bist du verloren.

ANDRI Ich bin verloren.

LEHRER Du willst meine Schuld!?

ANDRI *blickt ihn an.*

LEHRER So sag es!

ANDRI Was?

LEHRER Ich soll mich aufhängen. Sag's!

Marschmusik in der Ferne

ANDRI Sie kommen mit Musik.

Er nimmt eine nächste Zigarette.

Ich bin nicht der erste, der verloren ist. Es hat keinen Zweck, was du redest. Ich weiß, wer meine Vorfahren sind. Tausende und Hunderttausende sind gestorben am Pfahl, ihr Schicksal ist mein Schicksal.

LEHRER Schicksal!

ANDRI Das verstehst du nicht, weil du kein Jud bist –

Er blickt in die Gasse.

Laß mich allein!

LEHRER Was siehst du?

ANDRI Wie sie die Gewehre auf den Haufen werfen.

Auftritt der Soldat, der entwaffnet ist, er trägt nur noch die Trommel, man hört, wie Gewehre hingeworfen werden; der Soldat spricht zurück:

SOLDAT Aber ordentlich! hab ich gesagt. Wie bei der Armee!

Er tritt zum Lehrer.

Her mit dem Gewehr.

LEHRER Nein.

SOLDAT Befehl ist Befehl.

LEHRER Nein.

SOLDAT Kein Andorraner hat etwas zu fürchten.

Auftreten der Doktor, der Wirt, der Tischler, der Geselle, der Jemand, alle ohne Gewehr.

LEHRER Lumpenhunde! Ihr alle! Fötzel! Bis zum letzten Mann. Fötzel!

Der Lehrer entsichert sein Gewehr und will auf die Andor-
raner schießen, aber der Soldat greift ein, nach einem kurzen
lautlosen Ringen ist der Lehrer entwaffnet und sieht sich um.

LEHRER — mein Sohn! Wo ist mein Sohn?

Der Lehrer stürzt davon.

JEMAND Was in den gefahren ist.

Im Vordergrund rechts, am Orchestrion, erscheint Andri und
wirft eine Münze ein, so daß seine Melodie spielt, und
verschwindet langsam.

Vordergrund

*Während das Orchestrion spielt: zwei Soldaten in schwarzer
Uniform, jeder mit einer Maschinenpistole, patrouillieren
kreuzweise hin und her.*

Elftes Bild

*Vor der Kammer der Barblin. Andri und Barblin. Trommeln in
der Ferne.*

ANDRI Hast du viele Male geschlafen mit ihm?

BARBLIN Andri.

ANDRI Ich frage, ob du viele Male mit ihm geschlafen hast,
während ich hier auf der Schwelle hockte und redete. Von
unsrer Flucht!

BARBLIN *schweigt.*

ANDRI Hier hat er gestanden: barfuß, weißt du, mit offnem
Gurt –

BARBLIN Schweig!

ANDRI Brusthaar wie ein Affe.

BARBLIN *schweigt.*

ANDRI Ein Kerl!

BARBLIN *schweigt.*

ANDRI Hast du viele Male geschlafen mit ihm?

BARBLIN *schweigt.*

ANDRI Du schweigst ... Also wovon sollen wir reden in dieser
Nacht? Ich soll jetzt nicht daran denken, sagst du. Ich soll an
meine Zukunft denken, aber ich habe keine ... Ich möchte ja
nur wissen, ob's viele Male war.

BARBLIN *schluchzt.*

ANDRI Und es geht weiter?

BARBLIN *schluchzt.*

ANDRI Wozu eigentlich möcht ich das wissen! Was geht's mich
an! Bloß um noch einmal ein Gefühl für dich zu haben.
Andri horcht.
Sei doch still!

BARBLIN So ist ja alles gar nicht.

ANDRI Ich weiß nicht, wo die mich suchen –

BARBLIN Du bist ungerecht, so ungerecht.

ANDRI Ich werde mich entschuldigen, wenn sie kommen ...

BARBLIN *schluchzt.*

ANDRI Ich dachte, wir lieben uns. Wieso ungerecht? Ich frag ja
bloß, wie das ist, wenn einer ein Kerl ist. Warum so zimperlich?
Ich frag ja bloß, weil du meine Braut warst. Heul nicht! Das
kannst du mir doch sagen, jetzt wo du dich als meine Schwester
fühlst.

Andri streicht über ihr Haar.

Ich habe zu lange gewartet auf dich . . .

Andri horcht.

BARBLIN Sie dürfen dir nichts antun!

ANDRI Wer bestimmt das?

BARBLIN Ich bleib bei dir!

Stille

ANDRI Jetzt kommt wieder die Angst –

BARBLIN Bruder!

ANDRI Plötzlich. Wenn die wissen, ich bin im Haus, und sie
finden einen nicht, dann zünden sie das Haus an, das ist
bekannt, und warten unten in der Gasse, bis der Jud durchs
Fenster springt.

BARBLIN Andri – du bist keiner!

ANDRI Warum willst du mich denn verstecken?

Trommeln in der Ferne

BARBLIN Komm in meine Kammer!

ANDRI *schüttelt den Kopf.*

BARBLIN Niemand weiß, daß hier noch eine Kammer ist.

ANDRI – außer Peider.

Die Trommeln verlieren sich.

So ausgetilgt.

BARBLIN Was sagst du?

ANDRI Was kommt, das ist ja alles schon geschehen. Ich sage: So
ausgetilgt. Mein Kopf in deinem Schoß. Erinnerst du dich?
Das hört ja nicht auf. Mein Kopf in deinem Schoß. War ich
euch nicht im Weg? Ich kann es mir nicht vorstellen. Wenn
schon! Ich kann es mir vorstellen. Was ich wohl geredet habe,
als ich nicht mehr war? Warum hast du nicht gelacht? Du hast
ja nicht einmal gelacht. So ausgetilgt, so ausgetilgt! Und ich

hab's nicht einmal gespürt, wenn Peider in deinem Schoß war, dein Haar in seinen Händen. Wenn schon! Es ist ja alles schon geschehen . . .

Trommeln in der Nähe

ANDRI Sie merken's, wo die Angst ist.

BARBLIN — sie gehn vorbei.

ANDRI Sie umstellen das Haus.

Die Trommeln verstummen plötzlich.

Ich bin's, den sie suchen, das weißt du genau, ich bin nicht dein Bruder. Da hilft keine Lüge. Es ist schon zuviel gelogen worden. *Stille.* So küß mich doch!

BARBLIN Andri —

ANDRI Zieh dich aus!

BARBLIN Du hast den Verstand verloren, Andri.

ANDRI Jetzt küß mich und umarme mich!

BARBLIN *wehrt sich.*

ANDRI 's ist einerlei.

BARBLIN *wehrt sich.*

ANDRI Tu nicht so treu, du —

Klirren einer Fensterscheibe

BARBLIN Was war das?

ANDRI — sie wissen's, wo ich bin.

BARBLIN So lösch doch die Kerze!

Klirren einer zweiten Fensterscheibe

ANDRI Küß mich!

BARBLIN Nein. Nein . . .

ANDRI Kannst du nicht, was du mit jedem kannst, fröhlich und nackt? Ich lasse dich nicht. Was ist anders mit andern? So sag es doch. Was ist anders? Ich küß dich, Soldatenbraut! Einer mehr oder weniger, zier dich nicht. Was ist anders mit mir? Sag's! Langweilt es dein Haar, wenn ich es küsse?

BARBLIN Bruder —

ANDRI Warum schämst du dich nur vor mir?

BARBLIN Jetzt laß mich!

ANDRI Jetzt, ja, jetzt und nie, ja, ich will dich, ja, fröhlich und nackt, ja, Schwesterlein, ja, ja, ja —

BARBLIN *schreit.*

ANDRI Denk an die Tollkirschen.

Andri löst ihr die Bluse wie einer Ohnmächtigen.

Denk an unsere Tollkirschen –

BARBLIN Du bist irr!

Hausklingel

BARBLIN Hast du gehört? Du bist verloren, Andri, wenn du uns nicht glaubst. Versteck dich!

Hausklingel

ANDRI Warum haben wir uns nicht vergiftet, Barblin, als wir noch Kinder waren, jetzt ist's zu spät ...

Schläge gegen die Haustüre

BARBLIN Vater macht nicht auf.

ANDRI Wie langsam.

BARBLIN Was sagst du?

ANDRI Ich sage, wie langsam es geht.

Schläge gegen die Haustüre

BARBLIN Herr, unser Gott, der Du bist, der Du bist, Herr, unser Allmächtiger, der Du bist in dem Himmel, Herr, Herr, der Du bist – Herr ...

Krachen der Haustür

ANDRI Laß mich allein. Aber schnell. Nimm deine Bluse. Wenn sie dich finden bei mir, das ist nicht gut. Aber schnell. Denk an dein Haar.

Stimmen im Haus. Barblin löscht die Kerze, Tritte von Stiefeln, es erscheinen der Soldat mit der Trommel und zwei Soldaten in schwarzer Uniform, ausgerüstet mit einem Scheinwerfer: Barblin, allein vor der Kammer.

SOLDAT Wo ist er?

BARBLIN Wer?

SOLDAT Unser Jud.

BARBLIN Es gibt keinen Jud.

SOLDAT *stößt sie weg und tritt zur Türe.*

BARBLIN Untersteh dich!

SOLDAT Aufmachen.

BARBLIN Hilfe! Hilfe!

ANDRI *tritt aus der Türe.*

SOLDAT Das ist er.

ANDRI *wird gefesselt.*

BARBLIN Rührt meinen Bruder nicht an, er ist mein Bruder –

SOLDAT Die Judenschau wird's zeigen.

BARBLIN Judenschau?

SOLDAT Also vorwärts.

BARBLIN Was ist das.

SOLDAT Vorwärts. Alle müssen vor die Judenschau. Vorwärts.

   Andri wird abgeführt.

SOLDAT Judenhure!

Der Doktor tritt an die Zeugenschranke.

DOKTOR Ich möchte mich kurz fassen, obschon vieles zu berichtigen wäre, was heute geredet wird. Nachher ist es immer leicht zu wissen, wie man sich hätte verhalten sollen, abgesehen davon, daß ich, was meine Person betrifft, wirklich nicht weiß, warum ich mich anders hätte verhalten sollen. Was hat unsereiner denn eigentlich getan? Überhaupt nichts. Ich war Amtsarzt, was ich heute noch bin. Was ich damals gesagt haben soll, ich erinnere mich nicht mehr, es ist nun einmal meine Art, ein Andorraner sagt, was er denkt – aber ich will mich kurz fassen ... Ich gebe zu: Wir haben uns damals alle getäuscht, was ich selbstverständlich nur bedauern kann. Wie oft soll ich das noch sagen? Ich bin nicht für Greuel, ich bin es nie gewesen. Ich habe den jungen Mann übrigens nur zwei- oder dreimal gesehen. Die Schlägerei, die später stattgefunden haben soll, habe ich nicht gesehen. Trotzdem verurteile ich sie selbstverständlich. Ich kann nur sagen, daß es nicht meine Schuld ist, einmal abgesehen davon, daß sein Benehmen (was man leider nicht verschweigen kann) mehr und mehr (sagen wir es offen) etwas Jüdisches hatte, obschon der junge Mann, mag sein, ein Andorraner war wie unsereiner. Ich bestreite keineswegs, daß wir sozusagen einer gewissen Aktualität erlegen sind. Es war, vergessen wir nicht, eine aufgeregte Zeit. Was meine Person betrifft, habe ich nie an Mißhandlungen teilgenommen oder irgend jemand dazu aufgefordert. Das darf ich wohl vor aller Öffentlichkeit betonen. Eine tragische Geschichte, kein Zweifel. Ich bin nicht schuld, daß es dazu gekommen ist. Ich glaube im Namen aller zu sprechen, wenn ich, um zum Schluß zu kommen, nochmals wiederhole, daß wir den Lauf der Dinge – damals – nur bedauern können.

Platz von Andorra. Der Platz ist umstellt von Soldaten in schwarzer Uniform. Gewehr bei Fuß, reglos. Die Andorraner, wie eine Herde im Pferch, warten stumm, was geschehen soll. Lange geschieht nichts. Es wird nur geflüstert.

DOKTOR Nur keine Aufregung. Wenn die Judenschau vorbei ist, bleibt alles wie bisher. Kein Andorraner hat etwas zu fürchten, das haben wir schwarz auf weiß. Ich bleibe Amtsarzt, und der Wirt bleibt Wirt, Andorra bleibt andorranisch . . .
Trommeln
GESELLE Jetzt verteilen sie die schwarzen Tücher.
Es werden schwarze Tücher ausgeteilt.
DOKTOR Nur jetzt kein Widerstand.
Barblin erscheint, sie geht wie eine Verstörte von Gruppe zu Gruppe, zupft die Leute am Ärmel, die ihr den Rücken kehren, sie flüstert etwas, was man nicht versteht.
WIRT Jetzt sagen sie plötzlich, er sei keiner.
JEMAND Was sagen sie?
WIRT Er sei keiner.
DOKTOR Dabei sieht man's auf den ersten Blick.
JEMAND Wer sagt das?
WIRT Der Lehrer.
DOKTOR Jetzt wird es sich ja zeigen.
WIRT Jedenfalls hat er den Stein geworfen.
JEMAND Ist das erwiesen?
WIRT Erwiesen!?
DOKTOR Wenn er keiner ist, wieso versteckt er sich denn? Wieso hat er Angst? Wieso kommt er nicht auf den Platz wie unsereiner?
WIRT Sehr richtig.
DOKTOR Wieso soll er keiner sein?
WIRT Sehr richtig.
JEMAND Sie haben ihn gesucht die ganze Nacht, heißt es.

DOKTOR Sie haben ihn gefunden.

JEMAND Ich möchte auch nicht in seiner Haut stecken.

WIRT Jedenfalls hat er den Stein geworfen –

Sie verstummen, da ein schwarzer Soldat kommt, sie müssen die schwarzen Tücher in Empfang nehmen. Der Soldat geht weiter.

DOKTOR Wie sie einem ganzen Volk diese Tücher verteilen: ohne ein lautes Wort! Das nenne ich Organisation. Seht euch das an! Wie das klappt.

JEMAND Die stinken aber.

Sie schnuppern an ihren Tüchern.

Angstschweiß . . .

Barblin kommt zu der Gruppe mit dem Doktor und dem Wirt, zupft sie am Ärmel und flüstert, man kehrt ihr den Rücken, sie irrt weiter.

JEMAND Was sagt sie?

DOKTOR Das ist ja Unsinn.

WIRT Das wird sie teuer zu stehen kommen.

DOKTOR Nur jetzt kein Widerstand.

Barblin tritt zu einer andern Gruppe, zupft sie am Ärmel und flüstert, man kehrt ihr den Rücken, sie irrt weiter.

WIRT Wenn ich es mit eignen Augen gesehen hab! Hier an dieser Stelle. Erwiesen? Er fragt, ob das erwiesen sei. Wer sonst soll diesen Stein geworfen haben?

JEMAND Ich frag ja bloß.

WIRT Einer von uns vielleicht?

JEMAND Ich war nicht dabei.

WIRT Aber ich!

DOKTOR *legt den Finger auf den Mund.*

WIRT Hab ich vielleicht den Stein geworfen?

DOKTOR Still.

WIRT – ich?

DOKTOR Wir sollen nicht sprechen.

WIRT Hier, genau an dieser Stelle, bitte sehr, hier lag der Stein, ich hab ihn ja selbst gesehen, ein Pflasterstein, ein loser Pflasterstein, und so hat er ihn genommen –

Der Wirt nimmt einen Pflasterstein.

— so . . .

Hinzu tritt der Tischler.

TISCHLER Was ist los?

DOKTOR Nur keine Aufregung.

TISCHLER Wozu diese schwarzen Tücher?

DOKTOR Judenschau.

TISCHLER Was sollen wir damit?

Die schwarzen Soldaten, die den Platz umstellen, präsentieren plötzlich das Gewehr: ein Schwarzer, in Zivil, geht mit flinken kurzen Schritten über den Platz.

DOKTOR Das war er.

TISCHLER Wer?

DOKTOR Der Judenschauer.

Die Soldaten schmettern das Gewehr bei Fuß.

WIRT — und wenn der sich irrt?

DOKTOR Der irrt sich nicht.

WIRT — was dann?

DOKTOR Wieso soll er sich irren?

WIRT — aber gesetzt den Fall: was dann?

DOKTOR Der hat den Blick. Verlaßt euch drauf! Der riecht's. Der sieht's am bloßen Gang, wenn einer über den Platz geht. Der sieht's an den Füßen.

JEMAND Drum sollen wir die Schuh ausziehen?

DOKTOR Der ist als Judenschauer geschult.

Barblin erscheint wieder und sucht Gruppen, wo sie noch nicht gewesen ist, sie findet den Gesellen, zupft ihn am Ärmel und flüstert, der Geselle macht sich los.

GESELLE Du laß mich in Ruh!

Der Doktor steckt sich einen Zigarillo an.

Die ist ja übergeschnappt. Keiner soll über den Platz gehn, sagt sie, dann sollen sie uns alle holen. Sie will ein Zeichen geben. Die ist ja übergeschnappt.

Ein schwarzer Soldat sieht, daß der Doktor raucht, und tritt zum Doktor, das Gewehr mit aufgepflanztem Bajonett stoßbereit, der Doktor erschrickt, wirft seinen Zigarillo aufs Pflaster, zertritt ihn und ist bleich.

GESELLE Sie haben ihn gefunden, heißt es . . .

Trommeln

Jetzt geht's los.

Sie ziehen die Tücher über den Kopf.

WIRT Ich zieh kein schwarzes Tuch über den Kopf!

JEMAND Wieso nicht?

WIRT Das tu ich nicht!

GESELLE Befehl ist Befehl.

WIRT Wozu das?

DOKTOR Das machen sie überall, wo einer sich versteckt. Das habt ihr davon. Wenn wir ihn ausgeliefert hätten sofort –

Der Idiot erscheint.

WIRT Wieso hat der kein schwarzes Tuch?

JEMAND Dem glauben sie's, daß er keiner ist.

Der Idiot grinst und nickt, geht weiter, um überall die Vermummten zu mustern und zu grinsen. Nur der Wirt steht noch unvermummt.

WIRT Ich zieh kein schwarzes Tuch über den Kopf!

VERMUMMTER Dann wird er ausgepeitscht.

WIRT – ich?

VERMUMMTER Er hat das gelbe Plakat nicht gelesen.

WIRT Wieso ausgepeitscht?

Trommelwirbel

VERMUMMTER Jetzt geht's los.

VERMUMMTER Nur keine Aufregung.

VERMUMMTER Jetzt geht's los.

Trommelwirbel

WIRT Ich bin der Wirt. Warum glaubt man mir nicht? Ich bin der Wirt, jedes Kind weiß, wer ich bin, ihr alle, euer Wirt . . .

VERMUMMTER Er hat Angst!

WIRT Erkennt ihr mich denn nicht?

VERMUMMTE Er hat Angst, er hat Angst!

Einige Vermummte lachen.

WIRT Ich zieh kein schwarzes Tuch über den Kopf . . .

VERMUMMTER Er wird ausgepeitscht.

WIRT Ich bin kein Jud!

VERMUMMTER Er kommt in ein Lager.

WIRT Ich bin kein Jud!

VERMUMMTER Er hat das gelbe Plakat nicht gelesen.

WIRT Erkennt ihr mich nicht? Du da? Ich bin der Wirt. Wer bist
du? Das könnt ihr nicht machen. Ihr da! Ich bin der Wirt, ich
bin der Wirt. Erkennt ihr mich nicht? Ihr könnt mich nicht
einfach im Stich lassen. Du da. Wer bin ich?

*Der Wirt hat den Lehrer gefaßt, der eben mit der Mutter
erschienen ist, unvermummt.*

LEHRER Du bist's, der den Stein geworfen hat?

Der Wirt läßt den Plasterstein fallen.

LEHRER Warum sagst du, mein Sohn hat's getan?

*Der Wirt vermummt sich und mischt sich unter die Vermumm-
ten, der Lehrer und die Mutter stehen allein.*

LEHRER Wie sie sich alle vermummen!

Pfiff

VERMUMMTER Was soll das bedeuten?

VERMUMMTER Schuh aus.

VERMUMMTER Wer?

VERMUMMTER Alle.

VERMUMMTER Jetzt?

VERMUMMTER Schuh aus, Schuh aus.

VERMUMMTER Wieso?

VERMUMMTER Er hat das gelbe Plakat nicht gelesen . . .

*Alle Vermummten knien nieder, um ihre Schuhe auszuziehen,
Stille, es dauert eine Weile.*

LEHRER Wie sie gehorchen!

*Ein schwarzer Soldat kommt, auch der Lehrer und die Mutter
müssen ein schwarzes Tuch nehmen.*

VERMUMMTER Ein Pfiff, das heißt: Schuh aus. Laut Plakat. Und
zwei Pfiff, das heißt: marschieren.

VERMUMMTER Barfuß?

VERMUMMTER Was sagt er?

VERMUMMTER Schuh aus, Schuh aus.

VERMUMMTER Und drei Pfiff, das heißt: Tuch ab.

VERMUMMTER Wieso Tuch ab?

VERMUMMTER Alles laut Plakat.

VERMUMMTER Was sagt er?

VERMUMMTER Alles laut Plakat.

VERMUMMTER Was heißt zwei Pfiff?

VERMUMMTER Marschieren?

VERMUMMTER Wieso barfuß?

VERMUMMTER Und drei Pfiff, das heißt: Tuch ab.

VERMUMMTER Wohin mit den Schuhn?

VERMUMMTER Wieso Tuch ab?

VERMUMMTER Wohin mit den Schuhn?

VERMUMMTER Tuch ab, das heißt: das ist der Jud.

VERMUMMTER Alles laut Plakat.

VERMUMMTER Kein Andorraner hat etwas zu fürchten.

VERMUMMTER Was sagt er?

VERMUMMTER Kein Andorraner hat etwas zu fürchten.

VERMUMMTER Wohin mit den Schuhn?

Der Lehrer, unvermummt, tritt mitten unter die Vermummten und ist der einzige, der steht.

LEHRER Andri ist mein Sohn.

VERMUMMTER Was können wir dafür.

LEHRER Hört ihr, was ich sage?

VERMUMMTER Was sagt er?

VERMUMMTER Andri sei sein Sohn.

VERMUMMTER Warum versteckt er sich denn?

LEHRER Ich sage: Andri ist mein Sohn.

VERMUMMTER Jedenfalls hat er den Stein geworfen.

LEHRER Wer von euch sagt das?

VERMUMMTER Wohin mit den Schuhn?

LEHRER Warum lügt ihr? Einer von euch hat's getan. Warum sagt ihr, mein Sohn hat's getan –

Trommelwirbel

Wer unter ihnen der Mörder ist, sie untersuchen es nicht. Tuch drüber! Sie wollen's nicht wissen. Tuch darüber! Daß einer sie fortan bewirtet mit Mörderhänden, es stört sie nicht. Wohlstand ist alles! Der Wirt bleibt Wirt, der Amtsarzt bleibt Amtsarzt. Schau sie dir an! wie sie ihre Schuhe richten in Reih und Glied. Alles laut Plakat! Und einer von ihnen ist doch ein Meuchelmörder. Tuch darüber! Sie hassen nur den, der sie daran erinnert –

Trommelwirbel

Ihr seid ein Volk! Herrgott im Himmel, den es nicht gibt zu eurem Glück, ihr seid ein Volk!

Auftritt der Soldat mit der Trommel.

SOLDAT Bereit?

Alle Vermummten erheben sich, ihre Schuhe in der Hand.

SOLDAT Die Schuh bleiben am Platz. Aber ordentlich! Wie bei der Armee. Verstanden? Schuh neben Schuh. Wird's? Die Armee ist verantwortlich für Ruhe und Ordnung. Was macht das für einen Eindruck! Ich habe gesagt: Schuh neben Schuh. Und hier wird nicht gemurrt.

Der Soldat prüft die Reihe der Schuhe.

Die da!

VERMUMMTER Ich bin der Wirt.

SOLDAT Zu weit hinten!

Der Vermummte richtet seine Schuhe aus.

SOLDAT Ich verlese nochmals die Order.

Ruhe

SOLDAT »Bürger von Andorra! Die Judenschau ist eine Maßnahme zum Schutze der Bevölkerung in befreiten Gebieten, beziehungsweise zur Wiederherstellung von Ruhe und Ordnung. Kein Andorraner hat etwas zu fürchten. Ausführungsbestimmungen siehe gelbes Plakat.« Ruhe! »Andorra, 15. September. Der Oberbefehlshaber.« – Wieso haben Sie kein Tuch überm Kopf?

LEHRER Wo ist mein Sohn?

SOLDAT Wer?

LEHRER Wo ist Andri?

SOLDAT Der ist dabei, keine Sorge, der ist uns nicht durch die Maschen gegangen. Der marschiert. Barfuß wie alle andern.

LEHRER Hast du verstanden, was ich sage?

SOLDAT Ausrichten! Auf Vordermanngehen!

LEHRER Andri ist mein Sohn.

274

SOLDAT Das wird sich jetzt zeigen –

Trommelwirbel

SOLDAT Ausrichten!

Die Vermummten ordnen sich.

SOLDAT Also, Bürger von Andorra, verstanden: 's wird kein
Wort geredet, wenn der Judenschauer da ist. Ist das klar? Hier
geht's mit rechten Dingen zu, das ist wichtig. Wenn gepfiffen
wird: stehenbleiben auf der Stelle. Verstanden? Achungstel-
lung wird nicht verlangt. Ist das klar? Achtungstellung macht
nur die Armee, weil sie's geübt hat. Wer kein Jud ist, ist frei.
Das heißt: Ihr geht sofort an die Arbeit. Ich schlag die Trommel.

Der Soldat tut es.

Und so einer nach dem andern. Wer nicht stehenbleibt, wenn
der Judenschauer pfeift, wird auf der Stelle erschossen. Ist das
klar?

Glockenbimmeln

LEHRER Wo bleibt der Pater in dieser Stunde?

SOLDAT Der betet wohl für den Jud!

LEHRER Der Pater weiß die Wahrheit –

Auftritt der Judenschauer

SOLDAT Ruhe!

*Die schwarzen Soldaten präsentieren das Gewehr und verhar-
ren in dieser Haltung, bis der Judenschauer, der sich wie ein
schlichter Beamter benimmt, sich auf den Sessel gesetzt hat
inmitten des Platzes. Gewehr bei Fuß. Der Judenschauer
nimmt seinen Zwicker ab, putzt ihn, setzt ihn wieder auf. Auch
der Lehrer und die Mutter sind jetzt vermummt. Der Judenschauer wartet, bis das Glockenbimmeln verstummt ist, dann
gibt er ein Zeichen; zwei Pfiffe.*

SOLDAT Der erste!

Niemand rührt sich.

Los, vorwärts, los!

Der Idiot geht als erster.

Du doch nicht!

Angstgelächter unter den Vermummten

Ruhe!

Trommelschlag

Was ist denn los, verdammt nochmal, ihr sollt über den Platz gehen wie gewöhnlich. Also los – vorwärts!

Niemand rührt sich.

Kein Andorraner hat etwas zu fürchten ...

Barblin, vermummt, tritt vor.

Hierher!

Barblin tritt vor den Judenschauer und wirft ihm das schwarze Tuch vor die Stiefel.

Was soll das?

BARBLIN Das ist das Zeichen.

Bewegung unter den Vermummten

BARBLIN Sag's ihm: Kein Andorraner geht über den Platz! Keiner von uns! Dann sollen sie uns peitschen. Sag's ihm! Dann sollen sie uns alle erschießen.

Zwei schwarze Soldaten fassen Barblin, die sich vergeblich wehrt. Niemand rührt sich. Die schwarzen Soldaten ringsum haben ihre Gewehre in den Anschlag genommen. Alles lautlos. Barblin wird weggeschleift.

SOLDAT ... Also los jetzt. Einer nach dem andern. Muß man euch peitschen? Einer nach dem andern.

Jetzt gehen sie.

Langsam, langsam!

Wer vorbei ist, zieht das Tuch vom Kopf.

Die Tücher werden zusammengefaltet. Aber ordentlich! hab ich gesagt. Sind wir ein Saustall hierzuland? Das Hoheitszeichen kommt oben rechts. Was sollen unsre Ausländer sich denken!

Andere gehen zu langsam.

Aber vorwärts, daß es Feierabend gibt.

Der Judenschauer mustert ihren Gang aufmerksam, aber mit der Gelassenheit der Gewöhnung und von seiner Sicherheit gelangweilt. Einer strauchelt über den Pflasterstein.

Schaut euch das an!

VERMUMMTER Ich heiße Prader.

SOLDAT Weiter.

VERMUMMTER Wer hat mir das Bein gestellt?

SOLDAT Niemand.

Der Tischler nimmt sein Tuch ab.

SOLDAT Weiter, sag ich, weiter. Der Nächste. Und wer vorbei ist,
nimmt sofort seine Schuh. Muß man euch alles sagen, Herrgott
nochmal, wie in einem Kindergarten?

Trommelschlag

TISCHLER Jemand hat mir das Bein gestellt.

SOLDAT Ruhe!

Einer geht in falscher Richtung.

SOLDAT Wie die Hühner, also wie die Hühner!

Einige, die vorbei sind, kichern.

VERMUMMTER Ich bin der Amtsarzt.

SOLDAT Schon gut, schon gut.

DOKTOR *nimmt sein Tuch ab.*

SOLDAT Nehmen Sie Ihre Schuh.

DOKTOR Ich kann nicht sehen, wenn ich ein Tuch über dem Kopf
habe. Das bin ich nicht gewohnt. Wie soll ich gehen, wenn ich
keinen Boden sehe!

SOLDAT Weiter, sag ich, weiter.

DOKTOR Das ist eine Zumutung!

SOLDAT Der Nächste.

Trommelschlag

SOLDAT Könnt ihr eure verdammten Schuh nicht zuhaus anziehen? Wer frei ist, hab ich gesagt, nimmt seine Schuh und
verschwindet. Was steht ihr da herum und gafft?

Trommelschlag

SOLDAT Der Nächste.

DOKTOR Wo sind meine Schuhe? Jemand hat meine Schuhe
genommen. Das sind nicht meine Schuhe.

SOLDAT Warum nehmen Sie grad die?

DOKTOR Sie stehen an meinem Platz.

SOLDAT Also wie ein Kindergarten!

DOKTOR Sind das vielleicht meine Schuhe?

Trommelschlag

DOKTOR Ich gehe nicht ohne meine Schuhe.

SOLDAT Jetzt machen Sie keine Krämpfe!

DOKTOR Ich gehe nicht barfuß. Das bin ich nicht gewohnt. Und sprechen Sie anständig mit mir. Ich lasse mir diesen Tonfall nicht gefallen.

SOLDAT Also was ist denn los?

DOKTOR Ich mache keine Krämpfe.

SOLDAT Ich weiß nicht, was Sie wollen.

DOKTOR Meine Schuhe.

Der Judenschauer gibt ein Zeichen; ein Pfiff.

SOLDAT Ich bin im Dienst!

Trommelschlag

SOLDAT Der Nächste.

Niemand rührt sich.

DOKTOR Das sind nicht meine Schuhe!

SOLDAT *nimmt ihm die Schuhe aus der Hand.*

DOKTOR Ich beschwere mich, jawohl, ich beschwere mich, jemand hat meine Schuhe vertauscht, ich gehe keinen Schritt und wenn man mich anschnauzt, schon gar nicht.

SOLDAT Wem gehören diese Schuh?

DOKTOR Ich heiße Ferrer –

SOLDAT Wem gehören diese Schuh?

Er stellt sich vorne an die Rampe.

's wird sich ja zeigen!

DOKTOR Ich weiß genau, wem die gehören.

SOLDAT Also weiter!

Trommelschlag

SOLDAT Der Nächste.

Niemand rührt sich.

DOKTOR – ich habe sie.

Niemand rührt sich.

SOLDAT Wer hat denn jetzt wieder Angst?

Sie gehen wieder einer nach dem andern, das Verfahren ist eingespielt, so daß es langweilig wird. Einer von denen, die vorbeigegangen sind vor dem Judenschauer und das Tuch vom Kopf nehmen, ist der Geselle.

GESELLE Wie ist das mit dem Hoheitszeichen?

EINER Oben rechts.

GESELLE Ob er schon durch ist?

Der Judenschauer gibt wieder ein Zeichen; drei Pfiffe.

SOLDAT Halt!

Der Vermummte steht.

Tuch ab.

Der Vermummte rührt sich nicht.

Tuch ab, Jud, hörst du nicht!

Der Soldat tritt zu dem Vermummten und nimmt ihm das Tuch ab, es ist der Jemand, starr vor Schrecken.

Der ist's nicht. Der sieht nur so aus, weil er Angst hat. Der ist es nicht. So hab doch keine Angst! Der sieht nämlich ganz anders aus, wenn er lustig ist . . .

Der Judenschauer hat sich erhoben, umschreitet den Jemand, mustert lang und beamtenhaft – unbeteiligt – gewissenhaft. Der Jemand entstellt sich zusehends. Der Judenschauer hält ihm seinen Kugelschreiber unters Kinn.

SOLDAT Kopf hoch, Mensch, starr nicht wie einer!

Der Judenschauer mustert noch die Füße, setzt sich wieder und gibt einen nachlässigen Wink.

SOLDAT Hau ab, Mensch!

Entspannung in der Menge

DOKTOR Der irrt sich nicht. Was hab ich gesagt? Der irrt sich nie, der hat den Blick . . .

Trommelschlag

SOLDAT Der Nächste.

Sie gehen wieder im Gänsemarsch

Was ist denn das für eine Schweinerei, habt ihr kein eignes Taschentuch, wenn ihr schwitzt, ich muß schon sagen!

Ein Vermummter nimmt den Pflasterstein.

Heda, was macht denn der?

VERMUMMTER Ich bin der Wirt –

SOLDAT Was kümmert Sie dieser Pflasterstein?

VERMUMMTER Ich bin der Wirt – ich – ich –

Der Wirt bleibt vermummt.

SOLDAT Scheißen Sie deswegen nicht in die Hose!

Es wird da und dort gekichert, wie man über eine beliebte lächerliche Figur kichert, mitten in diese bängliche Heiterkeit hinein fällt der dreifache Pfiff auf das Zeichen des Juden-schauers.

Halt. –

Der Lehrer nimmt sein Tuch ab.

Nicht Sie, der dort, der andre!

Der Vermummte rührt sich nicht.

Tuch ab!

Der Judenschauer erhebt sich.

DOKTOR Der hat den Blick. Was hab ich gesagt? Der sieht's am Gang ...

SOLDAT Drei Schritt vor!

DOKTOR Er hat ihn ...

SOLDAT Drei Schritt zurück.

Der Vermummte gehorcht.

Lachen!

DOKTOR Er hört's am Lachen ...

SOLDAT Lachen! oder sie schießen.

Der Vermummte versucht zu lachen.

Lauter!

Der Vermummte versucht zu lachen.

DOKTOR Wenn das kein Judenlachen ist ...

Der Soldat stößt den Vermummten.

SOLDAT Tuch ab, Jud, es hilft dir nichts. Tuch ab. Zeig dein Gesicht. Oder sie schießen.

LEHRER Andri?!

SOLDAT Ich zähl auf drei.

Der Vermummte rührt sich nicht.

SOLDAT Eins –

LEHRER Nein!

SOLDAT Zwei –

Der Lehrer reißt ihm das Tuch ab.

SOLDAT Drei ...

LEHRER Mein Sohn!

Der Judenschauer umschreitet und mustert Andri.

LEHRER Er ist mein Sohn!

Der Judenschauer mustert die Füße, dann gibt er ein Zeichen, genauso nachlässig wie zuvor, aber ein anderes Zeichen, und zwei schwarze Soldaten übernehmen Andri.

TISCHLER Gehn wir.

MUTTER *tritt vor und nimmt ihr Tuch ab.*

SOLDAT Was will jetzt die?

MUTTER Ich sag die Wahrheit.

SOLDAT Ist Andri dein Sohn?

MUTTER Nein.

SOLDAT Hört ihr's! Hört ihr's?

MUTTER Aber Andri ist der Sohn von meinem Mann –

WIRT Sie soll's beweisen.

MUTTER Das ist wahr. Und Andri hat den Stein nicht geworfen, das weiß ich auch, denn Andri war zu Haus, als das geschehn ist. Das schwör ich. Ich war selbst zu Haus. Das weiß ich und das schwör ich bei Gott, dem Allmächtigen, der unser Richter ist in Ewigkeit.

WIRT Sie lügt.

MUTTER Laßt ihn los.

Der Judenschauer erhebt sich nochmals.

SOLDAT Ruhe!

Der Judenschauer tritt nochmals zu Andri und wiederholt die Musterung, dann kehrt er die Hosentaschen von Andri, Münzen fallen heraus, die Andorraner weichen vor dem rollenden Geld, als ob es Lava wäre, der Soldat lacht.

SOLDAT Judengeld.

DOKTOR Der irrt sich nicht . . .

LEHRER Was Judengeld? Euer Geld, unser Geld. Was habt ihr denn andres in euren Taschen?

Der Judenschauer betastet das Haar.

LEHRER Warum schweigst du?!

ANDRI *lächelt.*

LEHRER Er ist mein Sohn, er soll nicht sterben, mein Sohn, mein Sohn!

281

Der Judenschauer geht, die Schwarzen präsentieren das Gewehr; der Soldat übernimmt die Führung.

SOLDAT Woher dieser Ring?

TISCHLER Wertsachen hat er auch . . .

SOLDAT Her damit!

ANDRI Nein.

SOLDAT Also her damit!

ANDRI Nein – bitte . . .

SOLDAT Oder sie hauen dir den Finger ab.

ANDRI Nein! Nein!

Andri setzt sich zur Wehr.

TISCHLER Wie er sich wehrt um seine Wertsachen . . .

DOKTOR Gehn wir . . .

Andri ist von schwarzen Soldaten umringt und nicht zu sehen, als man seinen Schrei hört, dann Stille.

Andri wird abgeführt.

LEHRER Duckt euch. Geht heim. Ihr wißt von nichts. Ihr habt es nicht gesehen. Ekelt euch. Geht heim vor euren Spiegel und ekelt euch.

Die Andorraner verlieren sich nach allen Seiten, jeder nimmt seine Schuhe.

SOLDAT Der braucht jetzt keine Schuhe mehr.

Der Soldat geht.

JEMAND Der arme Jud. –

WIRT Was können wir dafür.

Der Jemand geht ab, die anderen gehen in Richtung auf die Pinte.

TISCHLER Mir einen Korn.

DOKTOR Mir auch einen Korn.

TISCHLER Da sind noch seine Schuh.

DOKTOR Gehn wir hinein.

TISCHLER Das mit dem Finger ging zu weit . . .

Tischler, Doktor und Wirt verschwinden in der Pinte. Die Szene wird dunkel, das Orchestrion fängt von selbst an zu spielen, die immergleiche Platte. Wenn die Szene wieder hell wird, kniet Barblin und weißelt das Pflaster des Platzes;

282

Barblin ist geschoren. Auftritt der Pater. Die Musik hört auf.

BARBLIN Ich weißle, ich weißle.

PATER Barblin!

BARBLIN Warum soll ich nicht weißeln, Hochwürden, das Haus meiner Väter?

PATER Du redest irr.

BARBLIN Ich weißle.

PATER Das ist nicht das Haus deines Vaters, Barblin.

BARBLIN Ich weißle, ich weißle.

PATER Es hat keinen Sinn.

BARBLIN Es hat keinen Sinn.

Auftritt der Wirt.

WIRT Was macht denn die hier?

BARBLIN Hier sind seine Schuh.

WIRT *will die Schuh holen.*

BARBLIN Halt!

PATER Sie hat den Verstand verloren.

BARBLIN Ich weißle, ich weißle. Was macht ihr hier? Wenn ihr nicht seht, was ich sehe, dann seh ihr: Ich weißle.

WIRT Laß das!

BARBLIN Blut, Blut, Blut überall.

WIRT Das sind meine Tische!

BARBLIN Meine Tische, deine Tische, unsre Tische.

WIRT Sie soll das lassen!

BARBLIN Wer bist du?

PATER Ich habe schon alles versucht.

BARBLIN Ich weißle, ich weißle, auf daß wir ein weißes Andorra haben, ihr Mörder, ein schneeweißes Andorra, ich weißle euch alle – alle.

Auftritt der ehemalige Soldat.

BARBLIN Er soll mich in Ruhe lassen, Hochwürden, er hat ein Aug auf mich, Hochwürden, ich bin verlobt.

SOLDAT Ich habe Durst.

BARBLIN Er kennt mich nicht.

SOLDAT Wer ist die?

283

BARBLIN Die Judenhure Barblin.

SOLDAT Verschwinde!

BARBLIN Wer bist du?

Barblin lacht.

Wo hast du deine Trommel?

SOLDAT Lach nicht!

BARBLIN Wo hast du meinen Bruder hingebracht?

Auftritt der Tischler mit dem Gesellen.

BARBLIN Woher kommt ihr, ihr alle, wohin geht ihr, ihr alle, warum geht ihr nicht heim, ihr alle, ihr alle, und hängt euch auf?

TISCHLER Was sagt sie?

BARBLIN Der auch!

WIRT Die ist übergeschnappt.

SOLDAT Schafft sie doch weg.

BARBLIN Ich weißle.

TISCHLER Was soll das?

BARBLIN Ich weißle, ich weißle.

Auftritt der Doktor.

BARBLIN Haben Sie einen Finger gesehn?

DOKTOR *sprachlos.*

BARBLIN Haben Sie keinen Finger gesehn?

SOLDAT Jetzt aber genug!

PATER Laßt sie in Ruh.

WIRT Sie ist ein öffentliches Ärgernis.

TISCHLER Sie soll uns in Ruh lassen.

WIRT Was können wir dafür.

GESELLE Ich hab sie ja gewarnt.

DOKTOR Ich finde, sie gehört in eine Anstalt.

BARBLIN *starrt.*

PATER Ihr Vater hat sich im Schulzimmer erhängt. Sie sucht ihren Vater, sie sucht ihr Haar, sie sucht ihren Bruder.

Alle, außer Pater und Barblin, gehen in die Pinte.

PATER Barblin, hörst du, wer zu dir spricht?

BARBLIN *weißelt das Pflaster.*

PATER Ich bin gekommen, um dich heimzuführen.

BARBLIN Ich weißle.

PATER Ich bin der Pater Benedikt.

BARBLIN *weißelt das Pflaster.*

PATER Ich bin der Pater Benedikt.

BARBLIN Wo, Pater Benedikt, bist du gewesen, als sie unsern Bruder geholt haben wie Schlachtvieh, wie Schlachtvieh, wo? Schwarz bist du geworden, Pater Benedikt...

PATER *schweigt.*

BARBLIN Vater ist tot.

PATER Das weiß ich, Barblin.

BARBLIN Und mein Haar?

PATER Ich bete für Andri jeden Tag.

BARBLIN Und mein Haar?

PATER Dein Haar, Barblin, wird wieder wachsen –

BARBLIN Wie das Gras aus den Gräbern.

Der Pater will Barblin wegführen, aber sie bleibt plötzlich stehen und kehrt zu den Schuhen zurück.

PATER Barblin – Barblin...

BARBLIN Hier sind seine Schuh. Rührt sie nicht an! Wenn er wiederkommt, das hier sind seine Schuh.

Biografie: Ein Spiel

»Ich denke häufig; wie, wenn man das Leben noch einmal beginnen könnte, und zwar bei voller Erkenntnis? Wie, wenn das eine Leben, das man schon durchlebt hat, sozusagen ein erster Entwurf war, zu dem das zweite die Reinschrift bilden wird! Ein jeder von uns würde dann, so meine ich, bemüht sein, vor allem sich nicht selber zu wiederholen, zumindest würde er für sich selbst eine andere Lebensweise schaffen, er würde für sich eine solche Wohnung mit Blumen nehmen, mit einer Menge Licht... Ich habe eine Frau und zwei Mädchen, und meine Frau ist oft krank, und es gibt so viele Dinge, so vieles... je nun, wenn ich mein Leben von neuem beginnen sollte, so würde ich nicht heiraten... Nein, nein.«

Werschinin in ›DREI SCHWESTERN‹
von Anton Tschechow

Personen

KÜRMANN

ANTOINETTE

REGISTRATOR

FRAU HUBALEK

DER ALTE REKTOR

ROTZ, *ein Zehnjähriger*

EIN KORPORAL

DIE MUTTER

ARZT

SCHWESTER AGNES

HELEN, *eine Mulattin*

DER VATER

DIE BRAUT

DIE SCHWIEGERELTERN

EIN EVANGELISCHER PFARRER

EIN HOCHZEITSKIND

THOMAS, *der Sohn*

EIN FLÜCHTLING

PROFESSOR KROLEVSKY

EIN BALLETT-LEHRER

BALLETT-SCHÜLERINNEN

EIN KELLNER

EINER VOM VERFASSUNGSSCHUTZ

HENRIK, *Werbefachmann*

SEINE FRAU

EGON STAHEL

SEINE FRAU

SCHNEIDER

HORNACHER, *der neue Rektor*

PINA, *eine Calabresin*

ROTZLER, *Handels-Attaché*

MARLIS

Erster Teil

*Wenn der Vorhang aufgeht: Arbeitslicht, man sieht die ganze
Bühne, in der Mitte stehen die Möbel, die bei Spiellicht ein
modernes Wohnzimmer darstellen: ein Schreibtisch rechts,
links Sofa und Fauteuil und Stehlampe, keine Wände. Eine
junge Dame, im Abendkleid, sitzt im Fauteuil und wartet, sie
trägt eine Hornbille. Stille. Dann hört man ein schlechtes
Klavier nebenan: Takte, die abbrechen, Wiederholung, wie
wenn geprobt wird, dann wieder Stille; die junge Dame wartet
weiter. Endlich kommt ein Herr mit einem Dossier und geht zu
einem Pult im Vordergrund links, das nicht zum Zimmer
gehört; er legt das Dossier auf das Pult und knipst ein Neon-
Licht an.*

REGISTRATOR Also: – *Er blättert im Dossier, dann liest er:* »26.
Mai 1960. Gäste. Es wurde spät. Als die Gäste endlich
gegangen waren, saß sie einfach da. Was macht man mit einer
Unbekannten, die nicht geht, die einfach sitzen bleibt und
schweigt um zwei Uhr nachts? Es mußte nicht sein.« *Er knipst
das Neon-Licht aus.* Bitte.
Spiellicht

*Stimmen draußen, Gelächter, schließlich Stille, kurz darauf
erscheint Kürmann, der vor sich hin pfeift, bis er die junge
Dame sieht.*
ANTOINETTE Ich gehe auch bald.
*Schweigen, er steht ratlos, dann beginnt er Flaschen und
Gläser abzuräumen, Aschenbecher abzuräumen, dann steht er
wieder ratlos.*
KÜRMANN Ist Ihnen nicht wohl?
ANTOINETTE Im Gegenteil. *Sie nimmt sich eine Zigarette.* Nur
noch eine Zigarette. *Sie wartet vergeblich auf Feuer.* Wenn
ich nicht störe. *Sie zündet an und raucht.* Ich habe es sehr

genossen. Einige waren sehr nett, fand ich, sehr anregend . . .

Schweigen

ANTOINETTE Haben Sie noch etwas zu trinken?

*Kürmann geht zu einer kleinen Hausbar und gießt Whisky ein,
er hantiert umständlich, um sein Schweigen zu unterstreichen,
höflich wie ein Gastgeber, dem nichts andres übrig bleibt.*

KÜRMANN Eis?

Kürmann überreicht den Whisky.

ANTOINETTE Und Sie?

KÜRMANN Ich habe morgen zu arbeiten.

ANTIONETTE Was arbeiten Sie?

Stundenschlag: zwei Uhr

KÜRMANN Es ist zwei Uhr.

ANTOINETTE Sie erwarten noch jemand?

KÜRMANN Im Gegenteil.

ANTOINETTE Sie sind müde.

KÜRMANN Zum Umfallen.

ANTOINETTE Warum setzen Sie sich nicht?

Kürmann bleibt stehen und schweigt.

ANTOINETTE Ich kann nicht schneller trinken.

Pause

ANTOINETTE Eigentlich wollte ich nur noch einmal Ihre alte
Spieluhr hören. Spieluhren faszinieren mich: Figuren, die
immer die gleichen Gesten machen, sobald es klimpert, und
immer ist es dieselbe Walze, trotzdem ist man gespannt jedesmal. Sie nicht?

Sie leert langsam ihr Glas.

KÜRMANN Noch ein Whisky?

Sie löscht ihre Zigarette.

ANTOINETTE Ich werde jetzt gehen.

KÜRMANN Haben Sie einen Wagen?

ANTOINETTE Nein.

KÜRMANN Darf ich Sie fahren?

ANTOINETTE Ich denke, Sie sind müde.

KÜRMANN Überhaupt nicht.

ANTOINETTE Ich auch nicht.

Sie nimmt sich wieder eine Zigarette.

ANTOINETTE Warum sehen Sie mich so an? Haben Sie noch Feuer? Warum sehen Sie mich so an?

Kürmann gibt Feuer, dann geht er zur Hausbar und gießt sich einen Whisky ein, er steht mit dem Rücken gegen sie, das Glas in der Hand, ohne zu trinken.

KÜRMANN Haben Sie etwas gesagt?

ANTOINETTE Nein.

KÜRMANN Ich auch nicht.

Schweigen, sie raucht gelassen vor sich hin, Kürmann blickt sie an, dann setzt er sich in einen Sessel, verschränkt die Beine und zeigt, daß er wartet. Schweigen.

KÜRMANN Was halten Sie von Wittgenstein?

ANTOINETTE Wie kommen Sie auf Wittgenstein?

KÜRMANN Zum Beispiel. *Er trinkt.* Wir können ja nicht einfach schweigen, bis draußen der Morgen graut und die Vögel zwitschern. *Er trinkt.* Was sagen Sie zum Fall Krolevsky?

ANTOINETTE Wer ist Krolevsky?

KÜRMANN Professor Krolevsky, der heute abend hier gewesen ist, Professor Wladimir Krolevsky. Was halten Sie von Marxismus-Leninismus? Ich könnte auch fragen: Wie alt sind Sie?

ANTOINETTE 29.

KÜRMANN Was arbeiten Sie, wo leben Sie.

ANTOINETTE Zurzeit in Paris.

KÜRMANN – dabei habe ich kein Bedürfnis es zu wissen, offen gestanden, nicht das mindeste Bedürfnis. Ich frage bloß, um nicht zu schweigen, um nicht unhöflich zu sein. Um zwei Uhr nachts. Sie nötigen mich zu einer Neugierde, die nicht besteht. Offen gestanden. Und auch das, sehen Sie, sage ich bloß, damit in diesem Zimmer gesprochen wird um zwei Uhr nachts. *Er trinkt.* Ich kenne das!

ANTOINETTE Was?

KÜRMANN Je schweigsamer die Dame, umso überzeugter ist der Mann, daß er für die Langeweile verantwortlich sei. Und je mehr ich dabei trinke, umso weniger fällt mir ein, und je weniger mir einfällt, umso offenherziger werde ich reden, umso

293

persönlicher, bloß weil man unter vier Augen ist. Um zwei Uhr nachts. *Er trinkt.* Ich kenne das! *Er trinkt* – dabei hören Sie überhaupt nicht zu, glauben Sie mir, überhaupt nicht. Sie rauchen bloß vor sich hin und schweigen und warten bloß, bis mir nichts andres mehr einfällt als die sozusagen nackte Tatsache, daß wir Mann und Frau sind –

Sie löscht ihre Zigarette.

ANTOINETTE Warum bestellen Sie mir kein Taxi?

KÜRMANN Sobald Sie darum bitten.

Pause

ANTOINETTE Ich höre Ihnen wirklich zu.

Kürmann erhebt sich.

KÜRMANN Spielen Sie Schach?

ANTOINETTE Nein.

KÜRMANN Dann lernen Sie's heute nacht.

ANTOINETTE Warum?

Kürmann geht hinaus.

ANTOINETTE Warum bestellen Sie kein Taxi?

Kürmann kommt mit einem Schach.

KÜRMANN Hier: Die Bauern. Die können nicht zurück. Das ist ein Springer. Ferner gibt es Türme. Hier: das sind Läufer. Einer auf Weiß, einer auf Schwarz. Das ist die Dame. Die darf alles. Der König. *Pause, bis er sämtliche Figuren aufgestellt hat.* Ich bin nicht müde, aber wir werden nicht sprechen, bis der Morgen graut und draußen die Vögel zwitschern, kein Wort.

Sie nimmt ihre Handtasche und erhebt sich.

KÜRMANN – Sie können hier schlafen, aber es wäre besser, wenn Sie es nicht täten, offen gesprochen, es wäre mir lieber.

Sie setzt sich auf ein Sofa, um ihre Lippen zu malen, Kürmann sitzt vor dem Schach und stopft sich eine Pfeife, Blick auf das Schach.

KÜRMANN Sie sind am Zug.

ANTOINETTE Auch ich habe morgen zu arbeiten.

KÜRMANN Sie haben Weiß, weil Sie der Gast sind. *Er zündet die Pfeife an* – ich bin nicht betrunken, und Sie sind es auch nicht, wir wissen beide, was wir nicht wollen. *Er braucht ein zweites Streichholz* – ich bin nicht verliebt. *Er braucht ein drittes Streichholz.* Sie sehen, ich rede schon sehr vertraulich, und das ist genau, was ich nicht wollte, und dabei kenne ich nicht einmal Ihren Namen.

ANTOINETTE Antoinette.

KÜRMANN Wir sehen einander heute zum ersten Mal: Sie gestatten, daß ich Sie nicht beim Vornamen nenne.

ANTOINETTE Stein.

KÜRMANN Fräulein Stein: –

Sie schraubt den Lippenstift zu.

ANTOINETTE Ich spiele nicht Schach.

Sie nimmt die Puderdose.

KÜRMANN Ich erkläre Ihnen Zug für Zug. Sie eröffnen mit dem Königsbauer. Gut. Ich sichere: ebenfalls mit dem Königsbauer. Jetzt kommen Sie mit dem Springer heraus.

Sie pudert sich.

KÜRMANN Fräulein Stein, ich schätze Sie.

ANTOINETTE Wieso?

KÜRMANN Das weiß ich nicht, aber wenn wir jetzt nicht Schach spielen, so weiß ich, wie es weitergeht: Ich werde Sie verehren, daß die Welt sich wundert, ich werde Sie verwöhnen. Ich kann das. Ich werde Sie auf Händen tragen, Sie eignen sich dazu. Ich werde glauben, daß ich ohne Antoinette Stein nicht leben kann. Ich werde ein Schicksal draus machen. Sieben Jahre lang. Ich werde Sie auf Händen tragen, bis wir zwei Rechtsanwälte brauchen.

Sie klappt ihre Puderdose zu.

KÜRMANN Spielen wir Schach.

Sie erhebt sich.

KÜRMANN Was suchen Sie?

ANTOINETTE Meine Jacke.

Kürmann erhebt sich und gibt ihr die Jacke.

KÜRMANN Wir werden einander dankbar sein, Antoinette, sieben Jahre lang, wenn Sie jetzt gestatten, daß ich ein Taxi bestelle.

ANTOINETTE Ich bitte darum.

Kürmann geht ans Telefon und bestellt ein Taxi.

KÜRMANN Er kommt sofort.

ANTOINETTE Danke.

KÜRMANN Ich danke Ihnen.

Pause, sie blicken einander an.

KÜRMANN – wie zwei Katzen. Miau. Sie müssen fauchen. Zsch. Sonst fauche ich. Zsch.

Sie steht und nimmt sich eine Zigarette.

KÜRMANN Miau, Miau, Miau.

Sie zündet die Zigarette an.

KÜRMANN Sie machen es ausgezeichnet: die Augen, wenn Sie rauchen und dabei die Augen beinahe schließen, diese Schlitz-augen jetzt: ganz ausgezeichnet.

ANTOINETTE Zsch.

KÜRMANN Miau.

ANTOINETTE Miau.

BEIDE Miau-au-auau-au.

Sie lachen.

ANTOINETTE Spaß beiseite.

KÜRMANN Spaß beiseite.

Kürmann nimmt ihr die Jacke ab.

ANTOINETTE Was machen Sie?

Es klingelt.

ANTOINETTE Mein Taxi ist da.

KÜRMANN Spaß beiseite.

Kürmann nimmt ihr die Hornbrille ab.

ANTOINETTE Löschen Sie wenigstens das Licht.

KÜRMANN Können wir nochmals anfangen?

Neon-Licht.

REGISTRATOR Wo wollen Sie nochmals anfangen?

KÜRMANN Stundenschlag zwei Uhr.

REGISTRATOR Wie Ihnen beliebt.

Kürmann gibt die Hornbrille zurück.

KÜRMANN Entschuldigung.

ANTOINETTE Bitte.

Sie setzt sich in den Fauteuil. Neon-Licht aus.

REGISTRATOR Bitte.

Stundenschlag: zwei Uhr

ANTOINETTE »Eigentlich wollte ich nur noch einmal Ihre alte
Spieluhr hören. Spieluhren faszinieren mich: die Figuren, die
immer ihre gleichen Gesten machen, und immer ist es dieselbe
Walze, man weiß es, trotzdem ist man gespannt jedesmal.«

KÜRMANN Ich weiß.

ANTOINETTE »Sie nicht?«

*Kürmann geht zur Spieluhr und kurbelt, man hört ein heiteres
Geklimper, er kurbelt, bis die Walze zu Ende ist.*

KÜRMANN Womit kann ich sonst noch dienen?

Kürmann geht zur Hausbar.

KÜRMANN Leider ist kein Whisky mehr da.

ANTOINETTE Das macht nichts.

Sie nimmt sich eine Zigarette.

Was halten Sie von Wittgenstein?

Kürmann gießt sich Whisky ein.

KÜRMANN »Ich habe morgen zu arbeiten.«

ANTOINETTE »Was arbeiten Sie?«

Kürmann trinkt.

REGISTRATOR Warum sagen Sie's nicht?

ANTOINETTE »Was arbeiten Sie?«

KÜRMANN Verhaltensforschung.

Kürmann trinkt.

REGISTRATOR Weiter!

KÜRMANN Um acht Uhr kommt Frau Hubalek.

ANTOINETTE Wer ist Frau Hubalek?

KÜRMANN Meine Haushälterin.

REGISTRATOR Stop!

Neon-Licht

REGISTRATOR Das können Sie nicht sagen, Herr Kürmann. Kaum
sehen Sie eine junge Dame in Ihrer Wohnung um zwei Uhr

297

nachts, schon denken Sie dran, daß um acht Uhr morgens Ihre Haushälterin kommt.

KÜRMANN Fangen wir nochmals an.

REGISTRATOR Und dann melden Sie, es sei kein Whisky mehr da, und kaum haben Sie gelogen, nehmen Sie eine andere Flasche, gießen sich selbst einen Whisky ein.

ANTOINETTE Das habe ich nicht einmal bemerkt.

KÜRMANN Fangen wir nochmals an!

REGISTRATOR Von Anfang an?

KÜRMANN Bitte.

REGISTRATOR Wie Ihnen beliebt.

KÜRMANN Wieso trägt sie plötzlich keine Brille?

REGISTRATOR Das kann die Dame halten, wie sie will. Das haben Sie nicht zu bestimmen, Herr Kürmann. Was Sie wählen können, ist Ihr eigenes Verhalten. Bleiben Sie ganz unbefangen, Hornbrille hin oder her. Und denken Sie nicht immer: Ich kenne das. Sie kommen herein, pfeifen vor sich hin, ein Mann auf der Höhe seiner Laufbahn: Sie sind Professor geworden –

KÜRMANN Ich weiß.

REGISTRATOR Man hat Sie gefeiert, Surprise-party, Sie sehen Ihre Frau zum ersten Mal – ganz unbefangen.

KÜRMANN Das ist leicht gesagt.

REGISTRATOR Ganz unbefangen, ganz locker.

Kürmann geht hinaus.

ANTOINETTE Von Anfang an?

REGISTRATOR Wenn ich bitten darf.

Neon-Licht aus

ANTOINETTE Soll ich nun die Hornbrille tragen oder nicht?

Stimmen draußen, Gelächter, dann Stille, kurz darauf kommt Kürmann ins Zimmer und pfeift vor sich hin, bis er die junge Dame im Fauteuil sieht.

ANTOINETTE »Ich gehe auch bald.«

KÜRMANN »Ist Ihnen nicht wohl?«

ANTOINETTE »Im Gegenteil.« *Sie nimmt sich eine Zigarette.* »Nur noch eine Zigarette.« *Sie wartet vergeblich auf Feuer und zündet selber an.* »Wenn ich nicht störe.«

Sie raucht vor sich hin: »Ich habe es sehr genossen. Einige waren sehr nett, fand ich, sehr anregend —«

Kürmann schweigt.

REGISTRATOR Weiter!

Kürmann geht und gießt Whisky ein.

REGISTRATOR Denken Sie jetzt nicht an Frau Hubalek.

Kürmann überreicht den Whisky.

ANTOINETTE »Und Sie?«

KÜRMANN »Ich habe morgen zu arbeiten.«

ANTOINETTE »Was arbeiten Sie?«

Pause

REGISTRATOR Jetzt schweigen Sie schon wieder.

Sie setzt ihre Hornbrille auf.

ANTOINETTE »Warum sehen Sie mich so an?«

REGISTRATOR Je länger Sie schweigen, umso zweideutiger wird die Stille. Spüren Sie das nicht? Umso intimer müssen Sie nachher reden.

ANTOINETTE »Warum sehen Sie mich so an?«

Stundenschlag: zwei Uhr

KÜRMANN »Es ist zwei Uhr.«

ANTOINETTE »Ich werde gehen.«

KÜRMANN Haben Sie einen Wagen?«

ANTOINETTE Ja.

Sie raucht gelassen vor sich hin.

KÜRMANN — vorher hat sie Nein gesagt, sie habe keinen Wagen, jetzt sagt sie Ja: damit ich kein Taxi bestellen kann. Ich bringe sie nicht aus dieser Wohnung!

Der Registrator tritt in die Szene.

REGISTRATOR Darf ich Ihnen sagen, was für einen Fehler Sie machen und zwar von Anfang an. Kaum sehen Sie eine junge Frau in diesem Zimmer, eine Unbekannte, denken Sie an eine Geschichte, die Sie schon erfahren haben. Stimmt's? Drum sind Sie erschrocken, wissen nicht —, was reden —

KÜRMANN Ich will, daß sie geht.

REGISTRATOR Damit sie nicht Ihre Frau wird.

KÜRMANN Ja.

REGISTRATOR Sehen Sie: Sie verhalten sich nicht zur Gegenwart, sondern zu einer Erinnerung. Das ist es. Sie meinen die Zukunft schon zu kennen durch Ihre Erfahrung. Drum wird es jedesmal dieselbe Geschichte.

KÜRMANN Warum geht sie nicht?

REGISTRATOR Sie kann nicht.

KÜRMANN Wieso nicht?

REGISTRATOR Wenn sie jetzt ihre Handtasche nimmt und sich erhebt, hat sie erraten, woran Sie denken, und es ist peinlich für Sie. Warum sprechen Sie nicht von Verhaltensforschung? Allgemeinverständlich. Wieso nehmen Sie an, daß die junge Dame will, was Sie nicht wollen? Das Zweideutige kommt von Ihnen.

KÜRMANN Hm.

REGISTRATOR Sie halten sich für einen Frauenkenner, weil Sie jeder Frau gegenüber jedesmal denselben Fehler machen.

KÜRMANN Weiter!

REGISTRATOR Es liegt an Ihnen, wenn sie nicht geht.

Der Registrator tritt an sein Pult zurück.

REGISTRATOR Also: —

Stundenschlag: zwei Uhr

KÜRMANN »Es ist zwei Uhr.«

Sie löscht ihre Zigarette.

ANTOINETTE »Sie erwarten noch jemand?«

KÜRMANN — ja.

REGISTRATOR Gut.

KÜRMANN Aber nicht eine Frau.

REGISTRATOR Sehr gut.

KÜRMANN Ich erwarte einen Jüngling.

Sie nimmt ihre Handtasche.

KÜRMANN Ich erwarte einen Jüngling.

REGISTRATOR Aber sagen Sie's nicht zweimal, als glaubten Sie selbst nicht dran. Und sagen Sie nicht: Jüngling. So reden die Uneingeweihten. Sagen Sie: ein Student, der Schach spielt.

Ein junger und hochbegabter Mensch. Ein Wunderkind, das Sie fördern. Sprechen Sie einfach von seinem Genie. Das genügt.

KÜRMANN Hat es geklopft?

ANTOINETTE Ich habe nichts gehört.

KÜRMANN Hoffentlich ist ihm nichts zugestoßen.

REGISTRATOR Gut.

KÜRMANN Ich habe jede Nacht eine solche Angst —

Sie zerknüllt ein leeres Zigaretten-Paket.

ANTOINETTE Jetzt habe ich keine einzige Zigarette mehr!

Kürmann steckt sich die Pfeife an.

KÜRMANN Ein Student ... Hochbegabt ... Leider ist er von einer krankhaften Eifersucht: wenn er kommt und in meiner Wohnung sitzt eine Frau um zwei Uhr nachts, er ist imstand und schießt.

REGISTRATOR Nicht übertreiben.

KÜRMANN Ein Sizilianer ... aber blond, wissen Sie, blond mit blauen Augen ... Das kommt von den Normannen ... Hingegen sein Mund ist griechisch ... Übrigens ein musikalisches Wunderkind ... Übrigens ein Urenkel von Pirandello.

REGISTRATOR Jetzt reden Sie zuviel.

ANTOINETTE Hoffentlich ist ihm nichts zugestoßen.

Kürmann raucht seine Pfeife hastig.

ANTOINETTE Wollen Sie nicht anrufen?

KÜRMANN Wo!

ANTOINETTE Haben Sie noch eine Zigarette?

KÜRMANN Nehmen Sie meine Pfeife.

Kürmann wischt die Pfeife ab und gibt sie.

ANTOINETTE Und Sie?

KÜRMANN Es ist ein leichter Tabak, EARLY MORNING PIPE.

Sie steckt die Pfeife in den Mund.

KÜRMANN Was ich gesagt habe, Fräulein Stein, bleibt unter uns. Sie verstehen, die Universität weiß nichts davon.

Sie hustet.

KÜRMANN Sie müssen ziehen: langsam und regelmäßig.

Er nimmt die Pfeife und zeigt, wie man raucht: So. Sehen Sie?

Einfach so. *Er wischt die Pfeife ab und gibt sie zurück.* Langsam und regelmäßig.

Sie raucht langsam und regelmäßig.

ANTOINETTE Können Sie dabei denken?

KÜRMANN Sie darf nicht heiß werden.

Sie raucht langsam und regelmäßig.

ANTOINETTE Alle meine Freunde, ich meine die wirklichen Freunde, die leben so wie Sie. *Sie qualmt.* Fast alle. *Sie qualmt.* Eigentlich alle. *Sie qualmt.* Die andern Männer, wissen Sie, sind furchtbar, früher oder später mißverstehen sie eine Frau fast immer.

KÜRMANN Ist das so?

ANTOINETTE Aber ja. *Sie hustet.*

KÜRMANN Langsam und regelmäßig.

Sie raucht langsam und regelmäßig.

ANTOINETTE Wenn ich zum Beispiel Claude-Philippe nicht hätte!

KÜRMANN Wer ist Claude-Philippe?

ANTOINETTE Mein Freund in Paris. Ich wohne mit ihm zusammen. Ein wirklicher Freund. Ich kann tun und lassen, was ich will. Ich kann kommen und gehen, immer hat er Verständnis.

KÜRMANN Was tut er sonst?

ANTOINETTE Tänzer.

KÜRMANN Ah.

ANTOINETTE Alle andern Männer, fast alle, sind langweilig, sogar gescheite Männer. Kaum sitzt man unter vier Augen, werden sie zutraulich oder nervös, und plötzlich fällt ihnen nichts andres mehr ein, als daß ich eine junge Frau bin. Kaum einer fragt, was ich arbeite, und wenn ich von meiner Arbeit spreche, schauen sie auf meine Lippen. Es ist furchtbar. Kaum ist man mit ihnen allein in einer Wohnung um zwei Uhr nachts, meinen sie weiß Gott was – Sie können sich das nicht vorstellen! – und dabei haben sie Angst davor, vor allem die Intellektuellen. *Sie saugt an der Pfeife.* Jetzt ist sie ausgelöscht.

Kürmann nimmt die Pfeife, um sie nachzuzünden.

ANTOINETTE Ich bin froh, daß ich Sie getroffen habe, wissen Sie, sehr froh.

KÜRMANN Wieso?

ANTOINETTE Ich habe keine Brüder.

Sie erhebt sich.

KÜRMANN Sie wollen schon gehen?

ANTOINETTE Auch ich habe morgen zu arbeiten.

KÜRMANN Was arbeiten Sie?

ANTOINETTE Ich übersetze. Ich bin Elsässerin. Claude-Philippe ist mir sehr behilflich, er versteht kein Deutsch, aber er hat ein Sensorium – unglaublich . . .

Pause.

ANTOINETTE Hoffentlich ist ihm wirklich nichts zugestoßen.

Kürmann hilft ihr in die Abendkleidjacke.

KÜRMANN Wenn ich Ihnen je behilflich sein kann –

ANTOINETTE Sie sind sehr lieb.

Kürmann faßt ihre Hand.

REGISTRATOR Stop! *Neon-Licht.* Warum fassen Sie jetzt ihre Hände? – statt daß Sie dastehen wie ein Bruder, Hände in den Hosentaschen, Sensorium und so weiter, aber Hände in den Hosentaschen, wie ein Bruder vor der Schwester.

Kürmann versucht es.

REGISTRATOR Aber locker! *Er tritt in die Szene, nimmt nochmals die Abendkleidjacke ab, tritt an die Stelle von Kürmann, um zu zeigen, wie er es machen soll.* Was war Ihr letzter Satz?

ANTOINETTE »Ich habe keine Brüder.«

REGISTRATOR Und darauf sagen Sie?

KÜRMANN Das war nicht ihr letzter Satz.

ANTOINETTE »Alle meine Freunde, ich meine die wirklichen Freunde, die man für das ganze Leben hat, sind Homosexuelle. Fast alle. Eigentlich alle.«

REGISTRATOR Und darauf sagen Sie?

KÜRMANN Das stimmt nicht.

ANTOINETTE »Wenn ich Claude-Philippe nicht hätte.«

KÜRMANN Das glaube ich, aber das hat sie schon früher gesagt, daß sie in Paris einen wirklichen Freund hat, einen Tänzer. Darauf kann ich nicht sagen: »Wenn ich je behilflich sein kann.«

REGISTRATOR Was war sein letzter Satz?

KÜRMANN »Wenn ich je behilflich sein kann.«

REGISTRATOR Und darauf sagen Sie?

ANTOINETTE »Sie sind sehr lieb.«

Der Registrator gibt ihr die Jacke.

KÜRMANN Entschuldigen Sie, aber das stimmt nicht. Wenn ich jetzt erst die Jacke gebe, wie soll ich jetzt, wo sie zärtlich wird, meine Hände in den Hosentaschen haben? Machen Sie das einmal.

Der Registrator nimmt die Jacke zurück.

REGISTRATOR Also bitte: –

ANTOINETTE »Ich bin glücklich, daß ich Sie getroffen habe, wissen Sie, sehr glücklich.«

REGISTRATOR Weiter.

ANTOINETTE »Ich habe keine Brüder.«

REGISTRATOR Das haben wir gehört.

KÜRMANN »Was arbeiten Sie?«

ANTOINETTE »Ich übersetze.«

REGISTRATOR Nein –

ANTOINETTE »Ich bin Elsässerin.«

REGISTRATOR – ihr letzter Satz vor der Jacke!

KÜRMANN »Claude-Philippe versteht kein Deutsch, aber er hat ein Sensorium.«

ANTOINETTE »Unglaublich.«

REGISTRATOR Und darauf sagen Sie?

KÜRMANN Nichts. Ich frage mich, wie Franzosen, die kein Deutsch verstehen, ein Sensorium haben. Pause! Ich gebe zu, daß ich jetzt hätte fragen können. Was übersetzen Sie?

ANTOINETTE Adorno.

REGISTRATOR Das kam aber nicht.

ANTOINETTE Weil er nicht fragt.

KÜRMANN Weil ich will, daß sie geht. Ich frage mich: Warum bleibt sie nicht in Paris? Aber das geht mich nichts an. Pause. Und da ich eine Pause mache, meint sie, jetzt denke ich an meinen Jüngling.

ANTOINETTE »Hoffentlich ist ihm wirklich nichts zugestoßen.«

REGISTRATOR Weiter!

KÜRMANN »Sie wollen schon gehen?«

ANTOINETTE »Auch ich habe morgen zu arbeiten.«

KÜRMANN »Was arbeiten Sie?«

ANTOINETTE »Ich übersetze.«

REGISTRATOR Kinder!

ANTOINETTE »Ich bin Elsässerin.«

Der Registrator läßt die Jacke sinken:

REGISTRATOR – ich bitte um den letzten Satz, bevor Kürmann die
Jacke gibt und den Fehler macht, daß er ihre beiden Hände
faßt.

KÜRMANN Wieso ist das ein Fehler.

REGISTRATOR Ihr Händedruck wird Sie verraten.

ANTOINETTE »Alle andern Männer, wissen Sie, sind furchtbar,
früher oder später mißverstehen sie eine Frau fast immer.«

KÜRMANN »Ist das so?«

ANTOINETTE »Aber ja.«

Der Registrator gibt die Jacke.

REGISTRATOR »Wenn ich je behilflich sein kann.«

ANTOINETTE »Sie sind sehr lieb.« *Der Registrator steckt die
Hände in die Hosentaschen, dann tritt er aus der Rolle zurück:*

REGISTRATOR Verstanden? Wie ein Bruder mit der Schwester.
Auch wenn sie jetzt, was möglich ist, einen Kuß geben sollte,
vergessen Sie nicht: Sie erwarten einen jungen Sizilianer. Sonst
würde sie nicht küssen. Sie ist erleichtert, daß Sie kein
gewöhnlicher Mann sind, Herr Kürmann, auch unter vier
Augen nicht.

KÜRMANN Verstanden.

REGISTRATOR Geben Sie nochmals die Jacke.

Kürmann nimmt die Jacke zurück.

REGISTRATOR Also: –

Sie nimmt sich eine Zigarette.

ANTOINETTE Da waren ja noch Zigaretten.

Kürmann gibt Feuer.

ANTOINETTE Wieso ich nicht in Paris bleibe? Ich möchte einen
kleinen Verlag gründen, meinen Verlag, wo ich machen kann,

was ich will. Deswegen bin ich hier. Und wenn es mit dem Verlag nichts wird, etwas werde ich schon machen. *Sie raucht.* Etwas Eigenes. *Sie raucht.* Am liebsten würde ich eine kleine Galerie leiten –

REGISTRATOR Hören Sie?

KÜRMANN Warum hat sie nicht davon gesprochen?

REGISTRATOR Sie will ihr eignes Leben, sie sucht keinen Mann, der meint, daß sie ohne ihn nicht leben kann, und der einen Revolver kauft, wenn er eines Tages sieht, daß sie ohne ihn leben kann.

ANTOINETTE Wenn Sie's wissen wollen: ein sehr viel jüngerer Mann, jünger als Kürmann, hat mich hergefahren, ein Architekt, der nach Brasilien will mit mir. *Sie lacht.* Was soll ich in Brasilien! *Sie raucht.* Deswegen bin ich so lang geblieben: weil ich fürchte, daß er unten auf mich wartet.

KÜRMANN Wie soll ich das wissen?

ANTOINETTE Deswegen wollte ich ein Taxi: falls er bei meinem Wagen steht und wartet. *Sie raucht.* Ich will keine Geschichte. *Sie zertritt ihre Zigarette.* Kann ich jetzt meine Jacke haben? *Kürmann steht reglos.*

REGISTRATOR Was überlegen Sie?

KÜRMANN Adorno.

REGISTRATOR Jetzt ist es zu spät, jetzt wissen Sie, worüber Sie mit der jungen Dame hätten sprechen können: über Hegel, über Schönberg, über Kierkegaard, über Beckett –

ANTOINETTE Ich habe bei Adorno doktoriert.

REGISTRATOR Warum geben Sie die Jacke nicht? *Kürmann gibt ihr die Jacke.*

KÜRMANN »Wenn ich Ihnen hier behilflich sein kann.«

ANTOINETTE »Sie sind sehr lieb.« *Kürmann steckt die Hände in die Hosentaschen.*

KÜRMANN Was fahren Sie für einen Wagen?

REGISTRATOR Gut.

KÜRMANN Vergessen Sie die Handtasche nicht.

REGISTRATOR Wenn Sie jetzt keinen Fehler mehr machen, jetzt im Lift, so haben Sie's erreicht: – Biografie ohne Antoinette.

Kürmann knipst das Deckenlicht aus.

KÜRMANN Ich bringe Sie zum Wagen.

Sie setzt sich.

KÜRMANN Warum ist sie plötzlich so bleich?

REGISTRATOR Das kommt von der Pfeife.

Sie liegt im Fauteuil, Augen geschlossen, ihre Handtasche ist auf den Boden gefallen.

KÜRMANN Ich glaube ihr nicht.

Der Registrator tritt in die Szene, um ihr den Puls zu fühlen, während Kürmann abseits steht und sich die Pfeife stopft.

REGISTRATOR Es ist wirklich ein kleiner Kollaps. Sie mit Ihrer EARLY MORNING PIPE! Sagen Sie nicht immer: Ich kenne das. Ihre Stirn ist eiskalt.

Kürmann zündet die Pfeife an.

REGISTRATOR Muß das sein, daß Sie jetzt rauchen? Statt daß Sie ein Fenster öffnen. Sie benehmen sich unmöglich, das wissen Sie, wie ein Rohling.

KÜRMANN Besser jetzt als in sieben Jahren.

REGISTRATOR Wie Ihnen beliebt.

Sie erhebt sich.

REGISTRATOR Sie kann unmöglich fahren.

ANTOINETTE – ich muß nachhaus . . .

REGISTRATOR Sehen Sie das nicht?

ANTOINETTE – ich muß mich hinlegen . . .

REGISTRATOR Sie setzen ein Leben aufs Spiel.

Sie streift ihre Abendkleidjacke ab.

REGISTRATOR Wollen Sie nicht ein Glas kaltes Wasser holen, wenn einem Gast schwindlig ist, wenigstens ein Glas kaltes Wasser?

Kürmann geht hinaus.

ANTOINETTE – entschuldigen Sie . . .

Sie öffnet ihr Abendkleid, sie muß sich hinlegen, um nicht in Ohnmacht zu fallen. Als Kürmann mit einem Glas Wasser zurückkommt, liegt sie auf dem Sofa.

ANTOINETTE – entschuldigen Sie . . .

KÜRMANN Trinken Sie.

ANTOINETTE Das ist mir noch nie passiert – plötzlich – so ein Schwindel ...

KÜRMANN Soll ich einen Arzt holen?

ANTOINETTE – schauen Sie mich nicht an ...

Pause

ANTOINETTE Ich schäme mich.

REGISTRATOR Sie wird sich erkälten.

KÜRMANN Ich kenne das: –

REGISTRATOR Wollen Sie nicht eine Decke holen?

KÜRMANN – eine Decke holen, und dann nehme ich mein Taschentuch und trockne ihr die Stirne ab, die Schläfen, die Stirne, die Augenlider. Ich kenne mich als Samariter. Ich mache Kaffee, ich wache und schweige und wache, ich ziehe ihr die Schuhe ab, damit sie sich wohler fühlt, und zum Schluß heißt es: Löschen Sie wenigstens das Licht!

Pause.

KÜRMANN Sie brauchen sich nicht zu schämen, Antoinette, das kommt vor, Antoinette, Sie brauchen sich nicht zu schämen.

Kürmann löst ihr die Schuhe ab.

ANTOINETTE Was machen Sie?

KÜRMANN – damit Sie sich wohler fühlen.

Kürmann stellt die Schuhe auf den Teppich.

ANTOINETTE Löschen Sie wenigstens das Licht.

Dunkel

KÜRMANN Halt! Wer hat hier das Licht gelöscht? Halt!

Arbeitslicht; man sieht wieder die ganze Bühne.

REGISTRATOR Sie wollen nicht weiter?

KÜRMANN Nein.

REGISTRATOR Wie Sie wollen.

Antoinette ordnet ihr Abendkleid.

ANTOINETTE Wo sind denn meine Schuhe?

KÜRMANN Entschuldigung.

ANTOINETTE Wo sind denn meine Schuhe?

Kürmann gibt ihr die Schuhe.

REGISTRATOR Sie haben gesagt: Wenn Sie noch einmal anfangen
    könnten in Ihrem Leben, dann wüßten Sie genau, was Sie
    anders machen würden –
KÜRMANN Allerdings.
REGISTRATOR Warum machen Sie dann immer dasselbe!
    Antoinette zieht ihre Schuhe an.
ANTOINETTE Er hat vollkommen recht: Es mußte nicht sein. Auch
    ich war nicht verliebt. Überhaupt nicht. Auch am andern
    Morgen nicht. *Sie hat die Schuhe angezogen und steht auf.* Was
    daraus entstanden ist – auch ich wäre froh, wenn es nicht
    stattfinden müßte . . .
    Der Registrator blättert im Dossier.
REGISTRATOR Wo möchten Sie noch einmal anfangen?
KÜRMANN Früher.
REGISTRATOR Wann früher?
KÜRMANN Vor dieser Nacht. Bevor ich Professor werde, bevor
    diese Gesellschaft kommt, um mich zu feiern. Bevor ich Antoi-
    nette zum ersten Mal sehe.
REGISTRATOR Bitte.
    Antoinette nimmt ihre Abendkleidjacke.
ANTOINETTE Mach's gut.
    Antoinette geht weg.
KÜRMANN Eine idiotische Geschichte.
REGISTRATOR Wählen Sie eine andere.
KÜRMANN Eine überflüssige Geschichte.
REGISTRATOR Sie haben die Genehmigung, Herr Professor Kür-
    mann, noch einmal anzufangen, wo Ihnen beliebt, noch einmal
    zu wählen –
    Kürmann nimmt eine Whisky-Flasche.
REGISTRATOR Hören Sie?
    Kürmann gießt Whisky ein.
REGISTRATOR Sie trinken zuviel.
KÜRMANN Was geht Sie das an?
REGISTRATOR Ich spreche nur aus, was Sie selber wissen.
    Kürmann steht und trinkt.
KÜRMANN Was gehe ich Sie an?

REGISTRATOR *Indem er blättert:* – das hier ist Ihr Leben, das Sie bisher gelebt haben. Bis Mitte vierzig. Ein Leben, das sich sehen lassen darf. Ich gebe zu: etwas durchschnittlich. Als Wissenschaftler, scheint es, sind Sie beachtlich. Der Kürmann'sche Reflex: ein Begriff, der, wie es heißt, aus der Verhaltensforschung nicht mehr wegzudenken ist. Eigentlich fehlt in Ihrer Biografie nur noch der Ruf nach Princeton. *Kürmann blickt in sein Glas.*

KÜRMANN Biografie! Ich weigere mich zu glauben, daß unsere Biografie, meine oder irgendeine, nicht anders aussehen könnte. Vollkommen anders. Ich brauche mich nur ein einziges Mal anders zu verhalten –

REGISTRATOR Bitte.

KÜRMANN – ganz zu schweigen vom Zufall!
Pause

KÜRMANN Ich kann diese Wohnung nicht mehr sehen.

REGISTRATOR Wie Sie wünschen.
Die Möbel verschwinden, die Bücherwand ebenso, die Bühne ist leer.
Kürmann steht, ohne der Verwandlung zuzuschauen, mit dem Glas in der Hand.

REGISTRATOR Bitte.

KÜRMANN – ein einziges Mal in meinem Leben, als ich siebzehn war, ich saß auf einem Fahrrad, ich erinnere mich genau: kurz vor einem Gewitter, das aber nicht kam, Wetterleuchten, Staub wirbelte haushoch, und es roch nach Holunder und Teer – ein einziges Mal hatte ich eine Einsicht. Eine Viertelstunde lang. Es war eine wirkliche Einsicht, das weiß ich. Aber ich kann sie nicht wiederdenken. Ich bin zu dumm dafür. *Er leert sein Glas.* Zu dumm. *Er blickt den Registrator an:* Das ist das einzige, was ich wünsche, wenn ich nochmals anfangen kann: eine andere Intelligenz.

REGISTRATOR Entschuldigen Sie –

KÜRMANN Nur das!

REGISTRATOR – Sie mißverstehen unsere Spielregel: Sie haben die Genehmigung nochmals zu wählen, aber mit der Intelligenz,

310

die Sie nun einmal haben. Die ist gegeben. Sie können sie
anders schulen. Das steht Ihnen frei. Sie können sie zu Rate
ziehen, wenn es um Entscheidungen geht, oder nicht. Sie
können sie gebrauchen, wie Sie wollen: zur Vermeidung von
Irrtümern oder nachträglich zur Rechtfertigung von Irrtümern.
Wie Ihnen beliebt. Sie können sie spezialisieren, damit sie
auffällt: als Fach-Intelligenz. Oder als politische Intelligenz.
Sie können Sie auch verkommen lassen: in einem Glaubensbe-
kenntnis oder in Alkohol. Oder sie können sie schonen: indem
Sie sich auf Skepsis beschränken. Wie Sie wünschen. Aber sie
können ihre Reichweite nicht ändern, oder sagen wir: die
Potenz Ihrer Intelligenz, ihre Wertigkeit. Sie verstehen? Die ist
gegeben.

Antoinette erscheint im Straßenmantel.

KÜRMANN Was will sie denn schon wieder?

ANTOINETTE – meine Handtasche.

Kürmann verweigert die Hilfe.

ANTOINETTE Ich habe meine Handtasche vergessen.

KÜRMANN Ich habe gesagt: Bevor ich meine Frau zum ersten Mal
erblickt habe! Also kann sie hier nichts vergessen haben.

*Der Registrator gibt Antoinette mit einer höflichen Geste zu
verstehen, daß sie stört, und Antoinette tritt in den Hintergrund.*

REGISTRATOR Wünschen Sie noch einmal die Schulzeit?

*Lichtwechsel: es erscheint ein zehnjähriger Bub, winterlich
gekleidet.*

REGISTRATOR Sie erinnern sich an den kleinen Rotz?

ROTZ »Kürmännchen
trifft mich nicht,
Kürmännchen
Käsgesicht.«

KÜRMANN Hör auf.

ROTZ »Käsgesicht
Käsgesicht

Kürmännchen
trifft mich nicht.«

REGISTRATOR Man foppt Sie, weil Sie in der Turnhalle gesagt haben, daß Sie einmal Professor werden. Ärgert es Sie noch immer? Dreiunddreißig Jahre später, 1960, werden Sie Professor.
*Es erscheinen drei Herren im Talar der Universität, der Rektor
mit einer Urkunde, die er entrollt.*

REGISTRATOR Augenblick, Magnifizenz, Augenblick.

KÜRMANN Ich kenne die Urkunde.

ROTZ »Kürmännchen
trifft mich nicht,
Kürmännchen
Käsgesicht.«

REGISTRATOR Sie wissen, das dann geschehen ist.

ROTZ »Käsgesicht
Kürmännchen
Käsgesicht.«

ANTOINETTE Was ist geschehen? Davon hat er nie erzählt. Was
hast du diesem Kleinen da getan?
Rotz macht einen Schneeball.

REGISTRATOR Das wäre 1927.

KÜRMANN Ja.

REGISTRATOR Das würde heißen:

KÜRMANN nochmals Volksschule

REGISTRATOR nochmals Pubertät

KÜRMANN nochmals Abitur

REGISTRATOR nochmals Tod der Mutter

KÜRMANN nochmals Militär!

REGISTRATOR – auch das.
Man hört Soldatengesang.

KOMMANDO Abteilung: halt. Achtung: steht. Links: um. Rechts:
um. Gewehr: ab. Abteilung: ruhn.

KÜRMANN All das noch einmal?

KOMMANDO Achtung: steht.
Es erscheint ein Korporal.

KORPORAL Herr Leutnant –

REGISTRATOR Augenblick, Korporal, Augenblick.

KORPORAL Abteilung: ruhn.

Rotz will sich entfernen.

REGISTRATOR Bleib hier.

ROTZ Ich heiße aber nicht Rotz.

REGISTRATOR Wie heißt du denn?

KÜRMANN Er heißt Rotzler, wir haben ihn Rotz genannt, weil er nie ein Taschentuch hatte.

REGISTRATOR Bleib hier. *Er geht zu dem Bub und führt ihn an seinen Platz zurück.* Vielleicht behältst du dein linkes Auge. Hörst du? Vielleicht behältst du dein linkes Auge.

Der Korporal schlägt die Hacken zusammen.

KORPORAL Achtung: steht.

REGISTRATOR Korporal –

KORPORAL Schultert: Gewehr.

REGISTRATOR Wenn ich bitten darf –

KORPORAL Vorwärts: Taktschritt: marsch.

Man hört Taktschritt.

KORPORAL Richtung: rechts. Gradaus: marsch. Eins zwo, eins zwo. Richtung: links. Gradaus: marsch. Eins zwo, eins zwo. *Der Korporal geht weg, indem er der unsichtbaren Kolonne folgt, man hört noch eine Weile sein Kommando:*

KOMMANDO Eins zwo, eins zwo . . .

Stille.

REKTOR Kann ich jetzt die Urkunde verlesen? Es handelt sich, wie ich glaube sagen zu können, um einen Höhepunkt im Leben unseres geschätzten Kollegen. Seine Ernennung zum ordentlichen Professor und Direktor des Institus für Verhaltensforschung –

KÜRMANN Rotz, bleib da.

REGISTRATOR Vielleicht möchte Herr Kürmann keine Höhepunkte, vielleicht möchte Herr Kürmann noch einmal seine Mutter sehen.

Es erscheint eine weiße Krankenschwester, sie rollt ein weißes Bett herein und beugt sich über eine alte Frau, die reglos im Bett liegt.

SCHWESTER Frau Kürmann? Ich verstehe nicht. Was sagen Sie?
Ich verstehe kein Wort, Frau Kürmann –
Es erscheint ein Arzt mit Spritze.

REGISTRATOR Vielleicht wäre es auch nur eine Bagatelle, was sie
noch sagen kann: Sie sollen nicht trinken, Sie sollen heiraten,
Sie sollen immer warme Socken tragen.
*Es erscheint eine junge Mulattin, sie trägt Bikini und darüber
eine offene Bluse, sie ist barfuß, ihre Füße sind naß.*

HELEN What's the matter?

KÜRMANN Mother is dying.

HELEN What are you going to do?
Der Arzt gibt die Spritze.

ARZT Sie wird schlafen. Das Herz ist sehr stark. In drei Stunden
geben Sie nochmals eine Spritze. Ich bin zuhaus.
Der Arzt geht weg.

SCHWESTER Frau Kürmann?
Die Schwester geht weg.

HELEN Why don't you go to Europe?

KÜRMANN Helen –

HELEN Why don't you go?
*Es erscheint ein Boot, das zu Helen paßt; sie springt hinein
und nimmt das Ruder.*

REGISTRATOR Sie wollten Helen nicht verlassen, Sie fürchteten,
daß Sie das Mädchen verlieren, wenn Sie nach Europa fliegen.
Übrigens hatten Sie, laut Dossier, gerade kein Geld.

KÜRMANN Geben Sie mir das Dossier!

REGISTRATOR Bitte. *Er gibt das Dossier an Kürmann:* Es steht
aber nichts drin, was Sie nicht selber wissen: Stipendium für
ein Jahr, zweihundert Dollar im Monat. Nach dem Ausflug mit
Helen – Sie haben einen alten Ford gekauft und ein Boot
gemietet – besitzen Sie noch 18 Dollar. Zu wenig auch für eine
Schiffsreise. Das heißt, Sie könnten den alten Ford vielleicht
wieder verkaufen. Übrigens Ihr erster Wagen.

KÜRMANN Ich weiß.

REGISTRATOR Ihr Vater war Bäckermeister.

KÜRMANN Ich weiß.

REGISTRATOR Verschuldet; er war Trinker.

Es erscheint ein Bäckermeister mit einem Fahrrad, er ist betrunken und strahlt vor Gutherzigkeit.

REGISTRATOR Das wäre 1934: zu Ihrem siebzehnten Geburtstag kommt Vater mit einem Fahrrad, es ist neu und glänzt überall, die Speichen, die Lenkstange, alles glänzt, es hat einen Scheinwerfer, der ebenfalls glänzt, eine Klingel und vier Übersetzungen. Ein englisches Fahrrad.

Der Vater klingelt.

REGISTRATOR Sie erinnern sich?

Der Vater klingelt.

REGISTRATOR Es war, laut Dossier, die Erfüllung aller Wünsche. Wahrscheinlich hat er's auf Pump gekauft. Das haben Sie nie wieder erlebt: die Erfüllung aller Wünsche.

KÜRMANN Nein.

REGISTRATOR Möchten Sie nochmals das Fahrrad?

VATER Hannes —!

REGISTRATOR Augenblick, Vater Kürmann, Augenblick.

VATER Warum nimmt er's nicht?

REGISTRATOR Augenblick.

Der Vater flucht unverständlich.

KÜRMANN — dann wäre ich 17.

REGISTRATOR Genau.

KÜRMANN Und die Schneeballschlacht?

REGISTRATOR Gewesen.

KÜRMANN Und sein Auge bleibt verloren.

REGISTRATOR Ja.

Die Krankenschwester kommt mit Blumen.

SCHWESTER Frau Kürmann, wie geht's? Besser? Sehen Sie, Frau Kürmann, sehen Sie. Heute ist ein schöner Tag. Ich sage: ein schöner Tag draußen. Sehen Sie, Frau Kürmann, sehen Sie: Blumen von Ihrem Sohn aus Amerika. *Sie packt die Blumen aus dem Seidenpapier:* Lauter Rosen.

MUTTER Hannes —

SCHWESTER Ein lieber Sohn!

MUTTER Hannes —

SCHWESTER So viele Rosen.

Die Krankenschwester stellt die Rosen in eine Vase.

REGISTRATOR Sie wissen, wie es weitergeht. *Er nimmt das Dossier wieder an sich und liest:* »September 1939: Hitler-Deutschland überfällt Polen, Kriegserklärung von England und Frankreich. Sie bleiben in San Franzisko, Stalin-Rußland überfällt ebenfalls Polen, Frühling 1940: Hitler-Deutschland überfällt Holland —«

KÜRMANN Und so weiter.

REGISTRATOR »— und Belgien.«

KÜRMANN Und so fort und so weiter!

REGISTRATOR Wieso verlieren Sie die Nerven? Sie haben sie damals nicht verloren. Im Gegenteil, Sie haben geheiratet.

Es erscheint eine Braut in Weiß.

REGISTRATOR Frühling 1940: zurückgekehrt nach Europa, um Militärdienst zu leisten, treffen Sie Ihre erste Gattin, die später Selbstmord begeht.

Kürmann schaut sich nicht um.

REGISTRATOR Möchten Sie hier eine andere Wahl treffen?

BRAUT Hannes —

REGISTRATOR Guggenbühl Katrin, 21, blond mit Sommersprossen, einziges Kind eines Apothekers — Sie erinnern sich? — laut Dossier: Sie wissen am Tag der kirchlichen Trauung, daß diese Ehe ein Irrtum ist.

Glockengeläute.

REGISTRATOR Möchten Sie hier eine andere Wahl treffen?

Kürmann erblickt die Braut; der Registrator geht und nimmt die Rosen aus der Vase, die vor dem Bett der Mutter steht, und gibt sie der Braut in den Arm; Kürmann hält immer noch sein leeres Whisky-Glas.

BRAUT Warum schweigst du?

KÜRMANN Katrin.

BRAUT Was ist denn mit dir?

Kürmann schweigt.

BRAUT So sag es doch.

Zwei Beamte bringen einen Sarg und gehen wieder.

REGISTRATOR Vielleicht weiß auch Katrin, daß diese Ehe ein Irrtum ist, und sie wartet bloß darauf, daß Sie es sagen. Warum sagen Sie es nicht? Sie wird zusammenbrechen. Mag sein. Es ist natürlich ein Schock, wenn Sie jetzt noch Nein sagen, wo schon die Glocken läuten.

BRAUT Hannes —

REGISTRATOR Vielleicht retten Sie ihr das Leben.

Die Glocken verstummen.

REGISTRATOR Herr Kürmann, wir warten. *Zu den Figuren:* Herr Kürmann hat gesagt: Wenn er nochmals anfangen könnte, so wüßte er genau, was er anders machen würde in seinem Leben. *Zu Kürmann:* — der Bub wartet, ob er sein linkes Auge verliert oder nicht. Ihre Mutter wartet, es kann sich nur noch um Stunden handeln. Magnifizenz wartet mit der Urkunde. Helen, die Sie zum Mann gemacht hat, wartet an der Küste nördlich San Franzisko. Und es wartet die Braut mit den Rosen —

KÜRMANN — daß ich schuldig werde an ihr.

REGISTRATOR Oder nicht.

Orgelspiel

REGISTRATOR Herr Kürmann, Sie haben nochmals die Wahl.

Es erscheinen ein bürgerlicher Herr mit Zylinder und eine bürgerliche Dame mit Hut, sie stellen sich neben die Braut.

SCHWIEGERVATER Hannes.

KÜRMANN Papa.

SCHWIEGERMUTTER Hannes.

KÜRMANN Mama.

REGISTRATOR Haben Sie Angst vor Schwiegereltern?

Es erscheint ein Kind, festlich gekleidet, um der Braut einen kleinen Strauß mit Gänseblümchen zu überreichen.

KIND »Liebe Braut, wir alle hier
wünschen Glück und Kinder dir.«

Das Kind macht einen Knicks.

SCHWIEGERMUTTER Süß.

Es erscheint ein evangelischer Pfarrer.

REGISTRATOR Haben Sie Angst vor einem evangelischen Beamten? Er kann nicht wissen, daß er einen Irrtum segnet. Warum

schweigen Sie? Sie erinnern sich: Sie tragen an diesem Tag,
laut Dossier, einen gemieteten Frack, dessen Ärmel leider zu
lang sind. Wenn man betet, müssen Sie jedesmal, um die Hände
falten zu können, die Ärmel zurückstreifen. Vorne am Altar
denken Sie, laut Dossier, hauptsächlich an die Frackärmel,
dann wieder an die Frackschwänze, die ebenfalls viel zu lang
sind.

KÜRMANN Wenn sie wenigstens gelächelt hätte, aber sie schämte
sich bloß! – sie litt! – so fing es an und dabei blieb es: sie
litt ... *Kürmann wendet sich ab, er weiß nicht, wohin mit dem
Glas.*

REGISTRATOR Herr Kürmann.

KÜRMANN Ich höre die Orgel, o ja, ich höre.

REGISTRATOR Katrin liebt Sie.

KÜRMANN Das meinte sie.

REGISTRATOR Sie ist glücklich.

KÜRMANN Und das genügte ihr.

REGISTRATOR Was wollen Sie damit sagen?

KÜRMANN Nichts. *Der Registrator nimmt ihm das leere Glas ab.*
Danke. *Er nimmt seine Pfeife aus der Tasche.* Ich träume von
dir, Katrin, heute noch, und wenn ich aufwache, glaube ich, du
weißt es jedesmal.

REGISTRATOR Was träumen Sie?

KÜRMANN Das geht niemand etwas an.

REGISTRATOR Warum heirateten Sie?

KÜRMANN Um Helen zu vergessen.

HELEN What is he telling you?

KÜRMANN Ich mißbrauchte sie, um Helen zu vergessen, und sie
mißbrauchte mich, um ein Kind zu haben.

REGISTRATOR Warum sagen Sie's dem Mädchen nicht?

Kürmann schüttelt den Kopf.

REGISTRATOR So bleibt es dabei?

KÜRMANN Ja.

REGISTRATOR Endgültig?

KÜRMANN Endgültig.

Die Orgel verstummt.

PFARRER Amen.

KÜRMANN Wenn ich Katrin nicht geheiratet hätte, kann sein, sie hätte später nicht Selbstmord begangen.

REGISTRATOR Das eben meine ich.

KÜRMANN Und unser Sohn?

Es erscheint ein junger Bursche in Blue jeans.

THOMAS Pa.

KÜRMANN Ich bin kein guter Vater, ich bin kein schlechter Vater, zeitweise vergesse ich ihn, ich bin nicht unentwegt Vater, aber ich bin sein Vater. Wenn er zu weit in den See hinausschwimmt, habe ich Angst und rufe. Ich lerne nochmals Latein, um ihm zu helfen, und wenn er denkt, freut es mich, und wenn er wissen will, was ich denke, versuche ich mich zu erklären. *Er nimmt die Pfeife aus dem Mund:* – er ist da, sehen Sie nicht, er ist da!

REGISTRATOR Ich verstehe.

KÜRMANN – ihr Kind.

REGISTRATOR Sie lieben ihn.

KÜRMANN Darum geht es nicht. Man kann ein Kind, das einmal da ist, nicht aus der Welt denken. *Er lacht:* Thomas, wie ist das –?

THOMAS Pa.

KÜRMANN – liebt ein Sohn seinen Vater? liebt ein Vater seinen Sohn?

THOMAS Pa, ich brauche Geld.

KÜRMANN Siehst du.

THOMAS Blechschaden.

KÜRMANN Schon wieder.

THOMAS Dabei hatte ich Vorfahrt.

KÜRMANN Wieviel?

THOMAS So neunhundert.

Kürmann greift nach der Brieftasche.

KÜRMANN – das kann aber nicht stimmen, Entschuldigung: Führerschein mit 18, geboren 1942, dann wäre dieser Blechschaden frühestens 1960, dann wäre Antoinette schon wieder da.

REGISTRATOR Richtig.

KÜRMANN Das will ich aber nicht!

Der Registrator führt den Sohn hinaus.

REGISTRATOR Der Sohn muß kleiner sein.

Es kommt der Arzt mit der Krankenschwester.

ARZT Frau Kürmann?

SCHWESTER Sie wolle keine Spritze mehr, hat sie gesagt.

Der Arzt prüft den Puls.

SCHWESTER Sie liege auf einem steilen Berg, meinte sie, drum könne niemand sie besuchen. Um Mitternacht habe ich noch eine Spritze gegeben.

Der Arzt schließt der Toten die Augen.

ARZT Benachrichtigen Sie den Sohn.

HELEN Now it's too late.

ARZT Und bringen Sie mir die Personalien.

Der Arzt verläßt das Totenbett und kommt an Vater Kürmann vorbei:

ARZT Ja, Herr Kürmann . . .ihr Tod, glaube ich, war nicht besonders schwer. Nur hatte Ihre Frau ein sehr starkes Herz. Erstaunlich für ihr Alter.

Händedruck, der Arzt geht weg.

HELEN Now it's too late.

KÜRMANN Yes.

HELEN Why didn't you go?

KÜRMANN Yes.

HELEN Because of me?

KÜRMANN Yes. *Helen faßt ihn am Arm.*

REGISTRATOR Sie wollen bei Helen bleiben?

KÜRMANN Yes.

REGISTRATOR Wie Ihnen beliebt. *Neon-Licht.* Sie haben sich also entschlossen, Herr Kürmann, nochmals anzufangen nach dem Tod Ihrer Mutter: 1939, University of California, wo Sie eine Studentin namens Helen getroffen haben. *Er liest aus dem Dossier:* »Ausflug nach Fort Ross. Wir haben ein Boot, Helen wird in einem Motel nicht zugelassen, Nacht im Boot —«

KÜRMANN Yes.

REGISTRATOR Sie bleiben also in Amerika.

Es erscheint ein Ehepaar mit Kindern in verschmutzten Mänteln, Koffer in den Händen.

REGISTRATOR Wer sind die?

FLÜCHTLING Der junge Herr ist sehr gütig gewesen, der junge Herr hat unsere Leben gerettet.

REGISTRATOR Stimmt das?

FLÜCHTLING 1940, Frühling.

REGISTRATOR Sie erinnern sich an diese Leute?

KÜRMANN Ja. *Ohne die Gruppe anzuschauen:* Das war an der Grenze. Mitternacht. Man hatte sie in einem Güterwagen entdeckt. Weil die Kleine gehustet hatte. Jetzt standen sie zwischen den Geleisen. Ohne Papiere. Juden. Einer von der Wache wollte sie sofort abführen, ich fragte ihn etwas, das war alles, ich fragte, bis sie hinter seinem Rücken verschwunden waren.

Der Registrator sucht im Dossier.

KÜRMANN Das war kurz nach meiner Rückkehr aus USA, ein Zufall, daß ich grad an diesem Bahnhof war in diesem Augenblick, ein purer Zufall. *Da die Flüchtlingsfrau zu schluchzen beginnt:* Ihr kommt nicht ins Lager. Habt keine Angst. Ich bleibe nicht in San Franzisko.

HELEN What's the matter?

FLÜCHTLING Der junge Herr ist sehr gütig.

KÜRMANN Es kostete mich wenig, aber es kann sein, daß diese Minute ihnen das Leben gerettet hat.

REGISTRATOR Stimmt. *Er liest aus dem Dossier:* »14. 4. 1940«.

Pause

KÜRMANN I have to go.

HELEN Why?

KÜRMANN I have to.

HELEN Okay.

KÜRMANN It's not okay, not at all, but I have to leave you, I really have to.

HELEN You're a coward.

KÜRMANN Helen –

HELEN I always knew you were.
Kürmann blickt sie hilflos an.
REGISTRATOR Sie meint, Sie hätten Angst, weil sie eine Mulattin
ist. Erklären Sie ihr, daß sie sich irrt.
Pause.
HELEN Okay.
KÜRMANN Helen –?
HELEN Good luck.
Helen geht weg.
KÜRMANN Erklären Sie es ihr!
Die Flüchtlinge nehmen ihre Koffer.
FLÜCHTLING Der junge Herr ist sehr gütig.
Die Flüchtlinge gehen weg.
KÜRMANN Wie soll ich anders wählen . . .
REGISTRATOR Das also bleibt?
KÜRMANN Ja.
REGISTRATOR Weiter möchten Sie nicht zurück?
KÜRMANN Nein.
*Ein Schrei: der kleine Rotz, vom Schneeball getroffen, schreit
und hält die Hand auf sein linkes Auge und läuft weg.*
REGISTRATOR Das also bleibt.
Die tote Mutter wird weggefahren.
KÜRMANN Ja . . .
Das Boot verschwindet.
VATER Und ich?
KÜRMANN Ich kann's nicht ändern, Vater, daß du ein Trinker
bist, ein gütiger Trinker, ein lieber Trinker, aber ich kann's
nicht verhindern, daß du in jener Nacht oder in einer andern
über die Treppe fällst, und am Morgen finden sie dich in der
Backstube, dich, aber keine Brote.
VATER Was sagt er?
KÜRMANN Danke für das Fahrrad.
Der Vater wankt weg.
KÜRMANN Vater!
Das Fahrrad bleibt.
KOMMANDO Abteilung: halt.

322

REGISTRATOR Korporal –

Der Korporal erscheint tropfnaß.

REGISTRATOR Was haben Sie denn gemacht?

KORPORAL Strafschwimmen.

REGISTRATOR Herr Oberleutnant Kürmann hat eben sein Dienst-
alter überschritten, er möchte diese zwei Jahre in Uniform
nicht wiederholen.

KÜRMANN Drei Jahre.

REGISTRATOR Korporal, Sie erübrigen sich.

KORPORAL Zu Befehl. Abteilung: Achtung: steht.

REGISTRATOR Schon gut, Korporal.

KORPORAL Abteilung: gradaus: marsch. Richtung: links. Richtung: rechts. Eins zwo, eins zwo.

REGISTRATOR Korporal –

KORPORAL Links zwo, eins zwo.

REGISTRATOR Das genügt.

KÜRMANN Das ist leicht gesagt.

KORPORAL Abteilung: singen.

*Man hört Soldatengesang, der Korporal folgt der unsichtbaren
Kolonne, langsam verliert sich der Gesang, Stille.*

REGISTRATOR Möchten Sie jetzt die Urkunde hören?

Der Rektor entrollt wieder die Urkunde.

KÜRMANN Ist Katrin noch da?

REGISTRATOR Ja.

KÜRMANN Geh auch du.

REGISTRATOR Wollen Sie das wirklich? *Er liest aus dem Dossier:*
»Heute vormittag in einem Wortwechsel mit Katrin, die immer
verzeihen will, habe ich gesagt: Dann häng dich halt auf. Als
ich nachmittags vom Institut zurückkomme, hat Katrin es
getan. Jetzt liegt sie hier im Sarg. Meine Schuld ist untragbar.
11. 6. 1949.«

Kürmann schweigt.

REGISTRATOR Sie ist neunundzwanzig.

Kürmann schaut sie an.

KÜRMANN Geh auch du.

BRAUT Hannes –

KÜRMANN Ich habe mich an meine Schuld gewöhnt.

Die Braut tritt zurück, die Schwiegereltern und der Pfarrer und einige andere, die dazu kommen, bilden den Trauerzug, die beiden Bestattungsbeamten tragen den Sarg.

REGISTRATOR Möchten Sie nochmals das Gesicht sehen?

KÜRMANN Ich habe es nicht vergessen.

Der Trauerzug geht weg.

REKTOR Ich verstehe unsern Herrn Kollegen vollauf. Die Entdeckung des Kürmann'schen Reflexes, eine Entdeckung, die aus der heutigen Verhaltensforschung nicht mehr wegzudenken ist, verdanken wir einem Zufall. Selbst wenn man die jahrelange Versuchsreihe wiederholen würde, wer garantiert, daß dieser so aufschlußreiche Zufall noch einmal eintritt? Es wäre für einen Wissenschaftler, glaube ich, beinahe unverantwortlich –

REGISTRATOR Wann war dieser Zufall?

KÜRMANN Februar 59.

Der Registrator blättert im Dossier.

REKTOR Es schmälert Ihre wissenschaftliche Leistung in keiner Weise, Herr Kollege, wenn ich hier von Zufall spreche; wir wissen: nicht der Zufall entdeckt, sondern der Menschengeist, der am Zufall erkennt.

REGISTRATOR »Möwe No. 411, Versuch-Serie C.«

KÜRMANN Ja.

REGISTRATOR Darauf möchten Sie nicht verzichten?

ANTOINETTE Dieser Möwe verdankt er seine Karriere.

KÜRMANN Ich möchte die junge Dame bitten – zum letzten Mal – zu begreifen, daß sie hier nichts verloren haben kann.

ANTOINETTE – meine Handtasche.

KÜRMANN Ich bitte um Herbst 1959.

REGISTRATOR Fräulein Stein –

KÜRMANN Wo war sie Herbst 1959?

ANTOINETTE In Paris.

REGISTRATOR Herr Kürmann möchte Herbst 1959.

Antoinette geht weg.

KÜRMANN Andere sollen sich um ihre Handtasche kümmern.

Der Rektor rollt die Urkunde zusammen.

REKTOR Sie lassen mich wissen, wenn es so weit ist, daß ich die Urkunde verlesen kann.

Die drei Herren im Talar gehen weg.

REGISTRATOR Also: —

Antoinette kommt nochmals zurück.

ANTOINETTE Dann sagen Sie aber meinem Mann, er soll zum Arzt gehen. Und zwar heute noch. Je früher umso besser. Bevor es zu spät ist.

REGISTRATOR Sie fühlen sich nicht wohl, Herr Kürmann?

KÜRMANN Unsinn.

ANTOINETTE Wenn man weiß, was es ist, und wenn es zu spät ist, heißt es immer: vor einigen Jahren wäre es heilbar gewesen, eine Bagatelle.

KÜRMANN Ich werde zum Arzt gehen.

ANTOINETTE Ich bitte ihn.

Der Registrator nickt, und Antoinette geht weg.

REGISTRATOR Und sonst, Herr Kürmann, was sonst möchten Sie anders machen: Herbst 1959?

KÜRMANN Ich überlege.

Ein Bühnenarbeiter holt das Fahrrad weg.

REGISTRATOR Sie erinnern sich an Herbst 1959: *Er blättert im Dossier:* »Spannungen zwischen Cuba und USA. / Nigerien wird unabhängig. / Eisenhower empfängt Chruschtschow. / Somalia wird unabhängig. / Die sovjetische Mondrakete LUNIK II, 390 kg, prallt auf den Mond.«

Kürmann putzt seine Brille.

KÜRMANN Geben Sie mir noch einmal die Unterredung mit Krolevsky. Professor Wladimir Krolevsky, der später seines Lehramtes enthoben wurde. Das war im Dezember, glaube ich. Unsere Unterredung in meiner Wohnung.

REGISTRATOR Bitte.

Arbeitslicht. Das Zimmer wird wieder hergestellt. Man hört wieder das schlechte Klavier nebenan, immer dieselben Takte, die abbrechen, Wiederholung. Da durch diesen Umbau eine Pause entsteht, nimmt der Registrator sich eine Zigarette.

Zuletzt wird die Bücherwand heruntergelassen, der Registrator löscht seine Zigarette. Stille.

REGISTRATOR Herr Kürmann, Ihre Wohnung ist wieder da.
Neon-Licht aus

Spiellicht

KÜRMANN Was soll denn das hier?

REGISTRATOR Ihre alte Spieluhr.

KÜRMANN Weg damit!

REGISTRATOR Wie Ihnen beliebt.

Ein Bühnenarbeiter holt die Spieluhr weg.

REGISTRATOR Wünschen Sie sonst noch Veränderungen? Sie brauchen es nur zu sagen. Vielleicht möchten Sie den Schreibtisch auf der andern Seite?

KÜRMANN Als käme es darauf an.

REGISTRATOR Sie können wählen.

Wieder das schlechte Klavier nebenan.

KÜRMANN Muß das sein?

REGISTRATOR Das ist die Ballett-Schule. Herbst 59. Sie erinnern sich: nebenan befindet sich eine Ballett-Schule. Leider lassen die immer das Fenster offen.

Wiederholung derselben Takte, dazu hört man die Stimme eines Ballett-Lehrers, dann Stille.

KÜRMANN Und das jeden Tag?

REGISTRATOR Ausgenommen Sonn- und allgemeine Feiertage.

KÜRMANN Das ist ja nicht auszuhalten.

REGISTRATOR Sie haben es ausgehalten.

KÜRMANN Sie sagen, ich könne wählen –

REGISTRATOR Die andern aber auch. Sie sind nicht allein auf der Welt, Herr Kürmann, und nun haben die eben das Nachbarhaus gemietet, Klettenhof 18, um hier ihre Ballett-Schule zu machen. Das sind Gegebenheiten. Wenn Sie's nicht aushalten, warum wählen Sie keine andere Wohnung?

KÜRMANN Und was ist dort?

REGISTRATOR Es wird sich zeigen.

KÜRMANN Eine Motorsäge vielleicht.

REGISTRATOR Möglich.

KÜRMANN Oder die Eisenbahn. Oder Glockengeläut. Oder die Ausflugschneise vom Flughafen –

Man hört ein perfides Geräusch.

REGISTRATOR Das wäre die Motorsäge.

KÜRMANN Hören Sie auf!

REGISTRATOR Wie Ihnen beliebt.

Man hört ein andres Geräusch.

KÜRMANN Was ist das denn?

REGISTRATOR Ein Kindergarten.

Kürmann schüttelt den Kopf.

REGISTRATOR Sie können wählen.

Wieder das schlechte Klavier nebenan, dieselben Takte, die abbrechen, dazu die Stimme des Ballett-Lehrers, Wiederholung, dann Stille.

REGISTRATOR Sie bleiben also in dieser Wohnung.

Kürmann sieht sich um.

KÜRMANN – so so war das?

REGISTRATOR Sie wundern sich über Ihren Geschmack?

Es kommt Frau Hubalek.

FRAU HUBALEK Herr Professor Krolevsky.

KÜRMANN Ich lasse bitten.

Frau Hubalek geht weg, und es kommt Krolevsky: ein Glatzkopf mit wachen Augen hinter einer randlosen Brille, bleich, man meint zu Unrecht, er lächle immerzu, er trägt einen veralteten Mantel, den er nicht ablegt, und eine dünne Ledermappe, Hut in der Hand, sein Gehaben ist perfekt schüchtern, er ist klein, aber er hat etwas von Instanz.

KÜRMANN Ich glaube, Sie haben hier gesessen.

Krolevsky setzt sich.

KÜRMANN Wahrscheinlich mutet es Sie komisch an: wir haben diese Unterredung schon einmal geführt, Herr Kollege. Sie kennen meine Gründe, warum ich keiner Partei beitrete, meine grundsätzlichen Bedenken. Ich brauche mich nicht zu wiederholen.

KROLEVSKY Nein.

KÜRMANN Trinken Sie etwas?

KROLEVSKY Nie.

Kürmann gießt sich einen Whisky ein.

KÜRMANN Kurz und gut, Herr Kollege, ich habe es mir noch einmal überlegt ...

Pause, Kürmann steht und trinkt.

KROLEVSKY Was haben Sie sich überlegt?

KÜRMANN – unsere Unterredung in diesem Zimmer, unsere Unterredung unter vier Augen: Sie dort, ich hier. Auch Sie brauchen sich nicht zu wiederholen, Krolevsky, ich weiß es: ich bin in Ihren Augen, was man zurzeit einen Non-Konformisten nennt, ein Intellektueller, der die herrschende Klasse durchschaut und zwar ziemlich genau, jedenfalls mit Entsetzen oder mindestens mit Ekel; aber das genügt ihm. Ab und zu unterzeichne ich einen Aufruf, eine Kundgebung für oder gegen: Proteste zugunsten meines Gewissens, solange Gewissen noch gestattet ist, und im übrigen arbeitet der Non-Konformist an seiner Karriere.

KROLEVSKY Habe ich das gesagt?

KÜRMANN Sie haben es anders gesagt?

KROLEVSKY Nämlich?

KÜRMANN Arbeit in der Partei, sagen Sie, ist das einzige Mittel, um die Welt zu ändern –

Es kommt Frau Hubalek.

KÜRMANN – wobei der Zweck, versteht sich, die Mittel zu heiligen hat, das ist bekannt und genau der Grund, warum ich keiner Partei beitrete. *Er sieht Frau Hubalek:* Was denn schon wieder? *Er nimmt einen Brief in Empfang.* Danke, Frau Hubalek, danke.

Frau Hubalek geht weg.

KÜRMANN Arbeit in der Partei, sagen Sie, und in diesem Augenblick kommt der Brief vom Senat: Anfrage, ob ich auf das kommende Frühjahr bereit wäre und so weiter, in Würdigung meiner wissenschaftlichen Leistung und so weiter, unter dem Vorbehalt, daß die Regierung und so weiter und so fort.

KROLEVSKY Mein Glückwunsch, Herr Kollege.

KÜRMANN Danke. *Er legt den Brief ungeöffnet auf den Tisch.* In der Erinnerung habe ich immer den Eindruck, daß Sie lächeln, und wenn ich Sie ansehe, lächeln Sie eigentlich nie. So wenig wie ein Schachspieler. Sie glauben nur meinen nächsten Zug schon zu kennen: – Sie sehen mich jetzt schon als Professor Dr. H. Kürmann, Direktor des Instituts für Verhaltensforschung.

Wieder das schlechte Klavier nebenan, aber kurz.

KÜRMANN Glauben Sie, Krolevsky, Sie als Kybernetiker, daß die Biografie, die ein Individuum nun einmal hat, verbindlich ist, Ausdruck einer Zwangsläufigkeit, oder aber: ich könnte je nach Zufall auch eine ziemlich andere Biografie haben, und die man eines Tages hat, diese unsere Biografie mit allen Daten, die einem zum Hals heraus hängen, sie braucht nicht einmal die wahrscheinlichste zu sein: sie ist nur eine mögliche, eine von vielen, die ebenso möglich wären unter denselben gesellschaftlichen und geschichtlichen Bedingungen und mit derselben Anlage der Person. Was also kann, so gesehen, eine Biografie überhaupt besagen? Sie verstehen: ob eine bessere oder schlechtere Biografie, darum geht es nicht. Ich weigere mich nur, daß wir allem, was einmal geschehen ist – weil es geschehen ist, weil es Geschichte geworden ist und somit unwiderruflich – einen Sinn unterstellen, der ihm nicht zukommt.

KROLEVSKY Ich verstehe.

KÜRMANN Sie verstehen?

KROLEVSKY Ab posse ad esse valet, ab esse ad posse non valet. *Er steckt sich eine Zigarette an:* Aber Sie wollten, glaube ich, etwas Dringliches sagen – *Wieder das schlechte Klavier nebenan: aber diesmal scheint die Übung zu klappen, so daß sie weitergeht; fünf Ballett-Schülerinnen tanzen aus der Seitenbühne, gefolgt vom Ballett-Lehrer, sie tanzen nicht für die Zuschauer, es bleibt Probe.*

LEHRER Halt! – und die Spitze? *Er macht es ohne Musik vor.* Verstanden? *Er klatscht in die Hände:* Also, Kinder, von Anfang an!

*Wieder das schlechte Klavier nebenan: sie wiederholen die
Übung, indem sie in die Seitenbühne hinaus tanzen; eine
Ballett-Schülerin bleibt stehen. Stille.*

KÜRMANN Was tut dieses Mädchen hier?

REGISTRATOR Gefällt es Ihnen?

KÜRMANN Ich spreche mit Krolevsky.

REGISTRATOR Sie sprechen mit Krolevsky: plötzlich hören Sie
sich selbst nicht zu, Sie blicken zum Fenster hinaus, während
Sie sprechen, und sehen die Ballett-Schule nebenan. Plötzlich
sind Sie etwas zerstreut: –

KÜRMANN Ich kenne diese Ballett-Schülerin nicht.

REGISTRATOR Aber Sie könnten sie kennenlernen. *Man hört das
schlechte Klavier nebenan, die drei Takte, die Ballett-Schülerin macht die Übung dazu, dann wieder Stille.*

REGISTRATOR Sie haben die Genehmigung, Herr Kürmann, noch
einmal zu wählen: anders zu wählen: vielleicht möchten Sie
einmal speisen mit ihr –

Es erscheint ein Kellner mit Speisekarte.

KELLNER Die Herrschaften wünschen?

REGISTRATOR Was gibt es denn?

KELLNER Caviar russe.

Saumon fumé.

Foie gras de Strasbourg.

Escargot à la Bourgogne.

REGISTRATOR Sie können wählen.

KELLNER Oder italienisch?

Canneloni.

Tortellini alla panna.

Tortellini con funghi.

Lasagne verde.

REGISTRATOR Hm.

KELLNER Specialità della casa.

REGISTRATOR Ein ausgezeichnetes Restaurant, Herr Kürmann,
und man kennt Sie hier nicht. *Zum Kellner:* Was haben Sie
heute für Fisch?

KELLNER Ich zeige Ihnen.

Der Kellner geht weg.

REGISTRATOR Wenn Sie mit dem Mädchen speisen, ich könnte mir denken, daß Sie sich in vier Monaten, wenn Fräulein Doktor Stein aus Paris kommt, vollkommen anders verhalten, Herr Kürmann, unbefangener, intellektueller, geistreicher, so daß Fräulein Doktor Stein kurz nach zwei Uhr ihre Handtasche nimmt und aufbricht: – Biografie ohne Antoinette . . .

Der Kellner kommt mit einer Platte voller Fische.

REGISTRATOR Ah.

KELLNER Hecht.

REGISTRATOR Schauen Sie her!

KELLNER Heute gefangen.

REGISTRATOR Sehr schön.

KELLNER Seezunge.

Felchen.

Eine sehr schöne Schleie.

REGISTRATOR Für zwei Personen?

KELLNER O ja.

REGISTRATOR Forellen?

KELLNER Immer nur lebend.

REGISTRATOR Was ist das denn?

KELLNER Spado.

REGISTRATOR Spado?

KELLNER Schwertfisch.

REGISTRATOR Haben Sie schon Schwertfisch gegessen?

KELLNER Ganz frischer Hummer.

Kürmann betrachtet die Ballett-Schülerin.

REGISTRATOR Haben Sie den Hummer gesehen?

Wieder das schlechte Klavier nebenan: die Ballett-Schülerinnen tanzen wieder aus der Seitenbühne heraus, gefolgt vom Tanzlehrer, und das ausgeschiedene Mädchen reiht sich in die Gruppe, die wieder hinaustanzt, Stille.

REGISTRATOR Wie Ihnen beliebt.

Der Kellner hält immer noch den Hummer.

REGISTRATOR Vielleicht ein andermal.

KELLNER Bitte sehr.

Der Kellner geht weg.

REGISTRATOR Sehen Sie: – Sie können wählen.

KÜRMANN Weiter!

REGISTRATOR Warum schreien Sie mich an?

KÜRMANN Wofür halten Sie mich eigentlich? Als gehe es hier um die Wahl von Weibern! Wenn ich schon die Genehmigung habe, dann überhaupt keine Geschichte mit einer Frau.

REGISTRATOR Wie Ihnen beliebt.

Krolevsky sitzt unverändert.

KROLEVSKY Ab posse ad esse valet, ab esse ad posse non valet. *Er zündet die Zigarette an:* Aber Sie wollten, glaube ich, etwas Dringliches sagen –

Kürmann setzt sich auf die Tischkante.

KÜRMANN Ohne Umschweife, Krolevsky – Sie brauchen mir nicht zu antworten – Sie sind Mitglied der Kommunistischen Partei, was bis heute nicht bekannt ist, mindestens Verbindungsmann, wahrscheinlich sogar ein führender Kopf der Partei. Ihr Fach, Mathematik, dekuvriert Sie nicht. Ihre häufigen Reisen, ob nach Prag oder Paris oder Mexico-City, sind durch Kongresse fachlicher Art bestens getarnt. Auch trinken Sie ja nicht, um nicht in später Stunde sich auszuplaudern. *Er trinkt.* Gesetzt den Fall: eines Tages wird es bekannt, und unter irgendeinem Vorwand, jedenfalls im Namen der Philosophischen Fakultät, wird auf Ihre weitere Lehrtätigkeit verzichtet werden müssen, was uns oder einige von uns ebenso selbstverständlich wie aufrichtig empört: Unterdrückung der Lehrfreiheit und so weiter. Es kommt zum Fall Krolevsky. Ich selbst, Non-Konformist, werde einen Aufruf verfassen: »Bestürzt über die jüngsten Ereignisse an unsrer Universität«, einen ebenso besorgten wie besonnenen Aufruf, den unterzeichnet zu haben eine Ehre ist und der im übrigen, versteht sich, nicht das mindeste bewirkt.

KROLEVSKY Sie sprechen aus Erfahrung.

KÜRMANN Allerdings.

KROLEVSKY Was, Herr Kollege, wollen Sie mir sagen.

KÜRMANN Wenn wir noch einmal anfangen können, wir alle

wissen, was wir anders zu machen haben: – Unterschriften für, Unterschriften gegen, Proteste, Kundgebungen, und was dabei herauskommt, ist die Ohnmacht der Intelligenz, der Opposition, die Gewalt vorerst im Namen des Rechtsstaates, der Terror: die Quittung dafür, daß unsereiner nie gehandelt hat. *Zum Registrator:* Wann war diese Unterredung mit Wladimir Krolevsky genau?

Der Registrator blättert im Dossier.

KÜRMANN Kurz darauf wurde Professor Krolevsky verhaftet, Hausdurchsuchung, Entlassung aus dem Lehramt.

REGISTRATOR 3. 12. 1959.

KÜRMANN Nehmen Sie's in mein Dossier.

REGISTRATOR Was?

KÜRMANN »3. 12. 1959: Eintritt in die KP.«

Der Registrator notiert.

KROLEVSKY Ich gestehe, Herr Kollege, Sie überraschen mich. Die Partei wird Ihren Antrag prüfen. Ich hoffe, Herr Kollege, Sie sind sich bewußt, was das bedeutet für Ihre akademische Karriere?

KÜRMANN Ich bin mir sehr bewußt, Herr Kollege, was das bedeutet; deswegen mach ich's ja. *Zum Registrator, der mit dem Dossier zu Kürmann tritt:* Was soll ich?

REGISTRATOR Unterzeichnen.

Kürmann unterzeichnet im Dossier.

KÜRMANN Genosse Krolevsky –

Arbeitslicht

KÜRMANN Was ist los?

REGISTRATOR Der Arzt erwartet Sie.

Ein Bühnenarbeiter bringt einen weißen Sessel und stellt ihn in den Vordergrund rechts, ein zweiter Bühnenarbeiter rollt einen Instrumenten-Wagen dazu, dann gehen sie weg. Krolevsky erhebt sich.

KROLEVSKY Was uns betrifft, Herr Kollege: unser gesellschaftlicher Verkehr bleibt wie bisher. Ab und zu ein kleines Gespräch im Hof der Universität. Ab und zu. Unsere Anrede bleibt Herr Kollege. *Er gibt die Hand.* Sie wissen, Herr

Kollege, daß Sie fortan überwacht werden. *Er setzt den Hut auf.* Wenn Sie hier eine party geben, bin ich in Zukunft nicht dabei.

KÜRMANN Wieso party?

KROLEVSKY Wenn Sie demnächst Professor werden.

KÜRMANN Dazu wird es nicht kommen!

Spiellicht im Vordergrund: es erscheint ein Arzt im weißen Kittel, er hält einen Filmstreifen gegen das Licht.

ARZT Haben Sie Schmerzen?

KÜRMANN Wo?

ARZT Das frage ich Sie! Ihr EKG ist schön. *Er gibt Kürmann den Filmstreifen.* Sehr schön. *Er geht zum Instrumenten-Wagen.* Was mir nicht gefällt, ist Ihr Urin.

KÜRMANN Wieso?

ARZT Wir werden ja sehen.

REGISTRATOR Sie müssen die Jacke ausziehen.

ARZT Wir brauchen ein wenig Blut.

Kürmann zieht die Jacke aus.

REGISTRATOR Sie können sich setzen.

Kürmann setzt sich und krempelt den Hemdärmel auf.

ARZT Haben Sie Sorgen?

Der Arzt sticht und entnimmt Blut.

ARZT Was sagen Sie zum Fall Krolevsky?

Der Arzt gibt eine Watte.

REGISTRATOR Halten Sie die Watte drauf.

Kürmann hält die Watte drauf.

KÜRMANN Einmal, als Kind, hatte ich Mumps, einmal die Masern, aber sonst ...

Der Arzt füllt das Blut in ein Glas.

ARZT Schwester Agnes? *Er geht weg.*

KÜRMANN Was haben wir jetzt für ein Datum?

REGISTRATOR 12. April 1960: Fräulein Stein ist noch in Paris. Sie packt heute ihre Koffer, um Paris zu verlassen. Das können Sie nicht ändern.

KÜRMANN Hm.

REGISTRATOR Sie ist mit den Gästen gekommen, die Sie feierten, als Sie Professor wurden, aber diesmal haben Sie alles getan, um zu verhindern, daß Sie Professor werden.

Spiellicht auch im Zimmer: es erscheinen zwei Herren in Mantel und Hut, begleitet von Frau Hubalek.

REGISTRATOR Es scheint zu klappen!

Die grauen Herren sehen sich um.

FRAU HUBALEK Sie wünschen? Der Herr Doktor ist nicht zuhaus. Wer sind Sie überhaupt? Ich bin die Haushälterin hier. Darf man fragen, wer die Herren sind?

Einer zeigt seinen Ausweis.

REGISTRATOR Bleiben Sie sitzen.

KÜRMANN Hausdurchsuchung?

REGISTRATOR Sie sind beim Arzt.

Kürmann setzt sich wieder.

REGISTRATOR Halten Sie die Watte drauf.

Einer der Herren öffnet Schubladen.

REGISTRATOR Sie stehen unter dem Verdacht, daß Sie die Welt verändern wollen. Niemand wird auf den Verdacht kommen, daß Sie bloß Ihre Biografie verändern wollen.

Der andere Herr öffnet Bücher.

HERR Frau –?

FRAU HUBALEK Hubalek.

HERR Sagen Sie, Frau Hubalek –

FRAU HUBALEK Ich weiß von nichts.

HERR Woher stammen Sie?

FRAU HUBALEK Aus Böhmen.

HERR Aus Böhmen.

FRAU HUBALEK Was hat der Herr Doktor denn getan?

HERR Sie haben Verwandte.

FRAU HUBALEK In Böhmen.

HERR In Böhmen.

FRAU HUBALEK Wieso nicht?

HERR Antworten Sie auf unsre Fragen.

FRAU HUBALEK Er will nicht, daß man seine Bücher anfaßt.

HERR Wie oft besuchen Sie Ihre böhmischen Verwandten?

FRAU HUBALEK Nie.

HERR Das ist aber wenig.

FRAU HUBALEK Es genügt mir aber.

Im Vordergrund erscheint die Krankenschwester.

SCHWESTER Der Herr Doktor kommt sofort.

Die Krankenschwester nimmt etwas und geht weg.

HERR Sagen Sie, Frau –

FRAU HUBALEK Hubalek.

HERR Gibt's hier noch andere Zimmer?

Die grauen Herren und Frau Hubalek gehen weg.

REGISTRATOR Sie werden nichts finden, aber machen Sie sich deswegen keine Sorgen: Verdacht bleibt Verdacht, und Verdacht genügt.

Zimmer dunkel; im Vordergrund kommt der Arzt zurück.

ARZT Schlimm ist es nicht. Immerhin müssen Sie sich schonen, mit der Leber ist nicht zu spaßen ... Also: kein Foie gras, keine Escargot à la Bourgogne, überhaupt nichts Gewürztes. Kein Pfeffer Senf Curry. Meerfisch keinesfalls –

Neon-Licht

REGISTRATOR Ich schreibe auf.

Der Registrator notiert.

ARZT Keine Steinfrüchte: Aprikosen Kirschen Pflaumen Pfirsich. Kein Knoblauch. Nichts was bläht. Quark jederzeit, Quark soviel wie möglich –

REGISTRATOR Gemüse?

ARZT Aber salzlos. Ausgenommen Kohl, keine weißen Bohnen, überhaupt keine Bohnen, keine Zwiebeln –

REGISTRATOR Nichts was bläht.

ARZT Nichts Kaltes: kein Bier. Whisky und Vodka und so weiter, Gin, Kirsch, Williame und so weiter, Steinhäger, Grappa, Marc und so weiter, Cognac, Calvados und so weiter: unter keinen Umständen.

REGISTRATOR Wein?

ARZT Ihr Vater, sagen Sie, war ein Trinker?

KÜRMANN So schien es mir.

ARZT Vor allem kein Weißwein.

REGISTRATOR Wie ist es mit Rotwein?

ARZT Überhaupt kein Alkohol.

REGISTRATOR Was dann?

ARZT Milch.

REGISTRATOR Mineralwasser?

ARZT Aber ohne Kohlensäure. Tee. Aber kein Schwarztee, versteht sich. Kamillen Lindenblüten Pfefferminz Hagebutten und so weiter. Kaffee keinesfalls. Mögen Sie Yoghurt?

REGISTRATOR Ob Sie Yoghurt mögen?

ARZT Yoghurt jederzeit. Quark so viel wie möglich. Gemüse jederzeit, aber salzlos, Meerfisch keinesfalls –

REGISTRATOR Das haben wir schon.

ARZT Was Sie essen dürfen: Forelle blau.

REGISTRATOR Immerhin.

ARZT Ohne Butter.

REGISTRATOR Hummer?

ARZT Um Gottes willen.

REGISTRATOR Da haben Sie aber Glück gehabt. Beinahe hätte Herr Kürmann neulich einen Hummer gegessen.

ARZT Um Gottes willen.

REGISTRATOR Fleisch?

ARZT Gekocht. Ohne weiteres. Ohne Fett. Nichts Geschmortes. Gekocht oder vom Grill: salzlos. Ohne Gewürze, wie gesagt. Keine Würste und so weiter –

REGISTRATOR Brot?

ARZT Knäckebrot.

REGISTRATOR Nichts was bläht.

ARZT Quark so viel wie möglich.

Es kommt die Krankenschwester.

ARZT Ich komme.

Die Krankenschwester fährt den Instrumenten-Wagen weg.

REGISTRATOR Sonst noch etwas?

ARZT Schwitzen, viel schwitzen.

REGISTRATOR Wie?

ARZT Sport, Wandern, Sauna. *Er legt Kürmann die Hand auf die*

Schulter. Schlimm ist es nicht, eine leichte Leberschwellung, sonst habe ich nicht das mindeste gefunden. Was vor allem wichtig ist: keine Aufregung, mein Lieber, keinerlei Aufregung ...

Arbeitslicht; man sieht wieder die ganze Bühne, im Hintergrund haben sich viele Leute versammelt, Herren im Smoking, Damen in Abendkleidern, alle mit einem Sektglas in der Hand. Der Arzt ist weg.

KÜRMANN Von Krebs kein Wort.

REGISTRATOR Nein.

KÜRMANN Sonst hat er nichts gefunden.

REGISTRATOR Sie können die Jacke wieder anziehen.

KÜRMANN Quark so viel wie möglich ...

REGISTRATOR Was überlegen Sie?

Kürmann erhebt sich und nimmt seine Jacke.

KÜRMANN Wer sind diese Leute?

REGISTRATOR Freunde.

KÜRMANN Was wollen sie?

REGISTRATOR Man will Sie feiern.

KÜRMANN Wieso?

REGISTRATOR Sie sind Professor geworden.

Spiellicht im Zimmer: das Zimmer ist voller Gäste, sie stehen in Gruppen und plaudern, man versteht kein Wort.

KÜRMANN Professor?

REGISTRATOR Es wundert mich auch, offen gestanden.

KÜRMANN Ein Mitglied der Kommunistischen Partei wird nicht Professor hierzulande: 1960. Das ist unmöglich.

REGISTRATOR – unwahrscheinlich.

Kürmann schüttelt den Kopf.

HENRIK Hannes!

REGISTRATOR Man ruft nach Ihnen.

HENRIK Wo steckt er denn?

Kürmann schüttelt den Kopf.

REGISTRATOR Die Gäste wollen aufbrechen, es ist spät geworden, *Er hilft Kürmann in die Jacke.* Das brauche ich Ihnen, Herr Professor, nicht zu erklären: Kein System garantiert das Wahrscheinliche für jeden Fall.

Kürmann wird entdeckt.

HENRIK Da bist du ja.

SCHNEIDER Es ist zwei Uhr.

HENRIK Herr Professor, wir verlassen dich jetzt.

Kürmann verschwindet in der Gesellschaft, Stimmengewirr, die Gesellschaft verläßt gruppenweise das Zimmer: es bleibt die junge Dame im Abendkleid genau wie zu Anfang, sie sitzt im Fauteuil und wartet, sie trägt die Hornbrille. Stimmen der Gesellschaft draußen, kurz darauf kommt Kürmann zurück: ohne zu pfeifen.

ANTOINETTE »Ich gehe auch bald.«

Pause

KÜRMANN »Ist Ihnen nicht wohl?«

ANTOINETTE »Im Gegenteil.« *Sie nimmt sich eine Zigarette.* »Nur noch eine Zigarette.« *Sie wartet vergeblich auf Feuer und zündet selber an.* »Wenn ich nicht störe.« *Sie raucht vor sich hin:* »Ich habe es sehr genossen. Einige waren sehr nett, fand ich, sehr anregend —«

Pause

ANTOINETTE »Haben Sie noch etwas zu trinken?«

Kürmann rührt sich nicht.

ANTOINETTE »Was sehen Sie mich so an?«

Schweigen

Arbeitslicht. Der Registrator tritt an sein Pult. Spiellicht: das Zimmer, Frau Hubalek räumt auf, nach einer Weile kommt Kürmann in einem Morgenmantel, Briefe in der Hand.

KÜRMANN Frau Hubalek – Gutentag – wären Sie so freundlich, Frau Hubalek, ein Frühstück zu machen. *Er steht und öffnet Briefe.* Ich habe gefragt, ob Sie so freundlich wären, Frau Hubalek, ein Frühstück zu machen.
Frau Hubalek geht weg.

KÜRMANN Ich weiß genau, was Sie jetzt denken. Aber Sie irren sich. Sie denken, ich tue immer wieder dasselbe, und wenn ich noch hundertmal anfangen könnte. *Er liest einen Brief und wirft ihn in den Papierkorb.* Glückwünsche! *Er wirft das ganze Bündel in den Papierkorb.* – aber Sie irren sich. Wir werden nicht aufs Land hinausfahren. Wir werden einander nicht kennenlernen. *Er setzt sich an den Schreibtisch.* Es wird unser erstes und unser letztes Frühstück sein.

REGISTRATOR Wie Ihnen beliebt.

KÜRMANN Es wird ihr nicht gelingen.

REGISTRATOR Was?

KÜRMANN Wir werden kein Paar.

REGISTRATOR Sie haben noch immer die Wahl.

Antoinette erscheint im Abendkleid, sie bleibt bei der Türe stehen, so daß Kürmann sie nicht wahrnimmt.

KÜRMANN Was ist heute für ein Wochentag?

REGISTRATOR Donnerstag.

Kürmann blickt auf seine Armbanduhr.

REGISTRATOR Um elf Uhr haben Sie eine Sitzung, Sie erinnern sich, eine Sitzung, die Sie damals versäumt haben –

Man hört wieder das schlechte Klavier nebenan, die drei Takte, die abbrechen, Kürmann sieht Antoinette und erhebt sich.

ANTOINETTE Ich habe deine Zahnbürste genommen.

KÜRMANN Ich habe vergessen zu fragen: Kaffee oder Tee? Vielleicht nimmst du lieber Kaffee. *Er geht zur Türe:* Und ein weiches Ei?

ANTOINETTE Ich nicht.

Pause, sie stehen.

ANTOINETTE Wie spät ist es eigentlich?

KÜRMANN Um elf Uhr habe ich eine Sitzung.

Antoinette kramt in ihrer Handtasche.

ANTOINETTE Wenn ich jetzt nur wüßte, wo ich meinen Wagen parkiert habe. Die Schlüssel habe ich. *Sie überlegt:* Eine Allee, kann das sein, eine Allee mit einem Denkmal...

KÜRMANN Hier gibt's keine Allee.

ANTOINETTE Wollen wir uns nicht setzen?

Frau Hubalek kommt und deckt den Tisch, die beiden stehen und schweigen und warten, bis Frau Hubalek wieder weg ist.

KÜRMANN Unser Tee kommt sofort.

ANTOINETTE Jetzt weiß ich! wo ich meinen Wagen habe. *Sie lacht.* Ich wundere mich jedesmal, daß ich meinen Wagen wiederfinde.

Beiläufig: Kennen Sie den jungen Stahel?

KÜRMANN Stahel?

ANTOINETTE Der hat meinen Wagen gefahren. Er wollte nicht heraufkommen. Und das mit der Allee war vorher...

Stundenschlag: zehn Uhr

ANTOINETTE Zehn Uhr?

Antoinette nimmt ihre Abendkleidjacke vom Sessel.

KÜRMANN Du willst schon gehen?

ANTOINETTE Wenn Sie's mir nicht übelnehmen, Hannes.

KÜRMANN Ohne Frühstück?

ANTOINETTE Auch ich habe zu arbeiten. Zehn Uhr! Ich muß mich ja umziehen. O Gott. Um zehn Uhr war ich verabredet.

Kürmann schaut zu, wie sie die Jacke anzieht.

ANTOINETTE Machen Sie sich keine Sorgen!

KÜRMANN Warum lachst du?

ANTOINETTE Männersorgen. Ich schlafe nicht mit vielen Männern, aber wenn es dazu kommt, bin ich jedesmal froh, Hannes, genau wie Sie, daß ich nachher wieder mit mir allein bin. Wo habe ich jetzt bloß meine Uhr?

KÜRMANN − im Bad, glaube ich.

Antoinette geht ins Badezimmer.

KÜRMANN So war das?

REGISTRATOR Genau so.

KÜRMANN Kein Wort von Wiedersehen?

REGISTRATOR Kein Wort.

KÜRMANN Das verstehe ich nicht −

REGISTRATOR Ihre Erinnerung, Herr Kürmann, hat gedichtet: niemand hat sich auf ihr linkes oder rechtes Knie gesetzt, kein Arm am Hals, kein Kuß, der zu verlängerter Zärtlichkeit nötigt. Nichts von alledem. Auch sie hat eine Verabredung. Sie wirkt weder enttäuscht noch verwirrt, im Gegenteil, offenbar hat die Nacht ihr gefallen, aber vorbei ist vorbei, sie beharrt nicht einmal auf der Vertraulichkeit der nächtlichen Anrede.

KÜRMANN Das verstehe ich nicht −

REGISTRATOR So war das, Herr Kürmann.

KÜRMANN Wieso habe ich denn die Sitzung versäumt?

Neon-Licht aus.

KÜRMANN Was macht sie denn so lang?

REGISTRATOR Sie sucht ihre Uhr. *Pause.*

Antoinette kommt zurück, sie zieht ihre Armbanduhr an.

ANTOINETTE − heute will ich nochmals diese Räume besichtigen, wissen Sie, wegen meiner Galerie. Leider ist kein Lift im Haus. Das ist der einzige Haken, aber die Räume wären herrlich. Genau was ich suche. Groß und nüchtern. Leider sehr teuer. Man müßte ein Oberlicht einbauen. Drum treffe ich heute diesen jungen Architekten.

REGISTRATOR Stahel.

ANTOINETTE Um zu wissen, was das kosten würde. Die Lage ist einmalig, und wenn es gelingt mit der Galerie, dann nehme ich die untere Wohnung dazu und mache meinen kleinen Verlag. Später einmal. Und wenn es nicht klappt, gehe ich zurück nach Paris − das wird sich heute entscheiden . . .

Pause

REGISTRATOR Sie brauchen sie nur zum Lift zu führen.

ANTOINETTE Ja.

KÜRMANN Hoffentlich klappt es, ich meine die Sache mit dem Oberlicht.

ANTOINETTE Ja.

KÜRMANN Ja.

ANTOINETTE Halten Sie mir den Daumen!

Kürmann begleitet sie hinaus, Frau Hubalek kommt und bringt den Tee und geht wieder, dann kommt Kürmann zurück.

KÜRMANN Eine ungewöhnliche Frau.

REGISTRATOR Sehen Sie.

KÜRMANN Eine großartige Frau.

REGISTRATOR Sie haben sie unterschätzt, Sie haben damals nicht glauben wollen, daß eine Frau, nachdem sie mit Ihnen geschlafen hat, auch lieber allein sein möchte.

KÜRMANN Eine einmalige Frau.

Neon-Licht

REGISTRATOR Was die Sitzung um elf Uhr betrifft, Sie erinnern sich: *Er liest aus dem Dossier:* »Traktandum eins: Wahl des neuen Rektors der Universität –«

Kürmann tritt ans Fenster.

REGISTRATOR Es dürfte wichtig sein, Herr Kürmann, nicht nur für Sie persönlich, aber auch für Sie, daß die Wahl nicht auf den Kollegen Hornacher fällt. Kollege Hornacher ist, wie man weiß, leidenschaftlicher Antikommunist, als Gelehrter unbedeutend, aber ein Mann von Gesinnung. Ein Mann der geistigen Landesverteidigung. Kollege Hornacher, zum Rektor gewählt, wird alles unternehmen, damit Sie, Herr Kürmann, nicht lange im Lehramt bleiben. Auch das entscheidet sich heute... Hören Sie zu?... In der ersten Fassung Ihrer Biografie haben Sie die heutige Sitzung versäumt, weil Sie meinten, Sie müßten mit der jungen Dame aufs Land hinaus fahren, um Fisch zu essen und Landwein zu trinken. Hornacher wurde gewählt, wenn auch knapp. Sie haben Ihr Versäumnis dann bereut. Sie erinnern sich? – dabei hat Hornacher Ihnen nichts anhaben können in der ersten Fassung: da waren Sie ja nicht Mitglied der Kommunistischen Partei.

KÜRMANN Warum fährt sie nicht? *Pause.* Sie fährt nicht.

REGISTRATOR Vielleicht wegen der Batterie, das kennen Sie ja: sie läßt das Standlicht brennen, dann wundert sie sich, warum der Anlasser streikt. Oder sie sieht, daß sie am Fenster stehen. *Kürmann verläßt das Fenster.*

REGISTRATOR Was überlegen Sie?

Kürmann gießt Tee in eine Tasse.

KÜRMANN Ich habe sie unterschätzt.

REGISTRATOR Wer zweifelt daran.

Kürmann steht und trinkt Tee.

KÜRMANN Was wird sie jetzt tun?

REGISTRATOR – sich nicht mehr unterschätzen lassen.

Kürmann trinkt Tee.

REGISTRATOR Ihre Frau hat unsere volle Bewunderung, das können Sie glauben, unsere volle Bewunderung. Wenn ich das sagen darf: sie ist Ihnen überlegen. Machen Sie sich keine Sorgen darüber, was sie jetzt tun wird. Eine Frau von ihrer Intelligenz wird ihren Weg schon machen, Herr Kürmann, ohne Sie. Seien Sie getrost. Sie weiß, was sie will. Sie ist eine Frau, aber mehr als das: eine Persönlichkeit, aber mehr als das: eine Frau.

KÜRMANN O ja.

REGISTRATOR Sie wird eine Galerie leiten, GALERIE ANTOINETTE, oder einen kleinen Verlag, EDITION ANTOINETTE, und wenn es nicht klappt, so kann sie jederzeit nach Paris zurück.

KÜRMANN Zu ihrem Tänzer.

REGISTRATOR Sie trifft jetzt einen jungen Architekten, um zu erfahren, was ein Oberlicht kostet. Vielleicht wird das zu teuer, aber der junge Architekt weiß sie zu schätzen, eine Frau voller Pläne und unabhängig, und eines Tages, wer weiß, bekommt sie ein Kind, das ihre Pläne zerschlägt, aber das alles braucht Sie, Herr Kürmann, nicht zu bekümmern: – sie ist weg.

KÜRMANN Ja.

REGISTRATOR Kümmern Sie sich um das Institut.

Kürmann setzt sich an den Schreibtisch.

REGISTRATOR Was Sie jetzt in Händen halten, ist ein Dokument, das Sie an der heutigen Sitzung vorlegen sollen, eine Foto-Kopie betreffend Horst Dieter Hornacher, der heute zum Rektor gewählt werden soll: seine Unterschrift im Jahr 1941.

Kürmann überfliegt das Dokument.

REGISTRATOR Es wird Zeit, daß Sie sich ankleiden, damit Sie die heutige Sitzung nicht wieder versäumen. *Er blickt auf seine Uhr, dann auf Kürmann:* Zehn Uhr zwanzig . . .

KÜRMANN Können wir nochmals zurück?

REGISTRATOR Warum?

KÜRMANN Ich habe diese Frau unterschätzt.

REGISTRATOR Sie werden sie wieder unterschätzen.

KÜRMANN Wieso?

REGISTRATOR Wie Sie wollen.

Neon-Licht aus, Antoinette kommt zurück.

REGISTRATOR Herr Kürmann möchte nochmals zurück.

Kürmann nimmt ihr die Hornbrille ab.

ANTOINETTE Was soll das?

KÜRMANN Ich lasse Sie nicht weg.

ANTOINETTE Sie haben eine Sitzung.

KÜRMANN Im Ernst.

ANTOINETTE Im Ernst.

KÜRMANN Wir kennen einander nicht.

ANTOINETTE Das ist doch das Schöne.

KÜRMANN Warum lachen Sie?

ANTOINETTE Brauchen Sie am andern Morgen eine Liebeserklärung?

Pause

ANTOINETTE Geben Sie mir die Brille.

KÜRMANN Ich mache einen Vorschlag: ich lasse die Sitzung, die allerdings wichtig wäre, und Sie lassen diesen Architekten mit seinem Oberlicht, wir fahren zusammen aufs Land, wir fahren irgendwohin.

ANTOINETTE Hinaus in die Natur?

KÜRMANN Es ist ein herrlicher Tag.

ANTOINETTE Hand in Hand durch Schilf?

KÜRMANN Wir brauchen nicht zu wandern, wir streifen nicht durch Schilf, wir setzen uns in eine Wirtschaft am See, wir essen einen Fisch und trinken einen leichten Landwein dazu, das alles braucht nicht geschmacklos zu sein.

Sie lächelt.

KÜRMANN Antoinette, ich bitte Sie darum.

ANTOINETTE Ich denke, wir duzen uns.

KÜRMANN Entschuldige.

Kürmann gibt ihr die Hornbrille zurück.

ANTOINETTE »Wo habe ich jetzt bloß meine Uhr.«

KÜRMANN »– im Bad, glaube ich.«

Antoinette geht ins Badezimmer.

REGISTRATOR Also doch die erste Fassung! *Neon-Licht.* Sie wissen, was darauf folgt: *Er liest aus dem Dossier:* »Mittagessen im Hotel zum Schwanen, Diskussion über General de Gaulle. / Abends allein, Nachricht, daß Hornacher zum Rektor gewählt worden ist. / Samstagvormittag: Fräulein Stein übers Wochenende bei ihren Eltern. Montag im Institut, später Apéritif in der Stadt, abends beide besetzt, aber Anruf nach Mitternacht: das Oberlicht sei unerschwinglich.«

KÜRMANN Und so weiter!

REGISTRATOR »– Mittwoch: Antoinette fliegt nach Paris zurück, Versprechen in der Flughafen-Bar, daß man nie schreiben wird. / Freitag: Vortrag in der Philosophischen Gesellschaft, Verhaltensforschung und Anthropologie. / Wochenende zusammen in Paris, Hotel Port Royal.«

KÜRMANN Und so weiter und so weiter!

REGISTRATOR »Sie ist Sekretärin bei Gallimard.«

KÜRMANN Wem lesen Sie das vor?

REGISTRATOR Und so weiter. *Er blättert, aber liest nicht vor. –* Glück, Griechenlandreise, Glück, Schwangerschaftsunterbrechung, Glück ... *Er nimmt eine Karte aus dem Dossier:* »Wir heiraten: Antoinette Stein, Hannes Kürmann, Juni 1961.«

Kürmann stopft seine Pfeife.

REGISTRATOR Also dabei bleibt es . . . Sie haben noch immer die
  Wahl – also Frühstück gemeinsam?
KÜRMANN Ja.
  Der Registrator notiert ins Dossier:
REGISTRATOR »Frühstück gemeinsam.«
  Man hört einen Krach von der Straße.
KÜRMANN Was war das?
REGISTRATOR Das gilt nicht.
KÜRMANN – ein Unfall?
REGISTRATOR Auch dies wäre möglich gewesen. *Er nimmt einen
  Zettel:* »27. 5. Zeit 10.17. Ein Austin-Cooper, Nummernschild
  907 139, wird bei der Ausfahrt aus dem Parkplatz gestreift vom
  Anhänger eines Lastwagens –«
KÜRMANN Antoinette!
REGISTRATOR Offenbar hat sie nicht in den Rückspiegel
  geschaut.
KÜRMANN Tot?
REGISTRATOR Fassen Sie sich.
KÜRMANN Tot?
REGISTRATOR Schnittwunden im Gesicht. *Er zerknüllt den Zettel.*
  Aber das gilt nicht, Herr Kürmann, zum Glück haben wir regi-
  striert: Frühstück gemeinsam.
  Man hört Sirenen eines Sanitätswagens.
REGISTRATOR Stop!

  Arbeitslicht
REGISTRATOR Es bleibt bei der ersten Fassung. –
  Die Sirenen verstummen.

  Spiellicht: das Zimmer wie vorher.
REGISTRATOR Weiter.
  Antoinette kommt aus dem Badezimmer zurück.
REGISTRATOR Weiter! Der Tee ist da –
  Kürmann und Antoinette bleiben stehen.

REGISTRATOR Warum setzen Sie sich nicht?

KÜRMANN Müssen wir jetzt alles wiederholen? – auch was man nicht zu ändern wünscht: Hotel Port Royal – auch das Glück und alles . . . Das geht doch nicht.

ANTOINETTE Nein.

KÜRMANN – die Freude, die Erwartung: wie sie dasteht an der Gare de l'Est – und überhaupt: unsere Gespräche, unsere glücklichen Gespräche . . . Wie soll man das wiederholen, wenn die Geheimnisse verbraucht sind? – wenn das Ungewisse verbraucht ist, der Sog der Erwartung von Augenblick zu Augenblick . . . Wie stellen Sie sich das vor: dieser Morgen in Saloniki, und wie wir auf diesem kleinen Schiff stehen mit den stinkenden Schafen – meine Scherze, ihre Scherze: wer soll da noch einmal lachen?

ANTOINETTE Können wir das nicht überspringen?

KÜRMANN Können wir das nicht überspringen?

REGISTRATOR Ausgerechnet die Freude?

KÜRMANN Ja.

ANTOINETTE Ja.

KÜRMANN Wiederholen Sie einmal eine Freude, wenn Sie schon wissen, was darauf folgt!

Neon-Licht.

REGISTRATOR Also was möchten Sie ändern? *Er blättert im Dossier hin und her:* – die Schwangerschaftsunterbrechung? *Kürmann und Antoinette blicken einander an, einen Augenblick lang zögern sie, dann schütteln beide den Kopf.*

REGISTRATOR Was denn?

Der Registrator blättert weiter.

KÜRMANN Ich weiß, was ich ändern möchte.

REGISTRATOR Nämlich?

KÜRMANN 2. Juni 1963.

ANTOINETTE Was war da?

REGISTRATOR 1963, Juni –

KÜRMANN Vormittag.

Der Registrator sucht im Dossier und findet:

REGISTRATOR – die Szene mit der Ohrfeige?

Kürmann nickt.

REGISTRATOR Bitte. *Neon-Licht aus.* Es ist neun Uhr vormittags, Frau Kürmann: Sie sind noch nicht zuhaus, wir wissen nicht, wo Sie sich zu dieser Zeit befinden.

Antoinette geht weg.

REGISTRATOR Bitte.

Kürmann zündet jetzt seine gestopfte Pfeife an.

REGISTRATOR 1963. *Er liest aus dem Dossier:* »Präsident Kennedy besucht West-Berlin. / Erdbeben in Libyen. / Fidel Castro als erster Ausländer zum Held der Sovjetunion ernannt —«

Man hört ein Harmonium nebenan, dazu Halleluja-Chor, der abbricht, Wiederholung, dann Stille.

KÜRMANN Was soll denn das?

REGISTRATOR Die Ballett-Schule nebenan, Sie erinnern sich, hat leider Bankrott gemacht. Eine Sekte hat das Nachbarhaus übernommen. Leider lassen die immer das Fenster offen —

Harmonium ohne Halleluja.

REGISTRATOR Wenn Sie's nicht aushalten, warum wählen Sie nicht eine andere Wohnung? Übrigens haben Sie's ausgehalten, Herr Kürmann, jahrelang.

Harmonium mit Halleluja; Kürmann nimmt einen Aschenbecher und wirft ihn hinüber, man hört Klirren, das Halleluja bricht ab.

REGISTRATOR Das ist neu.

Neon-Licht.

REGISTRATOR Sie werden die Scheibe bezahlen müssen.

KÜRMANN Bitte.

REGISTRATOR Das sagen Sie so, Herr Kürmann, aber Sie haben jetzt wenig Geld: Sie sind seit einem Jahr ohne Einkommen.

KÜRMANN Wieso?

Der Registrator notiert ins Dossier.

KÜRMANN Was notieren Sie?

REGISTRATOR Die Scheibe. *Neon-Licht aus.* Sie sind Mitglied der KP geworden, um Ihre Biografie zu ändern, und sie hat sich inzwischen verändert, Herr Kürmann, in gewisser Hinsicht —

Er zeigt: Magnifizenz Hornacher.

Ein Herr in gediegenem Mantel, Homburg in der Hand, steht im Zimmer, als habe ein längeres Gespräch bereits stattgefunden, Kürmann steht mit den Händen in den Taschen seines Morgenmantels.

KÜRMANN Ich verstehe, Magnifizenz, ich verstehe.

HORNACHER Ich bitte um Entschuldigung, daß ich beim Frühstück störe. Aber ich empfand es als ein Gebot der Korrektheit, daß ich nicht mit dieser Angelegenheit vor den Senat trete, bevor ich mich noch einmal pesönlich erkundigt habe. *Pause.* Ich warte auf eine klare Antwort.

KÜRMANN Magnifizenz, ich bin Mitglied der Kommunistischen Partei. Ich glaube an die Ziele der Kommunistischen Partei, sofern sie den Marxismus-Leninismus vertritt, und bitte den Senat, die eben erwähnten Konsequenzen zu ziehen. *Hornacher setzt den Homburg auf.*

REGISTRATOR Warten Sie!

HORNACHER Eine klare Antwort.

REGISTRATOR Vielleicht möchte Herr Professor Kürmann, nachdem er sich selbst gehört hat, anders antworten. *Zu Kürmann:* Vielleicht erscheint Ihnen diese Antwort zu simpel. Oder zu heroisch.

Hornacher nimmt den Homburg ab.

KÜRMANN Magnifizenz –

HORNACHER Nun?

KÜRMANN Ich glaube nicht an Marxismus-Leninismus. Was natürlich nicht heißt, daß ich die Russische Revolution für ein Unglück halte. Im Gegenteil. Ich glaube nicht an Marxismus-Leninismus als eine Heilslehre auf Ewigkeit. Das wollte ich sagen. Allerdings glaube ich auch nicht an eure christliche Heilslehre vom freien Unternehmertum, dessen Geschichte wir nachgerade kennen. Das noch weniger. Es ist schwierig, Magnifizenz. Die Alternativen, die uns zurzeit aufgezwungen werden, halte ich für überholt, also für verfehlt. Da sie uns aber aufgezwungen werden, bin ich, solange ich im Westen lebe, Mitglied der Kommunistischen Partei. Ich wähle die Unfreiheit, die nicht bloß den freien Unternehmern zugute kommt. Ich bekenne, daß ich die UdSSR nicht für das Paradies halte. Sonst würde ich dahin fahren. Aber ich bestreite dem Westen jedes Recht auf einen Kreuzzug ... Das genügt, denke ich –

HORNACHER Ich denke auch.

KÜRMANN Dabei stimmt auch diese Antwort nicht. Mein Eintritt in die Partei, Dezember 1959, ist zwar nicht unbesonnen gewesen, aber im Grunde – wie soll ich sagen: – ein Akt privater Natur. Ich habe mit Konsequenzen gerechnet, sie überraschen mich nicht, ich habe sie allerdings früher erwartet. *Er lacht, dann wieder offiziell zu Hornacher:* Ich danke für die Unterredung, Magnifizenz, und bitte den Senat, die Konsequenzen zu ziehen.

Hornacher setzt den Homburg auf.

REGISTRATOR Warten Sie!

KÜRMANN War die erste Antwort besser?

REGISTRATOR Knapper.

KÜRMANN Nehmen wir die erste.

HORNACHER Eine klare Antwort.

KÜRMANN Wenn du Wert legst auf Klarheit, so kann ich noch klarer antworten. *Er sucht etwas.* Augenblick.

REGISTRATOR Nehmen Sie den Hut nochmals ab.

Hornacher nimmt den Homburg ab.

KÜRMANN Ich besitze hier eine Foto-Kopie, die der Senat, so darf ich entgegenkommenderweise annehmen, nicht kennt: deine Unterschrift im Jahr 1941. *Er erhebt sich und gibt Hornacher die Foto-Kopie:* So hast du dafür gesorgt, daß einer, der deine akademische Laufbahn möglicherweise gekreuzt hätte, mitsamt Familie abgeschoben wurde 1941 zum Schutze des Vaterlandes –

Hornacher gibt das Dokument zurück.

KÜRMANN Du wirst sagen: eine Fälschung.

HORNACHER Ja.

351

KÜRMANN Dann beweise es.

HORNACHER Du irrst dich: ich habe nichts zu beweisen, sondern du hast zu beweisen, und das dürfte kaum gelingen anhand einer Foto-Kopie, die von der Kommunistischen Partei geliefert worden ist. Deine Quelle ist unglaubwürdig.

KÜRMANN Und drum bin ich untragbar.

HORNACHER Leider.

Kürmann legt die Foto-Kopie in den Schreibtisch.

HORNACHER Kann ich meinen Hut jetzt aufsetzen?

REGISTRATOR Warten Sie!

KÜRMANN Magnifizenz, du bist eine Sau, und eine Universität, die dich zum Rektor wählt –

Pause.

REGISTRATOR Welche von den drei Antworten wünschen Sie?

HORNACHER Die Konsequenz bleibt dieselbe.

KÜRMANN Er soll alle drei nehmen.

Hornacher setzt den Homburg auf.

KÜRMANN – das heißt: Nein. Er braucht nicht zu wissen, daß diese Foto-Kopie besteht ... Die erste.

REGISTRATOR Magnifizenz, es gilt die erste Antwort.

Hornacher geht weg.

Neon-Licht

REGISTRATOR Das war 1962.

KÜRMANN Ich werde auswandern.

REGISTRATOR Jetzt ist 1963: Sie sind nicht ausgewandert.

Es kommt Frau Hubalek und bringt Post.

KÜRMANN Ist meine Frau gekommen?

FRAU HUBALEK Nein.

KÜRMANN Danke, Frau Hubalek, danke.

Frau Hubalek geht weg.

KÜRMANN Ich bin nicht ausgewandert ...

REGISTRATOR Nein.

KÜRMANN Ich stehe wieder in diesem Morgenrock und habe die ganze Nacht gewartet, ob sie nachhause kommt, wann sie nachhause kommt, wie sie nachhause kommt. *Er lacht.* Genau so.

REGISTRATOR Anders.

KÜRMANN Jetzt ist es zehn Uhr morgens.

REGISTRATOR In der ersten Fassung haben Sie nicht gelacht, Herr Kürmann, Sie waren besorgt.

Kürmann geht ans Telefon und wählt eine Nummer.

KÜRMANN Hallo ... Hallo –

REGISTRATOR Warum sprechen Sie nicht?

KÜRMANN Das knackt jedesmal.

REGISTRATOR Sie können trotzdem sprechen.

KÜRMANN Wieso knackt es jedesmal?

REGISTRATOR Ihr Telefon wird überwacht.

Kürmann legt den Hörer auf.

REGISTRATOR Einiges hat sich schon verändert ...

Bühnenarbeiter bringen ein Spinett.

KÜRMANN Was ist das?

REGISTRATOR Ein Spinett: da Antoinette, wie sich plötzlich gezeigt hat, musikalisch ist. Sie erinnern sich?

Die Bühnenarbeiter gehen weg.

KÜRMANN Was hat sich sonst verändert?

REGISTRATOR Es ist kein Whisky mehr im Haus. In der ersten Fassung, Sie erinnern sich, haben Sie ziemlich getrunken, wenn Sie auf Antoinette gewartet haben. Und auch sonst. Der Arzt hat Sie überzeugt, daß es um die Leber geht. Sie fühlen sich wohler als in der ersten Fassung.

Kürmann horcht.

KÜRMANN Endlich!

Neon-Licht aus.

Kürmann setzt sich an den Schreibtisch, Antoinette kommt in einem andern Abendkleid, sie trägt eine Frisur, die sie jünger macht als früher.

ANTOINETTE Entschuldige. *Pause, sie setzt sich zum Frühstück.* Schneiders lassen grüßen.

KÜRMANN Der Tee ist kalt.

ANTOINETTE Man fand es schade, daß du nicht gekommen bist. *Sie gießt Tee ein.* Ich habe es sehr genossen, einige waren sehr nett, fand ich, sehr anregend. *Sie trinkt.* Schneiders lassen grüßen –

KÜRMANN Das hast du schon gesagt.

ANTOINETTE Hast du schon gefrühstückt?

KÜRMANN Es ist zehn Uhr.

Kürmann tut, als arbeite er, Pause.

ANTOINETTE Auch Henrik läßt dich grüßen.

KÜRMANN Wer?

ANTOINETTE Henrik.

KÜRMANN Das wundert mich.

ANTOINETTE Wieso wundert dich das?

KÜRMANN Weil Henrik zurzeit in London ist.

Sie dreht sich um und blickt ihn an.

ANTOINETTE Hannes: – Was ist los?

KÜRMANN Das frage ich dich.

ANTOINETTE Ich komme nachhause –

KÜRMANN – um zehn Uhr morgens.

ANTOINETTE – ich bestelle dir Grüße von Henrik –

KÜRMANN – der zurzeit in London ist.

ANTOINETTE – und somit lüge ich? *Sie nimmt sich eine Zigarette gelassen:* Henrik ist nicht in London.

Kürmann springt auf.

REGISTRATOR Das hat sich geändert. Diesmal ist Henrik nicht nach London geflogen, diesmal ist es keine Lüge, diesmal sind Sie im Unrecht.

KÜRMANN Entschuldige.

Kürmann geht und gibt Feuer.

ANTOINETTE Sind deine Korrekturen gekommen?

Sie sitzt und raucht, Kürmann steht.

KÜRMANN Wer läßt mich sonst noch grüßen?

REGISTRATOR Sie meint die Korrekturen für ein Taschenbuch, das Sie jetzt für den Rowohlt-Verlag schreiben: Verhaltensforschung allgemeinverständlich. Wie gesagt, Sie haben jetzt kein festes Einkommen mehr, kein Institut, um Forschung zu betreiben. Sie haben froh zu sein für jede Art von Arbeit. Das ist neu.

KÜRMANN Die Korrekturen sind gekommen.

Stundenschlag: zehn Uhr

KÜRMANN Wo hast du deine Armbanduhr?

Sie schaut auf ihren leeren Arm.

KÜRMANN – in einem Badezimmer?

Es kommt Frau Hubalek.

FRAU HUBALEK Frau Doktor?

ANTOINETTE Was ist?

FRAU HUBALEK Soll ich frischen Tee machen?

Frau Hubalek nimmt die Kanne und geht weg.

ANTOINETTE Ich möchte wissen, was du dir eigentlich vorstellst. Jetzt ist man zwei Jahre verheiratet, ich übersetze von Morgen bis Abend, und wenn ich nicht unter Leute gehe, werde ich nie zu einer Galerie kommen. Das sagst du selbst. Aber jedesmal wenn ich von einer Gesellschaft komme, schaust du, ob ich meine Armbanduhr habe. Was denkst du dir eigentlich dabei?

KÜRMANN Sag du's.

ANTOINETTE Was?

KÜRMANN Wo du gewesen bist.

Sie zerdrückt ihre Zigarette.

ANTOINETTE Wenn du's wissen willst: –

Neon-Licht

REGISTRATOR Wollen Sie's wissen? Sie haben dann die Gewißheit sehr schlecht ertragen: *Er sieht im Dossier nach:* Sie haben gebrüllt. Zuerst haben Sie eine Tasse zerschmettert, dann gebrüllt. Übrigens nur kurz, dann wurden Sie feierlich. Als Antoinette, ihrerseits die Gelassenheit in Person, Sie aufmerksam machte, daß Sie sich benehmen wie ein Spießbürger, fiel die Ohrfeige, die Sie selbst verblüffte: eine links, und da Antoinette es nicht glauben wollte, zwei rechts. Ferner haben Sie, um Antoinette nicht anzublicken, mit der Faust auf das Spinett geschlagen, dabei fielen unter anderem die folgenden Wörter, laut Dossier: –

355

Kürmann winkt ab.

REGISTRATOR Wollen Sie wirklich die Gewißheit?

KÜRMANN Ja.

REGISTRATOR Wie Sie wollen.

Neon-Licht aus.

ANTOINETTE Wenn du willst, Hannes, dann geh ich. Und zwar
sofort. Ich lebe nicht im neunzehnten Jahrhundert. Das lasse ich
mir nicht gefallen.

KÜRMANN Das mit der Uhr war doch ein Spaß.

ANTOINETTE Wenn man bleich ist, spaßt man nicht.

KÜRMANN Dann entschuldige.

ANTOINETE Ich lasse mich von einem Mann nicht anbrüllen.

KÜRMANN Ich habe nicht gebrüllt.

ANTOINETTE Weil du weißt, daß ich sonst gehe.

Kürmann nimmt eine leere Teetasse.

KÜRMANN Habe ich irgendwie gebrüllt?

REGISTRATOR Nein.

KÜRMANN Registrieren Sie das!

Neon-Licht, der Registrator registriert, Neon-Licht aus.

ANTOINETTE Du schweigst, weil du weißt, wie kitschig es ist, was
du jetzt denkst. Trotzdem denkst du es. *Sie wird heftig:* Ich
finde es gemein.

KÜRMANN Was?

ANTOINETTE Wie du mich behandelst.

KÜRMANN Nämlich?

ANTOINETTE So brüll mich schon an! So daß auch Frau Hubalek
es hört. So zeig schon, wer du bist! So ohrfeige mich schon!

KÜRMANN Warum?

ANTOINETTE Wie ein Spießbürger!

Frau Hubalek kommt und bringt Tee.

KÜRMANN Danke, Frau Hubalek, danke.

Frau Hubalek geht weg.

ANTOINETTE Jetzt ist man zwei Jahre verheiratet, und es ist das
erste Mal, daß ich eine Nacht nicht nachhaus komme, das erste
Mal, und jedesmal machst du eine Szene –

KÜRMANN Antoinette.

ANTOINETTE Jedesmal!

Kürmann rührt in der leeren Tasse.

KÜRMANN Du machst eine Szene, Antoinette, nicht ich. Was tu
ich denn? Ich stehe und trinke Tee.

ANTOINETTE Tee?

KÜRMANN Tee.

ANTOINETTE – aus einer leeren Tasse.

Pause

KÜRMANN Wieso weint sie jetzt?

Neon-Licht

REGISTRATOR Stimmt: in der ersten Fassung hat sie nicht geweint.
Weil Sie gebrüllt haben, Herr Kürmann, in der ersten Fassung.
Jetzt weint sie: es können nie beide Teile eines Paares zugleich
überlegen sein. Diesmal sind Sie's.

Neon-Licht aus.

ANTOINETTE Daß ich mir das gefallen lassen muß. Ich finde es
gemein. *Sie schreit:* – hundsgemein – hundsgemein!

KÜRMANN Was eigentlich?

ANTOINETTE Wie du dich beherrschen mußt.

Kürmann rührt in der leeren Tasse.

KÜRMANN Jetzt tust du wirklich, Antoinette, als habe ich dir eine
Ohrfeige gegeben. *Zum Registrator:* Habe ich eine Ohrfeige
gegeben?

REGISTRATOR Nein.

KÜRMANN Registrieren Sie das!

Neon-Licht, der Registrator registriert, Neon-Licht aus.

KÜRMANN Ich habe mir Sorgen gemacht. Ich habe gearbeitet.
Korrekturen. Ich habe angerufen. Um zwei Uhr nachts.
Schneiders waren schon im Bett. Ihr, so hieß es, seid schon
gegangen –

Sie nimmt etwas aus der Handtasche.

ANTOINETTE Hier ist meine Uhr.

Kürmann geht und gießt Tee in seine Tasse.

ANTOINETTE Ich kann dir nur sagen, du irrst dich.

KÜRMANN Dann ist es ja gut.

ANTOINETTE Ich finde es gar nicht gut, Hannes, ich finde es unmöglich: ein Mann wie du, ein Intellektueller, ein Mann in deinem Alter – ich meine: ein Mann von deiner Erfahrung – ob ich mit jemand geschlafen habe oder nicht, hast du nichts andres zu denken in dieser Welt? Ist das dein Problem? *Sie erhebt sich.* – und gesetzt den Fall, ich hätte mit einem Mann geschlafen heute nacht oder jedesmal, wenn du es dir vorstellst: Was dann? Ich bitte dich: Was dann? Ich frage dich: Wäre das denn der Wärmetod der Welt?

KÜRMANN Jetzt redest du Quatsch.

ANTOINETTE – ich habe mit jemand geschlafen.

Pause

KÜRMANN Nimmst du noch Tee?

Sie nimmt ihre Handtasche.

ANTOINETTE Ich muß mich jetzt umziehen.

KÜRMANN Tu das.

ANTOINETTE Zum Mittagessen bin ich verabredet.

Antoinette geht weg.

REGISTRATOR Jetzt wissen Sie's. *Neon-Licht.* Sie haben nicht gebrüllt, Herr Kürmann, überhaupt nicht. Auch ist es zu keiner Ohrfeige gekommen, obschon Antoinette darauf gewartet hat. Und das Spinett ist ebenfalls unbeschädigt. Sie haben sich verhalten wie ein erfahrener Mann: einwandfrei.

KÜRMANN Und was ändert das?

REGISTRATOR Vorbildlich.

KÜRMANN Der Tatbestand bleibt derselbe.

REGISTRATOR Aber Sie fühlen sich überlegen.

Kürmann schmettert die Tasse an die Bücherwand.

REGISTRATOR Sie wissen, was folgt: –

KÜRMANN Sie traf ihn zum Mittagessen. Sie wollte nicht sagen, wie er heißt. Das gehe mich nichts an. Einen Monat später reisen sie zusammen nach Sizilien.

REGISTRATOR Sardinien.

Das Telefon klingelt.

REGISTRATOR Wollen Sie nicht abnehmen?

KÜRMANN Nein. *Er läßt klingeln.* Fehlanruf.

REGISTRATOR Woher wissen Sie das?

KÜRMANN Sobald er meine Stimme hört: Fehlanruf. Ich kenne das. Dieses Spiel werden wir nicht wiederholen.

Antoinette kommt im Straßenmantel.

ANTOINETTE Hannes, ich geh jetzt.

KÜRMANN Wohin?

ANTOINETTE In die Stadt.

KÜRMANN In die Stadt.

ANTOINETTE Ich habe dir gesagt, daß ich zum Mittagessen verabredet bin. Nachmittags bin ich in der Bibliothek. Abends bin ich da.

Pause, sie zieht Handschuhe an.

REGISTRATOR Hier, in dieser Stellung, haben Sie sich ausführlich entschuldigt: wegen Ohrfeige und Spinett und überhaupt. Aber das erübrigt sich jetzt ...

Pause, bis sie die Handschuhe angezogen hat.

KÜRMANN Darf ich fragen, wie er heißt?

ANTOINETTE Ich möchte, daß du mich jetzt in Ruhe läßt. Das ist alles, was ich dir sagen kann. Es ist meine Sache. *Sie nimmt ihre Handtasche:* Wenn sich zwischen uns etwas ändert, Hannes, dann sag ich's dir.

Antoinette geht weg.

REGISTRATOR Haben Sie's anders erwartet?

KÜRMANN Weiter!

REGISTRATOR Sie sagt es nicht: auch ohne Ohrfeige. Insofern hat sich durch Ihr einwandfreies Verhalten nichts verändert, aber Sie fühlen sich wohler als in der ersten Fassung: Sie brauchen sich diesmal nicht zu schämen.

KÜRMANN Weiter!

REGISTRATOR Fühlen Sie sich nicht wohler?

Frau Hubalek kommt und bringt Post.

KÜRMANN Danke, Frau Hubalek, danke.

Frau Hubalek räumt das Geschirr zusammen.

REGISTRATOR Das ist eine Woche später: da wäre wieder dieser Brief an Antoinette, den Sie geöffnet haben, um zu wissen, woran Sie sind. Sie erinnern sich? Daraufhin nahm sie ein Postfach.

Kürmann mustert den Brief.

KÜRMANN Frau Hubalek!

REGISTRATOR So begann die Unwürde –

KÜRMANN Ein Eilbrief für meine Frau.

Kürmann gibt ihr den Brief, Frau Hubalek geht weg.

REGISTRATOR Sehen Sie: Sie können auch anders.

KÜRMANN Weiter?

REGISTRATOR Sie verhalten sich einwandfrei.

KÜRMANN Was ist in einem Monat?

REGISTRATOR Antoinette wird Ihnen dankbar sein. Antoinette wird Sie achten. Vielleicht nimmt sie trotzdem ein Postfach: aber nicht aus Mißtrauen, sondern aus Takt –

KÜRMANN Ich frage: Was ist in einem Monat?

REGISTRATOR Sommer 1963. *Er sieht im Dossier nach:* »Konrad Adenauer erwägt seinen Rücktritt –«

KÜRMANN Hier, meine ich, was geschieht hier?

REGISTRATOR Sie wohnen noch immer zusammen: –

Antoinette kommt im Straßenmantel und mit einem kleinen Koffer, den sie abstellt, um die Handschuhe anzuziehen. Neon-Licht aus.

ANTOINETTE Hannes, ich geh jetzt.

KÜRMANN Hast du alles?

ANTOINETTE Ich bin in einer Woche wieder da.

KÜRMANN Hast du deinen Paß?

ANTOINETTE Spätestens in einer Woche.

Sie schaut in der Handtasche nach ihrem Paß.

KÜRMANN Fahrt vorsichtig. Ich habe den Wetterbericht gelesen: der Gotthard ist offen, aber Italien meldet Überschwemmungen, vor allem die Via Aurelia –

ANTOINETTE Wir fliegen.

KÜRMANN – ist das geändert?

REGISTRATOR Offenbar.

ANTOINETTE Wir haben es uns anders überlegt: wir fliegen.

KÜRMANN Dann bin ich beruhigt.

ANTOINETTE Egon hat nur eine Woche Zeit.

Pause

KÜRMANN Wie ist es mit deiner Post?

ANTOINETTE Frau Hubalek hat das Haushaltsgeld.

KÜRMANN Wann fliegt eure Maschine?

ANTOINETTE Um ein Uhr.

Kürmann blickt auf seine Uhr.

ANTOINETTE Die Post brauchst du nicht nachzuschicken. Wichtiges wird nicht kommen, und ich bin in einer Woche wieder da, Hannes, spätestens Montag oder Dienstag...

Pause.

ANTOINETTE Was machst du?

KÜRMANN – Korrekturen...

Antoinette nimmt ihren kleinen Koffer.

KÜRMANN Du hast Zeit, Antoinette, viel Zeit. Zum Flughafen brauchst du vierzig Minuten. Höchstens. Jetzt ist es zehn Uhr. Noch nicht einmal. *Zum Registrator:* Warum ist sie so nervös?

REGISTRATOR Sie verhalten sich so einwandfrei, und damit hat Antoinette nicht gerechnet. In der ersten Fassung kam es hier zu einem stundenlangen Wortwechsel: Sie mußten gestehen, daß Sie einen Brief geöffnet hatten. Antoinette war außer sich. Sie mußten es sieben Mal gestehen und beschwichtigen und um Verzeihung bitten, bevor sie endlich ihren Koffer nehmen und gehen konnte –

KÜRMANN Sie ist ja viel zu früh am Flughafen.

REGISTRATOR Weil es nichts zu verzeihen gibt.

Stundenschlag: zehn Uhr

ANTOINETTE Hannes, ich muß gehen.

Antoinette gibt ihm einen Kuß.

KÜRMANN Fahrt vorsichtig – ich meine: Fliegt vorsichtig...

Antoinette geht weg.

KÜRMANN Egon heißt er.

REGISTRATOR Seine Personalien sind unverändert. *Neon-Licht.* »Stahel Egon, Jahrgang 1929, Architekt, verheiratet, katholisch.«

KÜRMANN Stahel.

REGISTRATOR Sie haben den Namen schon vor drei Jahren gehört, aber nicht beachtet. Sie hören ihn jetzt, wo Sie hinkom-

men. Vor allem Leute, die noch nichts wissen, erwähnen ihn
unentwegt: Egon oder Stahel. Der junge Mann scheint sehr
geschätzt zu sein. Als Architekt. Aber auch menschlich und
musikalisch –

Kürmann geht zur Hausbar.

REGISTRATOR Es ist kein Whisky mehr im Haus, das sagte ich
Ihnen schon: das haben Sie geändert.

Kürmann steht ratlos.

REGISTRATOR Warum arbeiten Sie nicht? Sie hat recht: Haben
Sie nichts anderes im Kopf als die Ehe?

KÜRMANN Schweigen Sie.

REGISTRATOR Ist das Ihr Problem in dieser Welt?

Kürmann steht und schweigt.

REGISTRATOR Möchten Sie nochmals zurück?

KÜRMANN Wozu?

REGISTRATOR Wie Ihnen beliebt.

KÜRMANN Was ist in einem halben Jahr?

Frau Hubalek kommt und bringt Post.

KÜRMANN Danke, Frau Hubalek, danke.

Frau Hubalek geht weg.

REGISTRATOR Ihr Taschenbuch ist erschienen.

KÜRMANN Endlich.

REGISTRATOR Wie gefällt es Ihnen?

Kürmann blättert, dann hält er inne:

KÜRMANN Was ist sonst geschehen?

Antoinette kommt im Straßenmantel.

ANTOINETTE Hannes, ich geh jetzt.

REGISTRATOR Offenbar sind Sie noch immer verheiratet.

ANTOINETTE Hannes, ich geh jetzt.

KÜRMANN In die Stadt.

ANTOINETTE In die Stadt.

KÜRMANN Nachmittags bist du in der Bibliothek.

ANTOINETTE Nachmittags bin ich in der Bibliothek.

KÜRMANN Abends bist du da.

ANTOINETTE Das weiß ich noch nicht.

Antoinette geht weg.

KÜRMANN — sie weiß es noch nicht!

Kürmann wirft das Taschenbuch in die Ecke.

REGISTRATOR Gefällt Ihnen die Ausstattung nicht?

Kürmann läßt sich in den Fauteuil fallen.

REGISTRATOR Das war 1964. *Er liest aus dem Dossier:* »Chruschtschow ist abgesetzt. / Der Mord an Präsident Kennedy in Dallas, Texas, bleibt ungeklärt. / Die Bundeswehr erreicht das von der NATO gestellte Ziel von 12 Divisionen —«

KÜRMANN Was ist in einem Jahr?

REGISTRATOR 1965. *Er liest aus dem Dossier:* »Start des sovjetischen Raumschiffs WOSCH-CHOD II, Leonew verläßt durch eine Luftschleuse das Raumschiff und schwebt als erster Mensch 10 Minuten lang im Weltraum, handgesteuerte Landung nach 17 Erdumkreisungen.«

KÜRMANN Frau Hubalek!

REGISTRATOR Warum schreien Sie?

KÜRMANN Warum steht das Frühstück noch immer da? Frau Hubalek! Warum räumt sie das Geschirr nicht weg? Frau Hubalek!

Es kommt eine junge Italienerin.

PINA Professore desidera?

REGISTRATOR Frau Hubalek ist gestorben.

KÜRMANN La tavola. Prego. Per favore.

REGISTRATOR Sie heißt Pina und kommt aus Calabrien.

KÜRMANN Come sta, Pina?

PINA Melio, Signore, molto melio. Grazie.

KÜRMANN Brutto tempo in questo paese.

PINA Eh.

KÜRMANN Eh.

Pina nimmt das Geschirr und geht weg.

REGISTRATOR Ihr Italienisch macht Fortschritte.

KÜRMANN Und was sonst?

REGISTRATOR Sie werden älter. *Er sieht im Dossier nach:* — Sie sind jetzt 48, Herr Kürmann, in zwei Jahren werden Sie 50. *Er sieht Kürmann an:* Was überlegen Sie?

Kürmann sitzt und schweigt.

REGISTRATOR Die Träume, daß alle Zähne ausfallen und daß man sie im Mund spürt wie lose Kieselsteine, diese Träume sind nichts Neues, aber sie häufen sich in letzter Zeit –

KÜRMANN Und was sonst?

REGISTRATOR Noch sind Sie kein Gaga.

KÜRMANN Danke.

REGISTRATOR Ehrenwort! auch wenn Thomas, Ihr Sohn, vielleicht schon andrer Meinung ist.

Es erscheint Thomas in Beat-Frisur.

REGISTRATOR Man trägt jetzt diese Frisur.

KÜRMANN Ich brauche seine Meinung nicht.

THOMAS Das ist es eben. Drum kann man nicht sprechen mit ihm. Ich kann's nicht mehr hören: Als ich in deinem Alter war! Vielleicht war es so, wie er sagt, aber es ist eben nicht mehr so. Immer kommt er mit seiner Biografie. *Er hockt sich auf den Schreibtisch.* Ich lebe nun einmal so.

KÜRMANN Das sehe ich.

THOMAS Und? *Er schlenkert seine Jacke.* Er ist einfach nicht mehr im Bild. Was heißt schon Erfahrung. Kein Mensch, der heutzutage im Bild ist, glaubt heutzutage noch an Marxismus-Leninismus. Zum Beispiel. Daran glauben grad noch die Chinesen –

REGISTRATOR Thomas ist jetzt 23.

THOMAS Was hast du mir sagen wollen?

KÜRMANN Nichts.

THOMAS Okay.

KÜRMANN Du bist jung, Thomas, aber das ist vorderhand auch alles, was du bist. Du mit deinem Haar. Was weißt denn du von dir? Daß du machst, was du willst. Hast du schon einmal einen Irrtum eingesehen und damit weitergelebt?

REGISTRATOR Herr Kürmann, das wollten Sie nicht sagen.

KÜRMANN Habt Ihr schon einmal einen Irrtum eingesehen und damit weitergelebt? Es ist doch wahr. Was habt Ihr denn schon geleistet, Ihr Pilzköpfe, ich frage dich: was denn? *Er schreit:* Was denn?

THOMAS Pa, jetzt wirst du ein alter Mann.

Kürmann schweigt.

REGISTRATOR Warum haben Sie das wieder gesagt?

Thomas ist weg.

KÜRMANN Was ist sonst geschehen?

Antoinette kommt im Straßenmantel.

ANTOINETTE Hannes, ich geh jetzt.

REGISTRATOR Augenblick. *Er blättert.* Natürlich ist allerlei geschehen, Sie stehen ja nicht jahrein und jahraus in diesem Morgenmantel, zum Beispiel sind Sie inzwischen in Rußland gewesen.

KÜRMANN Wie war's?

REGISTRATOR Darüber haben Sie geschwiegen. Bisher. Sie sind sich bewußt, Herr Kürmann, gewisse Leute glauben aus Ihrem Schweigen schließen zu dürfen, daß Sie von Rußland enttäuscht sind.

ANTOINETTE Das ist er auch.

KÜRMANN Woher weißt du das?

ANTOINETTE Egon war auch schon in Rußland.

KÜRMANN Egon!

ANTOINETTE Er hat berichtet.

KÜRMANN Egon ist ein Reaktionär.

ANTOINETTE – während du schweigst: weil du progressiv bist. *Sie hat keine Zeit um weiterzusprechen:* Also ich geh jetzt.

KÜRMANN Warum lassen wir uns nicht scheiden?

ANTOINETTE Abends bin ich da.

KÜRMANN Ich habe dich etwas gefragt.

ANTOINETTE Entschuldige.

KÜRMANN Warum lassen wir uns nicht scheiden?

Pause

REGISTRATOR Sie erwartet eine Begründung. In der ersten Fassung haben Sie an diesem Vormittag die folgende Begründung gegeben: *Er liest aus dem Dossier:* »Es ist schade um unsere Zeit, Antoinette, ich liebe dich, aber es ist schade um die Zeit.«

KÜRMANN Schade um die Zeit.

REGISTRATOR »Wir leben nur einmal.«

KÜRMANN Das habe ich gesagt?

REGISTRATOR Trivial, aber empfunden. *Er liest aus dem Dossier:* »Einmal vor Jahren, du erinnerst dich, hast du gesagt: wenn sich zwischen uns etwas ändert, dann wirst du es mir schon sagen.«

ANTOINETTE Ja.

REGISTRATOR »Es wird sich aber nichts ändern, Egon ist katholisch.«

ANTOINETTE Was willst du damit sagen?

REGISTRATOR »Er kann sich nicht scheiden lassen.«

ANOTINETTE Nein.

REGISTRATOR »Das heiligt auch unsere Ehe.«

KÜRMANN So ist es.

REGISTRATOR »In diesem Ton, ich weiß, läßt du nicht mit dir reden, trotzdem bin ich dafür, daß wir uns scheiden lassen.«

KÜRMANN Unverzüglich.

REGISTRATOR »Wir können.«

Antoinette setzt sich.

REGISTRATOR Möchten Sie dieses Gespräch ändern?

KÜRMANN Ich habe gehofft, daß es nicht dazu kommt. Ich habe mich benommen wie ein erfahrener Mann. Ich habe keine Briefe geöffnet und so weiter, ich habe gehofft –

REGISTRATOR – daß Egon verschwindet.

KÜRMANN Ja.

REGISTRATOR Das ist nicht der Fall.

KÜRMANN Nein.

REGISTRATOR Also wollen Sie wieder die Scheidung?

KÜRMANN Unverzüglich.

Pause, Antoinette nimmt sich eine Zigarette.

ANTOINETTE Hast du mit einem Anwalt gesprochen?

KÜRMANN Nein.

ANTOINETTE Ich habe mit einem Anwalt gesprochen. Es wäre einfacher, meint er, wenn wir den gleichen Anwalt nehmen. Wenn's zu einer sogenannten Kampfscheidung kommt, meint er, dauert das mindestens ein Jahr ...

Sie zündet die Zigarette an und raucht.

KÜRMANN Was ist in einem Jahr?

REGISTRATOR 1966.

KÜRMANN Was ist dann?

Man hört einen Säugling schreien.

KÜRMANN – ein Kind?

REGISTRATOR Ja.

KÜRMANN Von ihm?

REGISTRATOR Nein.

KÜRMANN Von mir?

REGISTRATOR Nein.

KÜRMANN Von wem?

REGISTRATOR Die junge Calabresin hat ein Kind.

Der Säugling verstummt.

REGISTRATOR Was sonst geschehen ist: *Er sieht im Dossier nach:* – der Kürmann'sche Reflex, seinerzeit ein Begriff, der Schule machte, hat sich durch die neuere Forschung als unhaltbar erwiesen.

Man hört wieder den Säugling.

ANTOINETTE Hannes, ich geh jetzt. *Sie zerdrückt die Zigarette:* Entweder gehen wir zu einem Anwalt und lassen uns endlich scheiden, Hannes, oder wir sprechen nicht mehr davon. Es gibt nichts, was wir einander nicht schon gesagt haben. *Sie erhebt sich.* Nachmittags bin ich in der Bibliothek.

KÜRMANN Nachmittags bist du in der Bibliothek.

ANTOINETTE Abends bin ich da.

KÜRMANN Abends bist du da.

ANTOINETTE Andernfalls rufe ich an.

Antoinette geht weg.

REGISTRATOR Hier, Herr Kürmann, haben Sie gesagt: wenn Sie noch einmal anfangen könnten, so wüßten Sie genau, was Sie anders machen würden.

Kürmann steht reglos.

REGISTRATOR Möchten Sie noch einmal anfangen?

Kürmann steht reglos.

REGISTRATOR – Sie lieben sie.

Kürmann nimmt einen Revolver hinter den Büchern hervor,

dabei stellt er sich so, daß der Registrator es nicht sehen soll; er entsichert den Revolver so leise wie möglich.

REGISTRATOR So weit waren Sie schon einmal: Sie wollten sich erschießen, weil Sie meinten, daß Sie ohne sie nicht leben können – dann fanden Sie sich selber kitschig. *Er sieht im Dossier nach:* »September 1966.«

Man hört wieder das Harmonium nebenan, dieselben Takte, die abbrechen, Wiederholung, während der Registrator sich eine Zigarette anzündet; dann Stille.

REGISTRATOR Auch wir, offen gestanden, haben natürlich etwas anderes erwartet von einem Mann, der die Möglichkeit hat, noch einmal anzufangen: etwas Kühneres –

KÜRMANN Ja.

REGISTRATOR – nichts Großartiges vielleicht, aber etwas anderes, was Sie nicht schon einmal gelebt haben. Zumindest etwas anderes. *Er raucht.* Warum, zum Beispiel, sind Sie nicht ausgewandert?

Lichtbild: Kürmann im Tropenhelm.

REGISTRATOR Kürmann auf den Philippinen, Verhaltensforschung an Vögeln, die es in unseren Breitengraden nicht gibt. Ein Forscherleben: hart, aber sinnvoll ...

KÜRMANN Ja.

REGISTRATOR Fragen Sie diesen Kürmann, was er von Hornacher denkt, er wird sich nicht sofort erinnern, dann lachen. Oder fragen Sie ihn nach einem gewissen Egon.

Lichtbild: Kürmann mit Damen.

REGISTRATOR Oder Kürmann als Lebemann.

KÜRMANN Lassen Sie das.

REGISTRATOR Ich weiß nicht, ob Sie sich so etwas gedacht haben, als Sie sagten: Wenn Sie noch einmal anfangen könnten und so weiter.

KÜRMANN Wofür halten Sie mich.

REGISTRATOR Wenigstens wäre es anders gewesen ...

Lichtbild: Kürmann im Talar.

REGISTRATOR Wenn Sie schon nicht ausgewandert sind, ubi bene ibi patria, Sie hätten bloß Geduld haben müssen und etwas

368

Taktik, etwas Schlauheit, die verschweigt, was Anstoß erregt: Kürmann als Magnifizenz. Jetzt würden Sie bestimmen, wo Hornacher bestimmt. Das würde die Welt nicht verändern, aber ein wenig die Universität, eine von vielen.

Lichtbild: Kürmann in einem Handgemenge.

REGISTRATOR Warum sind Sie nicht auf die Straße gegangen?

Lichtbild: Kürmann mit Katrin und Kindern.

REGISTRATOR Da Sie noch einmal haben wählen können: warum haben Sie nicht versucht – zum Beispiel – den Selbstmord von Katrin zu verhindern? Vielleicht hätte es genügt, daß sie einen Garten voller Kinder hat, Kinder, die Federball spielen.

KÜRMANN Schweigen Sie.

REGISTRATOR Kürmann als Papi am Sonntag.

Man hört wieder das Harmonium nebenan, dieselben Takte, Wiederholung, während die Lichtbilder verschwinden.

Stille

REGISTRATOR – stattdessen: Dieselbe Wohnung. Dieselbe Geschichte mit Antoinette. Nur ohne Ohrfeige. Das haben Sie geändert. Ferner sind Sie in die Partei eingetreten, ohne deswegen ein andrer zu werden. Was sonst? Und Sie halten einigermaßen Diät. Das ist alles, was Sie geändert haben, und dazu diese ganze Veranstaltung!

KÜRMANN – ich liebe sie.

Antoinette kommt im Straßenmantel.

ANTOINETTE Hannes, ich geh jetzt.

Kürmann blickt auf den Revolver in seiner Hand.

ANTOINETTE Hannes, ich geh jetzt.

KÜRMANN Ich höre.

ANTOINETTE Vergiß nicht, daß wir Gäste haben heute abend. Schneiders kommen auch. Und Henrik. Und einige andere –

KÜRMANN Nachmittags bist du in der Bibliothek.

ANTOINETTE Hörst du nicht, was ich sage?

KÜRMANN Und einige andere.

ANTOINETTE Nachmittags bin ich in der Bibliothek.

Kürmann dreht sich um, und da er grad den Revolver zur Hand hat und da ihm der Wortwechsel verleidet ist, zielt er auf

369

Antoinette: ein erster Schuß, ohne daß Antoinette weicht oder
zusammenbricht.

ANTOINETTE Hannes —

Zweiter Schuß

KÜRMANN Sie meint, ich träume das.

Dritter Schuß

ANTOINETTE Hannes, ich geh jetzt.

KÜRMANN In die Stadt.

ANTOINETTE In die Stadt.

Vierter Schuß

ANTOINETTE Abends bin ich da.

Fünfter Schuß; Antoinette bricht zusammen.

REGISTRATOR Ja, Herr Kürmann, jetzt haben Sie geschossen.

KÜRMANN Ich —?

Arbeitslicht: man sieht die ganze Bühne, zwei Bühnenarbeiter
stellen eine Pritsche hin und gehen weg.

Spiellicht: Kürmann erscheint im Sträflingskleid.

REGISTRATOR Sie dürfen sich setzen.

Kürmann setzt sich. Der Registrator nimmt Akten und setzt
sich neben Kürmann.

DER REGISTRATOR Sie haben am Vormittag des 29. 10. 1966,
ohne daß ein nennenswerter Wortwechsel vorangegangen ist,
fünf Schüsse abgegeben auf Ihre Ehefrau Antoinette Kürmann, geborene Stein, Dr. phil. Der fünfte Schuß, ein Kopf-
schuß, war tödlich... In der Untersuchungshaft haben Sie
gesagt, daß Sie mit der sechsten Patrone, die noch im Magazin
war, Selbstmord verüben wollten; stattdessen haben Sie dann
die Polizei benachrichtigt und ein umfassendes Geständnis
abgelegt... Und so weiter. *Er blättert.* Auf die Frage, ob Sie
Reue empfinden, haben Sie gesagt: Sie seien verwundert, Sie
hätten sich das nicht zugetraut —

Kürmann schweigt.

REGISTRATOR Expertise des Psychiaters: Unzurechnungsfähigkeit kann nicht angenommen werden... Und so weiter. *Er blättert.* Vermögensverhältnisse. *Er blättert.* Vorleben des Angeklagten. *Er blättert.* Vorleben der Ermordeten. *Er blättert.* Einmal erklärten Sie auf die Frage, warum Sie auf Ihre völlig nichtsahnende Frau geschossen haben, ich zitiere: »Ich wußte plötzlich, wie es weitergeht« ... Ein andermal, ich zitiere: »Meine Frau sagte, daß sie nachmittags in der Bibliothek sein werde, oder sie war im Begriff, das zu sagen, und da ich diesen Satz schon kannte und da er mir verleidet war, schoß ich sozusagen auf diesen Satz, um ihn nicht wieder zu hören.« ...
Kürmann schweigt.

REGISTRATOR Das Urteil lautet auf Zuchthaus lebenslänglich. Sie selbst haben auf ein Schlußwort, das Ihnen vor dem Urteilsspruch zustand, verzichtet... Sie verlangen keine Revision des Prozesses?

KÜRMANN Nein.

REGISTRATOR Darf ich Ihnen jetzt eine Frage stellen?

Pause

REGISTRATOR Gedenken Sie angesichts dieser Biografie – oder besser gesagt: glauben Sie – fühlen Sie, nachdem Sie jetzt in dieser Zelle wohnen, eine – wie soll ich sagen – Neigung, ja, eine Neigung, ein Bedürfnis, eine Bereitschaft, die Sie bisher nicht kannten und die erst aus dem Bewußtsein der Schuld entstanden ist, eine – Bereitschaft...

KÜRMANN Zu was?

REGISTRATOR Sie werden vorerst in dieser Zelle bleiben, später auf dem Feld arbeiten oder in der Tischlerei, später vielleicht in der Verwaltung, Schreibarbeit und derartiges... Sie sind jetzt 49, Herr Kürmann: – eine Strafverkürzung, bekanntlich bei einwandfreiem Verhalten nicht ausgeschlossen, dürfte vor 12 Jahren nicht zu erwarten sein. Dann wären Sie also 61, vorausgesetzt, daß Sie so lang leben... Sie verstehen meine Frage?

KÜRMANN Sie meinen: um diese Aussichten zu ertragen, habe ich mich umzusehen nach einem Sinn für das, was geschehen ist.

REGISTRATOR Ich frage.

KÜRMANN Und dieser Sinn würde darin bestehen, daß ich glaube: So und nicht anders hat es kommen müssen. Was man niemals beweisen kann, aber glauben. So und nicht anders. Schicksal. Vorsehung.

REGISTRATOR Sagen wir so.

KÜRMANN Ich weiß, wie es geschehen ist.

REGISTRATOR – zufällig?

KÜRMANN Es mußte nicht sein.

Pause

REGISTRATOR Herr Kürmann, Sie haben die Wahl.

KÜRMANN Glauben oder nicht glauben.

REGISTRATOR Ja.

Kürmann erhebt sich, geht durch die Zelle, steht.

KÜRMANN Und sie? – sie? . . . ob ich glaube oder nicht, ich, was ändert das für sie? Ihr Leben – nicht mein Leben . . . Was hat die Tote davon, daß ich, ihr Mörder, meine Zelle tapeziere mit Schicksal? ich habe ein Leben vernichtet – ihr Leben – was heißt da noch Wahl? – sie ist tot – tot, und ich wähle: glauben oder nicht glauben. *Er lacht:* Reue! was Ihr unter Reue versteht –

REGISTRATOR Was wollen Sie sagen?

KÜRMANN Antoinette könnte leben – das mußte nicht sein – leben: essen: lachen: träumen von ihrer Galerie, die nie zustande kommt: ein Kind haben von irgendwem: lügen: schlafen: ein neues Kleid tragen: – leben . . .

Der Registrator erhebt sich.

REGISTRATOR Dann gehen wir nochmals zurück. *Er geht an sein Pult, wo er die letzten Seiten aus dem Dossier löst und in den Papierkorb wirft.* Bitte.

Neon-Licht aus.

Die graue Wand verschwindet nach oben, Spiellicht im Zimmer: eine kleine Gesellschaft im aufgelösten Zustand gegen Morgen, Herren und Damen hocken auf dem Boden, Antoi-

nette sitzt am Spinett und spielt, aber die Leute hören nicht zu,
ausgenommen ein blonder Herr, der an der Bücherwand steht;
die andern trinken oder flirten oder lachen, Antoinette bricht
ihr Spiel ab.

ANTOINETTE Ich habe jahrelang nicht gespielt.

Lachen

HENRIK Antoinette ist ein Genie. Wo ist Kürmann? Man muß es
ihm sagen, daß Antoinette ein Genie ist. Kürmann!

JEMAND Brüll nicht.

HENRIK Man muß es ihm sagen.

Pause

DAME 1 Kinder, wir sollten gehen.

JEMAND Was ist mit den Gartenzwergen?

DAME 1 Herr Kürmann·hat morgen zu arbeiten.

ANTOINETTE Soll ich eine Mehlsuppe machen?

Es rührt sich niemand.

ANTOINETTE Ich mache eine Mehlsuppe.

Eine Dame quietscht.

HENRIK Was macht Ihr mit meiner Frau?

DAME 2 Du tust mir weh.

SCHNEIDER Wer?

DAME 2 Du.

SCHNEIDER Das bin nicht ich.

Lachen

HENRIK Muggy!

DAME 2 Brüll nicht immer.

HENRIK Warum bist du kein Genie?

DAME 2 Henrik, du wirst blöd.

HENRIK Antoinette ist ein Genie. Wie kann ein Mann sich
einfach verziehen, wenn sich zeigt, daß seine Frau ein Genie
ist. Ich bin der zunehmenden Meinung, daß Antoinette ein
Genie ist, das jahrelang nicht gespielt hat.

DAME 2 Henrik ist blau.

ANTOINETTE Soll ich eine Mehlsuppe machen?

SCHNEIDER Diese Frage höre ich seit einer Stunde ...

Stille

JEMAND Jetzt geht ein Engel durchs Zimmer!

Kürmann, als Sträfling im Vordergrund, hat zugeschaut, jetzt geht er durchs Zimmer und verschwindet, niemand hat ihn bemerkt.

HENRIK Schneider!

SCHNEIDER Du sollst nicht brüllen.

HENRIK Willst du eine Mehlsuppe?

ANTOINETTE Wer will eine Mehlsuppe?

JEMAND Was ist mit den Gartenzwergen?

SCHNEIDER Wer will eine Mehlsuppe?

JEMAND Gartenzwerge.

EINIGE Mehlsuppe!

EINIGE Gartenzwerge.

Gläser klirren.

HENRIK Das kommt davon.

SCHNEIDER Wovon?

HENRIK Man hört mir ja nicht zu.

Die Dame 1 hat sich erhoben.

HENRIK Frau Stahel will gehen.

DAME 1 Es ist Zeit.

HENRIK Frau Stahel hat drei Kinder.

Antoinette geht zum blonden Herrn.

HENRIK Antoinette!

SCHNEIDER Sei still.

HENRIK Hier wird nicht getuschelt.

Der blonde Herr setzt sich ans Spinett.

HENRIK Stahel!

JEMAND Was ist jetzt mit der Mehlsuppe?

HENRIK Ihre Frau will gehen, Ihre Frau hat drei Kinder –

Stahel spielt auf dem Spinett, er spielt besser als Antoinette, nach und nach hören die Leute sogar zu, Kürmann erscheint in seinem Morgenmantel und wird vorerst nicht bemerkt.

HENRIK Kürmann ist auferstanden ... Deine Auferstehung, Kürmann, macht überhaupt keinen Eindruck, aber deine Frau ist großartig, damit du's weißt, Kürmann, so eine Frau hast du gar nicht verdient.

Kürmann tritt zu Antoinette.

KÜRMANN Ich mache eine Mehlsuppe.

Beifall, der das Spinett-Spiel unterbricht.

KÜRMANN – aber das dauert eine Weile. *Kürmann geht weg.*

HENRIK So einen Mann hast du gar nicht verdient, Antoinette,
damit du's weißt, Ihr beide habt euch gar nicht verdient.

DAME 2 Egon soll weiterspielen.

HENRIK Muggy!

DAME 2 Was denn?

HENRIK So hör doch zu, wenn ich dich als Zeugin brauche: Habe
ich schon einmal eine Mehlsuppe gemacht?

DAME 2 Nein.

Stahel spielt weiter, Kürmann erscheint beim Registrator.

REGISTRATOR Ich denke, Sie machen eine Mehlsuppe. Was ist
los? Ist Ihnen nicht wohl? Ihre Freunde warten auf die Mehlsuppe.

KÜRMANN Was ist in einem Jahr?

REGISTRATOR Wollen Sie das wissen?

KÜRMANN Was ist in einem Jahr?

Eine weiße Krankenschwester kommt mit einem Rollsessel.

SCHWESTER Sie sollen nicht aufstehen, Herr Kürmann, drei
Wochen nach der Operation. Sie müssen Geduld haben, Herr
Kürmann, Geduld.

Die Krankenschwester geht weg.

REGISTRATOR Sie bekommen sogleich eine Spritze.

Kürmann steht neben dem Rollsessel.

KÜRMANN Was ist geschehen?

REGISTRATOR 1967. *Er liest aus dem Dossier:* »Militär-Diktatur
in Griechenland. –«

Kürmann unterbricht.

KÜRMANN Seit wann bin ich in dieser Klinik?

REGISTRATOR Seit Januar.

KÜRMANN Jetzt ist Juni.

REGISTRATOR Richtig.

KÜRMANN Die Leber ist es nicht.

REGISTRATOR Nein.

KÜRMANN Was ist es denn?

REGISTRATOR Sie haben die Leber geschont.

KÜRMANN Niemand sagt, was es ist.

REGISTRATOR Der Oberarzt sagt: Gastritis.

KÜRMANN Zuerst wurde gesagt, man wisse nicht.

REGISTRATOR Eine besonders langwierige Gastritis.

Die Krankenschwester bringt einen Stuhl und geht wieder.

KÜRMANN Warum spricht es niemand aus?

Es erscheint ein Herr mit schwarzem Monokel links.

REGISTRATOR Möchten Sie Besuche?

KÜRMANN Nein.

REGISTRATOR Das wäre Rotzler. Sie erinnern sich: Schneeball-schlacht. Aber er hat sich in dieser Welt zurechtgefunden, Sie sehen, auch ohne linkes Auge. Handels-Attaché. Er möchte aus Südafrika erzählen, ein Mann voller Geschichten. Ferner möchte er Mut machen, jedermann hat einmal Pech. *Es erscheint eine Dame.*

REGISTRATOR Frau Stahel.

KÜRMANN Was wünscht sie?

REGISTRATOR Nichts.

KÜRMANN Warum kommt sie denn?

REGISTRATOR Es ist ihr ein Bedürfnis. Egon ist bereits in Brasilien, sie wird zu Weihnachten übersiedeln mit den Kindern. Es ist ihr einfach ein Bedürfnis.

Es kommt ein Mann mit Bärtchen.

REGISTRATOR Wer sind Sie?

Der Mann blickt sich um.

REGISTRATOR Er möchte nur unter vier Augen reden.

Es kommt ein Fräulein.

REGISTRATOR Das wäre Marlis.

KÜRMANN Wer?

REGISTRATOR Marlis war wichtig für Sie, als Sie zweifelten, ob Sie überhaupt noch ein Mann sind. Menschen sind dankbar dafür, daß Sie wichtig gewesen sind. Auch Marlis möchte

Ihnen nur Mut machen. Sie hat es gestern ganz zufällig erfahren, daß Sie seit Monaten in einer Klinik sind.

KÜRMANN Marlis –?

REGISTRATOR Marlis ist dumm. Vielleicht wird sie von Metastase sprechen, nur weil sie Fremdwörter verwechselt.

Der Mann mit dem Bärtchen will gehen.

REGISTRATOR Bleiben Sie!

KÜRMANN – Krolevsky?

REGISTRATOR Er hat sie erkannt.

Krolevsky setzt sich, die andern Besucher gehen weg.

REGISTRATOR Krolevsky Wladimir, geboren in Riga, Lettland, als Sohn eines Rabbiners, einer SS-Aktion entkommen, da er irrtümlicherweise für tot gehalten worden ist, später Partisan am Ladoga-See, daselbst verwundet, Student der Mathematik in Leningrad, unter Stalin zeitweise Zwangsarbeit, später rehabilitiert, seit 1958 Agent im Westen, 1960 seines Lehramts enthoben und ausgewiesen, Rückkehr nach Moskau, als Revisionist verurteilt, Flucht über Finnland, seit zwei Jahren arbeitet Kollege Krolevsky in Turin, alias Ferrari Carlo, Mitglied der italienischen KP, aber davon möchte er nicht sprechen, bevor Sie genesen sind.

KÜRMANN Was sagt er zum Krieg um Israel?

REGISTRATOR Er ist für Nasser.

KÜRMANN Gegen Israel?

Krolevsky macht eine Geste.

KÜRMANN Was sagt er?

REGISTRATOR Er sagt: Selbstverständlich – allerdings.

KÜRMANN Wieso?

REGISTRATOR Davon möchte Genosse Krolevsky nicht sprechen, bevor Sie genesen sind, Herr Kürmann.

Die Krankenschwester kommt mit Blumen. Sie spricht, als sitze Kürmann im Rollsessel.

SCHWESTER Sehen Sie, Herr Kürmann, sehen Sie: Blumen von Ihrem Sohn aus Amerika. *Sie nimmt das Seidenpapier weg:* Lauter Rosen.

KÜRMANN Schwester Agnes –

377

SCHWESTER Ein lieber Sohn.

KÜRMANN Kann ich mit dem Oberarzt sprechen?

Die Krankenschwester büschelt die Rosen.

SCHWESTER Sofort, Herr Kürmann, sofort.

REGISTRATOR Warum geben Sie keine Spritze?

SCHWESTER Sofort, Herr Kürmann, sofort.

Es kommt der Arzt im weißen Kittel, begleitet von einem jungen Assistenten; auch der Arzt spricht, als sitze Kürmann im Rollsessel.

ARZT Nun, Herr Kürmann, wie geht's? Wie haben wir heute geschlafen? *Zur Krankenschwester:* Hat Herr Kürmann etwas essen können?

SCHWESTER Tee.

Der Arzt läßt sich den Rapport geben.

ARZT Sehen Sie, Herr Kürmann: langsam fühlen Sie sich wohler. *Er gibt den Rapport dem Assistenten.* Schon will Herr Kürmann spazieren! *Er faßt Kürmann an der Schulter:* Müde? Das kommt von der Bestrahlung, das hat nichts zu sagen, trotzdem werden wir noch ein wenig bestrahlen. *Er stellt vor:* Mein neuer Assistent: Herr Doktor Fink.

ASSISTENT Funk.

ARZT Er wird Sie betreuen, solange ich im Urlaub bin. Herr Doktor Fink, soviel ich weiß, ist auch Schachspieler. *Er will die Hand geben:* In drei Wochen, Herr Kürmann, sehen wir uns wieder –

KÜRMANN Herr Professor –

ARZT Wir müssen Geduld haben.

KÜRMANN – kann ich mit Ihnen sprechen?

Assistent und Krankenschwester gehen weg.

KÜRMANN Weiß man jetzt, was es ist?

ARZT Sie grübeln zuviel.

KÜRMANN Sie können offen sprechen.

ARZT – Gastritis. *Er nimmt seine Brille ab und putzt sie:* – eine besonders langwierige Gastritis ... *Er hält die Brille gegen das Licht und prüft, ob sie sauber ist.* – Ich weiß, Herr Kürmann, was Sie sich denken, das ist das erste, was die Leute denken, wenn sie von Bestrahlung hören. *Er setzt die Brille wieder auf.* Machen Sie sich keine Angst. In drei Wochen, wie gesagt, bin ich wieder hier.

Kürmann schweigt.

ARZT Dieser Doktor Fink wird Ihnen sehr gefallen . . .

KÜRMANN Funk.

ARZT Ein gewissenhafter Mann. *Er nimmt seine Brille nochmals ab, um sie gegen das Licht zu halten.* Herr Kürmann.

KÜRMANN Ja.

ARZT Wir müssen Geduld haben.

KÜRMANN Wird Gastritis operiert?

ARZT Nein.

KÜRMANN Warum wurde ich operiert?

ARZT Sie wurden nicht operiert, Herr Kürmann.

KÜRMANN Warum sagt man mir denn –

ARZT Wer sagt?

KÜRMANN Schwester Agnes.

Der Arzt setzt sich.

ARZT Ich darf offen mit Ihnen sprechen: –

KÜRMANN Es bleibt unter uns.

ARZT – natürlich haben auch wir daran gedacht, das will ich Ihnen nicht verhehlen, sonst hätte man die Operation nicht erwogen.

KÜRMANN Wieso Nuklear-Bestrahlung?

ARZT – Nuklear-Bestrahlung, so müssen Sie sich vorstellen, ist eine Vorsichtsmaßnahme. Solange Sie hier sind, ich meine, bis wir sicher sind, ich meine, ganz sicher, daß diese Gastritis nicht wiederkommt – wahrscheinlich haben Sie diese Gastritis schon früher gehabt, Magenschmerz, aber Sie dachten, es sei die Leber . . . aber wir wollen doch alles tun, Herr Kürmann, daß das nicht chronisch wird.

Pause

ARZT Haben Sie aber schöne Blumen heute!

KÜRMANN Von meinem Sohn.

ARZT Sie haben einen Sohn?

KÜRMANN In Amerika.

379

ARZT Das wußte ich gar nicht.

KÜRMANN Er hat ein Stipendium.

ARZT Was studiert er denn?

KÜRMANN Film.

ARZT Ach.

KÜRMANN Er ist begabt.

Pause

ARZT – wie gesagt, Herr Kürmann, wir müssen doch alles tun, damit das nicht chronisch wird, Bestrahlung ist nichts Angenehmes, das wissen wir – Wie alt sind Sie jetzt? Eine gewisse Gefahr besteht in unserem Alter natürlich, das zeigt die Statistik, jedenfalls wäre es unverantwortlich, wenn wir nicht alles unternehmen würden...

Der Arzt erhebt sich.

KÜRMANN Ich danke Ihnen.

ARZT Was lesen Sie denn da? *Er nimmt ein Buch zur Hand:* »Italienisch ohne Mühe.« *Er blättert darin.* Sie möchten wissen, wann Sie endlich reisen können, das begreife ich. *Er legt das Buch wieder hin.* Chianciano ist auch im Herbst noch schön – sogar schöner...

KÜRMANN Ich habe einfach Angst.

ARZT Vor dem Bestrahlen?

KÜRMANN Vor diesem langsamen Verrecken.

Es klopft.

KÜRMANN Weiß es meine Frau?

Es klopft.

ARZT Um Ihnen die Wahrheit zu sagen: – wir wissen nicht, was es ist.

Antoinette kommt im Straßenmantel, der Arzt geht ihr entgegen und gibt die Hand, sie stehen abseits und flüstern.

KÜRMANN Was flüstern sie?

Der Arzt geht weg.

KÜRMANN Sie haben immer gesagt, ich könne wählen.

REGISTRATOR Ja.

KÜRMANN Was kann ich wählen?

REGISTRATOR Wie Sie sich dazu verhalten, daß Sie verloren sind.

Kürmann setzt sich in den Rollsessel, Antoinette tritt näher.

ANTOINETTE Ich habe dir die Bücher besorgt. *Sie nimmt Bücher aus einer Tasche.* Hast du Schmerzen?

KÜRMANN Sie werden mir eine Spritze geben.

Antoinette setzt sich.

ANTOINETTE Hast du Besuche gehabt?

KÜRMANN Ich glaube: ja.

ANTOINETTE Wer war denn da?

KÜRMANN Marlis.

ANTOINETTE Wer ist Marlis?

KÜRMANN Ich weiß es nicht mehr...

Die Krankenschwester kommt mit der Spritze.

SCHWESTER Herr Kürmann.

KÜRMANN Bleib da!

SCHWESTER Gleich werden Sie sich wohler fühlen. *Sie gibt die Spritze.* Um elf Uhr bestrahlen wir. *Sie tupft ab.* Gleich wird Herr Kürmann sich wohler fühlen.

Die Krankenschwester geht weg.

KÜRMANN Heute wollte ich in den Garten –

Antoinette nimmt das Buch zur Hand.

KÜRMANN Ich habe mit ihm gesprochen... Wir haben sehr offen gesprochen.

Antoinette erschrickt.

KÜRMANN – sie wissen nicht, was es ist... Chianciano, sagt er, kann auch im Herbst noch schön sein. Wenn wir mit dem Wagen dort sind, ist alles nicht unerreichbar, ich habe die Karte studiert: 175 Kilometer nach Rom, 78 Kilometer nach Siena. Alles ist ein Katzensprung.

ANTOINETTE Ja, Hannes, ja.

KÜRMANN Kennst du Siena?

ANTOINETTE Ja, Hannes, ja.

KÜRMANN Ich nicht.

Antoinette macht das Lehrbuch auf.

ANTOINETTE Wo sind wir stehengeblieben?

KÜRMANN »Decima Lezione.«

ANTOINETTE Was wünscht der Herr?

KÜRMANN »Che cosa desidera il Signore.«

ANTOINETTE »Il Signore desidera.«

KÜRMANN »Vorei una cravatta.«

ANTOINETTE Wo ist der Spiegel?

KÜRMANN »Dovè c'é un specchio.«

ANTOINETTE »Dovè si trova –«

KÜRMANN »Dovè si trova un specchio.«

ANTOINETTE Der Spiegel.

KÜRMANN »Dovè si trova il specchio.«

ANTOINETTE »Lo specchio.«

KÜRMANN »– lo specchio, lo studio, lo spazio.«

ANTOINETTE Mehrzahl.

KÜRMANN »Gli specchi.«

ANTOINETTE Elfte Lektion.

Kürmann schweigt.

ANTOINETTE Was ist, Hannes?

KÜRMANN Ich wollte es dir schreiben. Wenn du da bist, geben sie
jedesmal eine Spritze, dann weiß ich es nicht mehr –
Neon-Licht.

REGISTRATOR Ich habe es notiert. *Er liest von einem kleinen
Zettel:* »Wir haben einander verkleinert. Warum haben wir
immer verkleinert. Ich dich, du mich. Wieso hat sich uns alles,
was möglich wäre, so verkleinert. Wir kennen einander nur
verkleinert.« *Er legt den Zettel weg.* Das ist alles, was Ihnen
ohne Morphium eingefallen ist.
Neon-Licht aus.

ANTOINETTE Elfte Lektion.

KÜRMANN »Undicesima Lezione.«

Es kommt der junge Assistent.

KÜRMANN – sie wollen mich wieder bestrahlen.

Antoinette erhebt sich.

ANTOINETTE Ich komme am Nachmittag wieder.

*Der junge Assistent rollt Kürmann hinaus, Antoinette steht
jetzt allein.*

ANTOINETTE Er weiß es!

REGISTRATOR – zeitweise, nicht immer…

382

Lange Pause, Antoinette steht reglos.

REGISTRATOR Ja . . . Es kann noch Monate dauern, und Sie kommen jeden Tag, jetzt schon zweimal am Tag. Auch Sie können ihn nicht retten, Frau Kürmann, das wissen Sie . . . In zehn Jahren vielleicht, wer weiß, oder schon in einem Jahr gibt es ein Heilmittel, aber jetzt ist es noch Schicksal . . .

Antoinette will gehen.

REGISTRATOR Frau Kürmann.

ANTOINETTE Ja.

REGISTRATOR Bereuen Sie die sieben Jahre mit ihm?

Antoinette starrt den Registrator an.

REGISTRATOR Wenn ich Ihnen sage: Auch Sie haben die Wahl, auch Sie können noch einmal anfangen – wüßten Sie, was Sie anders machen würden in Ihrem Leben?

ANTOINETTE Ja.

REGISTRATOR Ja?

ANTOINETTE Ja.

REGISTRATOR Dann bitte . . .

Der Registrator führt Antoinette hinaus.

REGISTRATOR Auch Sie haben noch einmal die Wahl.

Arbeitslicht: das Zimmer wird wiederhergestellt.

Spiellicht: Antoinette kommt im Abendkleid und setzt sich auf den Fauteuil und wartet, sie trägt die Hornbrille. Wie zu Anfang des Spiels: Stimmen draußen, Gelächter, schließlich Stille, kurz darauf erscheint Kürmann, der vor sich hin pfeift, bis er die junge Dame sieht.

ANTOINETTE »Ich gehe auch bald.«

Schweigen, er steht ratlos, dann beginnt er Flaschen und Gläser abzuräumen, Aschenbecher abzuräumen, dann steht er wieder ratlos.

KÜRMANN »Ist Ihnen nicht wohl?«

ANTOINETTE »Im Gegenteil.« *Sie nimmt sich eine Zigarette:* »Nur noch eine Zigarette.« *Sie wartet vergeblich auf Feuer.* »Wenn

383

ich nicht störe.« *Sie zündet an und raucht.* »Ich habe es sehr genossen. Einige waren sehr nett, fand ich, sehr anregend.«
Schweigen

ANTOINETTE »Haben Sie noch etwas zu trinken?«
Kürmann geht und gießt Whisky ein.

KÜRMANN »Eis?«
Kürmann überreicht den Whisky.

ANTOINETTE »Und Sie?«

KÜRMANN »Ich habe morgen zu arbeiten.«

ANTOINETTE »Was arbeiten Sie?«
Stundenschlag: zwei Uhr.

KÜRMANN »Es ist zwei Uhr.«

ANTOINETTE »Sie erwarten noch jemand?«

KÜRMANN »Im Gegenteil.«

ANTOINETTE »Sie sind müde.«

KÜRMANN »Zum Umfallen.«

ANTOINETTE »Warum setzen Sie sich nicht?
Kürmann bleibt stehen und schweigt.

ANTOINETTE »Ich kann nicht schneller trinken.« *Pause.* »Eigentlich wollte ich nur noch einmal Ihre alte Spieluhr hören. Spieluhren faszinieren mich: Figuren, die immer die gleichen Gesten machen, sobald es klimpert, und immer ist es dieselbe Walze, trotzdem ist man gespannt jedesmal.« *Sie leert langsam ihr Glas.* »Sie nicht?«
Kürmann geht zur Spieluhr und kurbelt, man hört ein heiteres Geklimper, er kurbelt, bis die Walze zu Ende ist.

KÜRMANN »Womit kann ich sonst noch dienen?«
Antoinette löscht ihre Zigarette.

ANTOINETTE »Ich werde jetzt gehen.«

KÜRMANN »Haben Sie einen Wagen?«

ANTOINETTE Ja.
Antoinette steht auf und nimmt ihre Abendkleidjacke.

ANTOINETTE »Warum sehen Sie mich so an?« *Sie zieht ihre Abendkleidjacke an.* »Warum sehen Sie mich so an?«
Antoinette nimmt ihre Handtasche, Kürmann steht und blickt sie an, als glaube er ihr nicht, daß sie gehen will.

ANTOINETTE »Auch ich habe morgen zu arbeiten.«
  Kürmann begleitet sie zum Lift hinaus, das Zimmer bleibt eine
  Weile leer, dann kommt Kürmann zurück.
KÜRMANN Und jetzt?
REGISTRATOR Jetzt ist sie weg.
KÜRMANN Und jetzt?
REGISTRATOR Jetzt sind Sie frei.
KÜRMANN – frei . . .
  Der Registrator schlägt das Dossier auf.
REGISTRATOR »26. Mai 1960. Gäste. Es wurde spät. Als die
  Gäste endlich gegangen waren, saß sie einfach da. Was tut
  man mit einer Unbekannten, die nicht geht, die einfach sitzen
  bleibt und schweigt um zwei Uhr nachts? Es mußte nicht sein.«
  Er blättert eine Seite um: – morgen um elf haben Sie eine
  Sitzung . . . *Er legt das Dossier offen auf den Schreibtisch und*
  tritt zurück. Bitte. *Kürmann steht reglos.*
REGISTRATOR Sie sind frei – noch sieben Jahre . . .

  Vorhang

Anhang

Geschrieben 1952, revidiert 1961.

Uraufführung gleichzeitig im Schauspielhaus Zürich (Regie: Oskar Wälterlin) und im Schiller-Theater Berlin (Regie: Hans Schalla) am 5. 5. 1953.

Nachträgliches

Don Juan, wie jede Gestalt, hat einen Kreis von Geistesverwandten, und wenn sie ihm noch so ferne stehen, Ikarus oder Faust sind ihm verwandter als Casanova – weshalb der Schauspieler sich keinerlei Sorgen zu machen braucht, wie er verführerisch wirke auf die Damen im Parkett. Sein Ruhm als Verführer (der ihn als Ruhm begleitet, ohne daß er sich selbst mit diesem Ruhm identifiziert) ist ein Mißverständnis seitens der Damen. Don Juan ist ein Intellektueller, wenn auch von gutem Wuchs und ohne alles Brillenhafte. Was ihn unwiderstehlich macht für die Damen von Sevilla, ist durchaus seine Geistigkeit, sein Anspruch auf eine männliche Geistigkeit, die ein Affront ist, indem sie ganz andere Ziele kennt als die Frau und die Frau von vornherein als Episode einsetzt – mit dem bekannten Ergebnis freilich, daß die Episode schließlich sein ganzes Leben verschlingt.

Ein Intellektueller – in diesem Sinn:
»Der Andere lebt in einer Welt der Dinge, die ein für allemal sind, was sie zu sein scheinen. Auch nicht zufällig stellt er sie in Frage. Sie bringen ihn nicht aus der Fassung ... Die Welt, die der Intellektuelle antrifft, scheint ihm nur dazusein, damit sie in Frage

gestellt werde. Die Dinge an sich genügen ihm nicht. Er macht ein Problem aus ihnen. Und das ist das größte Symptom der Liebe. Daraus resultiert, daß die Dinge nur sind, was sie sind, wenn sie für den Intellektuellen sind. Dies ahnt manchmal das Weib...« (Ortega y Gasset: Der Intellektuelle und der Andere.)

Don Juan ist schön durch seinen Mut zur Erfahrung. Kein Beau! Und auch kein Herkules; er ist schlank wie ein Torero, fast knabenhaft. Wie ein Torero: er bekämpft den Stier, er ist nicht der Stier. Seine Hände sind nervig, aber grazil; aber nicht weichlich. Man wird sich immer wieder fragen: Ist er ein Mann? Er hätte Tänzer werden können. Seine Männlichkeit bewegt sich auf der Grenze und ist ihm nichts Selbstverständliches, sondern etwas Kostbares, was er besitzt, also nicht ersetzen muß durch soldatische Pose beispielsweise, aber er muß sie verteidigen; seine Männlichkeit ist etwas Gefährdetes. Sein Gesicht, wie immer es sonst sei, hat die wachen Augen eines Gefährdeten.
Der Gefährdete neigt zum Radikalen.
In bezug auf die Untreue, die bekannteste Etikette jedes Don Juan, würde das heißen: Es reißt ihn nicht von Wollust zu Wollust, aber es stößt ihn ab, was nicht stimmt. Und nicht weil er die Frauen liebt, sondern weil er etwas anderes (beispielsweise die Geometrie) mehr liebt als die Frau, muß er sie immer wieder verlassen. Seine Untreue ist nicht übergroße Triebhaftigkeit, sondern Angst, sich selbst zu täuschen, sich selbst zu verlieren – seine wache Angst vor dem Weiblichen in sich selbst.

Don Juan ist ein Narziß, kein Zweifel; im Grunde liebt er nur sich selbst. Die legendäre Zahl seiner Lieben (1003) ist nur darum nicht abstoßend, weil sie komisch ist, und komisch ist sie, weil sie zählt, wo es nichts zu zählen gibt; in Worte übersetzt, heißt diese Zahl: Don Juan bleibt ohne Du.
Kein Liebender also.
Liebe, wie Don Juan sie erlebt, muß das Unheimlich-Widerliche der Tropen haben, etwas wie feuchte Sonne über einem Sumpf voll blühender Verwesung, panisch, wie die klebrige Stille voll

mörderischer Überfruchtung, die sich selbst auffrißt, voll
Schlinggewächs – ein Dickicht, wo man ohne blanke Klinge nicht
vorwärtskommt; wo man Angst hat zu verweilen.

Don Juan bleibt ohne Du auch unter Männern. Da ist immer nur
ein Catalinon, ein Scanarelle, ein Leporello, nie ein Horatio.
Und wenn der Jugendfreund einmal verloren ist, den er noch aus
der Geschwisterlichkeit der Kinderjahre hat, kommt es zu keiner
Freundschaft mehr; die Männer meiden ihn. Don Juan ist ein
unbrüderlicher Mensch; schon weil er sich selbst, unter Männer
gestellt, weiblich vorkäme.

Man könnte es sich so denken:
Wie die meisten von uns, erzogen von der Poesie, geht er als
Jüngling davon aus, daß die Liebe, die ihn eines schönen
Morgens erfaßt, sich durchaus auf eine Person beziehe, eindeutig, auf Donna Anna, die diese Liebe in ihm ausgelöst hat. Die
bloße Ahnung schon, wie groß der Anteil des Gattungshaften
daran ist, geschweige denn die blanke Erfahrung, wie vertauschbar der Gegenstand seines jugendlichen Verlangens ist, muß den
Jüngling, der eben erst zur Person erwacht ist, gründlich
erschrecken und verwirren. Er kommt sich als ein Stück der Natur
vor, blind, lächerlich, vom Himmel verhöhnt als Geist-Person.
Aus dieser Verwundung heraus kommt sein wildes Bedürfnis, den
Himmel zu verhöhnen, herauszufordern durch Spott und Frevel
– womit er immerhin einen Himmel voraussetzt. Ein Nihilist?
Innerhalb einer Gesellschaft von durchschnittlicher Verlogenheit
wird nun einmal (wenigstens in unseren Tagen) jeder so genannt,
der erfahren will, was stimmt.
Sein Spott: eine schamhaftere Art von Schwermut, die nieman-
den, außer den Himmel, etwas angeht.

Wichtig scheint mir die Scham. Don Juan ist unverschämt, nie
schamlos, und unter Männern wäre er vermutlich der einzige, der
über eine Zote nicht lacht, nicht lachen kann; er hat die Scham-
haftigkeit nach innen, nicht nach außen, nicht Prüderie, aber

Sensibilität, wozu dann meistens auch das Spielerische gehört, das Bedürfnis, sich zu verstellen, das Schauspielerische bis zur Selbstverleugnung. »Don Juan« ist seine Rolle.

»El Burlador de Sevilla y Convidado de piedra«, die erste dramatische Gestaltung, 1627 veröffentlicht und wahrscheinlich zu Unrecht dem glorreichen Tirso de Molina zugeschrieben, beginnt mit einer Szene, die Don Juan in aller Kürze vorstellt: nicht wie er wird, sondern wie er ist und bleibt, bis die Hölle ihn verschlingt. Und so, ohne Vorbereitung und ohne Entwicklung, sehen wir ihn auch in späteren Fassungen, Don Juan ist einfach da, ein Meteor... Man muß sich fragen, ob nicht jeder Versuch, Don Juan als einen Werdenden zu entwickeln, nur möglich ist um den Preis, daß es kein wirklicher Don Juan mehr ist, sondern ein Mensch, der (aus diesen oder jenen Gründen) in die Rolle eines Don Juan kommt.
Ein reflektierter Don Juan also!
Dann allerdings ist sein Medium nicht die Musik – nach Kierkegaard das einzig mögliche Medium für den unmittelbaren Don Juan –, sondern das Theater, das darin besteht, daß Larve und Wesen nicht identisch sind, so daß es zu Verwechslungen kommt wie in den alten spanischen Mantelstücken und wie überall, wo ein Mensch nicht ist, sondern sich selber sucht.

Warum erscheint Don Juan stets als Hochstapler? Er führt ein Leben, das kein Mensch sich leisten kann, nämlich das Leben eines Nur-Mannes, womit er der Schöpfung unweigerlich etwas schuldig bleibt. Sein wirtschaftlicher Bankrott, wie besonders Molière ihn betont, steht ja für einen ganz anderen, einen totalen Bankrott. Ohne das Weib, dessen Forderungen er nicht anzuerkennen gewillt ist, wäre er selber nicht in der Welt. Als Parasit in der Schöpfung (Don Juan ist immer kinderlos) bleibt ihm früher oder später keine andere Wahl: Tod oder Kapitulation, Tragödie oder Komödie. Immer ist die Don-Juan-Existenz eine unmögliche, selbst wenn es weit und breit keine nennenswerte Gesellschaft gibt –

Don Juan ist kein Revolutionär. Sein Widersacher ist die Schöpfung selbst.

Don Juan ist ein Spanier: ein Anarchist.

Don Juan ist kinderlos, meine ich, und wenn es 1003 Kinder gäbe! Er hat sie nicht, sowenig, wie er ein Du hat. Indem er Vater wird – indem er es annimmt, Vater zu sein –, ist er nicht mehr Don Juan. Das ist seine Kapitulation, seine erste Bewegung zur Reife.
Warum gibt es denn keinen alten Don Juan?
Don Juan, geistig bestimmt, ist die Hybris, daß einer allein, Mann ohne Weib, der Mensch sein will; sein Geist bleibt pueril im Verhältnis zur Schöpfung – darum muß der Vorhang fallen, bevor Don Juan fünfunddreißig wird, sonst bleibt uns nur noch ein peinlicher Narr, gerade insofern er eine geistige Figur ist.
(Casanova kann alt werden!)

Das Spanische – man kann es vernachlässigen, aber nie wird man Don Juan in ein anderes, ein bestimmtes, beispielsweise deutsches oder angelsächsisches oder slawisches Kostüm stecken, man versuche es, um daran zu erfahren, wie sehr Don Juan, ungeachtet unsrer weiteren Ausdeutung, im Grunde eine spanische Kreation ist und bleibt. Der Spanier (so erscheint er mir wenigstens nach Eindrücken einer kurzen Reise) kennt kein Vielleicht, kein Sowohl-als-auch, nur Ja oder Nein. Er kennt ja auch nur zweierlei Wein, roten oder weißen; er kennt keine Nuancen. Das hat etwas Großartiges bis in den Alltag hinein. Was ausfällt, ist das Zögern, das Vermengen, das Vermitteln; aber auch die Fülle der Übergänge. Was ausfällt, ist die seelische Mitte, das Gemüt, insofern auch das Mitleid, das kleine wie das große, fast möchte man sagen: die humane Liebe. Wenn der Spanier sagt: Ich liebe dich! so heißen die gleichen Worte: Ich will dich! Und sein Mut, wie er ja auch zu Don Juan gehört, erscheint uns oft als pure Geste, womit ein fatalistischer Mensch, einsam unter der kahlen Bläue des spanischen Himmels, sich selbst unterhält: Tod oder Leben,

393

was tut es! Auch ihre Tänze haben ja das Trotzige, Hochmütige, Herausfordernde; Stimmung wird wie etwas Unwürdiges abgeschüttelt, mit Füßen zerstampft, unwirsch, geradezu höhnisch, und wie leidenschaftlich ihr Tanz auch werden mag, nie endet er in Rausch, nie in der Wonne der Auflösung, im Gegenteil: im Triumph über den Rausch, in einer Pose des Völlig-Gefaßten, abrupt. Und stolz, versteht sich; dabei hat ja der Stolz immer etwas Leeres, etwas Ersatzhaftes. Lust am Leben? Größer ist die Lust am Bezwingen, spanischer. Der silberweiße Torero, der den tödlichen Kampf des Geistes spielt, ist kein andrer als Don Juan; auch dem Torero geht es letztlich nicht darum, daß er das Leben behält. Das wäre kein Sieg. Die Grazie ist es, was ihn zum Sieger machen muß, die geometrische Akuratesse, das Tänzerische, was er dem gewaltigen Stier entgegensetzt, ein Sieg des spielerischen Geistes ist es, was die Arena mit Jubel erfüllt. Das schwarze Tier, dem Don Juan sich stellt, ist die naturhafte Gewalt des Geschlechts, das er aber, im Gegensatz zum Torero, nicht töten kann, ohne sich selbst zu töten. Das ist der Unterschied zwischen Arena und Welt, zwischen Spiel und Sein... Die beste Einführung zu Don Juan, ausgenommen Kierkegaard, bleibt der Besuch eines spanischen Stierkampfes.

Ein Don Juan, der nicht tötet, ist nicht denkbar, nicht einmal innerhalb einer Komödie; das Tödliche gehört zu ihm, wie das Kind zu einer Frau. Wir rechnen ihm ja auch seine Morde nicht an, erstaunlicherweise, weniger noch als einem General. Und seine nicht unbeträchtlichen Verbrechen, deren jedes ordentliche Gericht (also auch das verehrte Publikum) ihn verklagen müßte, entziehen sich irgendwie unsrer Empörung. Man denke sich einen Don Juan, der im Gefängnis endet! Sein Gefängnis ist die Welt – oder anders gesagt: Don Juan ist überhaupt nur insofern interessant, als er sich unserem Vorwurf entzieht: als Meteor, als Sturz, den er nicht will, und als Aufprall, dessen tödliche Wirkung zeigt, wie weit wir vom Paradies entfernt sind.

Lebte er in unseren Tagen, würde Don Juan (wie ich ihn sehe) sich wahrscheinlich mit Kernphysik befassen: um zu erfahren, was stimmt. Und der Konflikt mit dem Weiblichen, mit dem unbedingten Willen nämlich, das Leben zu erhalten, bliebe der gleiche; auch als Atomforscher steht er früher oder später vor der Wahl: Tod oder Kapitulation – Kapitulation jenes männlichen Geistes, der offenbar, bleibt er selbstherrlich, die Schöpfung in die Luft sprengt, sobald er die technische Möglichkeit dazu hat.

Hinter jedem Don Juan steht die Langeweile, wenn auch mit Bravour überspielt, die Langeweile, die nicht gähnt, sondern Possen reißt; die Langeweile eines Geistes, der nach dem Unbedingten dürstet und glaubt erfahren zu haben, daß er es nie zu finden vermag; kurzum, die große Langeweile der Schwermut, die Not eines Herzens, dem die Wünsche ersterben, so daß ihm bloß noch der Witz übrigbleibt; ein Don Juan, der keinen Witz hat, würde sich erhängen.

Romano Guardini über die Schwermut:

»Der Schwermütige verlangt, dem Absoluten zu begegnen, aber als Liebe und Schönheit ... Es ist das Verlangen nach dem, was Platon das eigentliche Ziel des Eros nennt, nach dem höchsten Gut, welches zugleich das eigentlich Wirkliche ist, unvergänglich und ohne Grenze ... Dieses Verlangen nach dem Absoluten ist beim Schwermütigen mit dem Bewußtsein verbunden, daß es vergeblich ist ... Die Schwermut ist die Not der Geburt des Ewigen im Menschen.«

(Schönheit: das Klare, Lautere, Durchsichtige, was Don Juan meint, wenn er von Geometrie redet, und natürlich meint er die noch vorstellbare Geometrie.)

Das Absolute – daß er es als Steinernen Gast auftreten läßt, wird man von einem heutigen Stückschreiber kaum erwarten. Was sollen wir mit dieser vogelscheuchenhaftschauerlichen Erscheinung? Aber sie gehört nun einmal zu Don Juan, diese Klitterung von allerlei Sagen, von antiken und bretonischen, und mit Parodie allein ist diese Hypothek nicht zu lösen. Parodie setzt ja voraus, daß der Zuschauer gerade noch im Grunde seines

Herzens an die Sache glaubt, die zur Parodie steht. Welcher von unseren Zuschauern glaubt, daß die Toten, die man beschimpft, tatsächlich erscheinen und sich an unsere Tafeln setzen? In unseren Parlamenten, in unseren Konferenzen, wo über Krieg und andere Geschäfte verhandelt wird, müßte ja ein Gedränge von Skeletten sein, und in der Versenkung (die zu schaffen wäre, wenn wir solche Hoffnung noch hätten) wimmelte es von Ministern, Direktoren, Generälen, Bankiers, Diplomaten, Journalisten – Nein, daran glauben wir nicht mehr.

Was uns bleibt, ist die Poesie, und in ihrem Sinn mag die klassische Legende von der Höllenfahrt allerdings bestehen bleiben. Verzweifelt über das Unmögliche seiner Existenz, wobei dieses Unmögliche sich nicht als metaphysisches Gewitter, sondern schlechterdings als Langeweile manifestiert, ist es nunmehr Don Juan selbst, der die Legende von seiner Höllenfahrt inszeniert – als Oper, als Schwindel, um zu entkommen, gewiß; als Kunst, die etwas Absolutes nur vorgibt, als Poesie, gewiß; aber dann erweist es sich, daß diese Legende, womit er die Welt zum Narren hält, nur die Ausdrucksfigur seines tatsächlichen, seines inneren und anders nicht sichtbaren, doch ausweglos-wirklichen Endes ist.

Natürlich sind es nicht diese (nachträglichen) Gedanken gewesen, die den Verfasser bewogen haben, das vorliegende Theaterstück zu schreiben – sondern die Lust, ein Theaterstück zu schreiben.

Das Stück, 1957/58 entstanden aus einem Hörspiel »Herr Biedermann und die Brandstifter«, ist uraufgeführt worden zusammen mit dem Schwank »Die große Wut des Philipp Hotz«; das
Nachspiel, später verfaßt, war besonders für deutsche Aufführ-
ungen bestimmt; die Erfahrung hat den Verfasser belehrt, daß
das Stück auch ohne das Nachspiel aufgeführt werden kann.

© 1958 Suhrkamp Verlag, Frankfurt am Main.

Uraufführung: Schauspielhaus Zürich am 29. 3. 1958.
Regie: Oskar Wälterlin.
Deutsche Erstaufführung mit Uraufführung »Nachspiel«: Städti-
sche Bühnen Frankfurt am Main am 28. 9. 1958.
Regie: Harry Buckwitz.

Nachspiel

Personen des Nachspiels

HERR BIEDERMANN

BABETTE

ANNA

BEELZEBUB

EINE FIGUR

EIN POLIZIST

MEERKATZE

WITWE KNECHTLING

DER CHOR

Die Bühne ist geräumt und vollkommen leer, Babette und Biedermann stehen, wie sie zuletzt im Stück gestanden haben.

BABETTE Gottlieb?

BIEDERMANN Still.

BABETTE Sind wir tot?

Ein Papagei kreischt.

Was war das?

Der Papagei kreischt.

BIEDERMANN Warum bist du nicht gekommen, bevor die Treppe brannte! Ich hab's dir gesagt. Warum bist du noch einmal ins Schlafzimmer gegangen?

BABETTE Wegen meines ganzen Schmuckes.

BIEDERMANN – natürlich sind wir tot!

Der Papagei kreischt.

BABETTE Gottlieb?

BIEDERMANN Still jetzt.

398

BABETTE Wo sind wir denn jetzt?

BIEDERMANN Im Himmel. Wo sonst.

Ein Säugling schreit.

BABETTE Was war das?

Der Säugling schreit.

Offen gestanden, Gottlieb, so hab ich mir den Himmel nicht vorgestellt –

BIEDERMANN Nur jetzt nicht den Glauben verlieren!

BABETTE Hast du dir den Himmel so vorgestellt?

Der Papagei kreischt.

BIEDERMANN Das ist ein Papagei.

Der Papagei kreischt.

BABETTE Gottlieb?

BIEDERMANN Nur jetzt nicht den Glauben verlieren!

BABETTE Jetzt warten wir schon eine halbe Ewigkeit.

Der Säugling schreit.

Und jetzt wieder dieser Säugling!

Der Papagei kreischt.

Gottlieb?

BIEDERMANN Was denn?

BABETTE Wieso kommt ein Papagei in den Himmel?

Eine Hausklingel klingelt.

BIEDERMANN Mach mich jetzt nicht nervös, Babette, ich bitte dich. Wieso soll ein Papagei nicht in den Himmel kommen? wenn er schuldlos ist.

Die Hausklingel klingelt.

Was war das?

BABETTE Unsere Hausklingel.

BIEDERMANN Wer kann das nur sein?

Man hört alles zusammen: Säugling, Hausklingel, Papagei.

BABETTE Wenn bloß dieser Papagei nicht wär! und dieser Säugling dazu! Das halt ich nicht aus, Gottlieb, ein solches Gekreisch in Ewigkeit – wie in einer Siedlung.

BIEDERMANN Still!

BABETTE Das können sie uns nicht zumuten!

BIEDERMANN Beruhige dich.

BABETTE Das ist unsereins nicht gewohnt.

BIEDERMANN Wieso sollten wir nicht im Himmel sein? All unsere Bekannten sind im Himmel, sogar mein Rechtsanwalt. Zum letzten Mal: Das kann nur der Himmel sein. Was sonst! Das muß der Himmel sein. Was hat unsereiner denn getan?

Die Hausklingel klingelt.

BABETTE Sollten wir nicht aufmachen?

Die Hausklingel klingelt.

Wieso haben die unsere Klingel?

Die Hausklingel klingelt.

Vielleicht ein Engel . . .

Die Hausklingel klingelt.

BIEDERMANN Ich bin schuldlos! – ich habe Vater und Mutter geehrt, das weißt du, vor allem Mama, das hat dich oft genug verärgert. Ich habe mich an die Zehn Gebote gehalten, Babette, zeit meines Lebens. Ich habe mir nie ein Bild von Gott gemacht, das schon gar nicht. Ich habe nicht gestohlen; wir hatten immer, was wir brauchten. Und ich habe nicht getötet. Ich habe am Sonntag nie gearbeitet. Ich habe nie das Haus meiner Nachbarn begehrt, oder wenn ich es begehrte, dann habe ich's gekauft. Kaufen wird man wohl dürfen! Und ich habe nie bemerkt, daß ich lüge. Ich habe keinen Ehebruch begangen, Babette, also wirklich nicht – verglichen mit andern! . . . Du bist mein Zeuge, Babette, wenn ein Engel kommt: Ich hatte einen einzigen Fehler auf Erden, ich war zu gutherzig, mag sein, einfach zu gutherzig.

Der Papagei kreischt.

BABETTE Verstehst du, was er ruft?

Der Papagei kreischt.

BIEDERMANN Hast du getötet? Ich frag ja bloß. Hast du es mit andern Göttern gehabt? Das bißchen Yoga. Hast du, Babette, einen Ehebruch begangen?

BABETTE Mit wem?

BIEDERMANN Also. –

Die Hausklingel klingelt.

Wir müssen im Himmel sein.

Auftritt Anna in Häubchen und Schürzchen.

BABETTE Wieso ist Anna im Himmel?

Anna wandelt vorbei, ihr Haar ist lang und giftgrün.

Hoffentlich hat sie's nicht gesehen, Gottlieb, daß du die Streichhölzchen gegeben hast. Sie ist imstand und meldet es.

BIEDERMANN Streichhölzchen!

BABETTE Ich habe dir gesagt, daß es Brandstifter sind, Gottlieb, schon in der ersten Nacht –

Auftreten Anna und der Polizist, der weiße Flügelchen trägt.

ANNA Ich will ihn rufen.

Anna geht hinaus, und der Engel-Polizist wartet.

BIEDERMANN Siehst du?

BABETTE Was?

BIEDERMANN Ein Engel.

Der Polizist salutiert.

BABETTE Ich habe mir die Engel anders vorgestellt.

BIEDERMANN Wir sind nicht im Mittelalter.

BABETTE Hast du dir die Engel nicht anders vorgestellt?

Der Polizist dreht sich um und wartet.

Sollen wir knien?

BIEDERMANN Frag ihn, ob hier der Himmel ist.

Biedermann ermuntert die zögernde Babette durch Nicken.

Sag ihm, wir warten schon eine halbe Ewigkeit.

Babette nähert sich dem Polizisten.

BABETTE Mein Mann und ich –

BIEDERMANN Sag ihm, wir sind Opfer.

BABETTE Mein Mann und ich sind Opfer.

BIEDERMANN Unsere Villa ist eine Ruine.

BABETTE Mein Mann und ich –

BIEDERMANN Sag's ihm!

BABETTE – eine Ruine.

BIEDERMANN Was unsereiner durchgemacht hat, das kann er sich ja nicht vorstellen. Sag's ihm! Wir haben alles verloren. Sag's ihm! Dabei sind wir schuldlos.

BABETTE Das können Sie sich ja nicht vorstellen.

BIEDERMANN Was unsereiner durchgemacht hat.

BABETTE Mein ganzer Schmuck ist geschmolzen!

BIEDERMANN Sag's ihm, daß wir schuldlos sind.

BABETTE Dabei sind wir schuldlos.

BIEDERMANN – verglichen mit andern!

BABETTE – verglichen mit andern.

Der Engel-Polizist nimmt sich eine Zigarre.

POLIZIST Haben Sie Streichhölzchen?

Biedermann erbleicht.

BIEDERMANN Ich? Streichhölzchen? Wieso?

Eine mannshohe Stichflamme schlägt aus dem Boden.

POLIZIST Hier ist ja Feuer, danke, das genügt.

Babette und Biedermann starren auf die Stichflamme.

BABETTE Gottlieb –

BIEDERMANN Still!

BABETTE Was soll das bedeuten?

Auftritt eine Meerkatze.

MEERKATZE Was gibt es denn?

POLIZIST Ein paar Verdammte.

Meerkatze setzt sich eine Brille auf.

BABETTE Gottlieb, den kennen wir doch?

BIEDERMANN Woher?

BABETTE Unser Dr. phil.

Meerkatze nimmt die Rapporte und blättert.

MEERKATZE Wie geht's euch da oben?

POLIZIST Man kann nicht klagen, niemand weiß, wo Gott wohnt, aber allen geht es gut, man kann nicht klagen – danke.

MEERKATZE Wieso kommen die zu uns?

Der Polizist blickt in die Rapporte.

POLIZIST Freidenker.

Meerkatze hat zehn Stempel und stempelt jedesmal.

MEERKATZE DU SOLLST KEINE ANDEREN GÖTTER ...

POLIZIST Ein Arzt, der eine falsche Spritze gespritzt hat.

MEERKATZE DU SOLLST NICHT TÖTEN.

POLIZIST Ein Direktor mit sieben Sekretärinnen.

MEERKATZE DU SOLLST DICH NICHT LASSEN GELÜSTEN.

POLIZIST Eine Abtreiberin.

MEERKATZE DU SOLLST NICHT TÖTEN.

POLIZIST Ein besoffener Motorfahrer.

MEERKATZE DU SOLLST NICHT TÖTEN.

POLIZIST Flüchtlinge.

MEERKATZE Was ist ihre Sünde?

POLIZIST Hier: 52 Kartoffeln, 1 Regenschirm, 2 Wolldecken.

MEERKATZE DU SOLLST NICHT STEHLEN.

POLIZIST Ein Steuerberater.

MEERKATZE DU SOLLST KEIN FALSCHES ZEUGNIS ...

POLIZIST Noch ein besoffener Motorfahrer.

Meerkatze stempelt wortlos.

Noch ein Freidenker.

Meerkatze stempelt wortlos.

Sieben Partisanen. Sie kamen fälschlicherweise in den Himmel, jetzt hat sich herausgestellt, sie haben geplündert, bevor sie gefangen und an die Wand gestellt und erschossen worden sind.

MEERKATZE Hm.

POLIZIST Geplündert ohne Uniform.

MEERKATZE DU SOLLST NICHT STEHLEN.

POLIZIST Noch eine Abtreiberin.

MEERKATZE DU SOLLST NICHT TÖTEN.

POLIZIST Und das ist der Rest.

MEERKATZE DU SOLLST NICHT EHEBRECHEN.

Meerkatze stempelt mindestens dreizehn Rapporte.

Wieder nichts als Mittelstand! Der Teufel wird eine Freude haben. Wieder nichts als Halbstarke! Ich wage es dem Teufel kaum noch zu melden. Wieder keine einzige Persönlichkeit, die man kennt! Kein einziger Minister, kein einziger Marschall –

POLIZIST Tha.

MEERKATZE Begleiten Sie die Leutchen hinunter, unser Beelzebub hat schon geheizt, glaube ich, oder er ist dabei.

Polizist salutiert und geht.

BABETTE Gottlieb – wir sind in der Hölle!

BIEDERMANN Schrei nicht!

BABETTE Gottlieb –

Babette bricht in Schluchzen aus.

BIEDERMANN Herr Doktor?

MEERKATZE Sie wünschen?

BIEDERMANN Das muß ein Irrtum sein . . . Das kommt nicht in
Frage . . . Das muß geändert werden . . . Wieso kommen wir in
die Hölle, meine Frau und ich?

Zu Babette:

Beruhige dich, Babette, das muß ein Irrtum sein –

Zur Meerkatze:

Kann ich mit dem Teufel sprechen?

BABETTE Gottlieb –

BIEDERMANN Kann ich mit dem Teufel sprechen?

Meerkatze weist ins Leere, als wären Sessel da.

MEERKATZE Nehmen Sie Platz.

Biedermann und Babette sehen keine Sessel.

Worum handelt es sich?

Biedermann nimmt Ausweise hervor.

Was soll das?

BIEDERMANN Mein Führerschein.

MEERKATZE Brauchen wir nicht.

Meerkatze gibt die Ausweise zurück, ohne sie anzusehen.

Ihr Name ist Biedermann?

BIEDERMANN Ja.

MEERKATZE Biedermann Gottlieb.

BIEDERMANN Kaufmann.

MEERKATZE Millionär.

BIEDERMANN – woher wissen Sie das?

MEERKATZE Wohnhaft Rosenweg 33.

BIEDERMANN – ja . . .

MEERKATZE Der Teufel kennt Sie.

Babette und Biedermann geben sich einen Blick.

Nehmen Sie Platz!

Es kommen zwei verkohlte Sessel auf die Bühne herab.

Bitte.

BABETTE Gottlieb – unsere Sessel!

404

MEERKATZE Bitte.

Biedermann und Babette setzen sich.

Sie rauchen?

BIEDERMANN Nicht mehr.

MEERKATZE Ihre eignen Zigarren, Herr Biedermann ...

Meerkatze nimmt sich eine Zigarre.

Sie sind verbrannt?

BIEDERMANN Ja.

MEERKATZE Hat es Sie verwundert?

Sieben mannshohe Stichflammen schießen aus dem Boden.

Danke, ich habe Streichhölzchen.

Meerkatze zündet sich die Zigarre an und raucht.

Kurz und gut, was wünschen Sie?

BIEDERMANN Wir sind obdachlos.

MEERKATZE Wollen Sie ein Stück Brot?

BABETTE – Brot?

MEERKATZE Oder ein Glas Wein?

BIEDERMANN Wir sind obdachlos!

Meerkatze ruft.

MEERKATZE Anna!

Meerkatze raucht.

BABETTE Wir wollen nicht Brot und Wein –

MEERKATZE Nein?

BABETTE Wir sind keine Bettler –

BIEDERMANN Wir sind Opfer.

BABETTE Wir wollen keine Barmherzigkeit!

BIEDERMANN Wir sind das nicht gewohnt.

BABETTE Wir haben das nicht nötig!

Anna tritt auf.

ANNA Bitte sehr?

MEERKATZE Sie wollen keine Barmherzigkeit.

ANNA Sehr wohl.

Anna geht.

BIEDERMANN Wir wollen unser Recht.

BABETTE Wir hatten ein Eigenheim.

BIEDERMANN Unser gutes und schlichtes Recht.

BABETTE Unser schlichtes und gutes Eigenheim.

BIEDERMANN Wir fordern Wiedergutmachung!

Meerkatze entfernt sich nach Art von Sekretären wortlos.

BABETTE Wieso meint er, daß der Teufel dich kennt?

BIEDERMANN Keine Ahnung . . .

Eine Standuhr schlägt.

BABETTE Gottlieb – unsere Standuhr!

Die Standuhr hat neun geschlagen.

BIEDERMANN Wir haben Anspruch auf alles, was verbrannt ist. Wir waren versichert. Ich werde nicht ruhen, bis alles wiederhergestellt ist, glaub mir, so wie es war.

Meerkatze kommt von links zurück.

MEERKATZE Augenblick, Augenblick.

Meerkatze geht nach rechts hinaus.

BIEDERMANN Die Teufel machen sich wichtig!

BABETTE Scht!

BIEDERMANN Es ist aber wahr! Es fehlt jetzt nur noch, daß sie Fingerabdrücke verlangen. Wie in einem Konsulat! Bloß damit man ein schlechtes Gewissen bekommt.

Babette legt ihre Hand auf seinen Arm.

BIEDERMANN Ich habe kein schlechtes Gewissen, sei getrost, ich reg mich nicht auf, Babette, ich werde ganz sachlich sein, ganz sachlich.

Der Papagei kreischt.

Ganz sachlich!

BABETTE Und wenn sie nach den Streichhölzchen fragen?

BIEDERMANN Ich habe sie gegeben. Was weiter! Alle haben Streichhölzchen gegeben. Fast alle! Sonst wäre nicht die ganze Stadt niedergebrannt, ich hab's ja gesehen, wie das Feuer aus allen Dächern schlug. Auch bei Hofmanns! Auch bei Karl! Auch bei Professor Mohr! – ganz abgesehen davon, daß ich in Treu und Glauben gehandelt habe!

BABETTE Reg dich nicht auf.

BIEDERMANN Ich bitte dich: Wenn wir, du und ich, keine Streichhölzchen gegeben hätten, du meinst, das hätte irgend etwas geändert an dieser Katastrophe?

BABETTE Ich habe keine gegeben.

BIEDERMANN Und überhaupt – man kann doch nicht alle, wenn alle dasselbe tun, in die Hölle werfen!

BABETTE Wieso nicht?

BIEDERMANN Ein bißchen Gnade wird's wohl noch geben . . .

Meerkatze kommt zurück.

MEERKATZE Bedaure! Der Herr der Unterwelt ist noch nicht da. Es sei denn, die Herrschaften wollen mit Beelzebub sprechen?

BABETTE Beelzebub?

MEERKATZE Der ist hier.

BIEDERMANN Beelzebub?

MEERKATZE Der stinkt aber. Wissen Sie, das ist der mit dem Pferdefuß und mit dem Bocksschwanz und mit den Hörnern. Sie kennen ihn! Aber der kann nicht viel helfen, Madame, ein armer Teufel wie Sepp.

BIEDERMANN – – – Sepp?

Babette ist aufgesprungen.

Setz dich!

BABETTE Hab ich's dir nicht gleich gesagt, Gottlieb, schon in der ersten Nacht –

BIEDERMANN Schweig!

Biedermann gibt ihr einen Blick, so daß Babette sich setzt.

Meine Frau war herzkrank.

MEERKATZE Ach.

BIEDERMANN Meine Frau konnte oft nicht schlafen. Dann hört man Gespenster aller Art. Aber bei Tageslicht, Herr Doktor, hatten wir keinen Grund zu irgendeinem Verdacht, ich schwöre es Ihnen, nicht eine Sekunde lang . . .

Babette gibt Biedermann einen Blick.

BIEDERMANN Also ich nicht!

BABETTE Warum hast du sie denn auf die Straße werfen wollen, Gottlieb, eigenhändig und mitten in der Nacht?

BIEDERMANN Ich hab sie ja nicht hinausgeworfen!

BABETTE Eben.

BIEDERMANN Und warum, zum Teufel, hast du ihn denn nicht hinausgeworfen?

BABETTE Ich?

BIEDERMANN Statt ihm ein Frühstück zu geben mit Marmelade und Käse, du mit deinen weichen Eiern, ja, du!

Meerkatze raucht die Zigarre.

Kurz und gut, Herr Doktor, wir hatten damals keine Ahnung, was in unserem Haus vorging, einfach keine Ahnung –

Man hört eine Fanfare.

MEERKATZE Vielleicht ist er das?

BABETTE Wer?

MEERKATZE Der Herr der Unterwelt.

Man hört eine Fanfare.

Er ist zum Himmel gefahren, und es kann sein, daß er sehr vermiest ist, wir haben ihn schon gestern erwartet, es scheint wieder eine zähe Verhandlung gewesen zu sein.

BIEDERMANN Meinetwegen?

MEERKATZE Wegen dieser letzten Amnestie . . .

Meerkatze flüstert Biedermann ins Ohr.

BIEDERMANN Das hab ich gelesen.

MEERKATZE Und was sagen denn Sie dazu?

Meerkatze flüstert Biedermann ins Ohr.

BIEDERMANN Das versteh ich nicht.

Meerkatze flüstert Biedermann ins Ohr.

Wieso?

Meerkatze flüstert Biedermann ins Ohr.

Glauben Sie?

MEERKATZE Wenn der Himmel sich nicht an die Zehn Gebote hält –

BIEDERMANN Hm.

MEERKATZE Ohne Himmel keine Hölle!

BIEDERMANN Hm.

MEERKATZE Darum geht die Verhandlung!

BIEDERMANN Um die Zehn Gebote?

MEERKATZE Ums Prinzip.

BIEDERMANN Hm.

MEERKATZE Wenn der Himmel meint, daß die Hölle sich alles gefallen läßt –

Meerkatze flüstert Biedermann ins Ohr.
BIEDERMANN Streik —?
Meerkatze flüstert Biedermann ins Ohr.
Glauben Sie?
MEERKATZE Ich weiß es nicht, Herr Biedermann, ich sage bloß,
es ist möglich. Sehr möglich. Je nach Ergebnis dieser Verhand-
lung —
Man hört Fanfaren.
Er kommt!
Meerkatze entfernt sich.
BABETTE Was hat er denn gesagt?
BIEDERMANN Es ist möglich, sagt er, sehr möglich, daß niemand
mehr in die Hölle gelassen wird. Von heut an. Verstehst du:
Überhaupt niemand mehr.
BABETTE Wieso?
BIEDERMANN Weil die Hölle streikt.
Die Hausklingel klingelt.
Die Teufel, sagt er, sind außer sich. Sie fühlen sich betrogen,
sie haben auf eine Reihe von Persönlichkeiten gehofft, die der
Himmel, scheint es, allesamt begnadigt, und die Teufel weigern
sich, meint er, unter diesen Bedingungen noch eine Hölle zu
führen. Man spreche von einer Höllenkrise.
Anna kommt von links und geht nach rechts hinaus.
Wieso ist Anna in der Hölle?
BABETTE Sie hat mir ein Paar Strümpfe gestohlen. Ich wagte es
dir damals nicht zu sagen. Ein Paar neue Nylon-Strümpfe.
Anna kommt und führt die Witwe Knechtling herein.
ANNA Nehmen Sie Platz. Aber wenn Sie die Witwe Knechtling
sind, machen Sie sich keine Hoffnung: Ihr Mann ist Selbstmör-
der. Nehmen Sie Platz! Aber machen Sie sich keine Hoffnung.
*Anna geht, und die Witwe Knechtling steht, es ist kein Sessel
da.*
BABETTE Was will denn die hier?
Biedermann nickt sauer-freundlich hinüber.
Die will uns anzeigen, Gottlieb ...
Babette nickt sauer-freundlich hinüber.

BIEDERMANN Soll sie!

Man hört wieder Fanfaren, jetzt näher als das erste Mal. Das ist ja Unsinn. Warum hat Knechtling nicht eine Woche gewartet und gesprochen mit mir, Herrgottnochmal, in einem günstigen Augenblick? Ich konnte ja nicht wissen, daß Knechtling sich tatsächlich unter den Gasherd legt, Herrgottnochmal, wegen einer Kündigung.

Man hört Fanfaren noch näher.

Also ich hab keine Angst.

Man hört Fanfaren noch näher.

Streichhölzchen! Streichhölzchen!

BABETTE Vielleicht hat's niemand gesehen.

BIEDERMANN Ich verbitte mir dieses Getue wegen einer Katastrophe. Katastrophen hat's immer gegeben! – und überhaupt: Schau einer sich unsere Stadt an! Alles aus Glas und verchromt! Ich muß schon sagen, einmal offen gesprochen, es ist ein Segen, daß sie niedergebrannt ist, geradezu ein Segen, städtebaulich betrachtet –

Man hört Fanfaren, dann Orgel, in großer und feierlicher Haltung erscheint eine prunkvolle Figur, ungefähr wie ein Bischof gekleidet, aber nur ungefähr. Biedermann und Babette knien an der Rampe nieder. Die Figur steht in der Mitte.

FIGUR Anna?

Die Figur zieht langsam die violetten Handschuhe aus.

Ich komme geradenwegs vom Himmel.

BIEDERMANN Hörst du?

FIGUR Es ist hoffnungslos.

Die Figur wirft den ersten Handschuh hin.

Anna!

Die Figur zieht langsam den andern Handschuh ab.

Ich zweifle, ob es der wahre Himmel ist, was ich gesehen habe, sie behaupten es, aber ich zweifle . . . Sie tragen Orden, und es riecht nach Weihrauch aus allen Lautsprechern. Eine Milchstraße von Orden habe ich gesehen, ein Fest, daß es dem Teufel graust: All meine Kunden habe ich wiedergesehen, meine Großmörder alle, und die Engelein kreisen um ihre

Glatzen, man grüßt sich, man wandelt und trinkt Halleluja, man kichert vor Begnadigung – die Heiligen schweigen auffallend, denn sie sind aus Stein oder Holz, Leihgaben, und die Kirchenfürsten (ich habe mich unter die Kirchenfürsten gemischt, um zu erfahren, wo Gott wohnt) schweigen auch, obschon sie nicht aus Stein oder Holz sind . . .

Die Figur wirft den Handschuh hin.

Anna?

Die Figur nimmt die Kopftracht ab, es ist Eisenring.

Ich habe mich verkleidet. Und die an der Macht sind da oben und sich selbst begnadigen, siehe, sie haben mich nicht erkannt: – Ich habe sie gesegnet.

Auftreten Anna und Meerkatze, die sich verneigen.

Man enthülle mich!

Die Figur, nach wie vor in großer Haltung, streckt beide Arme aus, damit die vier seidenen Gewänder aufgeknöpft werden können, ein erstes: silberweiß, ein zweites: golden, ein drittes: violett, ein letztes: blutrot. Die Orgel verstummt. Biedermann und Babette knien an der Rampe.

Man bringe meinen Frack.

ANNA Sehr wohl.

FIGUR Und meine Perücke als Oberkellner.

Sie lösen das erste Gewand ab.

Ich zweifle, ob es der liebe Gott ist, der mich empfangen hat: – er weiß alles, und wenn er die Stimme erhebt, so sagt er genau, was in den Zeitungen steht, wörtlich.

Der Papagei kreischt.

Wo ist Beelzebub?

MEERKATZE Bei den Heizkesseln.

FIGUR Er soll erscheinen.

Es wird plötzlich sehr rot.

Wieso dieser Feuerschein?

MEERKATZE Er heizt. Soeben sind ein paar Verdammte eingetroffen – nichts Namhaftes, nein, so das Übliche . . .

Sie lösen das zweite Gewand ab.

FIGUR Er soll die Heizkessel löschen.

MEERKATZE Löschen?

FIGUR Löschen.

Der Papagei kreischt.

Wie geht's meinem Papagei?

Die Figur bemerkt Biedermann und Babette.

Fragt die Leut, warum sie beten.

MEERKATZE Sie beten nicht.

FIGUR Aber sie knien –

MEERKATZE Sie wollen ihr Eigenheim.

FIGUR Was wollen sie?

MEERKATZE Wiedergutmachung.

Der Papagei kreischt.

FIGUR Ich liebe meinen Papagei. Das einzige Lebewesen, das nicht seine Schlagwörter wechselt! Ich fand es in einem brennenden Haus damals. Ein treues Biest! Ich will es auf meine rechte Schulter setzen, wenn ich wieder auf die Erde geh.

Sie lösen das dritte Gewand ab.

Und jetzt, Mädelchen, meinen Frack!

ANNA Sehr wohl.

FIGUR Und Sie, Doktor, holen die Fahrräder. Sie erinnern sich? Die zwei verrosteten Fahrräder.

Meerkatze und Anna verneigen sich und gehen.

BIEDERMANN Willi! – das ist er doch? . . . Ich bin der Gottlieb, euer Freund – Willi, erinnerst du dich nicht?

Die Figur löst das vierte und letzte Gewand ab.

BABETTE Wir sind schuldlos, Herr Eisenring. Wieso kommen wir zu Ihnen, Herr Eisenring. Wir sind Opfer, Herr Eisenring. Mein ganzer Schmuck ist geschmolzen–

Die Figur steht in Hemd und Socken.

BIEDERMANN Warum tut er, als kenne er uns nicht?

BABETTE Er schämt sich, schau nicht hin!

Anna bringt die Frackhosen.

FIGUR Danke, Mädelchen, danke sehr.

Anna will gehen.

Anna!

ANNA Bitte sehr.

FIGUR Bringen Sie zwei Kissen aus Samt.

ANNA Sehr wohl.

FIGUR Für die Herrschaften, die knien.

ANNA Sehr wohl.

Anna geht hinaus, und die Figur steigt in die Frackhose.

BIEDERMANN Willi –

BABETTE Sie erinnern sich an uns, Herr Eisenring, ganz bestimmt, meine Gans war Klasse, das sagten Sie selbst.

BIEDERMANN Gans und Pommard!

BABETTE Gefüllt mit Kastanien.

BIEDERMANN Und Rotkraut dazu.

BABETTE Und candle-light, Herr Eisenring, candle-light!

BIEDERMANN Und wie wir zusammen gesungen haben –

BABETTE Ach ja.

BIEDERMANN Erinnerst du dich wirklich nicht?

BABETTE Es war ein reizender Abend.

BIEDERMANN Neunundvierziger, Willi, Cave de l'Echannon! Die beste Flasche aus meinem Keller. Willi? Hab ich nicht alles gegeben, damit wir Freunde werden?

Die Figur wischt über die Frackhosen.

Du bist mein Augenzeuge, Babette: Hab ich nicht alles gegeben, was ich im Haus hatte?

BABETTE Sogar die Streichhölzchen.

Anna bringt zwei rote Kissen aus Samt.

FIGUR Danke, Mädelchen, danke sehr.

Anna bringt die Kissen zu Biedermann und Babette.

ANNA Sonst noch etwas?

Biedermann und Babette knien auf den roten Kissen.

FIGUR Meine Weste, Mädelchen, meine Weste!

ANNA Sehr wohl.

FIGUR Und die Perücke!

Anna geht, und die Figur bindet die Krawatte.

Cave de l'Echannon –?

Biedermann nickt und strahlt vor Zuversicht.

Ich erinnere mich an alles, Gottlieb, sehr genau, wie nur der Teufel sich erinnert: Du hast angestoßen, um Bruderschaft zu

trinken mit uns, und hast es nicht lassen können – es war peinlich genug! – den Teufel auf die Wange zu küssen.

Der Papagei kreischt.

BIEDERMANN Wir haben nicht gewußt, Willi, daß ihr die Teufel
seid. Ehrenwort! Wenn wir gewußt hätten, daß ihr wirklich die
Teufel seid –

*Auftritt Sepp als Beelzebub mit Pferdefuß, Bocksschwanz und
Hörnern; dazu trägt er eine große Kohlenschaufel.*

BEELZEBUB Was ist denn los?!

FIGUR Brüll nicht.

BEELZEBUB Wieso kleidest du dich um?

FIGUR Wir müssen wieder auf die Erde, Sepp.

Anna bringt die weiße Weste.

Danke, Mädelchen, danke sehr.

Die Figur zieht die Weste an.

Hast du die Heizkessel gelöscht?

BEELZEBUB Nein.

FIGUR Tu, was ich dich heiße.

Der Feuerschein wird stärker als zuvor.

BEELZEBUB Die Kohle ist drin! . . .

Anna bringt den Frack.

FIGUR Augenblick, Mädelchen, Augenblick!

Die Figur knöpft die Weste.

Ich bin im Himmel gewesen –

BEELZEBUB Und?

FIGUR Ich habe verhandelt und verhandelt, ich habe alles versucht und nichts erreicht. Sie geben keinen einzigen heraus. Es
ist hoffnungslos.

BEELZEBUB Keinen einzigen?

FIGUR Keinen einzigen.

Anna hält den Frack.

FIGUR Doktor?

MEERKATZE Zu Diensten.

FIGUR Rufen Sie die Feuerwehr.

Meerkatze verneigt sich und geht.

BEELZEBUB Sie geben keinen einzigen heraus?!

414

FIGUR Wer eine Uniform trägt oder getragen hat, als er tötete, oder zu tragen verspricht, wenn er tötet oder zu töten befiehlt, ist gerettet.

BEELZEBUB – gerettet?!

FIGUR Brüll nicht.

BEELZEBUB – gerettet!?

Man hört das Echo von oben.

ECHO Gerettet.

FIGUR Hörst du's?

ECHO Gerettet. Gerettet, Gerettet.

Beelzebub glotzt nach oben.

FIGUR Zieh deinen Plunder ab, Sepp, wir müssen wieder an die Arbeit.

Auftritt der Chor

CHOR Wehe! Wehe! Wehe!

BABETTE Gottlieb?

BIEDERMANN Still!

BABETTE Was machen die hier?

CHOR Bürger der Vaterstadt, seht
  Unsere Ohnmacht:
  Wächter der Vaterstadt einst,
  Sorgsam im Löschen geschult,
  Trefflichgerüstete, ach,
  Sind wir verdammt,
  Ewig das Feuer der Hölle zu schauen,
  Freundlichgesinnte dem schmorenden Bürger,
  Machtlos.

FIGUR Meine Herrn, löschen Sie die Hölle!

Der Chor ist sprachlos.

  Ich denk ja nicht daran, eine Hölle zu führen für Biedermänner und Intellektuelle, Taschendiebe, Ehebrecher und Dienstmädchen, die Nylon-Strümpfe gestohlen haben, und Kriegsdienstverweigerer – ich denk ja nicht daran!

Der Chor ist sprachlos.

  Worauf warten Sie?

CHOR Wir sind bereit.

Sorgsam gerollt sind die Schläuche, die roten,
Alles laut Vorschrift,
Blank ist und sorgsam geschmiert und aus Messing
Jeglicher Haspel,
Jedermann weiß, was zu tun ist,
Blank auch und sorgsam geprüft,
Daß es an Druck uns nicht fehle,
Ist unsere Pumpe,
Gleichfalls aus Messing.

CHORFÜHRER Und die Hydranten?

CHOR Jedermann weiß, was zu tun ist.

CHORFÜHRER Wir sind bereit. –

Die Figur ordnet sich den Frack.

FIGUR Also los.

Der Feuerschein ist wieder sehr stark.

CHORFÜHRER An die Schläuche!

An die Pumpe!

An die Leiter!

Die Feuerwehrmänner rennen an ihre Plätze und rufen:

CHOR Bereit.

CHORFÜHRER Wir sind bereit.

FIGUR Bitte.

*Man hört das Zischen der Hydranten, der Feuerschein läßt
nach.*

MEERKATZE Also, Herr Biedermann, es ist so, wie ich vermutet
habe: –

FIGUR Doktor!

MEERKATZE Bitte sehr.

FIGUR Unsere Fahrräder!

MEERKATZE Sehr wohl.

FIGUR Und meine Perücke, Mädelchen, meine Perücke!

ANNA Sehr wohl.

FIGUR Und meinen Papagei! *Meerkatze und Anna gehen.*

BEELZEBUB Mein Kinderglaube! Mein Kinderglaube! Du sollst
nicht töten, ha, und ich hab's geglaubt. Was machen die aus
meinem Kinderglauben!

Die Figur putzt sich die Fingernägel.

Ich, Sohn eines Köhlers und einer Zigeunerin, die nicht lesen konnte, sondern nur die Zehn Gebote im Kopf hatte, ich bin des Teufels. Wieso? Bloß weil ich alle Gebote verhöhnt hab. Scher dich zur Hölle, Sepp, du bist des Teufels! das sagten mir alle, und ich habe mich geschert. Ich habe gelogen, weil dann alles besser ging, und wurde des Teufels. Ich habe gestohlen, wo es mich gelüstete, und wurde des Teufels. Ich habe gehurt, was da vorbeikam, siehe, Lediges und Verheiratetes, denn es gelüstete mich, und ich fühlte mich wohl, wenn ich mich gelüsten ließ, und wurde des Teufels.

Und sie fürchteten mich in jedem Dorf, denn ich war stärker als alle, weil ich des Teufels war. Ich stellte ihnen das Bein, wenn sie zur Kirche gingen, denn es gelüstete mich, ich zündete ihre Ställe an, während sie da beteten und sangen, jeden Sonntag, denn es gelüstete mich, und ich lachte über ihren lieben Gott, der mir nicht beikam. Wer fällte die Tanne, die meinen Vater erschlug, am hellichten Tag, und meine Mutter, die für mich betete, starb vor Kummer über mich, und ich kam ins Waisenhaus, um es anzuzünden, und in den Zirkus, um ihn anzuzünden, denn es gelüstete mich mehr und mehr, und ich legte Feuer in allen Städten, bloß um des Teufels zu sein – Du sollst! Du sollst nicht! Du sollst! denn wir hatten nicht Zeitung noch Rundfunk da draußen im Wald, sondern bloß eine Bibel, siehe, und so glaubte ich's, daß man des Teufels sei, wenn man tötet und schändet und mordet und jegliches Gebot verhöhnt und ganze Städte mordet – so glaubte ich's! . . .

Die Figur lacht.

's ist nicht zum Lachen, Willi!

Anna bringt die Perücke.

FIGUR Danke, Mädelchen, danke sehr.

Meerkatze bringt zwei verrostete Fahrräder.

BEELZEBUB 's ist nicht zum Lachen, ich möchte kotzen, wenn ich den Lauf der Zeiten seh. Was machen die aus meinem Kinderglauben! Ich kann nicht soviel fressen, wie ich kotzen möchte.

Die Figur hat sich die Perücke angezogen.

FIGUR Mach dich bereit!

Die Figur nimmt ein verrostetes Fahrrad.

Ich brenne darauf, meine alte Kundschaft wiederzusehen, die feinen Leut, die niemals in die Hölle kommen, und sie von neuem zu bedienen – ich brenne drauf!... Noch einmal Funken und prasselnde Flammen, Sirenen, die immer zu spät sind, Hundegebell und Rauch und Menschenschrei – und Asche!

Beelzebub schnallt sich den Bocksschwanz ab.

FIGUR Bist du bereit?

BEELZEBUB Augenblick –

Die Figur schwingt sich auf den Sattel und klingelt.

Ich komm ja schon.

Beelzebub schnallt sich den Pferdefuß ab.

CHORFÜHRER Pumpe halt!

Schläuche nieder!

Wasser halt!

Der rote Feuerschein verschwindet gänzlich.

FIGUR Bereit?

Beelzebub nimmt sich das andere Fahrrad.

BEELZEBUB Bereit!

Beelzebub schwingt sich auf den Sattel und klingelt.

FIGUR Und deine Hörner?

Beelzebub muß noch die Hörner abnehmen.

Anna?

ANNA Bitte sehr.

FIGUR Danke, Mädelchen, danke sehr für alle deine Dienste. Warum bist du mürrisch von früh bis spät? Ein einziges Mal hast du gelacht. Erinnerst du dich? – als wir das Liedchen sangen vom Fuchs und von der Gans und vom Schießgewehr.

Anna lacht.

Wir werden's wieder singen!

ANNA O bitte!

Auftritt der Chor.

CHOR Bürger der Vaterstadt, seht –

FIGUR Fassen Sie sich kurz!

CHOR – die Hölle ist gelöscht.

FIGUR Danke. –

Die Figur greift in die Hosentasche.

Hast du Streichhölzer?

BEELZEBUB Ich nicht.

FIGUR Ich auch nicht.

BEELZEBUB Immer das gleiche!

FIGUR Man wird sie uns schenken . . .

Meerkatze bringt den Papagei.

Mein Papagei!

Die Figur setzt sich den Papagei auf die rechte Schulter.

Damit ich es nicht vergesse, Doktor: Hier werden keine Seelen
mehr angenommen. Sagen Sie den braven Leutchen, die Hölle
streikt. Und wenn ein Engel uns sucht, sagen Sie, wir sind auf
der Erde.

Beelzebub klingelt.

Also los.

Schmitz und Eisenring fahren los und winken.

BEIDE Alles Gute, Gottlieb, alles Gute!

Vortritt der Chor.

CHOR Strahl der Sonne,

Wimper, o göttlichen Auges,

Aufleuchtet noch einmal

Tag –

CHORFÜHRER Über der wiedererstandenen Stadt.

CHOR Halleluja!

Der Papagei kreischt in der Ferne.

BABETTE Gottlieb?

BIEDERMANN Still jetzt.

BABETTE Sind wir jetzt gerettet?

BIEDERMANN Nur jetzt nicht den Glauben verlieren.

Die Witwe Knechtling geht.

CHOR Halleluja!

BABETTE Die Knechtling ist gegangen –

CHOR Schöner denn je
  Wiedererstanden aus Trümmern und Asche
  Ist unsere Stadt,
  Gänzlich geräumt und vergessen ist Schutt,
  Gänzlich vergessen auch sind,
  Die da verkohlten, ihr Schrei
  Aus den Flammen –
BIEDERMANN Das Leben geht weiter.
CHOR Gänzlich Geschichte geworden schon sind sie.
  Und stumm.
CHORFÜHRER Halleluja!
CHOR Schöner denn je,
  Reicher denn je,
  Turmhoch-modern,
  Alles aus Glas und verchromt,
  Aber im Herzen die alte,
  Halleluja,
  Wiedererstanden ist unsere Stadt!
  Eine Orgel setzt ein.
BABETTE Gottlieb?
BIEDERMANN Was denn?
BABETTE Glaubst du, wir sind gerettet?
BIEDERMANN – ich glaub schon...
  Die Orgel schwillt, Biedermann und Babette knien, der Vorhang fällt.

Daten und Anmerkungen zu ›Philipp Hotz‹

Geschrieben 1957/58.

© 1958 by the author.

Uraufführung: Schauspielhaus Zürich am 29. 3. 1958.
Regie: Oskar Wälterlin.

Zum Bühnenbild: Ich stelle mir vor, daß das Zimmer (ungefähr
vier Meter auf sechs Meter) als Podium erscheint, möglichst ohne
Wände; also gegenüber dem sonstigen Bühnenboden erhöht. Die
Enge des Zimmers, des eigentlichen Spielraums, wird durch diese
Erhöhung angedeutet, ohne daß wir Wände brauchen; es soll
eine Bühne auf der Bühne sein, ein Podest, eine Schlachtbank.
Natürlich wird die Gefahr von Naturalismen, die naheliegen
könnten, dadurch nicht gebannt, wenn der Hauptdarsteller seinerseits nicht Clown genug wäre; die Bühne auf der Bühne – und
zwar: Schmalseite des Podiums nach vorn, der alte Bauern-
schrank steht hinten, rings um dieses Podium ist es leer – gibt dem
Hauptdarsteller, der ein Ich-Theater macht, die Möglichkeit, in
augenfälliger Weise aus der Szene zu treten, dahin nämlich,
wohin die andern Figuren nie gelangen, und dann wieder in die
Szene zu steigen. Dieser Wechsel von Szene und Conférence muß
selbstverständlich-augenfällig sein.

Die Fabel des Stückes ist als Prosaskizze im »Tagebuch 1946 bis 1949« veröffentlicht. Die Arbeit am Stück wurde 1958 begonnen, im Herbst 1960 wiederaufgenommen und im Herbst 1961 abgeschlossen.

© 1961 Suhrkamp Verlag, Frankfurt am Main.

Das Stück ist dem Schauspielhaus Zürich gewidmet.

Uraufführung: Schauspielhaus Zürich am 2. 11. 1961.
Regie: Kurt Hirschfeld.
Deutsche Erstaufführung gleichzeitig bei den Münchner Kammerspielen München (Regie: Hans Schweikart), bei den Städtischen Bühnen Frankfurt am Main (Regie: Harry Buckwitz) und im Düsseldorfer Schauspielhaus Düsseldorf (Regie: Reinhart Spörri) am 20. 1. 1962. Berliner Erstaufführung im Schillertheater am 23. 3. 1962 (Regie: Fritz Kortner).

Namen: Die folgenden Namen werden auf der letzten Silbe betont: Barblin, Andri, Prader, Ferrer, Fedri. Hingegen wird auf der ersten Silbe betont: Peider.
Kostüm: Das Kostüm darf nicht folkloristisch sein. Die Andorraner tragen heutige Konfektion, es genügt, daß ihre Hüte eigentümlich sind, und sie tragen fast immer Hüte. Eine Ausnahme ist der Doktor, sein Hut ist Weltmode. Andri trägt blue-jeans. Barblin trägt, auch wenn sie zur Prozession geht, Konfektion, dazu einen Schal mit andorranischer Stickerei. Alle tragen weiße Hemden, niemand eine Krawatte, ausgenommen wieder der Doktor. Die Senora, als einzige, erscheint elegant, aber nicht aufgedonnert. Die Uniform der andorranischen Soldaten ist olivgrau. Bei der Uniform der Schwarzen ist jeder Anklang an die Uniform der Vergangenheit zu vermeiden.

Typen: Einige Rollen können zur Karikatur verführen. Das sollte unter allen Umständen vermieden werden. Es genügt, daß es Typen sind. Ihre Darstellung sollte so sein, daß der Zuschauer vorerst zur Sympathie eingeladen wird, mindestens zur Duldung, indem alle harmlos erscheinen, und daß er sich immer etwas spät von ihnen distanziert, wie in Wirklichkeit.

Bild: Das Grundbild für das ganze Stück ist der Platz von Andorra. Gemeint ist ein südländischer Platz, nicht pittoresk, kahl, weiß mit wenigen Farben unter finsterblauem Himmel. Die Bühne soll so leer wie möglich sein. Ein Prospekt im Hintergrund deutet an, wie man sich Andorra vorzustellen hat; auf der Spielfläche steht nur, was die Schauspieler brauchen. Alle Szenen, die nicht auf dem Platz von Andorra spielen, sind davorgestellt. Kein Vorhang zwischen den Szenen, nur Verlegung des Lichts auf den Vordergrund. Es braucht kein Anti-Illusionismus demonstriert zu werden, aber der Zuschauer soll daran erinnert bleiben, daß ein Modell gezeigt wird, wie auf dem Theater eigentlich immer.

Notizen von den Proben der Zürcher Aufführung

Die Geste

Beim Sprechen erst – nicht im Leben, wo wir die Menschen meistens schon zu einem gewissen Grad kennen und selbst in die Situation verstrickt sind, uns also in erster Linie auf die Mitteilung selbst ausrichten und erst in zweiter Linie darauf, Menschen zu beobachten; aber auf der Bühne, wo wir nur beobachten und die Menschen beim Aufgehen des Vorhangs überhaupt noch nicht kennen – zeigt sich, wie sehr die Geste vonnöten ist, um die fast uferlose Mißdeutbarkeit unserer Worte einzuschränken. Das schauspielerische Talent: die Geste zu finden, dadurch die Lesart der Worte. Wer schreibt, hält die Lesart immer schon für gegeben. Er hört von innen, was jetzt von außen hörbar werden muß.

Daß unsere Sprache, die geschriebene, immer erst ein Raster der Möglichkeiten darstellt, das ist der Schock der ersten Proben: man findet sich selber mißverständlich. Dann plötzlich eine Geste, und die Figur ist da, die die Worte auf sich zu beziehen vermag, nicht nur die Worte, auch das Schweigen, das in jeder Figur ein so großer Raum ist, aber kein leerer und kein beliebiger Raum sein darf; die Geste, die wir im Leben kaum beachten, die Art schon, wie einer zum Glas greift oder wie er geht, ich sage nicht, daß sie wichtiger ist als die Worte, aber entscheidend dafür, ob die Worte zu einem Menschen gehören, den es gibt, oder ob sie auf der Bühne verloren sind. Dabei kann die Geste, die der Schauspieler anbietet, für den Verfasser sehr unerwartet sein. Nur in wenigen Punkten, oft in nebensächlichen, weiß ich, wie eine Figur sich bewegt; ich kenne die Figur oder meine sie zu kennen, aber erst der Schauspieler zeigt sie mir von außen, und es ist ein Gefühl, wie wenn ein Mensch, dessen Schicksal ich insgeheim kenne und vielleicht sogar besser als er, ins Zimmer tritt, und man wird einander vorgestellt. Ist er's wirklich? Manchmal muß ich auch meine Kenntnis ändern; seine Geste widerlegt mich, belehrt mich, und sein Text (mein Text) hat unrecht. Oder umgekehrt: der Text verwirft die Geste wie von selbst, bis sie stimmt.

Text:

Sätze, die ursprünglich in einem andern Kontext gestanden haben, fallen schon bei den ersten Proben heraus; ein richtiger Bezug, ein logischer etwa, genügt noch lange nicht; viele Bezüge (oft sehr unlogische) tragen das Wort, oder genauer gesagt: sie erlauben die Geste, die das Wort trägt. Eine Szene ist bei aller nötigen Bewußtheit doch nur aus der Geste heraus zu schreiben, einer Geste, die ich nicht vormachen kann; aber sie muß dem Text zugrunde liegen, damit er spielbar sei. Dann, wenn er sich als spielbar erweist, staune ich oft über Bezüge, die mir nie bewußt gewesen sind; der Text stimmt, wenn er eine Geste zuläßt, die seine Bezüge umfaßt.

Andri vor der Kammer der Barblin, der Soldat kommt, Andri schläft; laut Text: nachdem der Soldat seine Stiefel abgestreift hat, steigt er über Andri hinweg und verschwindet in der finstern Kammer. – Das geht nicht, das Ausziehen der Stiefel; schon beim bloßen Markieren denkt man an Fußschweiß. Überhaupt hängt von dieser Pantomime, wie der Soldat über den schlafenden Andri in die Kammer kommt, vieles ab. Hat Barblin ihn bestellt? Oder kann der Soldat auch nur hoffen, daß sie ihn uneingestandenerweise erwartet? Da kein Text gesprochen wird, ist alles offen. Kommt der Soldat zum erstenmal? Als Vergewaltiger? Oder ist das schon ein Brauch (nur Andri und wir wissen's noch nicht, was sich tut) mit Einverständnis? Der stumme Gang, den der Soldat hier zu spielen hat, entscheidet über das Wesen der Barblin. Ein lehrreicher Fall: Barblin, in dieser Szene nicht sichtbar, kann vorher und nachher spielen, wie sie will, unsere Meinung über sie wird entstehen in einer Szene, da sie selbst nicht auf der Bühne ist, also ohnmächtig, in einer Pantomime zudem, also zwischen den Zeilen. Die Schauspielerin Barblin ist dem Schauspieler Soldat ausgeliefert. Ob sie eine Hure ist, schnöd, oder eine Verzweifelte, die es in eine Art von Selbstzerstörung drängt, oder nur ein Opfer, eine Vergewaltigte, hier wird es nicht gesagt, aber gezeigt, und das Gezeigte wird stärker als das Gesagte oder Verschwiegene. Ich habe am Schreibtisch gewußt, wie ich's meine, aber nicht, daß hier, im Gang des Soldaten, ganz andere Meinungen aufkommen können. Wir machen es so: der Soldat, als er den schlafenden Andri sieht, erschrickt, zögert, sieht sich um, zeigt, daß er zum erstenmal hier ist, ein dreister Einbrecher, ängstlich, daß er ertappt werde; aber Andri schläft, der Soldat hat sich soweit genähert, daß er, wenn Andri jetzt erwacht, jedenfalls ertappt wäre, Pech, dazu Neugierde, ob es wirklich die Kammer der Barblin ist, er versucht die Türe lautlos zu öffnen, dazu muß er über Andri hinwegschreiten, Girren der Türe, jetzt ist er schon soweit, daß er, verlockt vom Gelingen, aber nicht ohne einen bänglichen Blick in die finstere Kammer, wo er nicht weiß, was ihn erwartet, plötzlich in ihre

Kammer tritt, atemlos, Flucht ins Dunkle, Stille, und so weiter.
Ferner:

Am Schluß derselben Szene, als Andri die Türe aufsprengen will,
hat Barblin, laut Buch, einen Schrei auszustoßen. – Auch das
geht nicht. Die Schauspielerin, die hinter der Wand steht, um
diesen Schrei zu liefern, ist unglücklich, ohne zu wissen warum.
Es sei ihr nicht wohl bei diesem Schrei, und sie hat recht. Wir
sitzen vorne und erleben (einmal mehr) den Unterschied zwischen
Bühne und Erzählung; dieser Schrei, ausgeführt, hat eine unver-
mutete Wirkung: ihre Stimme, wie immer sie sei, liefert den Körper
des Mädchens in einem Grad, der jetzt unerträglich ist, der Schrei
zieht sie aus, und ich frage mich, wie sie auf dem Bett liegt, das
ist unvermeidlich. Das will ich aber nicht wissen; die Szene, jetzt,
will etwas andres zeigen: wie Andri sich verraten fühlt, was
immer auch da hinten geschehen sein mag oder nicht. (»Barblin
schreit«, ein Satz, der in der Erzählung überhaupt keine
Leiblichkeit herstellt; als Erzähler brauchte ich ganz andere Sätze, um soviel körperliche Nacktheit zu beschwören, wie der bloße
Schrei einer Unsichtbaren, ausgeführt auf der Bühne, es vermag.)
Also der Schrei wird gestrichen.

PS.: Nach der Aufführung melden sich Zuschauer bekümmert, was
sie von dieser Barblin nun zu halten haben, und wenn die Unklarheit, ob sie den Soldaten hat haben wollen oder nicht, meines
Erachtens auch nicht einen Schwerpunkt der Fabel betrifft, so ist
sie doch bedauerlich; sie schwächt, wie jede noch so nebensäch-
liche Unklarheit, das Interesse für das Klare und erlaubt dem
Zuschauer, daß er sich mit Nebensachen befaßt. Der Schrei, der
nicht ging, fehlt nun doch. Ihr Stummbleiben ist mißdeutbar. Ich
ändere nochmals: Barblin schreit – aber zu einem andern Zeit-
punkt, nicht am Ende der Szene, sondern kurz nach dem Eintritt
des Soldaten, sie will schreien, der Soldat hält ihr sofort den
Mund zu; das kennzeichnet ihn als Vergewaltiger, ohne daß ihr
Schrei jetzt, bevor etwas geschehen sein kann, die nackte
Leiblichkeit anliefert, und am Schluß der Szene, wenn der Soldat
in die Türe tritt, erscheint er als ein Einbrecher, der nicht zu
seinem Ziel gekommen ist, gerade deswegen bösartig.

Links und rechts

Als Student hörte ich eine Vorlesung von Professor Wölfflin, eine der letzten, die er hielt: Das Links und Rechts im Bilde. Eine berühmte Radierung von Rembrandt, seitenverkehrt auf die Leinwand projiziert, war ein schlagendes Beispiel dafür, daß Links und Rechts nicht vertauschbar sind; abgesehen davon, daß die Komposition plötzlich nicht mehr überzeugte, vielleicht weil man an die andere schon gewöhnt ist, das Bild mit den Bäumen vor dem großen Himmel hatte plötzlich keine Tageszeit mehr, Abend von der falschen Seite, eine rätselhafte Wetterstimmung, und so weiter. Ein andres Beispiel liefert bekanntlich der Prado: im Saal, wo das berühmte Ateliergemälde von Velazquez zu sehen ist, steht in der Ecke ein Spiegel, und was der Betrachter im Spiegel wiedersieht, verblüfft nicht nur durch die Verkleinerung, es ist ganz einfach nicht mehr das Bild, das lebt, formtreu und farbtreu, aber in sich selbst verrückt, unselbstverständlich, zufällig, beliebig. Es gibt eine Richtung des Lesens, des Schauens, eine Richtung des Eintritts und eine Richtung des Austritts, das heißt nicht, daß die Bewegung im Bild nicht widerläufig sein kann, aber dann ist sie anders eben dadurch, daß sie widerläufig ist; wie ein Mensch sich anders bewegt, ob er mit dem Wind oder gegen den Wind geht. In der Architektur dasselbe; jeder Photomacher weiß, daß eine berühmte Baugruppe, seitenverkehrt kopiert, manchmal kaum wieder zu erkennen ist, und nicht nur das, sondern vor allem: dieselbe Treppe, die von links oben nach rechts unten fällt (jeder Betrachter wird sagen, sie führe von oben nach unten), steigt im seitenverkehrten Bild von links unten nach rechts oben (jeder Betrachter wird sagen, die Treppe steige), und das wiederum bedeutet, daß ich zu den Menschen, die sich auf der Treppe bewegen, ein andres Verhältnis habe ... Dasselbe gilt auf der Bühne. Es gibt Schauspieler, die das spüren. Heute ein gutes Beispiel: eine kleine Szene, die eigentlich keine ist, nicht unwichtig, aber eine Szene, die nicht aus Handlung, sondern nur aus Mitteilung und Frage besteht, also nicht durch Bewegung auffallen soll, wird aus überzeugenden Gründen probeweise umgestellt, nicht in Bewegung gebracht, nur seitenverkehrt gestellt – und es ist schlecht, man erwartet jetzt Handlung, die nicht kommt, und sieht nur, daß keine Szene entsteht, und die Mitteilung fällt durch, wie trefflich sie auch gesprochen würde; man vermißt, was nicht gewollt ist; man ist ungeduldig und unbefriedigt, weil die Stellung jetzt, wenn auch noch so reglos, schon Bewegung enthält und Bewegung erwarten läßt. Also: man muß auf die erste Stellung zurück. Hirschfeld hatte recht. Die unbewußte Empfindung hatte recht.

Der Pfahl

Lange Zeit, jahrelang, wollte ich, um die große Form herzustellen, einen Häftling am Pfahl – als chorisches Element durch das ganze Stück: seine Arie der Verzweiflung. In der Oper, mag sein, wäre es möglich, aber nicht im Schauspiel, auch nicht, wenn die Überhöhung durch Verse hinzukäme. Ich mußte das aufgeben, und es blieb der leere Pfahl auf der Bühne, wartend auf den Verfolgten, der am Schluß daran gerichtet wird. So das Buch. Als die Proben begannen, brauchte Hirschfeld nicht lang zu reden, um mich zu überzeugen, daß die Hinrichtung des Helden, vorgeführt auf der Bühne, nur eine Schwächung wäre durch Gruseligkeit; wir wissen ja, daß der Darsteller Peter Brogle nicht getötet wird durch den Schuß, den wir hören, und es genügt zu wissen, daß Andri getötet wird. Die Hinrichtung wurde gestrichen; es blieb der leere Pfahl auf der Bühne. Ich habe auch den Pfahl gestrichen – im Augenblick, da die Bühnenarbeiter ihn hinstellten – und bin froh drum, er hat mich jahrelang viel Arbeit gekostet, viel Text. Aber vor allem: gerade dadurch, daß wir den Pfahl nicht mehr mit Augen sehen, sondern nur noch durch die Worte des bestürzten Vaters, wird der Pfahl wieder, was er sein sollte, Symbol.

Die Schuhe

Von einem Paar Schuhe, die allein auf der Bühne stehen, verlangt das Stück, daß sie den Verschleppten, dem diese Schuhe gehört haben, gegenwärtig machen. Man stellt die Schuhe hin, und ich bin enttäuscht; die erhoffte Wirkung bleibt aus. (Der Verfasser, wenn er sein Stück zum erstenmal sieht, ist auf viele Ausfälle gefaßt; ich habe mich halt wieder getäuscht...) Eines Tages nimmt ein Schauspieler, ein wirklicher, diese Schuhe zur Hand, weil er sie anderswohin stellen soll, und stellt sie nicht nur anderswohin, sondern anders: nicht parallel, sondern verschoben. Wir verstehen den Unterschied erst, als wir ihn sehen. Zwei Schuhe, parallel, sind Schuhe im Kleiderschrank oder im Schaufenster, nichts weiter. Jetzt aber, plötzlich, sind sie mehr: ich sehe Standbein und Spielbein, ich sehe den Menschen, der geholt und getötet worden ist. Rührt seine Schuhe nicht an!

Stellprobe

Das ist mein achtes Stück, das ich in Proben sehe – mein Kardiogramm verläuft wie immer: Ausschläge großen leichten Entzükkens am Anfang der Proben, wenn vieles sich bewährt, wenn die Bühne, jetzt noch im Arbeitslicht und ohne Dekoration, den Plan bewahrheitet. Es ist das Entzücken am Rohbau. Zum Beispiel: Hirschfeld stellt oder setzt die Figuren der ersten Szene auf der Piazza, der Lehrer sitzt, und sein Text verrät noch nicht das Gewicht der Figur, einer unter andern, aber er bleibt sitzen, die andern gehen und kommen und gehen, der Tischler, der Wirt, der Pater, die Tochter, die Prozession. Einmal, im Tasten der ersten Proben, erhebt sich der Darsteller des Lehrers zu einem augenblicklich sinnvollen Gang; es erweist sich als falsch, er muß (das Buch behält hier recht) sitzen bleiben, um zur Achse des kommenden Geschehens zu werden, vorerst nur optisch. Später schreibe ich, vom Angebot des Darstellers beglückt, eine kleine Szene dazu, die nichts andres leistet als eine spätere Wiederholung seines Sitzens am selben Ort, verbunden mit der Wiederholung eines Ganges, den mir der Darsteller (Ernst Schröder) als Grundgestus der Figur angeboten hat. Änderungen im Zustand des Rohbaus, nicht anders als in der Architektur: man sieht und setzt eine Wand ein oder ein Fenster. Der Ablauf des Spiels, so roh es noch ist, regt an. Die neue Szene (sechstes Bild) wird vom Blatt probiert; der Gewinn: die Handlung erfrischt sich, indem einmal nichts geschieht, die Stagnation tut wohl, es geschieht ja nicht immer etwas. Das Nichtige, zeigt sich, verschärft das Wichtige, und so weiter.

Probieren ist herrlich!

Kostüme

Ein andrer Darsteller (Rolf Henniger) kommt mit einem Fahrrad und mit einem Taschentuch in der Hand, es genügt, um ihn als Pater zu sehen. Ohne Kostüm; die sorgliche Ohnmacht des guten Willens, die Altjüngferlichkeit eines jungen Geistlichen, er macht es durch Darstellungskunst, und es fehlt nichts. Es ist schön, Spiel, ein lauteres Spiel. Noch sind die Kostüme nicht geschneidert. Er spielt einen Pater, der sich, während er spricht, zur Messe umkleidet: mit Gesten, nichts weiter. Der Sinn ist da; es genügt, daß der Darsteller, in seinem privaten Straßenanzug, eine Bibel zur Hand nimmt und ein Darsteller ist, der seine Figur sieht. (Ich habe ähnliches auch bei Proben fremder Stücke erlebt: ein Orestes spielt die Hauptprobe, da die Schneiderei versagt hat, im Trainingsanzug und ist stärker als alle, die ihm im Kostüm entgegentreten.) Aber dann, nach Wochen des Entzückens, kommen die Kostüme – es muß ja sein – und damit jedesmal mein Nervenzusammenbruch, obschon die Kostüme, wohlverstanden, durchaus richtig sind, genau wie besprochen. Der Pater kommt in schwarzer Soutane, der Soldat mit Stiefeln und Gurt, und ich komme mir vor wie Kaiser Wilhelm, als er sagte: »Das habe ich nicht gewollt!« Ich kann's nicht fassen. Ihr wart doch so gut, Freunde, fünf Wochen lang! Und übermorgen ist die Premiere. Ich möchte abreisen, nichts mit Theater zu tun haben, ich schweige und schäme mich. So war es jedesmal, ich vergesse es, und dann ist es wieder so, Theater ohne Magie, unwürdig, eine kindische Verstellerei, Mummenschanz, Klamotte – Teo Otto wird mich nicht mißverstehen ... Ich finde die Kostüme trefflich, die wir haben. Aber müssen sie sein? Orest im Trainer, das wäre eine Marotte, Hamlet im Frack, alles schon dagewesen. Dennoch träume ich nach diesem Schock (man hat ihn freilich nur, wenn man die Proben gesehen hat und den Verlust an Magie sieht aus dem Vergleich) jedesmal von einem Theater, das um der Wahrheit willen, die nur durch Spiel herzustellen ist, nichts vorgibt; wir wissen's ja, daß nicht ein Pater auftritt, sondern Herr Henniger, nicht ein Soldat, sondern Herr Beck. Vor allem sind es die Kostüme eines Amtes, die mich erschrecken wie etwas Unanständiges, genauer: die Vollständigkeit der Insignien. Verfremdung ist ein Slogan geworden, doch meine ich nichts andres, nichts Neues, wenn ich an die großen (verlorenen) Wirkungen der Proben denke; man müßte dahin zurück, ohne freilich einen »Einfall« daraus zu machen, ohne nouvelle vague, ohne programmatischen Aufhebens, zurück zu der Wirkung: zehn Statisten, teils in Pullovern und teils in Lumberjacks, halten ihre hölzernen und gegen alle Wahrscheinlichkeit mit roter Farbe bemalten Maschinenpistolen, schauerlich. Das Unglaubliche, beispielsweise ein Schauspieler in einer Bekleidung, die kein Kostüm ist, versehen aber mit einer Krone, um den König zu spielen, ist Theater; alles Weitere, was an königlichem Kostüm hinzukommt, verweist ihn in den Bezirk peinlicher Unglaubwürdigkeit. Brecht hat einmal, zusammen mit Neher, einen Versuch in diese Richtung gemacht, als er die Figuren seiner Antigone in einer Bekleidung auftreten ließ, die nicht bedeutend ist, nur fremd, nämlich in Sacktuch. Die meisten Kostüme nehmen etwas vorweg, verdecken die Figur durch unser Vorurteil und verschütten das Lebendige, das nur durch Wort und Geste zu erspielen ist. Ich weiß nicht, wie man es machen soll; ausgehen von der Erfahrung bei Proben –

Die Schranke

Das Buch verlangt, daß jeder Andorraner einmal aus der Handlung heraustritt, um sich von heute aus zu rechtfertigen – oder formal gesprochen: um die Handlung, die eben auf der Bühne vor sich geht, in die Ferne zu rücken und dem Zuschauer zu helfen, daß er sie von ihrem Ende her, also als Ganzes, beurteilen kann... Ja, sagt ein Schauspieler, aber wie wird das dem Zuschauer klar? Wir beraten, was der Verfasser noch nicht bedacht hat, die Machart, daß es keine Conférence wird, sondern daß die Figur sich selbst bleibt, spricht, als stünde sie an einer

Zeugenschranke. Also: nehmen wir eine Schranke. Wo soll sie stehen? Der erste Schauspieler, der, nur um zu probieren, mit einer losen Schranke auftritt, überzeugt uns, daß die Schranke nicht verschraubt, sondern lose sein muß; das hebt die Illusion auf, die falsch wäre, die Illusion, daß die Rechtfertigung und die Geschichte gleichzeitig stattfinden. Die Zeitspanne dazwischen läßt sich verdeutlichen durch das Kostüm: der Soldat ist nicht mehr Soldat, sondern erscheint als Zivilist im Regenmantel, den er sich rasch überzieht. Wohin sprechen? Die Andorraner sitzen im Parkett, nicht Richter, sondern ebenfalls Zeugen; der Zeuge, der spricht, wendet sich also nicht an den Zuschauer, sondern spricht parallel zur Rampe. Später dann, bei der Beleuchtungsprobe, ergibt sich ein Weiteres: wenn das Licht von der Szene verschwindet, Dunkel, bis der Scheinwerfer auf den Zeugen fällt, entsteht erstens ein Loch, eine schwarze Pause, zweitens erscheint jetzt der Zeuge (anders als bisher bei Arbeitslicht, wo es uns gefallen hat) wie in einem metaphysischen Raum, und das ist nicht gemeint. Vorschlag des Bühnenbildners: wir lassen die Szene, die eben zu Ende ist, nicht ins Dunkel fallen, sondern halten sie in gedämpftem Licht, davor der Zeuge im Scheinwerfer. Und man hat genau, was der Verfasser gemeint hat – gemeint, ja, aber nicht in der Machart entworfen – nämlich: Konfrontation des heutigen Zeugen mit dem geschichtlichen Tatort.
Solche Arbeit ist vergnüglich.

Neuralgische Punkte

Der betrunkene Soldat schlägt dem »Jud« sein Geld aus der Hand; laut Buch: Andri starrt den Betrunkenen an, dann kniet er aufs Pflaster und sammelt sein Geld. Dazu sagt der Soldat: So ein Jud denkt alleweil nur ans Geld! In diesem Augenblick kennen wir Andri noch kaum; die Art und Weise, wie er nun sein Geld sammelt – gierig oder beiläufig, in seinem Schweigen beschäftigt mit dem Geldverlust oder mit der Kränkung durch Vorurteil – prägt die Figur in wenigen Sekunden, das heißt in diesen Sekunden wird das Vorzeichen zu seinem späteren Text gesetzt. So viele Vorzeichen werden pantomimisch gesetzt! – richtig oder verhängnisvoll ... Regie: ihre besten Leistungen sind unauffällig und bestehen darin, daß der Zuschauer, sofern er klug und willig ist, auf dem laufenden gehalten wird, ohne sich belehrt zu fühlen, wie selbstverständlich.

Geschrieben 1967.

© 1967 by Suhrkamp Verlag, Frankfurt am Main.

Uraufführung: Schauspielhaus Zürich am 1. 2. 1968.
Regie: Leopold Lindtberg.

Das Stück spielt auf der Bühne. Der Zuschauer sollte nicht
darüber getäuscht werden, daß er eine Örtlichkeit sieht, die mit
sich selbst identisch ist: die Bühne. Es wird gespielt, was ja nur
im Spiel überhaupt möglich ist: wie es anders hätte verlaufen
können in einem Leben. Also nicht die Biografie des Herrn
Kürmann, die banal ist, sondern sein Verhältnis zu der Tatsache,
daß man mit der Zeit unweigerlich eine Biografie hat, ist das
Thema des Stücks, das die Vorkommnisse nicht illusionistisch als
Gegenwärtigkeit vorgibt, sondern das sie reflektiert – etwa wie
beim Schachspiel, wenn wir die entscheidenden Züge einer verlorenen Partie rekonstruieren, neugierig, ob und wo und wie die
Partie wohl anders zu führen gewesen wäre.
Das Stück will nichts beweisen.
Der Registrator, der das Spiel leitet, vertritt keine metaphysische
Instanz. Er spricht aus, was Kürmann selber weiß oder wissen
könnte. Kein Conférencier; er wendet sich nie ans Publikum,
sondern assistiert Kürmann, indem er ihn objektiviert. Wenn der
Registrator (übrigens wird er nie mit diesem Titel oder mit einem
anderen angesprochen) eine Instanz vertritt, so ist es die Instanz
des Theaters, das gestattet, was die Wirklichkeit nicht gestattet:
zu wiederholen, zu probieren, zu ändern. Er hat somit eine
gewisse Güte. Das Dossier, das er benutzt, ist nicht ein Tagebuch, das Kürmann einmal geschrieben hat, auch nicht ein
Dossier, wie eine Behörde es anlegt; dieses Dossier gibt es, ob
geschrieben oder nicht, im Bewußtsein von Kürmann: die Summe
dessen, was Geschichte geworden ist, seine Geschichte, die er

nicht als die einzigmögliche anerkennt. Der Wechsel von Spiellicht und Arbeitslicht bedeutet nicht Wechsel von Illusion und
Realität; sondern das Spiellicht zeigt an, daß jetzt eine Variante
probiert wird, eine Variante zur Realität, die nie auf der Bühne
erscheint. Insofern bleibt das Stück immer Probe. Wenn Kürmann
aus einer Szene tritt, so nicht als Schauspieler, sondern als
Kürmann, und es kann sogar sein, daß er dann glaubhafter
erscheint; keine Szene nämlich paßt ihm so, daß sie nicht auch
anders sein könnte. Nur er kann nicht anders sein.
Ich habe es als Komödie gemeint.

Zeittafel

1911 geboren in Zürich am 15. Mai als Sohn eines Architekten

1924–1930 Realgymnasium in Zürich

1931–1933 Studium der Germanistik in Zürich, abgebrochen, freier Journalist
Balkan-Reise

1934 *Jürg Reinhart*

1936–1941 Studium der Architektur an der ETH in Zürich. Diplom

1938 Conrad Ferdinand Meyer-Preis

1939–1945 Militärdienst als Kanonier

1940 *Blätter aus dem Brotsack*

1942 Architekturbüro in Zürich

1943 *J'adore ce qui me brûle oder Die Schwierigen*

1945 *Bin oder Die Reise nach Peking*
Nun singen sie wieder

1946 Reise nach Deutschland, Italien, Frankreich

1947 *Tagebuch mit Marion*
Die Chinesische Mauer

1948 Reisen nach Prag, Berlin, Warschau
Kontakt mit Bertolt Brecht in Zürich

1949 *Als der Krieg zu Ende war*

1950 *Tagebuch 1946–1949*

1951 *Graf Öderland*
Rockefeller Grant for Drama

1952 Einjähriger Aufenthalt in den USA, Mexiko

1953 *Don Juan oder Die Liebe zur Geometrie*

1954 *Stiller*
Auflösung des Architekturbüros, freier Schriftsteller

1955 Wilhelm Raabe-Preis der Stadt Braunschweig
Pamphlet *achtung: die schweiz*

1956 Reise nach den USA, Mexiko, Kuba

1957 *Homo faber*
Reise in die arabischen Staaten

1958 *Biedermann und die Brandstifter*
Die große Wut des Philipp Hotz
Georg Büchner-Preis
Literaturpreis der Stadt Zürich

1960–1965 Wohnsitz in Rom

1961 *Andorra*

1962 Dr. h. c. der Philipps-Universität Marburg
1963 Literaturpreis von Nordrhein-Westfalen
1964 *Mein Name sei Gantenbein*
1965 Preis der Stadt Jerusalem
Reise nach Israel
Schiller-Preis des Landes Baden-Württemberg
Wohnsitz im Tessin, Schweiz
1966 Erste Reise in die UdSSR, Polen
1967 *Biografie: Ein Spiel*
1968 Zweite Reise in die UdSSR
Öffentlichkeit als Partner
Politische Publizistik in Zürich
1969 *Dramaturgisches*
Aufenthalt in Japan
1970 Aufenthalt in den USA
1971 *Wilhelm Tell für die Schule*
Aufenthalt in den USA
1972 *Tagebuch 1966–1971*
1974 *Dienstbüchlein*
Großer Schillerpreis der Schweizerischen
Schillerstiftung
1975 *Montauk*
1976 *Gesammelte Werke in zeitlicher Folge*
Friedenspreis des Deutschen Buchhandels
Max Frisch/Hartmut von Hentig,
*Zwei Reden zum Friedenspreis des
Deutschen Buchhandels 1976*
*Wir hoffen. Rede zur Verleihung des Friedens-
preises* (Schallplatte)
1978 *Triptychon. Drei szenische Bilder*
Der Traum des Apothekers von Locarno.
Erzählungen
1979 *Der Mensch erscheint im Holozän.*
Eine Erzählung
1982 *Blaubart.* Erzählung   M. F.

suhrkamp taschenbücher
Wilhelm Tell für die Schule
Stücke 1
Stücke 2
Stiller
Dienstbüchlein
Andorra. *Stück in zwölf Akten*
Mein Name sei Gantenbein
Homo faber. *Ein Bericht*
Tagebuch 1966–1971
Herr Biedermann und die Brandstifter/
Rip van Winkle. *Zwei Hörspiele*
Montauk. *Eine Erzählung*
Der Mensch erscheint im Holozän. *Eine Erzählung*
Materialien zu Max Frisch, ›Stiller‹
Materialien zu Max Frisch,
›Biedermann und die Brandstifter‹

Begegnungen. *Eine Festschrift für Max Frisch*

Fünf Orte im Leben von Max Frisch
gesehen von Fernand Rausser. *Bildband*

Sprechplatte
Max Frisch liest Prosa. Isidor.
Der andorranische Jude. Tonband
Max Frisch, Wir hoffen. Rede zur Verleihung des
Friedenspreises

Über Max Frisch

Herausgegeben von Thomas Beckermann
edition suhrkamp 404

Der Band enthält folgende Beiträge:
Friedrich Dürrenmatt, »Stiller«
Walter Jens, Erzählungen des Anatol Ludwig Stiller
Hans Mayer, Anmerkungen zu »Stiller«
Joachim Kaiser, Max Frisch und der Roman
Helmut Heißenbüttel, Max Frisch oder Die Kunst des Schreibens
Erich Franzen, Über Max Frisch
Werner Liersch, Wandlung einer Problematik
Ursula Roisch, Max Frischs Auffassung vom Einfluß der Technik
auf den Menschen
Friedrich Dürrenmatt, Eine Vision und ihr dramatisches
Schicksal
Gody Suter, Graf Öderland mit der Axt in der Hand
Gerhard Kaiser, Max Frischs Farce »Die Chinesische Mauer«
Hellmuth Karasek, »Biedermann und die Brandstifter«
Karl Schmid, »Andorra« und die Entscheidung
Wolfgang Hegele, »Andorra«
Reinhard Baumgart, Othello als Hamlet
Hermann Kähler, Max Frischs »Gantenbein«-Roman
Wolf R. Marchand, »Mein Name sei Gantenbein«
Hans Heinz Holz, Max Frisch – engagiert und privat
Beda Allemann, Die Struktur der Komödie bei Max Frisch
Manfred Jurgensen, Leitmotivischer Sprachsymbolismus
in den Dramen Max Frischs
Walter Schenker, Mundart und Schriftsprache

Im Anhang des Bandes befindet sich eine ausführliche Bibliographie der Primär- und Sekundärliteratur von Klaus-Dietrich
Petersen.

Über Max Frisch II

Herausgegeben von Walter Schmitz
edition suhrkamp 852

Der Band enthält folgende Beiträge:
Zwei Schriftsteller über den Autor Frisch
Christa Wolf, Max Frisch, beim Wiederlesen oder:
Vom Schreiben in Ich-Form
Adolf Muschg, Vom Preis eines Preises oder Die Wohltat des Zweifels

Der Anhang enthält eine ausführliche Bibliographie der Primär- und Sekundärliteratur sowie ein Nachwort des Herausgebers.